我国职业足球青训与校园足球深度融合研究

邱林 著

苏州大学出版社
Soochow University Press

图书在版编目(CIP)数据

我国职业足球青训与校园足球深度融合研究 / 邱林著. —苏州：苏州大学出版社,2021.11
ISBN 978-7-5672-3734-6

Ⅰ.①我… Ⅱ.①邱… Ⅲ.①青少年－足球运动－研究－中国 Ⅳ.①G843

中国版本图书馆 CIP 数据核字(2021)第 201877 号

我国职业足球青训与校园足球深度融合研究
邱 林 著

责任编辑　孙佳颖

苏州大学出版社出版发行
(地址：苏州市十梓街1号　邮编：215006)
江苏凤凰数码印务有限公司印装
(地址：南京市新港开发区尧新大道399号　邮编：210000)

开本 710 mm×1 000 mm　1/16　印张 18.5　字数 343 千
2021 年 11 月第 1 版　2021 年 11 月第 1 次印刷
ISBN 978-7-5672-3734-6　定价：58.00 元

若有印装错误,本社负责调换
苏州大学出版社营销部　电话：0512-67481020
苏州大学出版社网址　http://www.sudapress.com
苏州大学出版社邮箱　sdcbs@suda.edu.cn

序

在青少年足球研究领域，多年来我们一直以"简单感性"的观点来审视职业足球青训与校园足球发展中竞赛体系、训练理念、师资力量、场地设施等表象问题，一定程度上忽视或者说淡化了两者之间的衔接、结合甚至是融合的相关问题。近年来，随着我国青少年足球战略地位的不断提升，部分学者开始关注职业足球青训与校园足球在竞赛、训练等方面的融合问题，并将其作为青少年足球改革发展的突破方向。

邱林博士的新作《我国职业足球青训与校园足球深度融合研究》创新性地开辟了职业足球青训与校园足球融合研究的崭新视角，契合了当前我国政府大力推进"体教融合"的现实需要，探讨了阻碍职业足球青训与校园足球深度融合的关键因素，深度剖析了两大领域在青少年足球后备人才培养方面存在的问题，总结提炼了不同地区或不同发展方式之下的先进做法与成功经验，并综合学理、历史、现实和国际经验几个方面的综合因素，提出我国职业足球青训与校园足球深度融合的推进路径及体制机制保障。

我国职业足球青训与校园足球深度融合研究不单是解决职业青训与校园足球的发展问题，更重要的是探讨我国青少年足球后备人才培养模式转变的问题。当前，我国政府高度重视足球事业发展，社会民众也对青少年足球发展密切关注，但多年的发展并未明显改变足球竞技人才质量下滑的现状。此外，除职业足球青训与校园足球体系之外，我国足球青训体系还有社会俱乐部青训、省市体育局青训等青训体系，各体系之间并未形成协同，体系间的壁垒难以打破，而职业足球青训与校园足球深度融合的构建则是"五大青训体系"深度融合的探路之举，相关的理论成果将会成为相应培养体系深度融合的理论指导，而且对职业足球青训与校园足球深度融合体系构建的理论创新、运行机制、实施策略等问题的阐明，可为国家青少年足球改革的顶层设计提供重要理论参考。因此，对职业足球青训与校园足球深度融合问题进行全面、深入的科学研究，已成为一项极具理论价值和现实意义的科研任务。应该说，本书顺应

了我国青少年足球后备人才培养模式转变的时代需求，是破解青少年足球发展中"低水平重复"与"精英化培养断层"双重死结的突破口，更是学校体育改革之下教学方式、教学评价等体系变革的探路工程。将职业足球青训与校园足球进行深度融合是我国青少年足球后备人才培养体系发展的核心环节，更是开辟国民教育体系内优秀竞技后备人才培养的丰产实验田。融合体系的构建涉及领域之广、程度之深、受众之多、意义之大已形成广泛共识，对此项系统工程的研究将会为我国职业体育与学校体育的协同发展提供实操范本。

邱林博士曾在中国足球协会（以下简称"中国足协"）社会发展部（原全国校园足球办公室）从事全国校园足球师资培训和竞赛组织工作，亲历了职业足球青训与校园足球的改革与发展，对于职业足球青训与校园足球深度融合问题有着独到的见解。经多年工作实践，他养成了勇于实践、勤于思考的良好品质。在繁重的学习与工作之余，他利用两年多时间，经过大量的调查研究和资料搜集，完成了本书的写作，实属难能可贵。本书采用了全新的分析框架，是迄今为止较为全面、系统地研究职业足球青训与校园足球深度融合问题的第一部论著。我乐意向广大读者推荐此书。愿本书出版会进一步推进我国青少年足球理论研究和实务工作。

张廷安
2021 年 5 月 6 日

目 录

第一章　绪论 / 1

　　第一节　问题提出 / 1
　　第二节　研究目的与意义 / 3
　　第三节　研究内容与基本思路 / 6
　　第四节　研究重难点与创新点 / 13
　　第五节　国内外相关研究的学术史梳理及研究动态 / 14
　　第六节　研究对象与方法 / 42

第二章　我国职业足球青训与校园足球两大体系发展现状 / 53

　　第一节　我国职业足球青训发展现状 / 53
　　第二节　我国校园足球发展现状 / 96

第三章　我国职业足球青训与校园足球深度融合的内涵及选择逻辑 / 138

　　第一节　我国职业足球青训与校园足球深度融合的内涵 / 138
　　第二节　我国职业足球青训与校园足球深度融合的选择逻辑 / 141

第四章　我国职业足球青训与校园足球深度融合的域外经验 / 148

　　第一节　立足基本国情 / 148
　　第二节　形成统一的青训理念 / 149

第三节　统筹协调顶层设计与基层执行／150
第四节　政府与行业协会的协作／151
第五节　世界足球强国青训模式案例／152

第五章　我国职业足球青训与校园足球深度融合的推进路径／213

第一节　理念先行，解决职业足球青训与校园足球深度融合的认识障碍／213
第二节　深化改革为动力，破除职业足球青训与校园足球深度融合的体制机制障碍／214
第三节　建立促进职业足球青训与校园足球深度融合的政策法规／215
第四节　实施系统工程，保障职业足球青训与校园足球深度融合落到实处／216

第六章　我国职业足球青训与校园足球深度融合的体制与机制／220

第一节　我国职业足球青训与校园足球深度融合的体制构建／221
第二节　我国职业足球青训与校园足球深度融合的机制构建／222

结论与后续研究建议／259
参考文献／266
附录／287
后记／289

第一章 绪 论

第一节 问题提出

党的十八大以来，以习近平同志为核心的党中央把振兴足球作为建设体育强国的重要任务摆上日程，并多次指示要下决心把我国足球事业搞上去。2015年3月，国务院办公厅印发《中国足球改革发展总体方案》（以下简称《足改方案》），提出"三步走"战略，将"青少年足球人口大幅增加，职业联赛组织和竞赛水平达到亚洲一流"作为中国足球中期发展目标，并将"青少年足球人口大幅增加"列为"足球运动纳入经济社会发展规划的中期目标"，这是一个纵观全局的国家发展目标和价值追求。2016年2月，国务院足球改革发展部际联席会议办公室在《足改方案》一周年座谈会中，针对我国青少年足球发展中存在的后备人才培养机制不完善、人才输送路径不清晰等问题进行深入研讨，并提出我国职业足球青训与校园足球深度融合的重要议题，将其作为突破中国青少年足球发展困境的关键举措。2017年1月，中国足协与教育部联合印发《中国足球青训体系建设"165"行动计划》，从构建1个机制、6个平台、5项保障等措施入手，提出加快形成"体育教育深度融合、人才支撑厚实强健"的发展体系。2018年2月，教育部联合中国足协印发《关于完善校园足球竞赛体系 畅通青少年人才培养机制的实施意见》，提出建立完善校园足球与青少年竞技足球融合发展的体制机制，构建体教深度融合的"一体化设计、一体化推进"的中国青少年足球人才培养新格局。2020年8月，中央全面深化改革委员会第十三次会议审核通过《关于深化体教融合 促进青少年健康发展的意见》，在赛事体系建设、传统特色学校规划、高水平运动队建设、体校改革、体育教师与教练员队伍、政策保障等多个方面，再次提出了"一体化设计、一体化推进"改革理念。同年12月，国务院办公厅下发《关于同意建立青少年体育工作部际联席会议制度的函》，同意建立由国务院办公

厅、教育部、体育总局三方牵头,联合国家发改委、财政部、自然资源部、税务总局等15个部门组成的青少年体育工作部际联席会议制度,旨在加强对青少年体育工作的协调统筹和指导,推进青少年体育工作的一体化进程。中央政策的系统颁布与顶层设计的整体规划为我国青少年足球后备人才培养模式的改革与创新再次指明了发展方向。因此,如何推进我国职业足球青训与青少年校园足球两大体系的深度融合已成为中国足球改革乃至体育改革发展亟待解决的重大现实问题。

目前,我国职业足球青训与校园足球体系深度融合主要存在以下问题。纵向上,普及与提高两大层级呈割裂发展态势,具体表现为:第一,管理部门权责不明。由于我国青少年足球的主导主体分属于不同的职能部门,对于青少年足球发展都存在不同的政绩诉求,且在此领域中并未有清晰的权责边界,利益博弈时有发生。第二,发展理念不统一。教育与体育部门对待青少年足球的认知具有一定差异性,两者在发展方式、价值内涵、阶段目标等方面并未形成统一的发展理念。第三,缺乏一条明晰的人才培养与输送路径。我国职业足球青训的后备人才培养目标是职业球员,校园足球则更加注重青少年的全面发展,校内优秀后备人才的培养方式与输送路径并未成型,与职业足球青训在人才培养与输送方面尚未形成有效的融合路径。横向上,青训主体相对混乱,各主体之间相对孤立等问题依然突出,具体表现为:第一,目前,我国青少年足球青训体系主要分为职业俱乐部青训体系、省市体育局青训体系、社会俱乐部青训体系、体教结合校园青训体系、城市青训体系,五大青训体系的主管部门与发展路径各不相同,在赛事、训练、经费、管理等各方面也各行其是,各青训体系发展规划缺乏协同与累计优化。第二,各青训体系之间的青少年球员流动存在严重的利诱与阻隔。利诱主要体现在18岁以下球员与原有培养机构之间"归属"关系不明晰,优秀球员被其他青训机构"挖走"后,原青训机构无法得到应有补偿;阻隔主要体现在俱乐部或省市体校严控球员外流,通过"霸王合同"等形式控制球员,阻止球员通过正当途径转会或更换俱乐部等。第三,各青训主体资源缺乏有效的整合。我国足球青训主体间缺乏有效的协调沟通机制,在赛事组织、队伍年龄结构建制等方面没有统一的顶层设计,主体资源的高效性没有得到充分体现。职业俱乐部的优质青训教练员资源无法进入校园内进行指导,校园足球的优秀球员难以进入职业俱乐部青训体系,省市体育局队员与职业俱乐部青训之间的球员归属问题,社会青训机构无法长期进驻校园提供足球服务,等等,这些体制性或政策性的壁垒,严重制约了各青训体系之间优质资源的共享与融合。

因此,本书在解析我国职业足球青训与校园足球深度融合内涵的基础上,从管理体系、学训体系、竞赛体系、保障体系以及相应的案例分析入手，对我国职业足球青训与校园足球的发展现状进行全面摸底调查，深度剖析两大领域在青少年足球后备人才培养方面存在的问题，总结提炼不同地区或不同发展方式之下的先进做法与成功经验，并综合学理、历史、现实和国际经验几个方面的逻辑因素，提出我国职业足球青训与校园足球深度融合的推进路径及体制机制保障，以期为国家的相关政策提供咨询。

第二节　研究目的与意义

一、研究目的

（一）全面了解我国职业俱乐部青训与校园足球发展概况

中国足球在国际赛场上的竞赛成绩与全体国民的高期望值之间存在巨大反差，这与近年来中国足球青少年后备人才数量呈断崖式下降有着直接关系。为什么在国家财政高投入之下的足球事业中没有呈现出应然与实然相一致的优质状态？为什么中国足球职业足球青训未能源源不断地培养出优秀的青少年足球竞技后备人才？为什么我国校园足球一直被社会民众诟病为形式足球与仪式足球，陷入低水平运行的模式怪圈？为什么我国足球青训体系之间无法形成有效融合？解答这些问题的前提是全面了解我国职业俱乐部青训与校园足球发展概况，深入剖析两者在管理、训练、竞赛、保障等各方面的现实情景，探寻不同层面存在的主要问题以及相应的影响因素。

（二）介绍、提炼、总结国外青少年足球后备人才培养的先进模式与经验

本研究将立足于我国国家足球改革发展的现状，在全面了解我国职业俱乐部青训与校园足球发展概况，深入剖析两者在管理、训练、竞赛、保障等各方面的现实情景，探寻不同层面存在的主要问题以及相应的影响因素之下，有针对性地实地考察了法国马赛、图卢兹、里昂、蒙彼利埃、波尔多，日本大阪、东京，韩国首尔，英国伯恩茅斯、曼彻斯特、斯旺西，阿根廷布宜诺斯艾利斯等地区的职业足球青训、校园足球、社区足球、社会足球青训情况，并搜集整理了西亚、中亚、西欧、东欧、南美以及北美等地区国家的青训体系发展的文本材料和网络材料，以期在国外足球青训发达国家的成功经验借鉴下，提出我国职业足球青训与校园足球深度融合的可操作性方案。

（三）构建我国职业俱乐部青训与校园足球深度融合的实施路径与体制机制改革方向

近年来，我国政府对足球事业发展的关注程度达到了前所未有的高度，2014年10月国务院印发了《关于加快发展体育产业促进体育消费的若干意见》，将青少年校园足球作为一项"重点任务"，由教育部、国家体育总局、国家发改委等六部委协同推进，校园足球上升至国家发展战略。2015年2月中央全面深化改革领导小组第十次会议审议通过了《中国足球改革发展总体方案》，提出"三步走"战略，将"青少年足球人口大幅增加，职业联赛组织和竞赛水平达到亚洲一流"作为中国足球中期发展目标，并将"青少年足球人口大幅增加"列为"足球运动纳入经济社会发展规划的中期目标"，这是一个纵观全局的国家发展目标和价值追求。因此，如何实现青少年足球人口普及、竞技水平提升、发展方式转变等已成为我国足球事业乃至体育事业发展的重中之重。而上述问题的解决则需要通过构建适应我国职业足球青训与校园足球深度融合要求的体制机制，在一种新的正式制度之下，要求其他相关主体在此框架下积累非正式制度（进入诱致性变迁过程），实现我国职业俱乐部青训与校园足球深度融合路径构建。

二、研究意义

（一）理论意义

我国职业足球青训与校园足球深度融合研究不单是解决职业青训与校园足球的发展问题，更重要的是探讨我国青少年足球后备人才培养模式转变的问题。当前，我国政府高度重视足球事业发展，社会民众也对青少年校园足球发展密切关注，但多年的发展并未明显改变足球竞技人才的质量和学生身体素质下滑的现状，此外，除职业足球青训与校园足球体系之外，我国足球青训体系还有社会俱乐部青训、省市体育局青训等青训体系，各体系之间并未形成协同，体系间的壁垒日趋严重。职业足球青训与校园足球深度融合的构建是"五大青训体系"深度融合的探路之举，相关的理论成果将会成为相应培养体系深度融合的理论指导，而且对职业足球青训与校园足球深度融合体系构建的理论创新、运行机制、实施策略等问题的阐明，可为国家青少年足球改革的顶层设计提供重要理论参考。

厘清我国职业足球青训与校园足球深度融合发展的现状及存在问题，可以为我国青少年足球领域后续研究、政府部门以及社会足球组织提供数据、案例等现实性素材。该研究将对我国职业足球青训与校园足球发展现状进行较为全面的调查，搜集整理两大体系中的诸多相应数据与实证材料，这些素材一方面为本研究提供论证依据，更重要的是这些调查数据将会为该领域后续研究提供材料支撑，为政府相关部门提供决策参考依据等。

（二）实践意义

我国职业足球青训与校园足球深度融合研究是推进青少年足球后备人才培养模式转变的重要举措，是破解青少年足球发展"低水平重复"与"精英化培养"双重死结的突破口，更是学校体育改革之下教学方式、教学评价等体系变革的探路工程。将职业足球青训与校园足球进行深度融合是我国青少年足球后备人才培养体系发展的核心环节，是提升学生身体素质的关键措施，更是开辟国民教育体系内优秀竞技后备人才培养的实验田。融合体系的构建涉及领域之广、程度之深、受众之多、意义之大已形成广泛共识，对此项系统工程的研究将会为我国职业体育与学校体育的协同发展提供实操范本。

作为一项应用性研究，在研究的整体进程中部分内容将重点探析国内外职业足球青训与校园足球发展的历史经验与成功案例，将这些有益经验加以总结，提炼出共性的因素，并结合我国职业足球青训与校园足球发展中存在的问题，进行借鉴性研究。汲取国外足球青训模式中适宜我国足球青训发展所需的可借鉴元素，归纳国内职业足球青训与校园足球发展中的成功经验，提炼出可复制、可推广、可提升、可移植的发展方式、发展方法、培养模式等，以期能使相关决策者引以重视，加以总结和推广。

本研究访谈专家众多，有高校和研究机构的学者，也有体育系统的一线人员，研究成果接地气，相关对策建议可以直接为教育与体育行政主管部门参考使用，为相关人员进一步研究提供理论指导，为相关政策制定与执行提供理论参考。职业足球青训与校园足球虽都属于青少年足球范畴，但由于我国行政体制下部门间的条块化分割与碎片化衔接，这两个青训体系的运行机制并未形成深度融合，在管理主体、运行方式、发展理念等方面还有较大差异。笔者为获取第一手的真实材料，分别对职业青训教练员、俱乐部青训管理人员、职业青训学员及家长、足球青训教练员讲师、中国足协青训大纲撰写人员、职业足球青训总监、校园足球教师、外聘教练员、校队球员、普通球员及家长、分管体育的校领导、教务处领导、社会青训机构负责人、校园足球专家委员会成员等进行了面对面的深度访谈、电话访谈等，各访谈对象从各自体系利益出发，指出了许多行业中存在的沉疴宿疾，提出了在管理、竞赛、训练、教学等诸多方面的指导性建议。

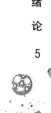

第三节 研究内容与基本思路

一、研究内容

我国职业足球青训与校园足球深度融合研究至少包含三个核心问题:第一,为什么深度融合,即诱因是什么?问题是什么?第二,怎么深度融合,即深度融合的方法机制是什么?实施路径是什么?第三,深度融合效果会如何,即怎样来对深度融合的效果进行评估?其基本研究框架如图1-1所示。

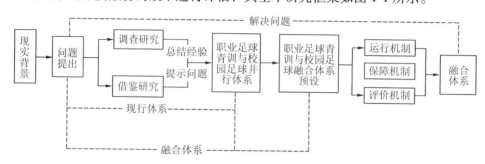

图1-1 我国职业足球青训与校园足球深度融合研究框架

(一)调查研究

我国职业足球青训与校园足球两大体系发展现状调查主要包括两个方面:一是现状摸底。对职业足球青训与校园足球的管理体系、训练体系、竞赛体系、选拔体系、保障体系、培养模式、运行机制、实际成效等方面进行全面深入调研,了解两者的真实发展状态以及两者间深度融合的初始现状。从发展现状中归纳整理职业足球青训与校园足球的发展脉络,了解两者的发展动因、影响因素、关键因子等。二是问题分析。对我国职业足球青训与校园足球各自体系发展中存在的问题进行诊断性分析,对两者之间深度融合的触点与可能出现的梗阻进行专家访谈与实地调查,从管理体系、训练体系、选拔体系等多方面解析发展梗阻的生成机理与现实表征,为两大体系间深度融合提供实践依据。

(二)借鉴研究

进一步透析国内外足球青训体系的管理体制、发展模式、运行机制等特征,汲取经验。如"东亚足球青训体系":日本借助"足球俱乐部训练中心制度"加强学校普及层面后的提高工作,形成"校园足球与职业足球青训强化版"融合体系;韩国通过政府主导足球青训体系,规范足球培训市场,打破足球青训的体制机制壁垒,加速职业足球俱乐部的去企业化进程,实现了俱乐部的区域化、校园化、社区化发展,形成足协引领、学校推动、社区支持、俱乐部广泛参与的多元化、多格局、多方面的人才培养体系。"西亚足球青训体系":卡塔尔足协大力推行归化运动,网罗国外优秀足球后备人才,其每年都会沿着"非洲—多哈—比利时"的路径,从非洲选出出类拔萃的孩子投入欧洲职业足球联赛历练,并加强他们的认同感、归属感,而不是简单的"拿来主义"。"中亚足球青训体系":乌兹别克斯坦充分发挥体制优势,提升足球战略地位,各级政府与足球协会联合制定、印发一系列足球相关政策,将足球事业提升为国家重点发展项目,政府、足协、俱乐部集中人力、物力、财力,积极建设足球学校,将其打造为足球精英人才孵化器。"欧洲足球青训体系":法国青少年足球运动员培养管理模式为"DTN(国家足球技术委员会)与教育部协作模式",DTN根据相应的年龄阶段在全法统一规定了青少年足球比赛层级、竞赛赛制,并在全法建立了15个精英训练中心;在学校体制之内,法国足协与法国教育部合作,在全法遴选中学并设立足球特长班。英国青训从管理、训练、竞赛、评价等各方面进行改革,管理上趋于专业,由英超全权负责"EPPP"(精英球员计划)的管理运营,以英格兰顶级俱乐部为核心,打造高质量的青训体系,训练上更新理念,学习其他足球强国先进经验,在训练中逐步改善原有训练体系的弊端,竞赛上保证每位球员都可以上场,且出场频率不低于50%,取消U17以下的比赛排名,评价上加强监督管理系统,两年对职业青训体系进行一次评估。德国推行的"天才球员培养计划",由足球协会统一管理,构建俱乐部青训负责制的专业化管理体制;德国职业足球青训和校园足球青训的各类训练与比赛由德国足协负责管理,单一的主导主体管理模式为两大青训体系的融合发展提供了制度保障;德国足协通过市场化运作为足球青训体系注入源源不断的专项资金,通过政策引导,激发了市场机构的全面参与。意大利足协全力建造"孵化基地",形成本土化足球队员培育的潮流,各区纷纷建立足球学校,数量庞大的足球学校让青少年从小就能接受足球文化的熏陶,接受足球教练的专业化指导并参加社区等青少年足球联赛。荷兰形成了统一的足球发展理念"让每个想踢球的人都有球可踢"与足球青训理念"足球人才不是培养出来的"抑或是"TIC"训练理念,荷兰足球在发展和青训建设中始终坚持"理念先行"。"北美足球青训体系":美国足球青训采用"引进来,走出去"相结合的模式,不仅引进欧洲优秀的职业足球教练员和团队,如米卢蒂诺维奇、克林斯曼等,而且也引入年轻的外籍足球运动员将其归化,同时将优秀的本土足球运动员送到欧洲,参与当地的足球俱乐部接受更加系统的培训和比赛;墨西哥采用购买服务的形式委托职业俱乐部进驻校园开展足球青训工作，统一青训职业化发展理念，形成以俱乐部梯队建设为核心的市场化运行机制；等等。"南美足球青训体系"：阿根廷足球职业俱乐部与足球学校建立长效合作机制，俱乐部与足球学校的深度合作是一种足球人才培养的"双赢模式"，俱乐部借助足球学院广泛生源的体制优势为其梯队建设提供长效保障，足球学院通过俱乐部的后备人才选拔为学校学员谋取更好的发展平台，这种"定向—培养—选拔—输出"的合作机制可以理解为足球后备人才培养的"供给侧结构性调整"；巴西俱乐部各年龄段梯队衔接紧密，绝大多数俱乐部青训会建立 U13—U20 年龄阶段的梯队，也有部分俱乐部会建立囊括 U9—U20 全年龄阶段的梯队，避免了足球后备人才梯队建制不全而造成的足球人才大量流失问题，巴西足球同时引入德国足协的青训体系，专门设立"种子计划"，以技术、智慧与体格为三大标准，推崇精英足球人才培养模式；乌拉圭国家人口、职业俱乐部高度集中，据官方统计，有 164 万人生活在乌拉圭首都蒙德维的亚，约占总人口数的 50%，参加乌拉圭足球甲、乙职业联赛的 30 个俱乐部中，有 24 个职业足球俱乐部在蒙德维的亚创办，集中的人口和足球俱乐部以及职业、业余、青少年足球联赛，使得足球运动能够快速普及并营造良好的足球氛围。

（三）预设深度融合框架研究

主体思路：根据我国青训体系建构的现实状态，可将其划分为普及层面、强化层面、育成层面。普及层面，通过政策保障与法规引导，全面调整现行职业足球青训、社会足球青训机构、校园足球培训机构等青训体系的混乱状态，从教育与体育系统的顶层设计层面，进行"一体化设计，一体化推进"。在管理制度方面，将体育与教育体系中的相关政策进行梳理，摒弃原有政策中阻碍两大系统深度融合的条文规定，如在体育系统注册的青少年运动员不可以参加校园足球系统赛事等；在竞赛体系方面，全面推进"青超联赛"，打通职业足球青训与校园足球间各个年龄阶段的竞赛体系，将 U13、U15、U17、U19 四个级别的赛事作为重点突破口，提升竞赛质量与观赏度，将竞赛体系的衔接作为职业足球青训与校园足球深度融合的重要抓手；等等。强化层面，集合我国青少年足球优质资源，充分发挥市场机制作用，将体育系统中优质的教练员资源引导进入校园足球体系，提升校园足球的教学训练质量，此外，通过科学论证，形成校园足球竞技后备人才的选拔评价体系，疏通校园足球优质生源向职业足球青训流动的渠道，将两者之间的人才选拔进行一体化推进，同时，在全国范围内构建一批新型足球学校或足协-校园足球青训中心体系，如校园足球"满天星"训练营等形式。育成层面，职业足球青训与校园足球体系间的深度融合，目的之一就是培养青少年足球后备人才，原有的足球青训培养体系主要采用"三集中"方式开展，球员脱离社会、家庭、学校，成材率低，职业风险大，致使许多家长不支持孩子参与足球运动；校园足球领域中的优秀后备人才如何真正在高水平的培养体系下成长为优秀的竞技后备人才，也就是解决国民教育体系中竞技人才培养问题，这是当前的难点问题。这两类问题就是育成层面要解决与研究的关键问题。

（四）实施路径

我国职业足球青训与校园足球深度融合的实施路径应包括四个方面：一是发展理念的转变。长期以来，由于各种原因，我国职业足球青训与校园足球一直被割裂，体育与教育两家主导部门各自承担不同的职能、任务，难以交叉。对此，我们需要破除这些认识障碍，引导人们形成正确的发展理念。二是破除体制机制障碍。我国职业足球青训与校园足球衔接是推进足球后备人才培养的重要途径和手段，要求打破体育、教育等部门界限和体制壁垒，要用全局的观念和系统思维考虑我国职业足球青训与校园足球深度融合问题，通过全面深化改革激发多元主体的协同与参与。三是建构政策法规体系。我国职业足球青训与校园足球深度融合，需要对两者原有的部门职能、运行机制与工作体制进行改革，重新划分政府部门、社会组织、职业俱乐部、学校等责任主体的权责边界，进行利益的再度分配与整合。需要运用法治思想建立维护和促进我国职业足球青训与校园足球深度融合的政策法规体系，充分借助政策法规的稳定性、权威性、强制性作用促进深度融合的程序化、规范化和制度化。四是实施系统工程。结合专项，革新教学体系，在教学目标、教学内容、教学方式与手段、教学时间等方面进行改革；突出核心，完善训练体系，需要从全局层面重新合理布局，统一调配资源，建立"国家青少年足球训练中心"，将高水平训练与高质量教学融为一体，并逐步将其打造成"新型足校"；科学管理，做强竞赛体系，全力打造"青超联赛"，提升赛事品牌质量，推进校园足球高水平球队与职业俱乐部、省市专业队等同场竞技；双向流动，构建选拔体系，竞技足球可在学校内自由选拔优秀球员进入省市专业队或俱乐部梯队，并在不同年龄或学龄阶段给予优秀球员或具备发展潜力的球员更多的选择机会，专业球员遇到职业发展瓶颈后可选择继续求学深造，降低职业规划风险；精诚合作，形成保障体系，从顶层设计进行梳理，完善政策设计，通过一系列政策文件完善制度环境，这些政策要涉及双向兼职与定期会商机制、融合规划纲要等推进体制融合的内容。

（五）运行机制研究

解构我国职业足球青训与校园足球深度融合构成要素、功能和相互之间的关系，以及这些要素产生的影响、发挥的功能的作用过程及运行方式。中心问

题：通过何种运行模式让职业足球青训与校园足球体系融合合理运行，并构成系统。具体操作：从决策、整合、协作、动力、激励、监督六个方面对运行机制进行解析与构建，并对运行机制的要素内部关系做出系统阐释，且提出建议。具体目标：一是提高各层级政府有关部门对我国职业足球青训与校园足球深度融合工作的重视程度，明确政府职责，逐步强化相关决策的科学性。二是从更高层面建立跨部门的领导机制，统筹职业足球青训与校园足球的深度融合，必然要涉及诸多部委的力量，更需要有一个强有力的"权威"进行"整合"。三是不断加强各部门内部机构的协作能力，根据深度融合体系构建的需要，各部门内部应进行外部性机构或工作机制调整，保证衔接工作正常进行。四是将俱乐部梯队及一线队、国字号球队进行有效调配，纵向上，普及、强化及育成三个层面之间进行有效融合，形成一条主线明晰的人才培养与输送路径，形成统一的人才培养理念。五是运用政策、资金、政绩评价和表彰等激励手段，推进我国职业足球青训与校园足球深度融合的有序进行。在政策引导方面，深度融合要通过国家宏观的顶层设计、区域中观的规划管理、基层微观的执行操作三个层次的融合来实现。不同层次的深度融合需要相应的政策指导，建立系统完备、衔接配套、有效激励的政策体系，明确工作目标，细化工作任务和要求。六是推进我国职业足球青训与校园足球深度融合过程中需要建立共同监督、协同治理的长效机制，从内部监督主体角度，加强监督机制的合力成效，从外部监督主体角度，发挥大众媒体事前监督与预警的作用。

（六）保障机制研究

主要包括四个方面：一是制度保障，从政策制定、政策执行、政策监管等方面建立制度环境，打破体育与教育、政府与市场、学校与社会之间的壁垒与藩篱，为职业足球青训与校园足球深度融合各要素功能发挥提供制度保障。政策制定上，我国职业足球青训和校园足球深度融合需要制定长远的、可操作的发展规划，同时，地方体育主管部门、地方各级人民政府还需制定大量配套政策性文件，确立起职业足球青训和校园足球深度融合的保障制度体系；政策执行上，保持不同层级执行主体在纵向间职能、职责和机构设置上的统一对应，保证上级部门的"权威"和政策下达的一致，真正实现上下级"无缝"对接；政策监管上，建立政策执行监控机制的关键在于建立完善的监管体系，并保证其权威性与独立性，特别是减少对政策执行体系的依赖，建立相对独立的垂直领导的监控体系，对各级监控主体的性质、职权、作用、监控对象与范围等做出明确界定，赋予其职责一致的监控权利。二是组织保障，从管理模式、组织架构、人员组成、权责划分等方面，明确管理主体、管理客体、对应关系等，形成高效联动的管理组织机构。例如，深度融合工作的推进一定要依托政府力量，特别是前期工作需要各个部门的协调推进，需要不同部门摒弃个人或团体利益，达成体系发展衔接共识，这些工作的开展需要中央政府的统筹与地方政府的支持，需要在一定政策、制度、标准下来完成。三是经费保障，经费投入上，从政府支持、市场参与、多方筹措三个角度研究经费投入机制；经费使用上，一定要做到"专款专用"，明确各级政府在财政性经费支出的数额，提高财政转移支付的效率，加强对各级政府相关部门经费使用的监管。四是技术保障，要充分发挥职业俱乐部的专业作用，在教学训练、竞赛组织、球员选拔、师资培训等专业领域提供更为优质的技术支持与服务。

（七）评价机制研究

建立以多维评价与常态评价相结合的评价机制，明确评价主体、评价对象、指标体系等要素，进行诊断性、形成性与总结性评价，做相对客观全面的评价，进而由理论再回到实践，让职业足球青训与校园足球深度融合发挥更大的作用，体现其实际效能。我国职业足球青训与校园足球深度融合评价机制的构建，首先要有科学完整的评价流程；其次要明确评价主体与评价对象；最后要构建科学合理的指标体系。一个完整的评价机制应该由评价、反馈、优化三个环节组成，细致划分的循环过程将是"评价—反馈—改进提高—再评价"。评价机制构建过程中的评价主体应遵循多维性和多层性原则，主体中要包括政府相关部门、职业俱乐部、校园足球三大主体，具体细分它将包含着管理人员、教练员、体育教师等利益相关者。在实际调研与访谈过程中，根据评价指标体系构建的基本原则与方法，从管理、教学、训练、竞赛、选拔、保障六个方面构建评价指标体系，归纳整理我国职业足球青训与校园足球深度融合的评价指标。

二、基本思路

本研究以"内容决定形式"的哲学思想为指导，遵循"提出问题（我国职业足球青训与校园足球两大体系发展现状如何？存在什么样的现实问题？有哪些基础融合情境？）—分析问题（我国职业足球青训与校园足球体现深度融合的选择逻辑是什么？有哪些制约因素？解决深度融合的关键点是什么？有哪些国内或国外经验可以借鉴？）—解决问题（什么样的实施路径才能实现我国职业足球青训与校园足球两大体系的深度融合？融合中哪些体制机制问题需要解决？）"的逻辑思路展开研究。研究路线如图1-2所示。

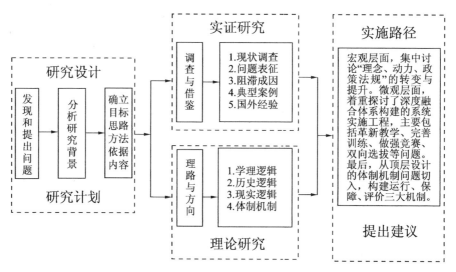

图1-2 我国职业足球青训与校园足球体现深度融合研究路线图

研究将从纵向和横向两个维度分析我国职业足球青训与校园足球深度融合的基础情境：纵向上职业足球青训与校园足球两大体系呈割裂发展态势，分属不同政府部门管理，两者之间并未形成有效融合，从而造成后备人才培养与输送通道不畅；横向上各主体之间相对孤立，难以实现良性互动，完全融合的思路既不现实也不合理。我国职业足球青训与校园足球深度融合的关键是在纵向与横向之间破除体制壁垒与部门藩篱，建立多元主体通力协作的融合体系。具体目标如下。

融合体系应由体育与教育系统协同规划，明确不同主体在不同层级的角色定位与权责划分，在遵循学校体育改革方向与足球运动发展规律之下，挖掘出不同层面深度融合的突出问题与核心要素。如，普及层面：校园足球如何与职业足球俱乐部在学校内部进行高效深入合作；强化层面：俱乐部梯队球员如何合理挂靠学校，降低职业规划选择风险；育成层面：如何保障优秀足球后备人才可以脱颖而出，获得较高的竞技平台；等等。

整体规划深度融合工作，提高校园足球与职业足球青训的有效融合，学校与职业俱乐部合力打造"新型足球学校"，作为后备人才培养承上启下的核心环节。转变原有的青少年足球培养理念，在培养模式上要大胆创新，推进资源的高效利用，推动职业足球与校园足球两大人才培养机制的优势借鉴，合力打造新举国体制下的足球专业人才孵化器——"新型足球学校"。

推进职业足球青训与校园足球治理体系与治理能力的现代化，充分引入社会组织、市场机构、学校、家长等力量，构建"多元主体协同治理"模式。

单个主体的管理模式已不再适应新形势下足球后备人才培养的发展趋势，如何激发利益相关者的优势潜能，在协同理念之下构建多方治理格局将会是我国职业足球青训与校园足球深度融合的体制关键。

突破学校体育教学模式现实困境，将优秀体育竞技后备人才培养纳入国民教育体系之中，开辟一条崭新的学校体育人才培养之路。《关于深化体教融合促进青少年健康发展的意见》《关于全面加强和改进新时代学校体育工作的意见》《全国青少年校园足球八大体系建设行动计划》等文件的下发，已为新时代学校体育工作指明了改革发展的新方向，"一体化设计、一体化推进"的工作思路已达成共识，原有学校体育中存在的"低水平、无技术、无技能、难比赛"的发展阻滞将会被一一破解，学校体育教学模式也将在此进程中得到深度转变。

打造模式样板，以校园足球与职业足球青训的深度融合为切入点，先试先行、引领示范，突破原有思维模式与行为逻辑定式，打破体制机制壁垒，归纳出运动单项后备人才培养与学校体育教学融合机制的困境、出路以及先进做法，以点带面，逐步推广。提炼与总结出体系融合中在教学、训练、竞赛、选拔、保障等各个环节中的指导性意见与可操作性方案，为其他运动项目的深度融合提供事例典范。

第四节　研究重难点与创新点

一、研究重难点

本研究的重点聚焦在如何打通体育与教育、政府与市场、学校与俱乐部之间的体制壁垒，实现职业足球青训与校园足球的深度融合。

调查研究样本选取的全面性以及数据收集的真实性问题，既是研究的难点，也是重点。

我国职业足球青训与校园足球深度融合的评价指标选取的科学性与准确性。

二、研究创新点

学术思想上的创新。本研究将探讨国内理论界尚未深入触及的职业足球青训与校园足球深度融合问题，将为政府部门决策提供有益参考。研究将从职业

足球青训与校园足球融合体系的预设、运行、保障、评价四个维度着手,研究深化职业足球青训与校园足球深度融合的重点难点问题,这为既有研究所未有。

学术观点上的创新。本研究不盲目照搬国外足球运动发达国家体制和经验,而充分考虑到了中国现实的多元性和复杂性。研究论证得出的观点将置于足球改革的大背景下,总结既有经验之成败得失,指明当前改革之趋势和方向。比如,就职业足球青训与校园足球深度融合可操作性而言,本研究观点不仅仅在表相的层面上呼吁多元参与合作,而且建立在对相关主体深入考察的基础上,提出的深度融合路径不能缺少政府强力主导,重在做好职业俱乐部、学校与政府部门之间平衡的观点。

研究对象上的创新。研究对象的选取,具有鲜明的时代特色,是我国深化足球改革过程中急需解决的关键问题。就职业足球青训与校园足球深度融合而言,本研究重在训练体系、竞赛体系、人才输送体系等融合问题,这是当前深化足球改革的重大实践问题,但目前少有该方面的研究。

研究方法上的创新。本研究将通过实地调查、案例、访谈等方法,确保研究能够直接了解、掌握我国职业足球与校园足球体系融合现状,确保研究结论能回应现实需求。

第五节　国内外相关研究的学术史梳理及研究动态

一、国内相关研究的学术史梳理及研究动态

(一)职业足球青训学术史梳理及研究动态

通过 CNKI(中国知网)以"职业足球"为关键词检索发现,国内相关的学术论文数量为博士论文 65 篇、硕士论文 644 篇、期刊论文 619 篇,其中涉及职业足球青训的学术论文数量为博士论文 11 篇、硕士论文 69 篇、期刊论文 70 篇,所占比例为 16.92%、10.71%、11.31%。除此以外,还有会议论文 176 篇、报纸报道 245 篇、图书 36 部。由此可见,在职业足球的领域内,国内对青训的整体关注度较高。

从历史沿革来看,1994 年甲 A 联赛的成功举办拉开了中国足球职业化进程的序幕,同年 9 月份,在全国足球工作会议上规定:"中国各甲 A 俱乐部必须拥有二、三线队伍各 1 支;到 1996 年注册截止日,所有职业和半职业俱乐

部必须完成本俱乐部的梯队建设，否则中国足协将不允许其注册。"[1] 职业足球青训开始受到关注，但未有相关研究成果见刊。直至1996年，才有学者开始涉及职业足球青训研究，例如，马志和在对我国职业足球俱乐部进行现状分析与对策研究时指出，由于资金不足、成才周期长、改革后的权责矛盾再加上足球改制后原有的"一条龙"竞训体系开始逐步萎缩，导致部分地区青训呈现"真空"状态。鉴于此，提出搭建"职业+校园"的双轨制培养路径，广泛建立足球俱乐部，依托高等院校进行人才培养，建立统一竞赛制度，扩建场地等对策。[1] 由于当时足球处于计划体制向市场体制转型的探索时期，国内学者的研究重心大都侧重于职业化进程的改革，虽有涉及青训但比重不大。待到1998年，开始有学者吸收借鉴国外经验，试图通过多方比对，探索适合中国的职业足球青训道路。徐金山和徐国平在分析了日本足球飞速发展的原因后提出要在提高青少年兴趣的基础上进行全面普及，增加青少年足球人口基数，扩大选材面积，探索多种渠道的培养方式。[2] 此后，越来越多的学者开始在国际视野下进行职业青训的相关研究，日本、韩国、英国、德国、意大利、法国等国家的职业足球青训模式成为主要的研究对象，通过纵向的深入研究与横向的中外比对，不断探索可供吸收借鉴的模式方法。2000年以后，由于国家处于经济体制转型期，职业足球的相关制度体系也随之发生相应的转变，此时，后备人才体系受到挑战。如何在转型背景下构建新的体系成为当时专家、学者们热议的话题。韩勇曾指出，虽然自职业化以来各个俱乐部的三线队伍配置逐渐完善，但是基于广告收益的前提下，投资者与俱乐部关系松散，产权关系不明确，投资者更换频繁，加之俱乐部亏损严重，以致到了2000年时U21队伍平均不足1支。基于此提出"转变足协职能，加强宏观调控"的管理办法，强调在普及的基础上抓提高。[3] 2004年甲A联赛更名为中超联赛，本意是为了扭转因"假、赌、黑"造成的职业联赛低迷的局面，再造新的格局体制。但是，改革并不深入，更多的目光放在强化俱乐部运营、打造职业联赛层面，对于俱乐部青训尚未深入关注，青训体制仍不健全。胡斌、何志林、蔡文利等人指出，足协管理体制不健全、俱乐部长期亏损的现实情况、俱乐部管理层短视行为下以高价引援、临时收售青年队取代对自身青训队伍的建设、足球

---

[1] 马志和. 我国职业足球俱乐部的现状与发展对策 [J]. 上海体育学院学报，1996，20（3）：1-9.

[2] 徐金山，徐国平. 日本足球运动水平迅速提高的主要原因 [J]. 上海体育学院学报，1998，22（1）：80-84.

[3] 韩勇，王蒲. 我国足球后备人才培养体系的研究 [J]. 天津体育学院学报，2001，16（1）：34-37.

选材面愈发狭窄等因素严重制约职业俱乐部在后备人才队伍上的建设,职业足球青训名存实亡。[1-3] 2009年《全国青少年校园足球活动实施方案》的出台拉开了校园足球的序幕,改善青少年体质健康、扩大足球人口、增大选材面积成为主要目标,职业俱乐部积极探索与学校的合作,职业青训与校园足球的融合愈发成为主旋律。随后几年,《中国足球改革发展总体方案》《关于加快发展青少年校园足球的实施意见》《全国青少年校园足球八大体系建设行动计划》等文件的相继出台,更使得这一融合趋势成为主流。如何打通体育与教育系统间的壁垒,增强二者之间资源的双向流动与优势互补,培养高质量后备人才,建成由校园向职业流通的人才晋升渠道等问题亟须解决。

国内学者在针对职业俱乐部青训的具体研究上,主要围绕训练机制、竞赛机制、选拔机制、教育机制以及保障机制五个方面。

1. 训练机制

训练是提高运动员成绩的直接手段,对运动员体能、技术、战术、心理、运动智能等五个方面的成长有着不容小觑的作用,而如何遵循青少年身心发展规律与技术学习发展的阶段性特征,有针对性地进行系统性训练,进而不断提升青少年运动员的竞技水平成为研究的方向标。具体而言,在于能否形成科学先进的训练理念、高效的教练员队伍以及精细化的管理体系。针对训练理念方面的研究,早期有学者指出:"我们许多梯队教练员还停留在师傅带徒弟的年代,没有及时学习世界先进的足球理念,对一些基本规律的认识还存在许多误区。"[4] 在向内而求无果的情况下,国内许多俱乐部开始借鉴使用国外的训练理念,例如,江苏苏宁学意大利,杭州绿城学日本,广州恒大学西班牙。繁杂的训练理念在造就各个俱乐部旗下球员鲜明的运动特征的同时,对于队员的流动也势必造成一定的限制——只能在相同理念或相近理念的俱乐部之间流动,否则只会增加队员之间的磨合成本,不利于人才的成长。虽然中国足协也曾先后出版《中国青少年足球训练大纲(试行)》《中国青少年儿童足球训练大纲(试行)》,但在实践中仍然存在一些系统性问题,以至于2016年在《中国足球青训体系建设"165"行动计划》中明确提出修订《中国青少年足球训练教学大纲》,及至2020年,在中国足协的多方筹措下,《中国足球协会

---

[1] 胡斌. 论我国职业足球俱乐部的可持续发展 [J]. 广州体育学院学报, 2005, 25 (1): 31-34.

[2] 何志林, 郑鹭宾, 邹勇, 等. 上海市足球事业发展战略研究 [J]. 上海体育学院学报, 2006, 30 (5): 10-13, 19.

[3] 蔡文利, 李正. 中西足球职业俱乐部比较分析 [J]. 体育文化导刊, 2008 (11): 91-95.

[4] 张忠, 颜中杰. 中外职业足球俱乐部后备人才培养机制比较 [J]. 体育学刊, 2009, 16 (2): 95-98.

青少年训练大纲》正式出台，然而大纲的出台绝非一劳永逸，如何落地？如何进入校园、俱乐部？如何统筹全国，在各个层级上形成统一的竞训理念？这些问题不能解决的话，又将如之前的文件一样，昙花一现、虎头蛇尾。青少年足球的训练质量取决于教练员的水平，因此，如何完善教练员培训体系，提高教练员水平成为亟须解决的问题。由于我国职业足球教练员多由退役运动员转岗形成，虽然在竞训经验、运动能力等方面优势突出，但需要承认的是他们的学历水平整体偏低，且主动进行新的理念学习的积极性有待提升，易将往昔的训练方式重新套用，形成师傅带徒弟式的固化形式，致使旧的知识、理念不断循环，新的东西难以融入，造成整体训练水平难以提高。赵治治在对我国 U17 队伍教练员的现状调查中发现"整体学历偏低、知识结构与理论结构不合理、人员配备结构单一"的问题严重制约了教练员的执教水平，强调教练员的培训与再教育。[1] 然而，马忠臣、马樟生等在对教练员培训体系的研究调查中发现"培训内容的知识结构不合理、培训时间较短导致的质量不高、培训班讲师水平参差不齐、入学资格审查与晋级制度不严、考核评价体系尚未建立"等问题成为教练员培训中的通病，并围绕教材创编、多渠道培养、实施继续教育、加强讲师队伍建设等四个方面提出针对性建议。[2][3] 也有学者通过比对中、外在教练员培训上的差别，结合本国国情提出合理的建议，马青山、张明等学者独辟蹊径，提出形成大众化普及规模，在增加基层教练员数量的基础上，进行教练员人才的储备，扩大教练员群体，形成社会性职业认同。[4][5]

2. 竞赛机制

起初，我国职业足球俱乐部青少年联赛机制并不完善，存在较大弊端。正如《中外职业足球俱乐部后备人才培养机制比较》一文所提出的"比赛类型少、比赛数量少，赛练脱节严重"[6] 的问题正是很长一段时间内国内职业足

---

[1] 赵治治, 臧鹤鹏, 宋海燕. 中国足协 U-17 队伍教练员现状及发展对策 [J]. 首都体育学院学报, 2013, 25 (4): 350-352, 370.

[2] 马忠臣, 何志林, 马健. 我国足球教练员培训中若干问题分析 [J]. 山东体育学院学报, 2005, 21 (2): 33-37.

[3] 马樟生, 李宏. 我国足球运动教练员培训体系的现状及对策研究 [J]. 中国体育科技, 2006, 42 (3): 97-100, 105.

[4] 马青山, 舒川, 汪玮琳. 美国青少年足球教练员培训体系特征及启示 [J]. 体育文化导刊, 2020 (1): 12-17.

[5] 张明, 孙科, 李改, 等. 日本足球教练员培养经验及启示 [J]. 体育文化导刊, 2018 (12): 71-75.

[6] 张忠, 颜中杰. 中外职业足球俱乐部后备人才培养机制比较 [J]. 体育学刊, 2009, 16 (2): 95-98.

球青少年梯队的现状,在这种背景下,高质量、多频次比赛的缺乏,导致梯队队员比赛经验缺乏、临场心理素质堪忧,加之在一段时间内"排斥'以赛代练'的训练指导思想占据主流"[1],进而导致同级别情况下,我国青训球员逊色于国外球员。待到《中国足球改革发展总体方案》《中国足球青训体系建设"165"行动计划》的陆续出台,中国足协不断探索开发青少年赛事体系,于2017年尝试性开发青超联赛,将校园组与职业组放在一起,同台竞技,相互磨合。次年,为解决赛练矛盾,对青少年联赛重新设计,依据《关于2018年全国青少年男子足球竞赛总体方案的通知》,将青少年男子足球赛事分为:全国青少年足球锦标赛(以下简称"锦标赛")、全国青少年足球超级联赛(以下简称"青超联赛")、青少年中国足球协会杯赛(以下简称"足协杯")、全国青少年冠军杯(以下简称"冠军杯")四项,其中锦标赛与足协杯设置U13、U14、U15、U16、U17、U19等6个组别,青超联赛与冠军杯则只有5个组别,U16不在其中。相较于之前所提出的问题,此次联赛的重新设计在一定程度上提高了比赛频次,质量上也有所把控。尤其是"青超联赛"的创办,更是一次历史性的突破,对职业足球青训与校园足球的融合做出了尝试性的有利探索。但是,不容忽视的是,由于梯队的准入门槛较高,加之青训球员数量堪忧、质量上良莠不齐,造成职业梯队水平上的差异性较高,在"锦标主义"的驱使下,参与比赛的始终是"老面孔","新面孔"难以出现,赛练矛盾仍然突出。蔡锵曾指出:"每年联赛赛场上涌现的新面孔较少,主要与俱乐部过分追求联赛成绩有关。青少年足球人才的基础较低,难以胜任联赛的要求,从而延误了最佳的竞赛期,形成了人才的断层,导致了联赛与青少年工作的相互脱节。"[2] 值得思考的是,校园足球的开展扩大了足球的参与人口,那么如何将庞大的人口基数转化为后备力量,进而吸纳到梯队中,保证梯队球员更迭有序?职业足球青训与校园足球的融合势在必行,将两个体系下的培训机制进行有机融合,在"大青训"体系统筹下,进行联赛布置,推广完善各级各类联赛,在多频次、高质量的赛事体系主导下,既提高球员水平,又为职业梯队的选材提供更为庞大的基数。

3. 选拔机制

目前,我国职业足球俱乐部的人才选拔体系主要分为三类:网点模式、足校模式、业余体校模式。以北京国安为代表的网点模式,通过在小学、中学建

---

[1] 颜中杰,马成全,矫洪申. 中外职业足球俱乐部后备人才培养比较研究[J]. 武汉体育学院学报,2009,43(8):76-81.

[2] 蔡锵. 我国青少年足球训练体制现状、诱因和对策研究[J]. 沈阳体育学院学报,2012,31(5):95-97.

立网点,以自身梯队为晋升保障,以一线队为晋升龙头,构建从学校到职业队的流通体系。以广州恒大为代表的足校模式,通过建立自身的足球学校,如恒大足球学校、山东鲁能泰山足球学校等,集文化教育与足球训练为一体,储备大批足球后备人才,并向俱乐部输送人才。业余体校模式则是将球员的教育与训练放在体校中,并从中挑选合适的人才进入俱乐部梯队,逐步向一线队输送。其中,大连在业余体校的建设上,注重与学校融合,将体校放到中、小学,待初中毕业后,优异的人进入职业梯队,其余的人将继续走升学的道路。在职业俱乐部的梯队建设上,2012年中国足协对16家中超俱乐部调查,只有8家俱乐部拥有三级后备梯队[1];到了2016年,全国49家中超、中甲、中乙俱乐部中仅有20%拥有独立梯队,31%的俱乐部未建立梯队[2],职业俱乐部青训梯队体系尚未健全。此外,由于中国足协对于职业俱乐部梯队建设的要求中,U15、U17、U19的三级梯队建设要求贯穿始终,导致梯队年龄的断层以及单支梯队运动员数量偏多。[3] 人才的选拔机制建立于厚实的后备人才群体,然而现实情况却不尽如人意:1990年至1995年间,我国参加足球运动的青少年注册数量达到了历史最高的65万人;1996年至2000年间,降至61万人;2000年至2005年,锐减为18万人;2009年只有3万多人[4],选材面积持续变窄。虽然2009年以后校园足球活动独占鳌头,在国家的大力推广下,截至2021年,全国校园足球特色学校30 000所,参与人数超5 000万人,但是参与人数不能等同于后备人才,多数存在低水平重复性练习的情况,只能定性为足球人口,而如何将这个数量之巨的足球人口转化为足球后备人才,则需要打破体育与教育系统之间的壁垒,促进双向资源的流通,在普及的基础上进行提高与育成。

4. 教育机制

国内职业足球运动员鲜有在教育体系内真正接受过系统的文化教育,文化水平不高,文化基础薄弱成为共识。刘兵对部分中超、中甲的一线运动员进行调查时发现,85.3%的球员学历为高中及以下,学历普遍较低。究其根

---

[1] 范海龙. 中日德足球后备人才培养模式比较研究[D]. 上海:上海师范大学,2013.
[2] 蔡振华. 中国足球青训体系建设"165"行动计划(审议稿)[R]. 第十届中国足球协会第三次会员大会,2017.
[3] 彭玲群,颜中杰. 我国中超职业足球俱乐部梯队运动员现状研究[J]. 山东体育学院学报, 2012,28(6):81-87.
[4] 张忠,颜中杰. 中外职业足球俱乐部后备人才培养机制比较[J]. 体育学刊,2009,16(2):95-98.

源,"体教分离"或成"罪魁祸首"。[1] 郑明、刘兵、赵刚等学者指出,体育与教育部门在人才培养上未达成共识,一方面,多数职业俱乐部依托自身基地进行文化教育,但缺乏专业师资,教学质量不高,且"重武轻文"的思想占据主导地位,俱乐部并不重视球员文化学习;另一方面,虽然"梯队挂靠"屡见不鲜,但是学训矛盾、学赛矛盾突出,有名无实几近常态,学习质量堪忧。放眼世界,历数足球强国,几乎没有不重视球员文化教育。[2-4] 张忠等学者在综合比对英国、德国、意大利、阿根廷、韩国等国家的职业足球青训后指出,文化教育贯穿始终。[5] 例如,"球星摇篮"的阿贾克斯俱乐部,高成材率的背后是对球员全面发展的追求,高度重视球员的文化教育。虽然仍有论调认为只要球踢得好,文化可以松懈,但是球场暴力、假球、赌球等乱象历历在目,究其原因,素质教育的缺乏占据主要因素。浦义俊认为,素质教育的缺乏,致使球员的自律性、道德感、责任意识等相对低下,屡见不鲜的打架斗殴、踢假球、赌球、生活放纵等行为是具体体现。[6] 基于此,从政府到学界纷纷开始关注如何加强职业青训球员的文化教育。战略上,校园足球活动的发起为青少年球员的文化教育提供契机,政策上,相关文件的陆续出台持续助推职业足球青训与校园足球的融合,学术上,邱林、喻和文等厘清教育、体育部门供需契合点,以观念废立、理念更新、利益规导、动力驱使,针对落实发挥"梯队校办"的实际效能,引导教育体制的师资向体育部门的流通提出合理化建议。[7][8]

5. 保障机制

针对职业足球青训保障机制的研究大体可分为两类,一类是资金保障,一

---

[1] 刘兵,沈佳,郑鹭宾. 中国职业足球运动员利益保障调查分析 [J]. 中国体育科技,2007,43 (6):8-10,110.

[2] 郑明,何志林,沈佳. 我国职业足球俱乐部利益群体的特征和利益诉求 [J]. 上海体育学院学报,2009,33 (3):1-5,15.

[3] 刘兵,沈佳,郑鹭宾. 中国职业足球运动员利益保障调查分析 [J]. 中国体育科技,2007,43 (6):8-10,110.

[4] 赵刚,部义峰,陈超,等. 中国职业足球俱乐部青少年足球运动员培训质量管理与绩效评估指标体系研究 [J]. 首都体育学院学报,2021,33 (1):96-103.

[5] 张忠,颜中杰. 中外职业足球俱乐部后备人才培养机制比较 [J]. 体育学刊,2009,16 (2):95-98.

[6] 浦义俊. 桑巴足球发展简论 [J]. 体育文化导刊,2013 (11):77-80.

[7] 邱林,秦旸. 我国校园足球与职业足球青训深度融合的选择逻辑与推进路径 [J]. 北京体育大学学报,2021,44 (2):59-70.

[8] 喻和文,刘东锋. 职业足球俱乐部与足球特色学校合作长效机制探究——基于社会交易理论的视角 [J]. 沈阳体育学院学报,2019,38 (1):7-15.

类是青少年球员由梯队进入一线队或转入校园的"就业"保障。在资金保障方面，由于很难得到俱乐部内部资金具体的使用方式与投入比例，在职业足球青训资金方面鲜有学者展开针对性、翔实的研究，但是结合职业俱乐部的运营现状，不难推断出其在青训资金投入上存在劣势。陈景源、刘福祥、赵丽萍等人在对职业俱乐部经费来源的梳理中提出，有限的资金来源与巨大的资金需求方面产生供给矛盾。具体而言，传统的盈利模式无法满足俱乐部长期经营的需求，单一的股份制难以有效吸纳社会资金进入，在自身造血本就不足的情况下，"金元足球"催生的高价外援、高价转会费、高价工资等加重了俱乐部的资金负担，导致负债累累的形势下难以按比例对青训梯队进行经费投入。因此，在经费筹措上，均提出从政府政策调控、激发市场活力、拓宽融资渠道、激发造血功能的方法，从而持续引流，进而保证对青训资金的投入。[1-3]李岩、侯志涛等在对德国职业足球青训梳理过程中发现，在经费方面，除了德国足协的拨款以外，政府每年拿出大量的资金投入职业俱乐部青训基地的建设，与此同时，政府在出台财政政策保障俱乐部稳定运营的基础上，引导俱乐部对青训的重视和资金投入。在就业保障方面，目前青训球员的就业成本过高。[4][5]郑明在文章中分析道，首先，由于球员成才期较长，在很长一段时间内，球员家庭既要负担除国家规定的学杂费，还要承担高额的训练费、食宿费，这就造成球员的就业成本过高。更不用说，一旦没有入选一线队，在缺乏合理的转出机制与人才培养机制下，对于部分长期脱离教育体制的球员来说，无疑是雪上加霜。[6]其次，职业俱乐部梯队成员就业面较窄。一方面，在于狭窄的赛事体系难以吸收大多数的青训球员。相较于荷兰、意大利从职业联赛到业余联赛的10级竞赛体系，国内职业联赛方兴未艾，业余联赛不受重视，整体联赛体系尚未健全，从而造成每年梯队成员只有极少数进入一线队，大部分球员没有较好去处，进而呈现"僧多粥少"的窘迫局面。另一方面，正如前文所说，教育机制的缺乏，导致只有极少数球员在落选后能够回归教育

---

[1] 陈景源，陶骆定，贾峰. 中国足球俱乐部经营提升的策略研究 [J]. 山东体育学院学报，2010，26（9）：26-29.

[2] 刘福祥. 中国职业足球俱乐部财务风险及其防范 [J]. 体育学刊，2018，25（5）：77-80.

[3] 赵丽萍，李留东，罗普磷. 影响中国职业足球俱乐部发展的社会学因素 [J]. 山东体育学院学报，2005（6）：33-36.

[4] 李岩. 德国足球协会天才球员发展计划效果评估 [J]. 体育与科学，2012，33（3）：52-56.

[5] 侯志涛，姚乐辉，黄竹杭. 德国青少年足球培养的经验与借鉴 [J]. 北京体育大学学报，2018，41（9）：104-111，145.

[6] 郑明，何志林，沈佳. 我国职业足球俱乐部利益群体的特征和利益诉求 [J]. 上海体育学院学报，2009，33（3）：1-5，15.

体系,大部分进入社会自谋职业,转出保障机制匮乏。

综上所述,国内针对职业足球青训的研究可分为训练机制、竞赛机制、选拔机制、教育机制、保障机制五个方面,其中在训练与竞赛方面篇幅较多,统一的青训理念及贯彻执行科学的教练员培训体系、健全的赛事系统将成为接下来的攻坚方向。选拔方面,尚未构建出完善的选拔机制,缺乏系统、完善的选拔标准,也未曾向国外一样构建成熟的球探系统。文化教育与保障方面,虽着墨不多,但在加强体育、教育部门之间的统筹工作,拓宽资金来源方面得到普遍认同。

(二) 校园足球学术史梳理及研究动态

2009年,国家体育总局联合教育部印发《关于开展全国青少年校园足球活动的通知》,"校园足球"活动自此揭开序幕,围绕"校园足球"的相关研究也陆续展开。在中国知网上以"校园足球"为关键词进行检索,其中与主题密切相关的博士论文有15篇,硕士论文有1 220篇,期刊论文有355篇。需要理清的是,虽然"校园足球"在2009年正式出现在政府发文中,但就其组织形式与活动开展而言仍然隶属于学校体育的一环,这种形式的学校足球最早可以追溯到1880年前后,在中国香港的三所学校中初步传开。[1] 而诸如"培养高水平体育后备人才(足球)试点学校""体育传统项目学校""校园足球布点学校""校园足球特色学校"等称谓,只不过由于阶段性的目标发展、主导部门的不同而衍生出的不同称谓,但概念的外延是一致的。为了厘清校园足球发展的历史阶段,方便展开针对性研究,崔乐泉结合文献资料将校园足球分为近代校园足球与当代校园足球两个大类,并将当代校园足球划分为校园足球初立基业(1949—1978)、校园足球的曲折发展(1979—2008)、校园足球的新探索(2009—2014)、校园足球的改革发展(2015—)四个阶段。[2] 本书对校园足球的相关论述主要包括新探索与改革发展两个阶段。综合来看,针对校园足球的研究主要包括组织管理、教学训练、竞赛体系、资源环境等方面。

1. 组织管理

在组织管理方面要分阶段论述。首先是体育总局主导下的新探索阶段,虽然由体育总局与教育部联合组建了全国青少年校园足球工作领导小组,并设立了全国校园足球办公室,但是由于该机构是临时组建的,两部门成员之间缺乏

---

[1] 国家体委体育文史工作委员会,中国足球协会.中国足球运动史[M].武汉:武汉出版社,1993.

[2] 崔乐泉.中国校园足球发展的历史考察与经验启示[J].上海体育学院学报,2018,42(4):12-18.

磨合，领导人员多以兼职挂靠为主，导致机构权威性不足，且由于顶层设计、宏观调控由体育部门主导，而具体实践操作则由教育部体系下的各级各类学校执行，跨体系指挥势必削弱体育部门的权威性，加之在很长一段时间内教育部门缺位，无疑雪上加霜。张辉曾指出，"虽然校园足球办公室是由国家体育总局和教育部联合成立的，但在实际运行过程中，基本没有教育部门的相关人员直接参与日常工作，也只是在有大型活动的时候邀请一下相关教育部门的人员而已"[1]。基于此，如何打破"条块"分割的部门壁垒，促使体育、教育部门的协同发力成为亟须解决的问题。梁伟、李卫东等学者在现有框架基础上，提出通过构建国务院统筹，体育、教育部门主管，多部门协同参与的管理体系，增强管理主体的权威性，同时，积极推进体育部门与教育部门之间的资源流通，以彼之长，补己之短，破除"木桶效应"，从而实现部门的协同发力。[2][3] 贺新奇、李纪霞、李新威等学者则另起炉灶，他们虽然认同构建多部门协同的管理体系，但前提是由教育部门主导校园足球活动。[4-6] 2015年1月，经国务院同意，教育部会同国家发改委、财政部、新闻出版广电总局、体育总局、共青团中央等五部门，共同成立全国青少年校园足球工作领导小组[7]，校园足球的主导权移交至教育部门，随后《中国足球改革发展总体方案》《关于加快发展青少年校园足球的实施意见》的相继出台，将校园足球上升为国家战略，教育部的主导权被再次重申，"顶层设计—校园执行"的垂直管理体系得以畅通，校园足球回归教育本位。然而，教育部的突然接管对于前期的布局是否有影响？预期的成果能否显现？教育与体育部门之间的权责如何划分？早期体育部门主导下的校园足球重竞技、轻普及，以少数人参与的精英化足球为主，而教育部门主导时，校园足球重普及、轻竞技，致力于参与人数的普及，"每周每班一节足球课""大力发展足球社团"等政策性内容是最有力的佐证。在双方目标异化的情况下，前后时期的政策难以有效衔接，

---

[1] 张辉. 我国布局城市校园足球人才培养体系的研究［D］. 北京：北京体育大学，2011.

[2] 梁伟，刘新民. 校园足球可持续发展的推进策略［J］. 体育文化导刊，2014（1）：151-153.

[3] 李卫东，张廷安，陆煜. 全国青少年校园足球活动开展情况调查与分析［J］. 上海体育学院学报，2011，35（5）：22-25，31.

[4] 贺新奇，刘玉东. 我国"校园足球"若干问题再探讨［J］. 北京体育大学学报，2013，36（11）：108-113.

[5] 李纪霞，董众鸣，徐仰才，等. 我国青少年校园足球活动管理体制创新研究［J］. 山东体育学院学报，2012，28（3）：99-104.

[6] 李新威，李薇. 我国校园足球的异化现象［J］. 体育学刊，2015，22（5）：45-48.

[7] 教育部. 关于成立全国青少年校园足球工作领导小组的通知[EB/OL].（2018-01-08）[2021-02-20]. http://www.moe.gov.cn/srcsite/A17/moe_938/s3276/201501/t20150112_189308.html.

两阶段政策系统割裂。邱林曾借助"梅兹曼尼安—萨巴提尔"模型对校园足球政策执行分析时提出"部门间主导权利的更迭,造成'两个时期'政策之间缺乏内在逻辑衔接,政策目标缺乏连贯性",并以两个时期讲师团队的更迭与培训重心的转移为例加以佐证。[1] 在政策文件的主导下,初步明确教育、体育部门的职责分工后,应深耕于细节,细化双方的权力、责任,尤其是在双方各有一定优势资源的情况下,资源的互补尤为重要。截至2020年,校园足球布局的成果初步显现,"四梁八柱"初步建立,这也表明管理体系的理顺对校园足球的发展有着积极的正面影响。然而,从"教育部门应履行好青少年校园足球主管责任,负责校园足球的统筹规划、宏观指导和综合管理。体育部门发挥人才和资源优势,加强技术指导、行业支持和相关服务"[2] 到"加快推进工作对接和资源共享,发挥各自优势,深化体教融合"[3] 的政策内容的演变,可以看出,教育与体育部门的资源互补仍未形成合力,尚需厘清二者的内驱动力,建立耦合机制,完善落实政策方针。

2. 教学训练

自校园足球活动开展以来,师资力量不足一直是制约教学训练的重要因素。齐效成等人在对重庆市195所中小学展开调研时发现,"有65所中小学学校配备了1名足球教师,占33%;有40所学校配备了2名足球教师,占21%;有37所学校配备了3名足球教师,占19%。值得注意的是,有53所中小学学校还没有配备足球教师,占到27%"[4]。与之相近的,张碧昊等人在对H省的91所学校的调研中发现,"仅有42.2%的学校拥有足球专业教育背景的体育老师"[5]。单纯依据目前相关学者的调研情况而言,校园足球的师资现状远没达到《全国校园足球特色学校基本标准(试行)》中所要求的"至少有一名足球专项体育教师"。因此,王志华、郑原、席连正等学者在扩充专业师资队伍上提出持续招聘、采用外聘、加强合作等方式。尤其是解决好退役运动员

---

[1] 邱林. 我国校园足球政策执行的主要变量与路径优化——基于梅兹曼尼安-萨巴提尔政策执行综合模型分析 [J]. 体育学研究,2020,34(4):38-45.

[2] 教育部. 教育部等6部门关于加快发展青少年校园足球的实施意见 [EB/OL]. (2015-07-27) [2021-02-22]. http://www.moe.gov.cn/srcsite/A17/moe_938/s3273/201508/t20150811_199309.html.

[3] 教育部. 教育部等7部门关于印发《全国青少年校园足球八大体系建设行动计划》的通知 [EB/OL]. (2020-09-11) [2021-02-22]. http://www.moe.gov.cn/srcsite/A17/moe_938/s3273/202009/t20200925_490727.html.

[4] 齐效成,杨艳,刘年伟,等. 重庆市校园足球教练员发展的困境与路径研究 [J]. 西南师范大学学报(自然科学版),2017,42(8):117-122.

[5] 张碧昊,郭敏,李卫东. 省域校园足球特色学校建设的现状审思与策略选择——基于H省91所学校的实地调研 [J]. 体育学研究,2020,34(4):30-37.

的转岗问题,将会使校园足球的师资队伍实现质的飞跃。[1-3] 然而其中存在极大的阻碍,一方面是由于运动员自身受教育水平有限,对于教学方面的理论基础薄弱;另一方面缺乏政策保障。虽然2015年之后,相关政策文件中都会提到退役运动员的转岗,但措辞多为"鼓励""引导""探索"等,造成政策的约束性不高,权威性不足,且没有具体的、可操作性的文件,最终效果不佳。段炼、古文东、李祥虎等学者指出,虽然运动员具备极佳的专业素养,但是在教学方面基础薄弱,不易符合中小学的教学需求。此外,体育与教育部门之间的人才流通路径尚未畅通,加之配套性政策不足,严重制约了退役运动员的转岗。[4-6] 值得注意的是,在校园足球的热潮下,许多高校体育师范类学生纷纷转向足球专业,"半路出家"式足球专项背景的师范生充斥其中,这就导致缺乏系统培训、竞训经验的他们在进入教学岗位后,徒有其名,难有其实。段炼指出:"由于专项并非是足球,在足球教学、训练技能上表现出较大的差异性,尤其是缺少竞赛组织与临场指挥能力、运动队管理能力。此外,由于连年的扩张,体育类专业的生源素质降低、师资力量紧缺、培养课程体系陈旧、专业实践不够深入等原因制约,以体育类专业为核心的青少年足球教练员执教能力整体水平亟待提高。"[7] 在这样的现实背景下,加强对一线教师的培训尤为重要。自2015年以来,教育部牵头,5年内持续开展校园足球骨干教师以及校园足球教练员的国培计划,截至2018年,国家级校园足球教师培训达到2万多人,教练员培训达到5 000多人。[8] 然而,到了后期,骨干教师的培训由原来的每期15天,锐减为每期3天,培训天数直线下降,培训质量堪忧。此外,郑原等在对H省的实际调研中发现,由于政府对重点学校的

---

[1] 王志华,向勇. 我国校园足球可持续发展的现实困境与路径选择[J]. 体育文化导刊,2019(2):101-105.

[2] 郑原,李卫东,韩斌,等. 省域校园足球推进的审视与未来发展——基于H省的实地调研[J]. 武汉体育学院学报,2019,53(4):75-79,93.

[3] 席连正,毛振明,吴晓曦. 论"新校园足球"的顶层设计(7)——论校园足球的十大成功标志和实现关键[J]. 武汉体育学院学报,2019,53(3):76-80.

[4] 段炼,张守伟. 我国青少年足球教练员执教能力培养研究[J]. 沈阳体育学院学报,2019,38(2):86-91,115.

[5] 古文东. 基于校园足球视角的基层足球教练员培养[J]. 广州体育学院学报,2013,33(1):124-128.

[6] 李祥虎,张婷,吴春春,等. 我国退役运动员多元化发展路径研究[J]. 体育文化导刊,2017(12):3,18-21.

[7] 段炼,张守伟. 我国青少年足球教练员执教能力培养研究[J]. 沈阳体育学院学报,2019,38(2):86-91,115.

[8] 教育部. 足球高水平苗子开始出现了,不能急功近利[EB/OL].(2018-07-03)[2021-02-22].https://baijiahao.baidu.com/s?id=1604922327647261221&wfr=spider&for=pc.

资源倾斜,在培训名额的划拨上,非重点学校名额稀缺,以至于出现重点学校"供大于求"、非重点学校"供小于求"的供需矛盾。[1] 以上现象的出现,在一定程度上源于对培训谁、培训什么、如何培训、由谁组织的定位不清,因此需要健全师资培训体系。董鹏等人在对我国校园足球师资培训进行调查时发现,"足球文化风格定位模糊导致培训理念鱼龙混杂、考核合格标准门槛过低导致培训质量不高、教体部门为主的培训模式较为单一"[2] 等问题突出,究其原因还是在于缺乏系统的培训体系,继而借助路线图方法从"形成政府主导、社会参与、市场补充的多元化培训合力,完善分级、分类、分批的个性化培训分工,构建教师足球教学素养、综合教学素养、终身专业成长的一体化培训机制"[3] 三个方面提出实施路径。除此以外,对于足球教师在工资待遇、职称评比、绩效补贴等核心利益诉求的保障,也是影响师资力量的重要因素。"每周每班一节足球课"的政策要求使得足球教师的课业任务增加,他们还要负责开展足球大课间、校内联赛、足球社团、校队的训练与比赛。这样的背景下足球教师的核心利益诉求的保障愈发重要,否则"既让马儿跑,又不给马儿吃草"的做法,只会打消足球教师的积极性。戴狄夫、张渊、姜南等学者均指出建立激励性制度,重视足球教师对核心利益的诉求表达是协调各方利益,调动目标群体参与积极性的关键。[4-6] 然而,由于原有规章制度的限制,即使多次在出台的政策文件中提出保障足球(体育)教师的核心利益,但是由于缺乏详细的政策引导,导致给予足球教师的活动补贴寥寥无几。以S市为例,相较于外聘教练一两百元的课时费,足球教师在社团活动、校队训练等方面的活动补贴,每次仅有二三十元。

除了关于师资力量的探讨外,也有学者具体针对教学的其他环节展开论述。首先是校本教材的开发。黄晓灵、贺新奇、侯学华等均认为校本教材是支撑校园足球长期开展的重要保证,因此,要开发具有本校特色的校本教

---

[1] 郑原,李卫东,韩斌,等.省域校园足球推进的审视与未来发展——基于H省的实地调研[J].武汉体育学院学报,2019,53(4):75-79,93.

[2] 董鹏,程传银,赵富学,等.基于路线图方法的我国校园足球师资培训体系构建[J].体育文化导刊,2018(8):136-141.

[3] 董鹏,程传银,赵富学,等.基于路线图方法的我国校园足球师资培训体系构建[J].体育文化导刊,2018(8):136-141.

[4] 戴狄夫,金育强.我国校园足球政策执行的利益辨识与制度规引[J].武汉体育学院学报,2018,52(10):38-43.

[5] 张渊,张廷安.我国校园足球政策执行推进策略研究[J].体育文化导刊,2018(5):108-112.

[6] 姜南.我国校园足球政策执行的制约因素与路径选择——基于史密斯政策执行过程模型的视角[J].中国体育科技,2017,53(1):3-8,26.

材。[1-3] 然而，在具体调查中，有学者发现无论是城市还是农村，在教材的使用上多以体育课教材为主，校本教材数量较少，其中尤以农村最甚，无教材比率占调查总数的 78.95%，分析其中缘由，首先是专业师资的匮乏占据主导。[4] 就笔者而言，校本教材的开发，更应该切合本校实际，不同学校的场地建设、器材配备、学生人数各有不同，如何依据学校现实情况开展最有利的教学应成为校本教材的主要抓手，而不是照搬所谓的青训教材、上课教案，并赋予"校本教材"之名。其次是教学方法的探索。"教会、勤练、常赛"的新提法下，传统的三段式教学能否实现"教会"的目标？尤其是在"多班级、大班额"教学现状下，以对抗为主导、对空间需求极大的足球项目如何实现"教会"？陈玉军、李卫东、彭瑞等学者均指出，现今足球的教学仍然沿袭传统的教学模式，方法老套、程序化严重，只传授单个技术而不教如何运用技术的现实情况阻碍了由技术转向技能的过程，"教会"便无从谈起。[5-7] 基于此，应当采取何种方式进行教学从而实现"教会"的目标？在具体的方法探索上，国内学者多向外求，通过分析比对国内外的差距，引入适合我国国情的教学模式。例如，吴亚香借鉴澳大利亚、新西兰等西方国家的经验，建议引入"运动教育"模式[8]；李虎在师资短缺、教学训练方式落后的现实背景下，吸取国外经验，提出"小场训练赛"（Small-Sided Games）的教学方式[9]。虽然二者看似不同，但是仔细比对就会发现，它们的核心载体都是竞赛，在教学目标指引下，以比赛为主导开展教学，且不拘泥于场地与比赛规则，从而完成技术向技能的跃迁，真正实现"教会"。在校园足球的训练方面，除了关注

[1] 黄晓灵，夏慈忠，黄菁. 不同行政区校园足球开展的对比研究——以川渝小学为例 [J]. 成都体育学院学报，2018，44（5）：113-119.

[2] 贺新奇，刘玉东. 我国"校园足球"若干问题再探讨 [J]. 北京体育大学学报，2013，36（11）：108-113.

[3] 侯学华. 全国青少年校园足球活动价值定位与推广策略研究 [D]. 北京：北京体育大学，2011.

[4] 黄晓灵，夏慈忠，黄菁. 不同行政区校园足球开展的对比研究——以川渝小学为例 [J]. 成都体育学院学报，2018，44（5）：113-119.

[5] 陈玉军. 校园足球发展的难点与突围方式思考 [J]. 中国教育学刊，2019，A1：210-211，214.

[6] 李卫东，刘艳明，李溯，等. 校园足球发展的问题审视及优化路径 [J]. 上海体育学院学报，2019，43（5）：19-23.

[7] 彭瑞. 影响校园足球文化发展的因素探究 [J]. 中国教育学刊，2019，A2：71-72.

[8] 吴亚香. 校园足球教学引入运动教育模式的研究 [J]. 南京体育学院学报（社会科学版），2016，30（5）：82-87.

[9] 李虎. 校园足球教学与训练方法——基于国外足球 Small-Sided Games 的解读 [J]. 广州体育学院学报，2020，40（2）：124-128.

扩充教练员数量、提高教练员质量、优化整体结构以外，如何有效展开训练也被诸多学者关注。2020年《中国足球协会青少年训练大纲》的正式颁布，使得在训练的理念上有了统一的前提，基于此，以何种有效方式贯彻理念，加强训练？当前国内所采用的训练模式为借助热身、技术、技能、比赛四个环节的层层递进，完成整个训练。然而由于操作不当，致使训练与比赛的割裂感严重，而教练员的"填鸭式"指导，剥夺了球员自主思考的空间。李春阳就曾指出："这种训练安排过多采用分解、分项练习，难以使训练接近真实比赛的要求，而且在训练过程中教练员大多采用指令性教学方法，很少启发球员自己去思考。"[1] 由此可见，无论是在教学方面，还是在训练方面，国内学者达成一定的共识——以比赛为核心载体，不脱离实战。孟青、浦义俊、胡琦等学者借鉴法、英、德三个国家的理念、经验，认为统一的青训理念是前提，结合比赛情景的训练是基础，思维意识的塑造是保障。[2-4]

3. 竞赛体系

校园足球竞赛体系包含多个方面，以多维形式呈现。李卫东在其文章中围绕竞赛目标、组织结构、赛事系统、竞赛资源、规章制度等五个方面分析校园足球竞赛体系存在的问题，并提出发展模式。[5] 结合国内学者在竞赛体系上的研究方向与内容，欲从目标定位、组织结构、赛事系统三个方面展开论述。第一，目标是人们对于组织系统在今后一段时期内能够产生某种作用或影响的预期。[6] 早期在体育部门主导下的校园足球以"培养后备人才"为主要目标[7]，然而娄方平、毛振明等学者指出以竞赛为主导的后备人才培养目标，使得校园足球演变成了精英足球，"锦标主义""金牌主义"突出，偏离了校

---

[1] 李春阳. 法国青少年足球训练实践与理念及其启示 [J]. 体育学刊, 2017, 24 (6): 127-131.

[2] 孟青, 王永顺, 刘鎏. 法国青少年足球训练理念及启示 [J]. 体育文化导刊, 2019 (4): 83-89.

[3] 浦义俊, 戴福祥. 英国校园足球发展特征及启示 [J]. 体育文化导刊, 2020 (1): 6-11.

[4] 胡琦, 谢朝忠. 中德青少年足球人才培养体系比较研究 [J]. 体育文化导刊, 2019 (10): 49-55.

[5] 李卫东, 何志林, 董众鸣. 青少年校园足球竞赛体系发展模式的构建 [J]. 武汉体育学院学报, 2013, 47 (2): 87-92.

[6] 侯光明. 组织系统科学概论 [M]. 北京: 科学出版社, 2006.

[7] 秦旸, 邱林. 基于政策文本分析的校园足球演进历程、发展逻辑与时代启示 [J]. 北京体育大学学报, 2020, 43 (10): 59-67.

园足球的真义。[1][2] 教育部主导时期,"以人为本""立德树人""健康第一"等观念在竞赛目标中占据主导地位,关注重点从"足球后备人才培养"演化为"夯实中国足球持续健康发展的人才基础"。[3] 美中不足的是,尽管随着目标的转变,校园足球竞赛的育人功能日趋重要,但是仅仅只有总体发展目标,难以把握真正的方向,极易跑偏。李卫东通过中、日、韩三个国家的竞赛目标的比对发现,"日韩两国均明确提出了总体发展目标,并结合青少年学生各年龄组生长发育特征和各国实际制定了富有针对性的阶段发展目标,而中国只制定出了总体发展目标,阶段发展目标则不明确,对目前学校足球竞赛开展缺乏具体的指导意义"[4]。第二,在体育部门主导时期的校园足球竞赛组织结构是由"全国青少年校园足球工作领导小组—地方青少年校园足球工作领导小组—校园足球联赛组委会"三级所构成[5],正如前文所说,由于体育与教育部门之间权责划分不清,在一段时间内教育部门处于"缺位"状态,难以真正统合两部门的力量。在教育部门主导后,形成了校园足球的相关赛事由教育部门主导,除此以外,足协统领下的"青超联赛"也吸纳了部分校园足球队伍的进入,从整体上形成了双轨制的竞赛组织管理体系。然而,在"体教融合"的大背景下,梯队校办、市队校办屡见不鲜,使得看似分工明确的竞赛安排,出现矛盾冲突,双轨主导下的组织劣势初步显现。第三,就政策而言,我国从理论上搭建出"校内竞赛—校际联赛—选拔性竞赛—国际交流比赛"为一体的赛事体系[6],具体依托"小学—初中—高中—大学"的四级联赛展开实施。在人才选拔方面,以校园足球夏令营(冬令营)为主要抓手,构建选拔性赛事体系,小学、初中、高中各省13个组别的最佳阵容进入全国夏令营分区赛,分区赛的最佳阵容参加总营活动,产生U系列全国校园足球

---

[1] 娄方平,向禹. 校园足球实践发展审视:现象、成因与治理[J]. 武汉体育学院学报,2016,50(3):96-100.

[2] 毛振明,刘天彪,李海燕. 校园足球实施一年来的成绩、经验与问题——论"新校园足球"的顶层设计之四[J]. 武汉体育学院学报,2016,50(3):5-10.

[3] 郝文鑫,方千华,蔡向阳,等. 我国新校园足球竞赛体系的运行现状考察与治理路径研究[J]. 武汉体育学院学报,2020,54(7):87-93.

[4] 李卫东. 中日韩学校足球竞赛体系的比较与展望[J]. 北京体育大学学报,2013,36(10):105-110.

[5] 李卫东. 中日韩学校足球竞赛体系的比较与展望[J]. 北京体育大学学报,2013,36(10):105-110.

[6] 教育部. 教育部等7部门关于印发《全国青少年校园足球八大体系建设行动计划》的通知. [EB/OL].(2020-09-11)[2021-03-01]. http://www.moe.gov.cn/srcsite/A17/moe_938/s3273/202009/t20200925_490727.html.

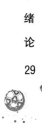

国家队，参加出国交流比赛。[1] 虽然框架已经搭好，但在具体实践过程中仍存在许多问题。王家宏、惠陈隆等学者指出，目前全国校园足球定点学校，达到《全国青少年校园足球活动实施方案》中所要求'学校必须组织校内班级间和年级间比赛'的比例，基本达到的不到 10%，根本没达到的超过 90%。[2][3] 此外，从校际联赛开始，参与群体仅是以校队为代表的精英球员参与，普通学生参与机会较少，呈现受众面较窄的状态。葛新在其文章中指出"多数地区能参加足球竞赛的学生一般都是相对固定的学校代表队人员，足球竞赛与绝大部分学生是没有任何关系的"[4]，并提出"校际联赛采用分级制，多设置组别，不仅让青少年足球精英参与比赛，还要让更多一般水平的校园足球爱好者也能参与到校级交流比赛中"[4] 的解决办法。同时，毛振明、胡琦等人指出，由于校园足球联赛多以赛会制为主，球员参赛程度不高，相较于德国青少年每年约 40 场比赛，国内青少年不足 20 场，以赛代练的效果不佳。[5][6] 此外，升降级制度的缺乏也是校园足球联赛体系不完善的表现。罗宇、胡琦、柳鸣毅等学者均认为我国校园足球联赛体系不完善的主要表现之一就在于缺乏升降级机制，联赛激励不足。[7-9]

4. 资源环境

自 2009 年开展校园足球活动以来，资金、场地始终处于"供不应求"的状态。《中国足球中长期发展规划（2016—2050 年）》中提出"'十三五'建设期间，全国修缮、改造和新建 6 万块足球场地，使每万人拥有 0.5~0.7 块足球场地，其中校园足球场地 4 万块，社会足球场地 2 万块"的场地建设目

---

[1] 郝文鑫，方千华，蔡向阳，等. 我国新校园足球竞赛体系的运行现状考察与治理路径研究[J]. 武汉体育学院学报，2020，54（7）：87-93.

[2] 王家宏，董宏. 体育回归教育：体教融合的现实选择与必然归宿[J]. 北京体育大学学报，2021，44（1）：18-27.

[3] 惠陈隆. 我国青少年体育竞赛资源整合的现状分析与对策研究[J]. 北京体育大学学报，2014，37（7）：23-30.

[4] 葛新，曹磊. 论我国校园足球育人本质的偏离与回归[J]. 体育文化导刊，2020（7）：105-110.

[5] 胡琦，谢朝忠. 中德青少年足球人才培养体系比较研究[J]. 体育文化导刊，2019（10）：49-55.

[6] 毛振明，刘天彪. 再论"新校园足球"的顶层设计——从德国青少年足球运动员的培养看中国的校园足球[J]. 武汉体育学院学报，2015，49（6）：5-11.

[7] 罗宇. 体育强国目标下我国校园足球的价值定位及其实现[J]. 广州体育学院学报，2019，39（4）：14-17.

[8] 胡琦，谢朝忠. 中德青少年足球人才培养体系比较研究[J]. 体育文化导刊，2019（10）：49-55.

[9] 柳鸣毅. 我国青少年体育赛事体系研究[D]. 北京：北京体育大学，2013.

标,2015年以来,中央财政累计投入校园足球资金6.48亿元,带动各省(区、市)投入超过196亿元。[1] 然而,场地、资金的匮乏仍是制约校园足球开展的主要因素。张磊、郭骏骅、牛一任、孙传江、冷嘉彬等在对京津冀校园足球开展现状调查时指出,三地中小学足球场地分布不均衡且质量参差不齐,专业场地缺乏、场地规模较小、硬件设施缺乏限制了校园足球的开展,深究原因,还在于经费不足。[2-6] 李卫东、邱林等人指出部分校园足球特色学校专项资金严重不足,尤其是基层县、区级非重点学校,甚至出现经费的逐年削减。究其原因在于经费来源渠道较单一,且经费不能及时到位。在具体解决措施上,这些学者均提出设立校园足球经费,地方部门进行同比例配比,保证专款专用,加强经费的监督管理。[7][8]《关于加快发展青少年校园足球的实施意见》一文中曾提出建立"政府支持、市场参与、多方筹措支持校园足球发展的经费投入机制",因此,在经费的筹措上,除了要由政府设立专项资金、加强投入以外,还应该拓宽经费来源。罗冲、郑原、浦义俊、邱林等指出,要设立基金,并从政策上给予一定红利吸引社会资本的投入;通过企业赞助直接引入社会资金等方式探索多方筹措经费的渠道。在经费保障的基础上,针对场地既要进行新建、改建保证场地数量,同时也要多形式进行场地的开发。[9-12] 鲍明晓提出"要更加重视盘活可利用自然空间(公园、广场、草

---

[1] 张春合. 政策链视角下健康中国与校园足球协同发展的融合路径 [J]. 体育学刊, 2021, 28(1): 91-96.

[2] 张磊. 多主体参与下的京津冀校园足球协同发展创新策略——基于三螺旋模型的分析 [J]. 北京体育大学学报, 2020, 43 (9): 18-28.

[3] 郭骏骅. 北京市"全国青少年校园足球特色学校"校园足球开展现状研究 [D]. 北京: 首都体育学院, 2017.

[4] 牛一任. 北京市校园足球特色校发展研究 [D]. 北京: 首都体育学院, 2018.

[5] 孙传江. 天津市中学校园足球开展现状调查及分析 [D]. 石家庄: 河北师范大学, 2012.

[6] 冷嘉彬. 河北省中小学校园足球开展现状的调查研究 [D]. 石家庄: 河北师范大学, 2015.

[7] 李卫东, 刘艳明, 李溯, 等. 校园足球发展的问题审视及优化路径 [J]. 上海体育学院学报, 2019, 43 (5): 19-23.

[8] 邱林, 张廷安, 浦义俊, 等. 校园足球政策基层执行的逻辑辨析与治理策略——基于江苏省Z县及下辖F镇的实证研究 [J]. 上海体育学院学报, 2021, 45 (3): 49-59.

[9] 罗冲, 龚波. 新形势下我国校园足球青训体系的内涵、困境与出路 [J]. 武汉体育学院学报, 2019, 53 (4): 80-85.

[10] 郑原, 李卫东, 韩斌, 等. 省域校园足球推进的审视与未来发展——基于H省的实地调研 [J]. 武汉体育学院学报, 2019, 53 (4): 75-79, 93.

[11] 浦义俊, 邱林. 法国校园足球发展历程、特征及启示研究 [J]. 武汉体育学院学报, 2020, 54 (8): 81-88.

[12] 邱林. 我国校园足球政策执行的主要变量与路径优化——基于梅兹曼尼安-萨巴提尔政策执行综合模型分析 [J]. 体育学研究, 2020, 34 (4): 38-45.

地、沙滩、地下和屋顶空间等）和非体育空间（废弃的厂房、库房、待开发的建设用地等），增设非标、临时（特殊时段）、可拆卸可移动的足球场地设施。用好政府专项财政贴补和奖励政策，调动社会力量来新建更多的足球场地设施"[1]。虽然，目前校园足球场地无法满足"多班级、大班化"教学的现状，但是相较于社会场地而言，学校足球场地数量可观，比例较大，且在不断增添，而中小学足球场地课外时间的闲置又会造成资源上的浪费。因此，应当积极探索校园足球场地对外开放的路径，以场地换资源、以场地换经费等形式可以在一定程度上缓解校园足球存在的窘境。

（三）职业足球青训与校园足球的融合

迄今为止，全国校园足球特色学校总数达30 750所，粗略估计参与人口超过4 000万人，然而由于校园足球在优质师资、竞赛资源等方面的匮乏，加之过于重视足球在校园内的普及，足球教学受低水平、重复等因素的困扰，使得庞大的参与群体难以向青少年后备足球人才转换，如何提高这批尚处"拔节孕穗期"的参与群体的转换质量，成为现阶段的重心。而传统的职业俱乐部青训由于"重武轻文"，加之足球成才的困难性，使得青训球员的职业规划单一，风险较大。因此，需要打通教育与体育部门之间的壁垒，促进资源的双向流动，形成职业足球青训与校园足球的深度融合，创建共赢局面。实际上，自校园足球活动开展以来，部分职业足球俱乐部就已经意识到校园足球活动的优势，在梯队建设上会采用"梯队校办"的形式与学校合作，但持续性不强，在合作方面浅尝辄止，流于形式。喻和文等人在《职业足球俱乐部青训与校园足球合作探析》一文中，借助分析职业足球俱乐部与校园足球各自资源上的优劣，从而引出双方展开合作的必要性。此外，他们也指出双方的合作仅仅止于表面，未形成常态化合作机制，难以进行深度的融合，并从协同双方目标、化解学训冲突、增强俱乐部社会责任意识、完善引导政策四个方面提出进一步推进合作的策略。[2] 然而，这篇文章在融合上的探讨仅局限于俱乐部与学校之间，虽然双方作为融合的具体执行者，对他们进行操作性探讨无可厚非，但是，欲要加强二者之间的深度融合还需要破除根源上的壁垒，从观念、体制、社会氛围等多方面着手，整体推动双方融合。邱林等从宏观上提出树立"大青训"思想、改革管理体制、构建多方参与机制、健全深度融合的政策法规体系；在微观上，就如何融合，从教学、训练、竞赛、选拔、保障五个方面

---

[1] 鲍明晓. 足球改革进程中深层次制约因素及化解策略[J]. 北京体育大学学报，2019，42（11）：10-22.

[2] 喻和文，刘东锋，谢松林. 职业足球俱乐部青训与校园足球合作探析[J]. 体育文化导刊，2019（2）：22-27，14.

提出具体的解决办法。[1]

也有学者借助域外经验，探索职业俱乐部青训与校园足球融合的路径。孙一、陈星谭、李云广、浦义俊、宁聪等学者研究分析日本足球青训的培养路径与培养模式，并与国内进行比较，最终提出树立"先育人、后育体"的培养观念、营造社会足球文化氛围、畅通校园足球与职业足球之间的人才流通体系、正确处理学训矛盾、促进优质教练员向校园的流通、构建多方筹措的经费机制等策略，以促进职业俱乐部青训与校园足球的融合。[2-6] 浦义俊、谭淼、梁斌、陈洪等学者将目光聚集在英国校园足球与职业足球融合上，通过比对双方差异，认为应当开发校园足球市场，提升自身造血功能；注重文化教育，避免过早分化；建立完备竞赛体系，提高比赛质量；注重社区的力量，推动政府、社会、校园、职业俱乐部形成合力。[7-10]

值得一提的是，教育部体育卫生与艺术教育司（以下简称"体卫艺司"）司长王登峰在对《关于深化体教融合 促进青少年健康发展的意见》进行解读时表示：体教融合的一个关键点就是赛事体系的融合。对于校园足球和职业足球而言，赛事体系的融合就是将二者的青少年赛事进行有机融合。"青超联赛"是目前对赛事体系融合做出的一个有利尝试，然而仍存在一些弊端。首先，目前青超联赛并未向所有校园足球队伍开放，仅优胜队可以参加，受众较少；其次，在参赛组别上，虽设立 U13、U14、U15、U17、U19 五个组别，但

---

[1] 邱林，秦旸. 我国校园足球与职业足球青训深度融合的选择逻辑与推进路径［J］. 北京体育大学学报，2021，44（2）：59-70.

[2] 孙一，饶刚，李春雷，等. 日本校园足球：发展与启示［J］. 上海体育学院学报，2017，41（1）：68-76.

[3] 陈星谭，康涛. 中国与日本校园足球发展的比较研究［J］. 南京体育学院学报（社会科学版），2017，31（2）：70-75.

[4] 李云广，李大威. 日本校园足球"走训制"训练模式及启示［J］. 体育文化导刊，2020（1）：1-5，11.

[5] 浦义俊，辜德宏，吴贻刚. 日本足球转型发展的历史脉络、动力机制及其战略价值研究［J］. 沈阳体育学院学报，2020，39（2）：82-91，132.

[6] 宁聪，黄竹杭，侯学华，等. 日本的足球运动发展历程和足球项目发展路径及启示［J］. 首都体育学院学报，2020，32（4）：338-345.

[7] 浦义俊，戴福祥. 借鉴与反思：英格兰足球历史演进、改革转型及其启示［J］. 西安体育学院学报，2017，34（1）：60-67.

[8] 谭淼. 基于中英比较视角的校园足球人才培养方略探析［J］. 沈阳体育学院学报，2016，35（5）：109-114，138.

[9] 梁斌. 英国校园足球启示：网络路径整合及多元资源配置［J］. 山东体育科技，2014，36（1）：105-108.

[10] 陈洪，梁斌. 英国青少年校园足球发展的演进及启示［J］. 体育文化导刊，2013（9）：111-114.

校园足球优胜队仅能参加 U15、U17、U19 三个组别，局限性过高；最后，由于两者间训练水平、硬件保障等方面存在差距，仅有少数队伍校园足球特色校如郑州市第七中学、中国人民大学附属中学等参加青超比赛。[1]

综上所述，从官方、学术界再到民间普遍都形成一个共识：职业足球青训与校园足球融合势在必行。尤其是传统足球青训脱离学校，不重视文化教育等弊端导致职业风险较大，加之准入门槛较高，青训人口逐年递减的惨淡现状，推动了职业足球俱乐部青训与校园足球的合作。而现阶段就如何促进融合尚处初创阶段：一是在政策层面，仅有寥寥几份中央文件，配套文件还在研制，政策体系尚不完善。二是在理念方面，如何贯彻落实"一体化设计、一体化推进"的大青训理念成为重头戏。三是在人才培养方面，"梯队校办"的方式还需要进一步深化落实，师资力量的流通互补仍是难题。四是在竞赛体系上，一方面，需要积极推进教育部门与体育部门青少年足球联赛的融合；另一方面，仍需开发针对各个阶段的青少年足球联赛，加强区域联赛的打造。

二、国外相关研究的学术史梳理及研究动态

通过参阅文献发现，国外足球后备人才培养模式主要分为三类：职业足球青训为主、校园足球为主、职业足球青训与校园足球并行。

（一）以职业足球俱乐部为主的青训模式

其中具有代表性的国家有荷兰、意大利、西班牙、巴西、阿根廷等。

荷兰足球青训包括职业足球青训与业余足球青训两类，其中业余足球青训含有一定的校园足球元素，但培训还是以俱乐部的形式展开，为职业足球俱乐部输送人才。在青少年训练方面，设立三阶段训练体系，并依托各阶段青少年足球运动员身心发育特点，有针对性地将"TIC"理念贯彻其中[2]；在竞赛体系上，从职业联赛到业余联赛共有 10 级，除此以外还有各级、类的青少年联赛，从而形成了一个贯穿始终、层级分明的联赛体系[3]；根据中国驻荷兰大使馆教育处的相关人员调研发现，在人才选拔方面，相较于国内球探系统方兴未艾，荷兰形成了一个遍布全国的球探网络，球探通过观看训练、比赛进行

---

[1] 郝文鑫，方千华，蔡向阳，等. 我国新校园足球竞赛体系的运行现状考察与治理路径研究[J]. 武汉体育学院学报，2020，54（7）：87-93.

[2] 胡伟. 荷兰青少年足球训练体系及相关理念探究[J]. 南京体育学院学报（社会科学版），2004，18（5）：108-110.

[3] 百度百科. 荷兰足球联赛系统[EB/OL].（2018-05-15）[2021-03-20]. https://baike.baidu.com/item/荷兰足球联赛系/17109338? fr=aladdin.

人才挖掘。

Erik Nughes等在其文章中提出,意大利足球青训由足球协会主导,俱乐部具体实施,通过设立足球学院进行人才的选拔与培养。[1] Heinemann,Elyakim等学者在文章中都曾提到,为了强化对本土球员的培养,意大利甲级联赛曾关闭外籍球员转会窗口达10年之久,从而逼迫国内俱乐部完善自身青训体系,加强青少年球员的培养与挖掘。[2][3] 此外,在青少年的赛事举办上,注重区域性或俱乐部间的联赛开展,这也是目前国内所欠缺的。国内目前虽然校园足球联赛体系已经搭建完成,但是校际联赛突出,区域联赛尚未完善。

Alcântara在调研中发现,巴西足球青训深植于国内浓厚的足球氛围,在2.2亿的人口中,足球人口高达1 686万人。[4] 在此基础上,绝大多数俱乐部设立U13—U20青训梯队,甚至部分俱乐部将U9—U12年龄段囊括进来,从而设立了全年龄阶段的青训梯队。值得一提的是,Antonio Jorge Gonçalves Soares等在其文章中分析到,巴西足球青训氛围的浓厚很大一部分来自职业足球运动员在社会上的地位,以及高额的薪水回报,其中底层群众与中产阶级贡献了极大的参与人口,尤其是底层群众试图通过足球来改变自己的社会地位。[5]

阿根廷职业俱乐部在梯队的建设上类似于巴西,设立了全阶段的青训梯队。Blakeslee在对阿根廷俱乐部青训的选材来源的研究中指出,阿根廷职业足球俱乐部积极与足球学校合作,挑选球员入队试训,并在此基础上设立自身青训基地,在吸收足球学校球员基础上,扩大选材范围,优中选优。[6] Frydenberg等特别指出,受益于阿根廷丰富的教练员资源,许多职业足球教练员扎根基层,主持相关青训工作,保证球员从小就能接受优质的足球训练,有利于后期的成材。[7] 然而有学者指出,虽然阿根廷教练员资源丰富,但是,在对他们的一线

---

[1] NUGHES E,AQUINO R, ERMIDIS G,et al. Anthropometric and fitness associations in U17 Italian football players[J].Journal of Sports Medicine and Physical Fitness,2020,60(9):1254-1260.

[2] HEINEMANN K,FRIEDERICI M R. Sport Clubs in Various European Countries[J].German Journal of Exercise and Sport Research,2003,33(3):330-333.

[3] ELYAKIM E,MORGULEV E,LIDOR R,et al.Comparative analysis of game parameters between Italian league and Israeli league football matches[J].International Journal of Performance Analysis in Sport,2020,20(2):165-179.

[4] Alcântara H.A magia do futebol[J].Estudos Avançados,2006,20(57):297-313.

[5] SOARES A J G, MELO L B S, COSTA F, et al. Relationship between formation of young players in Brazil and education[J].Revista Brasileira de Ciências do Esporte,2011,33(4):905-921.

[6] BLAKESLEE B.How to make a foreign idea your own:Argentine identity and the role soccer played in its formation[D].Arlington:The University of Texas,2014.

[7] FRYDENBERG J,DASKAL R,TORRES C R.Sports clubs with football in Argentina:Conflicts debates and continuities[J].The International Journal of the History of Sport,2013,30(14):1670-1686.

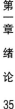

教学进行调查时发现,其在理念的灌输上存在弊端。Fernando Santos 等在调查中发现,虽然教练员与青少年球员之间能够进行积极互动,但在发展自信、性格、社交、能力上未能采取行之有效的方法和手段,未能取得良好的教学效果。[1]

这些以职业足球俱乐部为主展开青训的国家都有如下共同点:丰富的赛事体系、完善的青训梯队、庞大的足球人口、繁多的足球俱乐部、成熟的选拔机制。此外,它们虽然以职业俱乐部为主开展足球青训,但重视文化教育,降低职业规划的风险。而这也是国内需要学习的,打破职业足球与校园足球割裂的现状,促进双方融合,完善人才的教育、培养。

(二) 以校园足球为主的青训模式

日本和韩国是典型代表。

日本虽然以校园足球为主体,但在职业足球青训与校园足球的衔接方面也做出了许多有益探索,是亚洲青少年足球后备人才培养最为成功的国家。在我国,许多学者十分重视对日本足球青训的研究,普通民众也十分关注,形成了"言必称日本"的思维习惯。平田竹男指出倚仗日本学校体育的优势、社会舆论氛围和国民对体育重视的观念,校园足球的开展具有良好的群众基础。[2] 在人才的选拔与输送上,广濑一郎在其书中指出,日本建立了"小学—中学—大学—职业俱乐部"一体化的人才培养、选拔和输送体系[3];在管理方面,虽然由文部科学省与足协共同管理,但受益于权责划分明确,二者能够进行协同配合;在具体的培养上,以兴趣先导,进行足球活动在校园的普及,扩大参与群体,在此基础上建立了国家训练中心制度,从各地校园和俱乐部进行人员的筛选强化,最终借助"走训制"参与俱乐部梯队训练,大学阶段借助"J 联赛特别指定球员制度"进入 J 职业俱乐部[4];在后勤保障方面,激活校园足球自身造血功能,保证充足的经费划拨,并通过立法与保险开发,对伤害事故进行保障。[5] 此外,国内诸多学者在对日本足球青训进行研究时,多将视线集中于日本的校园足球与职业足球,忽视了社区足球的补充作用。Richard Light 以在日本茨城县进行的一项案例研究为基础,指出过去 10 年左

---

[1] SANTOS F, CORTE-REAL N, REGUEIRAS L, et al. Coaching effectiveness within competitive youth football: Youth football coaches' and athletes' perceptions and practices[J]. Sports Coaching Review, 2019, 8(2): 172-193.

[2] 平田竹男, ステファン・シマンスキー. 日韓 W 杯が J リーグの観客数に與えた影響に関する研究[J]. スポーツ産業學研究, 2009, 19 (1): 41-54.

[3] 広瀬一郎. J リーグのマネジメント[M]. 東京: 東洋経済新報社, 2004.

[4] 日本 J 聯盟. J リーグについて[EB/OL]. (2017-05-28)[2021-02-21]. http://www.j-league.or.jp/aboutj/.

[5] 应虹霞. 日本足球的明治维新[M]. 杭州: 浙江古籍出版社, 2012.

右足球运动的全球力量对该县乃至日本的儿童和青少年足球的实践和文化意义产生了重大影响，着重强调社区足球所扮演的重要角色，其为职业足球与校园足球的衔接起到中间节点作用。[1] 值得关注的是，日本草根足球的快速发展，在师资、后备人才方面打下良好基础。Masahiro Sugiyama 等指出日本 12 岁以下的注册球员数量，从 1979 年的 68 950 名球员发展到 2015 年的 302 606 名球员，已经增加了 233 656 名球员，这背后离不开日本对草根足球的重视和大力发展。[2] 其关键在于，日本各县足协围绕足球协会的管理、教练员培训计划、与利益相关者的密切合作等方面，通过俱乐部、联赛、学校的三方合作创设更多机会，在提供服务、技术推广、改进设施、人员培训、开发比赛上创设更多有利条件。

韩国足球发展的诸多方面值得我国借鉴学习，其中最重要的就是韩国足球青训。Jiang Liwei 在进行中韩青少年足球计划对比时指出，不同于我国教育、体育两个部门齐抓共管，韩国足球青训由足协来统筹负责，虽然韩国足球青训也包括职业足球青训与校园足球两个部分，但其主体为校园足球，足协下设小学足球联盟、初中足球联盟、高中足球联盟和大学足球联盟，共同负责韩国校园足球青训建设；在联赛方面，主要举办以周末联赛为形式的四级联赛，并允许职业俱乐部的青训加入其中[3]；John Horne 在其书中就如何处理"学训矛盾"的问题，介绍了韩国足协制定"培养学习的足球运动员"的培养理念，设立学分最低标准，规定只有学习成绩和出勤率合格之后才有资格参赛。[4] 虽然韩国以校园足球为主体的后备人才培养体系，为职业俱乐部输送了众多人才，但有学者指出受精英运动的影响，韩国在青少年足球人才的选拔上透明度不高，存在诸多弊端。Kim、Lee 指出，随着参与群体的不断增多，民众对体育管理的透明化与球员挑选过程的公开化要求达到顶点，而其本国的精英球员培养系统存在较大缺陷，选拔原则与机制的不断更迭导致相关政策文件难以透明化，选拔主体的单一化，尤其是以教练员为主的选拔方式，提升了教练员的

---

[1] LIGHT R.Globalization and youth football in Japan[J].Asian Journal of Exercise And Sports Science, 2007,4(1):21-27.

[2] SUGIYAMA M, KHOO S, HESS R. Grassroots football development in Japan [J]. The International Journal of the History of Sport, 2017, 34 (17-18): 1854-1871.

[3] JIANG L, CHO K M, CHOI M K. Comparative Analysis on Youth Football Programs in Korea and China[J]. Journal of the Korean Sports Industry Management Association, 2019,24(5):49-71.

[4] HORNE J, MANZENREITER W.Japan, Korea and the 2002 World Cup[M]. London:Psychology Press,2002.

权力却没有约束机制,导致球员挑选过程中违规现象时常发生。[1][2]

综上所述,虽然在职业足球青训与校园足球的融合上,日韩两国都以校园足球为主体展开,但存在一定差异。在管理主体上,不同于韩国单纯以足协为主导,日本是两部门共同管理,这恰恰与我国教育、体育两部门齐抓共管足球青训现状相符,因此,应当探索日本在权责划分、协同管理上采取的有效措施,结合国内现实情况,破除存在于两部门之间的壁垒,加强其合作;在球员培养上,日本、韩国均重视球员的文化教育,日本甚至设立学分达标制度,以此强化球员学习。此外,两国均构建了成熟的人才输送体系,打通了校园与职业之间的双向循环,而这恰恰是构建我国职业足球青训与校园足球融合体系的关键点之一。值得注意的是,要构建多元主体的人才选拔体系,需保证选拔的透明性,加强对选拔主体的权力约束与监督,从而避免选拔过程中出现的权钱交易。

(三)职业俱乐部青训与校园足球相互结合的培养模式

其代表性国家有德国、比利时、法国等。

德国作为欧洲足球强国,其科学的、系统化的青少年足球人才培养模式,为其提供了厚实的青少年足球人才基础。Philip Feichtinger等在文章中指出,自改革至今,德国不断完善"天才球员培养计划",从数量众多的训练基地选拔球员进入各俱乐部训练中心,落选者继续留在基地内,等待下一轮选拔。[3] 在管理方面,Kerstin Lopatta等指出,在职业俱乐部青训与校园足球的管理上,德国足协全权负责。足协要求参加职业联赛的各俱乐部建立自己的训练中心,参加德甲、德乙比赛的俱乐部必须拥有7支以上的球队。[4] 除此之外,还通过业余足球俱乐部、足球学校、训练基地进行人才的选拔与输送。在联赛方面,设立U9、U11、U13、U15、U17、U19六个组别,每个组别有明确的竞赛目标,且开展形式不一。Rosca指出,在教学、训练方面,德国足协制定统一的青训大纲,分阶段有针对性地对青少年儿童进行训练,且重视球员文

---

[1] KIM E K. A Study on the type of owning professional football club and its management structure[J]. Sport and Law, 2014, 17(1), 47-69.

[2] LEE W M. Are only the coaches responsible? The recent corruption scandal on admission of Korean student-athletes to universities[EB/OL].(2012-12-17)[2021-3-20]. http://sports.chosun.com/news/ntype.htm?id=20121218010010966009174&servicedate=20121217.

[3] FEICHTINGER P, HONER O. Psychological diagnostics in the talent development program of the German Football Association:Psychometric properties of an Internet-based test battery[J]. Sportwissenschaft, 2014, 44(4):203-213.

[4] LOPATTA K, BUCHHOLZ F, STORZ B. '50+1-rule in German football-a reform proposal based a comparison of the european big 5 football leagues[J]. Sport Und Gesellschaft, 2014, 11(1):3-33.

化学习,将全国范围的业余足球俱乐部和专门的足球学校作为人才培养基地,并通过一系列的选拔和考核,筛选出最优秀的青少年足球运动员输送到青训中心进行更高层次的技能、战术培训,进而输送到职业俱乐部梯队,使其走上成为职业运动员的培养道路。[1] 值得一提的是,德国设立 TID(人才识别)、TP(人才促进)计划为国内选材提供了很大比例,但 Güllich、Christensen、Güllich、Williams 等学者通过对德甲本土球员的调查发现,职业球员的成材是因为儿童、青少年时期的反复选拔、取消选拔的程序,而不是基于早期选拔和 TID/TP 持续培养。[2-5] 这一发现,对于 TID/TP 计划的调整与更改有着积极的助推作用。

Van Yperen 等指出,为加强比利时足球人才培养,比利时足协制定了一系列的培养措施,建立了完善的青训体系,强力推动各个职业俱乐部对青训的投入,并设立足球精英学院,培养优秀足球人才。Vaeyens、Bennett、Zuber、Baker 等学者指出,诸如比利时、德国等足球传统国家在人才识别与培养方面已经搭建出较为完善的体系,具体表现在拥有庞大的人才数据库,建立可行性高的系统训练体系,充足的财政支持与后勤保障。结合自身比利时、德国的人才培养经验,对新兴足球国家提出:防止主动放弃和辍学,以最大限度地扩大人才库的规模,减轻混杂因素对人才识别的影响,并在整个发展过程中对球员

---

[1] ROSCA V. Sustainable development of a city by using a football club[J]. theoretical and empirical researches in urban management,2010,5(16):61-68.

[2] GÜLLICH A. Selection, de-selection and progression in German football talent promotion[J]. European Journal of Sport Science,2014,14(6):530-537.

[3] CHRISTENSEN, KROGH M. "An Eye for Talent":Talent Identification and the "Practical Sense" of Top-Level Soccer Coaches[J]. Sociology of Sport Journal,2009,26(3):365-382.

[4] GÜLLICH A,EMRICH E.Individualistic and Collectivistic Approach in Athlete Support Programmes in the German High-Performance Sport System[J]. Ejss European Journal for Sport And Society, 2016, 9(4): 243-268.

[5] WILLIMAS A M, REILLY T. Talent identification and development in soccer[J]. Journal of Sports Sciences,2000,18(9):657-667.

进行纵向跟踪,以记录导致足球专长的表现概况。[1-5] 总体来说,这些策略可以减少对基于早期表现优势的球员识别的依赖,并将重点放在全面、长期的发展上。Gazela Pudar等在对比利时青少年足球政策解读时提到,比利时借助自身地域特点,借鉴周边足球强国青训经验,将自己培养出的青少年教练员,送去邻国学习,借鉴德国足球经验,重点培养14~18岁的精英球员,同时鼓励个人前往周边国家知名俱乐部培训,并给其以经济上的鼓励。[6]

法国对足球人才的培养具体体现在培养理念、培养路径、竞赛体系、教练员队伍建设等方面具有相对成熟的发展模式。培养理念方面,法国非常注重对青少年足球人才的培养,并将培养内容集中在公民足球认同、足球比赛场上能力、个人身心发展三个方面。培养路径方面,由足协主导,形成以青少年足球俱乐部为基础,职业足球俱乐部青训中心、职业足球俱乐部梯队和精英球员训练为核心的培养路径。此外,法国青少年人才培养的成功有赖于DTN(法国足球技术委员会)的有力贯彻。Amara等指出,早在1950年法国就设立了一类被称为技术总监的公务员,他们主要在青少年训练中心工作。这些中心的作用是提高体育技术技能,并通过保证年轻球员的机会,加强社会公正性和社会流动性,以及为俱乐部管理提供一个更经济、合理和有效的球员生产系统。[7] 在20世纪90年代初,DTN甚至为年轻球员推出了一个影响深远的青年发展预案,在后续过程中以此为依照持续进行指导、训练与竞赛。法国在青少年人才培养上的另一优势在于对青少年足球后备人才细致的阶段划分。Tallec Marston在文章中提到,法国从U6—U19共设立14个阶段,每个阶段中至少设置两支球队,还在国内设立了15个足球精英训练中心,通过比赛挑选

---

[1] YPEREN N W V.Why Some Make It and Others Do Not:Identifying Psychological Factors That Predict Career Success in Professional Adult Soccer[J]. The Sport Psychologist, 2009, 23(3): 317-329.

[2] VAEYENS R, MALINA R M, JANSSENS M, et al.A multidisciplinary selection model for youth soccer: the Ghent Youth Soccer Project[J]. Br J Sports Med, 2006, 40(11): 928-934.

[3] BENNETT K J M, VAEYENS R, FRANSEN J. Creating a framework for talent identification and development in emerging football nations[J]. Science and Medicine in Football, 2019, 3(1): 36-42.

[4] ZUBER C, ZIBUNG M, CONZELMANN A.Motivational patterns as an instrument for predicting success in promising young football players[J]. Journal of Sports Sciences, 2015, 33(2): 160-168.

[5] BAKER J, SCHORER J, WATTIE N. Compromising talent: Issues in identifying and selecting talent in sport[J]. Quest, 2018, 70(1): 48-63.

[6] PUDAR G, SUURPÄÄ L, WILLIAMSON H, et al.Youth policy in Belgium[M].Strasbourg:Council of Europe,2014.

[7] AMARA M, HENRY I, LIANG J, et al.The governance of professional soccer: Five case studies-Algeria, China, England, France and Japan[J].European Journal of Sport Science,2005,5(4):189-206.

精英球员进入学习、训练。[1] 竞赛体系方面，Richard Holt 等指出，法国的足球竞赛体系主要包括职业足球俱乐部联赛和校园足球联赛两类，不同赛事级别设立不同目标要求，以符合该年龄段青少年生理、心理发展需要，且法国赛事多集中在周末，赛事数量较多，以赛代练效果突出。[2] 选拔体系方面，法国人才选拔主要来源于职业俱乐部以及校园足球，并以职业足球与校园足球相结合的方式展开训练。小学阶段，以兴趣培养为主，辅以业余训练；初中阶段，校内有特长班培训，校外有俱乐部的青训中心；待到高中阶段，将会进行人员分流，有天赋的将会进入职业俱乐部，落选的正常升学。实际上，近年来包括法国在内的传统足球强国在人才的选拔上，更多地关注具体指标的构建，以便更为精确地对青少年进行评估。O'Connor、Coelho、Deprez、Helsen、Mustafovic等在对青少年足球后备人才的选拔指标进行研究时，着重于四个方面，分别为"生理方面的分析和人才的鉴定；具体内容对于鉴定人才的重要性；生物学和年代年龄是选择年轻球员的重要方面；选择年轻球员的多学科方法"。最终得出的结论：人才的甄选过程需要进行多学科的研究，包括生理和身体评估的所有内容，以及具体的足球内容。[3-7] 教练员队伍建设方面，在国际上，加强与欧足联的合作，不断强化本国教练员质量；在本土，依据不同阶段的发展目标制订不同的训练内容和发展计划。O'connor 等指出，在教练员培训上，DTN 设置4个级别的教练员资质，对不同级别的讲授内容有着严格的把控，严禁教练越级教学。[8] 除此以外，作为与青少年球员接触最为紧密的教练员，其对青少年成材有着至关重要的影响，因此，国外许多学者纷纷探讨教练与球

---

[1] MARSTON K T. An international comparative history of youth football in France and the United States (C.1920-C.2000): The age paradigm and the demarcation of the youth game as a separate sector of the sport [D]. Leicester: De Montfort University, 2012.

[2] HOLT R, RUTA D. Routledge handbook of sport and legacy: Meeting the challenge of major sports events[M]. London: Routledge, 2015.

[3] O'CONNOR D, LARKIN P, WILLIAMS A M. Talent identification and selection in elite youth football: An Australian context[J]. European Journal of Sport Science, 2016, 16(7): 837-844.

[4] SILVA M J C, FIGUEIREDO A J, SIMOES F, et al. Discrimination of U-14 soccer players by level and position[J]. International journal of sports medicine, 2010, 31(11): 790-796.

[5] DEPREZ D, FRANSEN J, BOONE J, et al. Characteristics of high-level youth soccer players: variation by playing position[J]. Journal of Sports Sciences, 2015, 33(3): 243-254.

[6] HELSEN W F, WINCKEL V J, WILLIAMS A M. The relative age effect in youth soccer across Europe[J]. Journal of sports sciences, 2005, 23(6): 629-636.

[7] MUSTAFOVIC E, CAUSEVIC D, COVIC N, et al. Talent Identification in Youth Football: A Systematic Review[J]. Journal of Anthropology of Sport and Physical Education, 2020, 4(4): 37-43.

[8] O'CONNOR D, LARKIN P, WILLIAMS A M. Observations of youth football training: How do coaches structure training sessions for player development? [J]. Journal of sports sciences, 2018, 36(1): 39-47.

员之间的互动关系。Cushion、Groom、Arrippe、Cushion 等学者研究认为,法国虽然有严密的培训体系,但是在具体实操上仍有些许不足,"教练应该教什么"与"教练教了什么"之间存在差异,且教练员的人格类型、执教风格对于青少年球员的发展也有着深远的影响。[1-4] 因此,应当加强对教练员的培训,构建教练员学习体系,利用网络资源优化学习手段,构建评价体系,定期对教练员展开评估,并随时纠正。

通过上述文献我们可以看出,这些国家在足球青训方面具有共同的成功经验值得我们学习和借鉴:一是在统一理念引领下,修订完善足球青训大纲,并在职业足球俱乐部与校园足球内贯彻执行;二是明确部门职能,对权、责、利进行细致划分,且在目标制定上进行长远规划,不急功近利;三是拥有厚实的教练员队伍,能够承担职业足球俱乐部、校园足球的训练工作;四是以周末联赛、区域联赛为主要形式,开设各级各类青少年足球联赛,允许职业梯队球员与校园足球的队伍同台竞技;五是完善人才选拔体系,强调选拔指标的科学性,注重当下评价与长期追踪的结合,追求更高精准的人才评估。

第六节　研究对象与方法

一、研究对象

本研究以我国职业足球青训与校园足球深度融合为研究对象。在当前职业足球青训与校园足球并行发展的情形之下,力图通过调查、借鉴等手段对现行两大体系的架构、模式、运行机制等进行解析,实现职业足球青训与校园足球有效融合。

---

[1] CUSHION C, FORD P R, WILLIAMS A M. Coach behaviours and practice structures in youth soccer: Implications for talent development[J]. Journal of Sports Sciences, 2012, 30(15):1631-1641.

[2] GROOM R, CUSHION C J, NELSON L J. Analysing coach-athletetalk in interaction'within the delivery of video-based performance feedback in elite youth soccer[J]. Qualitative Research in Sport, Exercise and Health, 2012, 4(3):439-458.

[3] D'ARRIPE-LONGUEVILLE F, FOURNIER J F, DUBOIS A. The perceived effectiveness of interactions between expert French judo coaches and elite female athletes[J]. The Sport Psychologist, 1998, 12(3):317-332.

[4] CUSHION C J, JONES R L. A systematic observation of professional top-level youth soccer coaches[J]. Journal of Sport Behavior, 2001, 24(4):354-376.

二、研究方法

（一）文献资料法

通过苏州图书馆、苏州大学图书馆查阅职业足球、校园足球、利益相关者理论、系统评价学、政策执行等书籍；通过国家体育总局青少年体育司、教育部体卫艺司、全国青少年校园足球工作领导小组办公室、地方体育局、地方教育局等获取相关政策材料；通过中国期刊网、百链云图书馆、Openj-gate 等网站获取国内外研究文献。其中，所涉及的具体执行方案来自相应的职业俱乐部与校园足球特色学校。

（二）问卷调查法

根据我国职业足球青训与校园足球深度融合研究需要，结合我国职业足球青训发展现状，编制《职业足球俱乐部青训调查问卷（教练员问卷）》《职业足球俱乐部青训调查问卷（运动员问卷）》。为保证调查问卷的有效性，笔者向 20 名专家发放问卷，对问卷效度进行检验，检验分为非常合理、比较合理、一般、不太合理、不合理 5 个等级，最终结果为非常合理 9 人，比较合理 11 人。问卷信度检验采用重测法，笔者选取职业俱乐部青训教练员 20 人，职业足球俱乐部青训运动员 50 人进行信度检验，两次问卷发放间隔 7 天，数理统计后，信度系数 $r=0.856$，符合社会学问卷调查要求。此外，在校园足球问卷方面，结合 2020 年全国青少年校园足球特色学校复核调研问卷：《全国青少年校园足球特色学校调查问卷（校长问卷）》《全国青少年校园足球特色学校调查问卷（教师问卷）》《全国青少年校园足球特色学校调查问卷（学生问卷）》《全国青少年校园足球特色学校调查问卷（家长问卷）》，进行相关数据材料的汇集与整理。

问卷集中发放时间为 2020 年 10 月—12 月，发放形式为电子问卷。调查问卷发放主要借助于《全国青少年校园足球工作领导小组办公室关于配合做好对全国青少年校园足球各示范试点项目复核结果进行评估和深度访谈的通知》的工作安排以及中国足协部门领导的推荐，对职业俱乐部青训教练员、运动员、校园足球特色学校校长、教师、学生、学生家长进行调查（表1-1）。

表 1-1　问卷发放与回收情况

问卷名称	发放量/份	回收量/份	回收率/%	有效率/%
校长问卷	36	35	97	100
足球教师问卷	180	141	78	100
学生问卷	1 080	1 080	100	100
家长问卷	1 080	1 041	96	100
教练员问卷	63	63	100	100
运动员问卷	551	497	90	98

（三）访谈法

笔者根据《全国青少年校园足球工作领导小组办公室关于配合做好对全国青少年校园足球各示范试点项目复核结果进行评估和深度访谈的通知》的工作安排，直接参与了"全国青少年校园足球特色学校复核结果评估和深度访谈"，间接参与了"全国青少年校园足球试点县（区）复核结果评估和深度访谈"。同时，笔者通过此次调研活动以及中国足协部门领导的推荐，对部分地市的职业足球俱乐部工作人员进行了深度访谈（表1-2）。在此过程中，全面了解了全国校园足球特色学校与试点县区、职业俱乐部青训体系的基本情况，广泛听取和记录相关人员提出的问题及意见，并根据研究需要，有针对性地对领域专家学者、管理人员、官员等进行深度访谈，了解职业足球青训与校园足球的真实发展现状与存在的主要问题，征求两大体系深度融合的相关建议，以求为本研究提供一定参考。

表 1-2　职业足球青训与校园足球专家、官员、管理人员访谈表

姓名	城市	单位	职称/职务
张××	北京	北京体育大学	教授（博导）/原足球教研室主任
黄××	北京	北京体育大学	教授（博导）/中国足球学院原院长
龚×	上海	上海体育学院	教授（博导）
赵×	苏州	苏州大学	教授（博导）/法学院院长助理
蔡××	福州	福建师范大学	教授/中国大学生体协足球分会副主席
李×	扬州	扬州大学	教授/体育学院原副院长
赵××	开封	河南大学	教授/教育部校园足球专家委员会委员
杨×	成都	成都体育学院	教授/教育部校园足球专家委员会委员
部××	徐州	江苏师范大学	副教授/教育部校园足球专家委员会委员
张××	长春	东北师范大学	副教授/足球教研室主任
赵××	北京	教育部体卫艺司	校园足球办公室官员
王×	北京	教育部体卫艺司	校园足球办公室原官员

续表

姓名	城市	单位	职称/职务
秦×	北京	教育部体卫艺司	校园足球办公室原官员
胡×	贵阳	贵州省教育厅	体育卫生与艺术教育处处长
董××	贵阳	贵阳教育局	校园足球办公室常务副主任
程××	重庆	重庆市教委	体育卫生与艺术教育处处长
左××	郑州	河南省校园足球办公室	办公室主任
姚×	苏州	苏州市教育局体育卫生与艺术教育处	校园足球办公室常务副主任
崔××	北京	中国足球协会	技术部总监
刘××	北京	中国足球协会	全国校园足球办公室原工作人员
刘×	北京	中国足球协会	技术部工作人员
王××	北京	中国足球协会	福特宝区域负责人
陈××	北京	北京市足球协会	副秘书长
陆×	南京	江苏省足球协会	高级主管
蒋××	苏州	苏州市足球协会	秘书长
王××	徐州	徐州市足球协会	秘书长
李××	盐城	盐城市足球协会	体育场场长
陈×	洛阳	河南嵩山龙门俱乐部	新闻发言官
史××	南京	江苏苏宁足球俱乐部	青训区域总监
詹××	广州	广州足球俱乐部	青训工作人员
刘××	苏州	昆山FC俱乐部	俱乐部管理人员
冯×	镇江	镇江文旅华萨俱乐部	总经理
成××	上海	上海海港足球俱乐部	青训总监
李×	苏州	苏州东吴足球俱乐部	总经理
王××	济南	山东泰山足球俱乐部	青训工作人员
梁×	杭州	浙江职业足球俱乐部	青训工作人员
赵××	长春	长春亚泰足球俱乐部	青训网点负责人
刘××	南通	南通支云足球俱乐部	原副领队

为深入了解各地市校园足球与职业足球青训的管理、教学、训练、竞赛、保障等方面情况，笔者及课题组成员对地方校园足球特色学校负责人以及长期工作在职业足球青训第一线教练员进行访谈（表1-3）。

表1-3 我国职业足球青训一线工作人员与校园足球特色学校校长访谈表

姓名	单位	职务
张×	河北精英足球俱乐部	主教练
李×	广州城足球俱乐部	预备队教练员
刘×	南通支云足球俱乐部	梯队教练员

续表

姓名	单位	职务
姚×	河南嵩山龙门足球俱乐部	梯队教练员
牛××	苏州东吴足球俱乐部	助理教练员
崔×	长春亚泰足球俱乐部	梯队教练员
潘××	广州足球俱乐部	梯队教练员
李×	江苏省体育局	男队教练员
万××	泰州市姜堰区体育局	梯队教练员
赵×	昆山FC俱乐部	梯队教练员
迪×	新疆天山雪豹足球俱乐部	梯队教练员
左××	六盘水市水城县第二十六中学	校长
张×	六盘水市水城县第十一小学	校长
杜××	六盘水市钟山区第一实验中学	书记
康×	六盘水市钟山区第二实验小学	校长
聂××	贵阳市观山湖区第一高级中学	校长
申×	贵阳市南明区花果园小学	校长
朱×	贵阳市南明区第二实验小学	校长
曾××	贵阳市观山湖区金华小学	校长
刘×	重庆市南岸区珊瑚鲁能小学	校长
马××	重庆市南岸区迎龙初级中学	校长
章××	重庆市南岸区广益中学	校长
刘××	重庆市南岸区南坪中学	校长
李××	重庆市沙坪坝区山洞小学	校长
陈×	重庆市沙坪坝区大学城第三中学	校长
邓××	重庆市沙坪坝区凤鸣山中学	校长
肖××	重庆市沙坪坝区南开中学	副校长
冉××	重庆市沙坪坝区第七中学	校长
张××	芜湖市第十二中学	校长
蒋××	芜湖市镜湖新城实验学校	校长
顾××	合肥市第三十五中学	校长
刘××	合肥市第四十六中学	校长
孙××	合肥师范附小二小	校长
赵×	哈尔滨市成高子镇中心校	校长
吴××	哈尔滨市第三十一中学	校长
崔×	哈尔滨市新阳路小学	校长
王××	南京市鼓楼区第一中心小学	校长
张××	南京市第十三中学	校长
赵××	南京市雨花台中学	校长
陈××	南通市第二中学	校长

续表

姓名	单位	职务
卞××	南通市海门市实验小学	校长
李××	太原市尖草坪区第二实验小学	校长
郝××	太原市育杰小学	校长
吕××	太原市迎泽区桃园小学	校长
杜××	深圳市福田区下沙小学	校长
张×	深圳市福田区红岭中学	校长
唐××	海口市美兰区灵山中学	校长
谢××	海口市美兰区英才小学	校长
王×	海口市美兰区海南中学	校长
陆××	贵港市港北区港北一中	校长
韩××	贵港市港北区高级中学	校长
郭××	广州市天河区华融小学	校长
李××	广州市天河区第八十九中学	校长

家长、体育教师、学生等人员数量较多，不再进行列举。

(四) 实地调查法

为深入了解我国职业足球青训与校园足球发展现状，笔者及课题组成员借助《全国青少年校园足球工作领导小组办公室关于配合做好对全国青少年校园足球各示范试点项目复核结果进行评估和深度访谈的通知》的调研工作安排及中国足协部门领导的推荐，依据《中国地理》等教材，把我国31个省（区、市）划分为七大自然地理区域，分别为华北（北京、天津、山西、河北、内蒙古）、东北（黑龙江、吉林、辽宁）、华中（河南、湖北、湖南）、华东（上海、江苏、浙江、安徽、福建、江西、山东）、华南（广东、广西、海南）、西南（四川、贵州、云南、重庆、西藏）和西北（陕西、甘肃、青海、宁夏、新疆），每个区域随机抽样2个省（区、市），共16个省（区、市）开展校园足球特色学校的调研复查（华东地区因省份集中抽取4省），调研人员16名，每2名为一组，负责一个区域（华东地区4名）。每个区域随机抽取的省（区、市）分别为：华北（山西、河北）、东北（吉林、辽宁）、华中（河南、湖北）、华东（江苏、安徽、福建、山东）、华南（广东、海南）、西南（贵州、重庆）、西北（陕西、宁夏）（表1-4）。通过调研，笔者全面了解了我国校园足球特色学校活动开展的基本情况，以及"满天星"训练营、改革试验区、校园足球试点县区等现状，为本研究提供客观、真实的参考依据。

表 1-4 我国校园足球特色学校调研地区分布表

省（区、市）	城市	区、县	单位
重庆市	重庆市	沙坪坝区、南岸区	山洞小学、莲光小学、高滩岩小学、珊瑚鲁能小学、黄桷垭小学、珊瑚浦辉实验小学、第十五中学、大学城第三中学、凤鸣山中学、珊瑚初中、迎龙初中学校、南开中学、天星桥中学、重庆七中、广益中学、南坪中学、辅仁中学、重庆第三十八中学
贵州省	贵阳市	观山湖区、南明区、乌当区	世纪城小学、金华小学、花果园第二小学、北师大贵阳附中、第二实验中学、外国语实验中学、第一高级中学、第三实验中学、乌当中学
	六盘水市	水城县、钟山区	实验小学、第二实验小学、第十一小学、第二十六中学、第二十中学、第二十四中学、第一中学、第八中学、第一实验中学
	广州市	天河区、海珠区、越秀区、荔湾区	后乐园小学、蒋光鼐纪念小学、天河区长湴小学、荔湾区金道中学、第七中学实验学校、南国学校、真光中学、玉岩中学、第八十九中学
	佛山市	顺德区、禅城区、南海区	聚胜小学、河滘小学、桂江第二小学、梁开初级中学、惠景中学、映月中学、北滘中学、佛山二中、华附南海实验高中
	三亚市	吉阳区、天涯区	月川小学、荔枝沟小学、南新小学、第九小学、天涯小学、天涯初级中学、妙联学校、第一中学、第四中学
	海口市	龙华区、美兰区、琼山区	滨海第九小学、海南省农垦直属第二小学、第二十五小学、秀峰实验学校、第七中学、海南华侨中学观澜湖学校、第四中学、琼山华侨中学、灵山中学
	郑州市	经济开发区、中原区	柴郭小学、经济开发区实验小学、中原区郑上路小学、第七十三中学、第八十五中学、第二初级中学、河南省实验中学、第九中学、第二中学
	漯河市	郾城区、临颍县、召陵区	郾城区许洼小学、临颍县颍川学校、临颍县北街学校、召陵区老窝镇第一初级中学、郾城区李集镇初级中学、召陵区许慎中学、召陵区实验高中、河南省临颍一高、郾城区实验高中
	武汉市	江汉区、东湖开发区	江汉区万松园路小学、光谷第一小学、外国语学校小学部、堤角中学、六中位育中学、第一初级中学、第十二中学、湖北大学附属中学、第十四中学

续表

省（区、市）	城市	区、县	单位
	荆州市	沙市区、荆州区	荆江小学、荆州实验小学、南桥小学、沙市九中、沙市区第六中学、文星中学、江陵中学、沙市七中、沙市区第一中学
	西安市	雁塔区、碑林区	碑林区小雁塔小学、曲江第二小学、高新国际学校、铁一中分校、西安交大阳光中学、西安高新第一中学初中、铁一中学、陕西师范大学附属中学、西安高新第一中学
	宝鸡市	金台区、渭滨区、陈仓区	宝鸡市东仁堡小学、金台区代家湾小学、金陵小学、第一中学、陈仓园初级中学、宝鸡市高新第一中学、虢镇中学、姜城中学、宝鸡中学
	石嘴山市	平罗县、隆湖扶贫经济开发区	石嘴山市第二十小学、平罗县城关第二小学、宁夏隆湖扶贫经济开发区六站小学、平罗县第四中学、第七中学、平罗县第二中学、第三中学、光明中学、石嘴山市实验中学
	银川市	兴庆区、金凤区	兴庆区第十八小学、金凤第六小学、金凤区第十一小学、阅海中学、第十五中学、第十六中学、唐徕回民中学、银川一中、第二中学
	南京市	鼓楼区、雨花台区	雨花台实验小学、南京市梅山第一小学、鼓楼区第一中心小学、金陵汇文学校、南京师范大学附属中学树人学校、秦淮中学、南京市雨花台中学、市第十三中学
	南通市	海门区、崇川区、港闸区	实验小学、海门市海南小学、崇川学校、海南中学、南通师范第一附属学校、南通越江中学、南通大学附属中学、南通市第二中学、海门中学
	淄博市	临淄区、张店区、邹平市、桓台	淄博金茵小学、临淄区闻韶小学、张店区凯瑞小学、桓台实验学校、邹平双语学校、张店实验中学、淄博实验中学、山东省淄博第五中学、邹平市第一中学、山东省桓台第二中学、张店区第二中学
	滨州市	滨城区、滨州经济技术开发区	滨城区逸夫小学、滨城区第二小学、滨州实验学校、山东省北镇中学、滨城区第三中学、滨州经济技术开发区第二中学、滨城区第四中学
	合肥市	蜀山区、包河区	合肥市习友小学（繁华校区）、合肥市师范附属小学、合肥市师范附属小学二小、第四十八中学滨湖校区、第四十六中学、第八中学、第一中学、第三十五中学、第四十六中学海恒分校

续表

省（区、市）	城市	区、县	单位
	芜湖市	镜湖区、弋江区、鸠江区	三园小学、镜湖新城实验学校、南瑞实验学校、城南实验中学、荟萃中学、萃文中学（大学城校区）、第一中学、第十二中学、城南实验中学（高中部）
	厦门市	思明区、集美区、同安区、湖里区	厦门市人民小学、曾营小学、集美小学、第十一中学、集美中学、厦门市外国语学校、市实验中学、第六中学
	晋江市	晋江市	安海镇成功中心小学、晋江市心养小学、市第六实验小学、远华中学、慎中实验学校、深沪中学、子江中学、江滨中学、市第一中学
	哈尔滨市	香坊区、道里区、松北区	哈尔滨市香和小学、群力兆麟小学、市新阳路小学、哈尔滨市新阳路小学、三十九中学、市第六十中学、市第三十一中学、朝鲜族第一中学、第十中学
	太原市	尖坪区、小店区、迎泽区、杏花岭区、尖草坪区、万柏林区、	尖坪区第二实验小学、太原市育才小学、桃园小学、尖坪区第六中学、小店区一中（完中）、太原第十二中学、第五十五中学、太原第十三中学、太原第五中学
	临汾市	尧都区、翼城县	临汾市解放路小学、临汾市第二小学、翼城丹阳小学、临汾市五一路学校（九年制）、临汾三中、翼城五中、市第二中学、市第一中学、翼城先成中学

我国职业足球青训调研单位分别为：河南嵩山龙门足球俱乐部、山东泰山足球俱乐部、浙江职业足球俱乐部、江苏苏宁足球俱乐部、广州足球俱乐部、昆山FC俱乐部、苏州东吴足球俱乐部、长春亚泰足球俱乐部、南通支云足球俱乐部、上海海港足球俱乐部等13家职业足球俱乐部。笔者及课题组成员观摩了各俱乐部青训训练实践课，了解了各俱乐部青训基地的软硬件条件，深入了解了各家俱乐部的青训体系建设理念、整体发展规划、梯队层次设计、训练计划安排、竞赛成绩等各方面情况，为本研究提供第一手的素材资料。

此外，为借鉴足球运动发达国家职业足球青训与校园足球融合发展的先进经验，笔者及课题组成员通过教育部与国家留学基金委赴法、赴英的校园足球教练员、讲师留学项目，地方足协派遣足球精英教练员赴日、赴韩项目，以及校园足球国外培训项目等渠道,实地考察了法国马赛、图卢兹、里昂、蒙彼利埃、波尔多,日本大阪、东京,韩国首尔,英国伯恩茅斯、曼彻斯特、斯旺西,阿根廷布宜诺斯艾利斯等地区的职业足球青训、校园足球、社区足球、社会足球青训情况。深入了解了足球发达国家的足球青训哲学思想,切身体会了足球文化的浓郁氛围,直接学习了不同足球哲学思想下的青训理念、训练方法、选拔手段、竞赛方式等,特别搜集整理了各个国家的青少年足球相关材料,为本研究"域外经验"部分的系统梳理与撰写提供了充足的材料支撑。

(五)专家调查法

专家调查法,又名德尔菲法,是一种采用匿名调查方法,经过多轮对专家意见采集、反馈,最终形成专家一致的看法的研究方法。本次调查的具体步骤为:首先,根据课题方向与研究范围,确定 15 名专家;其次,依据政策文本以及相关学者的研究结果,初步拟定我国职业足球青训与校园足球深度融合指标体系,并发放第一轮咨询问卷,由专家对指标体系的建构提出完善与修改意见,然后将意见结果归纳整理,对指标体系进行修改,随后进行第二轮咨询问卷的发放与收集;最后,在专家意见趋于一致的基础上形成最终的评价指标体系,并对指标体系进行赋权。

(六)数理统计法

利用 SPSS 统计软件与 Excel 电子表格软件对研究中所涉及的各项数据进行梳理统计。

(七)案例分析法

通过网络、期刊、报纸等媒体渠道以及实地调研的形式,收集我国职业足球俱乐部青训体系建设与校园足球特色学校人才培养模式的典型案例(表1-5),以及世界足球运动发达国家在青少年足球后备人才培养方面的发展案例(表1-6),并对各个案例的具体情况进行深入分析,进行客观的审视与研判,总结不同职业俱乐部青训与校园足球特色学校发展中的先进经验与客观问题,提炼出世界足球运动发达国家在职业足球青训与校园足球融合发展中的可借鉴经验,以期为我国职业足球青训与校园足球深度融合的路径选择提供参考依据。

表1-5 我国职业足球青训与校园足球特色学校典型案例表

职业足球青训	校园足球特色学校
河南嵩山龙门足球俱乐部青训	深圳实验学校
江苏苏宁足球俱乐部青训	深圳宝安区东方小学
山东泰山足球俱乐部青训	张家港市凤凰中心小学

续表

职业足球青训	校园足球特色学校
广州足球俱乐部青训	河南省实验中学
长春亚泰足球俱乐部青训	重庆市珊瑚鲁能小学
浙江职业足球俱乐部青训	重庆市第七中学校
新疆天山雪豹足球俱乐部青训	贵阳市金华小学
延边富德足球俱乐部青训	六盘水市第二十六中学
武汉三镇足球俱乐部青训	太原市育才小学校
南通支云足球俱乐部青训	芜湖市第十二中学
苏州东吴足球俱乐部青训	

表 1-6 国外足球运动发达国家典型案例表

洲际	国家
亚洲	日本
	韩国
	乌兹别克斯坦
	卡塔尔
	沙特阿拉伯
欧洲	法国
	英国
	德国
	意大利
	荷兰
南美洲	阿根廷
	巴西
	墨西哥
	乌拉圭
北美洲	美国

第二章

我国职业足球青训与校园足球两大体系发展现状

第一节 我国职业足球青训发展现状

中国青少年足球后备人才培养有其自有的发展历程和历史阶段。中华人民共和国成立初期至20世纪80年代初期，由于经济体制建设尚不完善，百业待兴，足球事业发展刚刚起步，国家有关部门虽下发一系列政策文件，开始建立"基层体校—重点体校—体工队"的青少年足球后备人才培养体系，但执行情况并不理想，青少年后备人才培养尚处业余发展阶段。20世纪80年代初期至90年代初期，面对国际体育事业发展新格局，国家体委、国家教委、共青团中央等联合发力，印发《关于在全国中、小学生中开展足球活动的联合通知》等大量文件，努力建立规范化与制度化的青少年后备人才培养体系，疏通学校体制内部及体育体制间的优秀体育后备人才培养渠道，为青少年足球后备人才培养体系建设指明了方向，形成了计划经济体制下的三级后备人才培养体系。1994年中国足球职业化改革，青少年足球后备人才培养从原计划经济体制下以体委、体工队竞训体系为主导的各级青少年业余体校培养体系逐步转向以俱乐部为主导、以俱乐部梯队和足球学校为主体的市场化培养，职业足球青训逐渐成为青少年足球后备人才培养的中坚力量。中国足协提出"绿茵工程"，全国足球重点城市15%~30%的小学、8%~15%的中学设立足球队，计划在1994年年底，要求职业俱乐部必须设立二、三线青训梯队。但是，由于未能清晰地认识和把控市场化发展模式，加上足球资本的逐利性与潜在市场破坏力，在出现一段短期的"辉煌"后，原有体系迅速萎缩，市场化培养体系难以承担重任，青少年足球人口持续下滑。例如，1995年我国青少年注册球员参训人数达 65 万余人，1995 至 2000 年青少年注册球员人数下滑至 61 万人，2000 年后青少年注册球员人数急剧下滑，2005 年降至 18 万人，此后，青少年注册球员人数虽有过短暂的提升，但总体趋势依然处于下滑状态（图 2-1）。2012 年中国足协曾对 16 家中超俱乐部调查，只有 8 家俱乐部拥有三级后备梯队[1]。2016 年，全国 49 家中超、中甲及中乙俱乐部中仅有 20% 拥有独立梯队，31% 的俱乐部未建立梯队[2]。2017 年年底，中国足协印发《中国足球协会职业俱乐部准入规程》（2018 版）执行"梯队捆绑俱乐部注册制度"，要求中超、中甲俱乐部至少具备 U19、U17、U15、U14、U13 五级梯队，中乙俱乐部至少具备 U17、U15、U14、U13 四级梯队，每支球队至少注册球员 18 名，并代表俱乐部参加各级不同的官方比赛，每家俱乐部每年的青训支出不少于全面支出的 15%。2019 年中国足协管理下的 16 家中超俱乐部、16 家中甲俱乐部以及 32 家中乙俱乐部都已按照《中国足球协会职业俱乐部准入规程》（2018 版）要求进行相关材料的上报，但在执行"梯队捆绑俱乐部注册制度"过程中，中超、中甲俱乐部执行质量较高，中乙俱乐部略差一些。

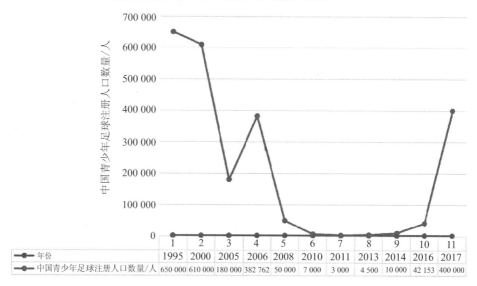

图 2-1　中国青少年足球注册人口数量变化

---

[1] 范海龙. 中日德足球后备人才培养模式比较研究[D]. 上海：上海师范大学，2013.
[2] 蔡振华. 中国足球青训体系建设"165"行动计划（审议稿）[R]. 第十届中国足球协会第三次会员大会，2017.

一、管理体系

我国职业足球青训主要由中国足协及地方足协管理领导。2017 年年底，中国足协内部结构改革，将原有的 10 余个业务部门扩大至 27 个部门，2018 年，中国足协着重调整青训管理体制，增设青少部，男、女足青训部，中层部门多达 30 余个（国管部、准入审查部、中超联赛部、中甲联赛部、中乙联赛部、业余联赛部、竞赛部、青少部、男足精英青训部、社会发展部、会员协会发展部、五人制沙滩足球部、秘书处、女子部、女足联赛部、女足精英青训部、党务人事部、纪检监察部、对外交流部、技术部、规划部、法务部、市场部、新闻办、福特宝公司、香河基地、注册管理部、信息管理部、财务部、裁判办、综合部，另有纪律委员会、仲裁委员会等）（图 2-2），其中青少部、男足精英青训部、女子部、女足精英青训部、竞赛部等部门职能涉及职业俱乐部青训工作，青训工作也被摆在了非常突出与重要的位置上。为体现"专业人做专业事"的指导思想，中国足协邀请孙雯、肇俊哲、李树斌、邵佳一、高洪波、彭伟国等一大批前国脚加入青训总监行列，并出台大量青训新政，提出"五系一体"，即职业俱乐部青训体系、省区体育局青训体系、城市青训体系、体教结合校园青训体系、社会俱乐部青训体系五大青训体系紧密结合在一起，保障了青训工作人员的利益，净化了青训环境，这些都凸显了中国足协抓实、抓好青训工作的决心。但是，由于部门之间业务重叠现象严重，青训管理工作经常出现分管部门之间协调进度慢、边界不清晰等问题。例如，职业俱乐部青训管理工作的青少年足球业务领域就有青少部、女子部、男足精英部、女足精英部以及管理青超的竞赛部等多个部门交错管理。此外，职业足球俱乐部青训工作既要在中国足协进行注册管理，也需要在地方足协进行注册管理，属于"双重领导"。访谈得知，中国足协联赛部和青少部根据各自职能分管不同年龄阶段的青训梯队，由于这两个部门以及俱乐部属地足协之间缺乏制度化的沟通与协调机制，在运动员注册、参赛等问题上，经常出现政出多门、相互矛盾的问题。由于上述职能交叉等问题的反复出现，2019 年中国足协进行内部商讨与外部意见征求，将原有的 30 余个部门进行调整，压缩整合为 20 余个（党委办公室、纪检监察部、战略规划部、行政部、财务部、国际交流部、市场开发部、媒体公关部、国家队管理部、男足青训部、女子足球部、技术部、竞赛部、裁判部、会员协会部、社会足球部以及纪律委员会、仲裁委员会等)[1]（图2-3），其中裁判部是新增的部门，竞赛部是合并中超部、中甲部、中乙部、准入部、注册部等5个部门而成的，成为中国足协最大的部门。此次机构调整进一步明确了部门领导分工，落实了干部任命和人员到位，理顺了足协管理机制。在此调整后，部门内还增设总监、经理、经理助理、专员四个职务，机构改革去"行政化"，向"服务化""企业化"过渡，充分提高了足协的社会化程度。新调整的部门中，高洪波主管男足青训部，孙雯主管女子足球部，他们对于各自分管的部门都较为熟悉，在工作中不会存在太大障碍。此次调整带来三大优势：一是精简部门，整合资源，为"臃肿"的机构做"瘦身"手术。机构更加扁平化、实效化，有效解决之前手续复杂、政出多门、相互矛盾等问题。二是保留专业，继续秉持"专业人做专业事"的指导思想。精简部门的同时，仍然有效发挥各部门专业职能，在干部任免、人员到位上慎重考量，吸纳专业人员到专业岗位。三是对接业务，完善协调沟通机制。在部门内除原有设置的主任、副主任职务外，增设总监、经理、经理助理、专员四个职务，为各项工作正常开展打下坚实基础。但是，此次机构调整尚处在改革"阵痛期"，"痛点"有二：一是足协机构调整牵扯地方、行业管理体制。地方之前参照2018年中国足协管理体制设置的多个部门面临重新改组调整，部门职能、各层级沟通在此期间发生混乱状况，如原来设置的青少部、男足精英青训部等青训部门重新划分到男足青训部、女子足球部，对于地方设置的各个青训部门带来冲击，原先各个部门工作人员因之产生工作调动，给各个层级职能发挥、沟通协调造成阻力。二是各个部门的内部沟通与利益均衡机制在实际运行中存在不足。主任、经理、总监需要做好沟通协调，在理念目标上趋于一致，若是出现分歧，将会产生巨大的摩擦成本。无论在哪种社会关系中，都存在着冲突与博弈，部门与部门之间利益取向的一致程度决定了组织整体工作效率。目前，各个部门虽然对于各自分工进一步界定，权责进一步明晰，但尚未形成共同的利益取向。

---

[1] 中国足球协会.中国足球协会秘书处组织机构[EB/OL].(2019-01-07)[2020-03-27]. http://www.thecfa.cn/mishuchu/index.html.

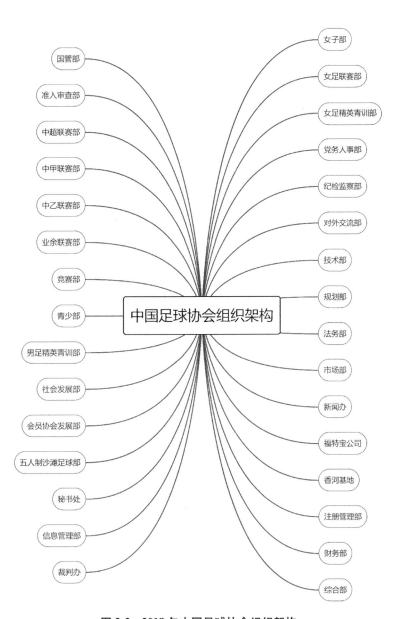

图 2-2　2018 年中国足球协会组织架构

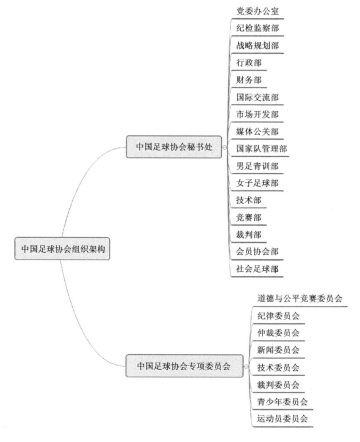

图 2-3　2021 年中国足球协会组织架构

从我国职业足球青训内部管理体系来看，在我国足球职业化改革初期，中国足协曾明确规定，各级职业足球俱乐部必须建立后备人才培养梯队，并进行相应的训练与竞赛。1992 年颁布的《中国足球运动改革总体方案》提出："俱乐部的后备力量可用自办年龄梯队或与足球学校，业余体校，中、小学挂钩。"1994 年召开了全国青少年足球工作会议，会议进一步强调要完善俱乐部体制，完善各级梯队建设。此后，我国职业足球俱乐部青训内部管理体系逐渐完善。目前，我国职业足球俱乐部都已按照《中国足球协会职业俱乐部准入规程》（2018 版）要求，基本建立起各自的青训管理体系，俱乐部设立专门的部门对青训工作进行管理。综合我国职业足球俱乐部青训管理体制的特点，主要有两点：一是热衷聘请外籍教练员给予技术支持。二是模式单一化、封闭化。这会带来以下不良影响：一是由于外籍教练来自不同国家，或是外籍教练的更替，导致青训理念混杂，风格难以统一。二是足校模式、传统梯队模式封闭化严重，家庭关怀、人格塑造缺失，难以保障队员身心健康发展。

调研得知，目前，我国职业足球俱乐部青训主要通过与附属足球学校或青少年足球培训机构、青少年业余足球俱乐部、体校、足球传统学校、校园足球特色学校等合作开展青训工作。例如，长春亚泰职业足球俱乐部的亚泰青训部共有15支球队、球员300余名，由青训总监高敬刚领衔，构建完备的十级梯队（U10—U19）青训体系，除U10梯队外，每级梯队按红、黄双队建设，每级梯队配备主教练、助理教练、守门员教练、队医各1名。基于此，亚泰青训在各项赛事中取得斐然成绩，为职业俱乐部和国字号球队输送大量人才。山东泰山足球俱乐部青训依托山东鲁能泰山足球学校建设。山东鲁能泰山足球学校坚持科学化管理，规范化运作，市场化运营，文体并进，与国际接轨，以培养高素质新型人才为办学宗旨，力争创建世界知名足校。目前学校聘请西蒙·弗雷塔斯任技术总监，有外籍教练5名，中方教练40名。学校构建U9—U19十一级梯队体系，除U9梯队外，每级梯队以红、黄队标准建设，另外设置4个足球实验班。此外，山东泰山足球俱乐部青训部在全国各地设置青训基地，为球队输送多名优秀球员。山东鲁能泰山足球学校目前已为国字号球队输送超过200人，在各大中超俱乐部青训人才产出量排行中名列前茅，足校自产人才充分供应山东泰山一线队征战。因此，山东鲁能泰山青训在国内、国际均取得了辉煌成绩。无论是长春亚泰依托自身俱乐部建设的传统青训体系还是山东鲁能泰山足球学校这样以附属足球学校形式搭建的附属足校青训体系，对于俱乐部自身人才培养、可持续发展以及为国家青训事业都做出了巨大贡献。

但是，基于俱乐部重视程度、青训专项投入等因素，我国职业足球俱乐部青训管理体制存在一定差异性。例如，中超级别的职业足球俱乐部都设置了专门的部门（如青少部）并有专人对俱乐部青训进行管理，而中甲、中乙俱乐部虽然也设立专业部门，但部分俱乐部依然存在"形式大于内容"的情况，更多的是为了应对《中国足球协会职业俱乐部准入规程》（2018版）的基本要求，一人多职现象比较普遍。访谈得知，这种现象的出现主要有三个原因：一是俱乐部建立时间较短，规模较小，财力不足，俱乐部管理体制设置不健全。10年来，一些中超的顶级职业俱乐部掀起"金元足球"热潮，打破正常市场规律，形成畸形且非科学的中超球员转会生态。因此，挤压了中甲、中乙层级的职业足球俱乐部的生存空间，给相应层级的投资方带来了巨大的经济压力。迫于中国职业足球投资门槛高，经济压力大的现状，各个俱乐部在建设初期，规模一般都受到局限，无法形成完善的俱乐部管理体制。二是中国足协颁布《中国足球协会职业俱乐部准入规程》（2018版）后，俱乐部应对时间比较紧张，需要"先搭架子，再填内容"。《中国足球协会职业俱乐部准入规程》

（2018版）颁布后，足协对于各个职业足球俱乐部青训建设方面进行严格准入审查，强制要求新赛季中超、中甲级别俱乐部下设至少5支不同年龄段的青训梯队（U13—U19），中乙级别俱乐部下设至少4支青训梯队。一方面禁止"挂靠"现象的出现，另一方面要求每一个俱乐部对于青训方面的资金投入不能低于15%。这两方面的硬性指标，让梯队建设并不完善的俱乐部匆忙搭建各年龄段青训梯队的架子，但其梯队内容"虚虚实实"，仍需不断填充。三是部分职业足球俱乐部认为培养后备力量周期太长，投入与产出难成正比。13—19岁是让孩子正确理解足球的年龄阶段，该年龄段队员通过比赛锻炼打磨基本功，在比赛中形成球商。此阶段应该根据青训队员的机体成长、心理发展特点进行科学化的慢性训练，完成各个年龄段的目标要求。科学化的慢性训练对于球员的培养周期要求很长，并且在市场化经济、应试教育背景下培养的球员具有很大的流失风险，往往在16岁左右青训球员就要做出继续职业足球与回归教育间的抉择。而民间资本操持的足球俱乐部希望通过合算的投资来为自己的本体企业快速获得巨大的效益。资本的短视化、功利化与长周期化、高风险化的青训梯队建设产生巨大的矛盾。

二、训练体系

我国职业足球俱乐部后备力量训练体系是足球青训体系极为重要的组成部分。1994年职业化改革以来，《青少年足球训练大纲》是我国职业足球俱乐部后备力量梯队训练的主要理论依据。为加强青训工作的规范性，2002年中国足协组织国内知名专家、学者以及工作在第一线的教练员制定了《中国青少年足球训练大纲（试行）》。2005年，中国足协成立了青少年足球训练大纲修订小组，从青训工作的实际出发，结合欧美足球发达国家的青训大纲进行了完善和修改，于2006年完成了《青少年足球训练大纲（征求意见稿）》。该大纲较为系统地撰写了青训指导思想，各年龄阶段的训练目标、训练内容、训练方式方法、考核要求等内容。2013年，为进一步统一青训思想，提升训练质量，中国足协再次组织专家审定了《中国青少年儿童足球训练大纲》（以下简称《大纲》）。《大纲》对以往的青训思想进行了系统梳理，从U6—U18各年龄阶段的训练进行了细致分类，但在使用过程中，依然存在诸多问题。例如，撰写过程中由于各年龄阶段的撰写人不同，有一线教练员，也有高校教授，思路与方法不太统一（表2-1）。笔者在调研过程中发现，许多职业足球俱乐部青训教练员采用了国外的一些训练大纲或方法，例如，杭州绿城足球俱乐部在冈田武史任期内主要采用的是日本足球的训练理念与方法，南通支云足球俱乐部也是聘请的日本青训专家金子隆之负责青训工作。江西联盛足球俱乐部聘任米兰·帕洛维奇先生担任俱乐部青训总监，北京国安足球俱乐部聘任拉德鲁担任青训总监，打造了一批以荷兰教练员为主的外教团队，主要采用荷兰青训理念。还有河北华夏幸福与沙尔克04足球俱乐部合作，引入欧洲先进的训练理念。曾经也有许多俱乐部采用"科化训练法"等，这些训练理念与大纲没有被长期地贯彻实施，随着负责人的更换，随之被搁置，从而造成了训练工作"短期井喷、长期萎靡"的现象。2020年11月，由国内外知名青训专家组成的撰写团队，在反复征求中超俱乐部与中国足协各会员协会的意见下，最终形成了《中国足球协会青少年训练大纲》。该大纲系统性地针对中国足球青训发展目标、青少年球员发展理念、足球比赛理念、青少年足球训练理念、青训教练员执教理念以及1VS1和无球战术能力的发展等方面进行了补充与完善（表2-2）。

表2-1　中国青少年儿童足球训练大纲简要汇总表（2013版）

年龄段	训练内容	预期目标	特点
U6—U8	控球、小场地比赛、技术训练、灵敏训练	发展个性、培养足球兴趣	强调练习、有球训练
U8—U10	基本传接球技术、个人战术应用、身体训练	学习基本本领、协调、预判能力，学习战术知识	要求孩子了解简单规则，重视身体素质训练、技术训练
U10—U12	技术训练、各项身体素质训练、心理训练	遵守比赛规则、培养自控能力	以专业足球训练为主
U12—U14	基本上与上一阶段相同，增加体能训练	战术意识、责任意识、尊重裁判、一定战术理解力	引入体能训练
U14—U16	基本上与上一阶段相同，提高训练强度	位置专项技术、1VS1控球技术	强调个人进攻防守能力
U16—U18	个人技术训练、足球专项	提高运动员技战术能力、足球专项技能水平	对训练要求较为详细

表2-2　中国足球协会青少年训练大纲实践教学大纲简要汇总表（2020版）

年龄段	训练阶段	身心发展特征	能力要求
U5	启蒙阶段	大脑发育迅速，记忆力强，过久的活动易引起疲劳，呼吸浅，心脏负荷差等；个性初成，但不稳定不明显，易激动，自控差，活泼好动，积极感知新事物等	初步建立球感，进行简单的运球射门，1VS1；初步形成目标意识，丢球反抢；简单的协调灵敏平衡；兴趣、好奇、喜欢足球；遵守基本规则，与朋友相处

续表

年龄段	训练阶段	身心发展特征	能力要求
U6—U12	基础子阶段1（U6—U8）	爱说爱动，形象思维主导，逻辑思维欠缺，灵敏素质敏感期，信任老师，理解能力一般等	进行简单的运、接、传、射、1VS1；初步认识比赛，把握进攻防守的个人原则，三角站位意识；灵敏、协调、平衡、速度、移动技术、启动和停止；具有模仿、想象、抗挫折能力；社交能力：体会快乐、结交朋友
	基础子阶段2（U9—U12）	身体逐渐发育，注意力逐步提高，思维能力尚未成熟，学习新知识、新技能的"黄金年龄"等	巩固上一阶段技术，强化对抗情景下的运用，尤其是1VS1的能力；发展小组配合，进攻与防守转化，三角及菱形站位；灵敏能力、协调能力和启动制动能力；决策力、意志力、责任心；初步掌握与队友、对手、教练员、裁判的沟通能力
U13—U16	发展阶段	青春发育期的突增期。13岁和14岁是少年向青年初期过渡的阶段，15岁和16岁时，各种心理品质开始逐步趋于稳定，但思想简单，易走极端，情绪波动大，缺乏持之以恒的精神	在上一阶段基础上，技术提升；由初步掌握变为熟练掌握小组配合及相应战术意识；爆发力和耐力等；责任心，荣誉感，独立意识，意志品质；建立亲密关系，欣赏他人，正确处理与异性关系，具有处理冲突能力
U17—U21	提高过渡阶段	身体的生长发育已进入青春期后期，部分运动能力接近成人，球员的独立思考能力和自主意识逐步增强，逆反心理强，耐挫力弱，行为冲动，自控不足等	在比赛中发挥技术，使技术运用趋于稳定；在比赛中运用战术的整体意识，行动上的全局意识，创造性的战术应变；全面提高足球比赛所需的各项身体素质；比赛中的集体感、责任心，进行独立思考分析等；社交活动的范围扩大，加深各方面的认知，拥有较稳定的生活方式

在训练组织形式方面，我国职业足球俱乐部青训梯队多数采用"三集中"训练形式，部分俱乐部采用的是"走训"制（表2-3）。具体采用什么样的训练组织形式，要根据俱乐部梯队的建立和安置方式，以及梯队年龄阶段划分等要素进行选择。基地训练、足校训练等多采用"三集中"训练形式，与校园足球结合的多采用"走训"制。在训练时间方面，笔者通过调研得知，在

"三集中"训练形式下,U19与U17年龄段队伍基本按照职业队一线队要求进行管理,没有过多的学业要求,球员的基本意向也是向职业球员发展。该年龄段的球员正值向职业化进行过渡的关键阶段,这种专业化管理能够满足球员的训练时间、训练频次,对于球员的技战术等方面均有很大的帮助。但是,球员在发展过程中,不仅要培养其技术能力、战术能力,还要对于心理、社交能力加以锻炼。所以,这种集中制不利于球员的文化知识系统学习,限制了球员的社交范围,使球员不能够对社会产生充分且正确的认识,对球员全面成长、步入社会造成很大的阻碍。U15以下年龄段则采用"半日训练、半日学习"的方式进行,例如,江苏苏宁足球俱乐部借助南京河西外国语学校资源,实行球员集中寄宿、集中学习、集中训练制。这种方式在一定程度上满足了球员文化知识学习、社交、训练等多方面需求,但是容易在学校与青训梯队管理团队间衍生出"真空地带"与责任界定模糊问题,造成管理混乱的现象。该年龄段的青少年需要家庭关怀,在人格塑造上需要正确引导,这种集中制度难以实现对每个球员的精准引导。采用"走训"制的相对灵活,学生在学校进行正常的文化课学习,课余时间进行训练。"走训"制让学生在家庭关怀和人格塑造问题上得到了很好解决,并且让家庭、学校、梯队的各方责任明晰。但是"走训"相较于"三集中"制在训练频次和训练时间上劣势明显,再综合各方面的因素,学生成长为职业球员的概率较低。

表2-3 部分城市足球俱乐部足球训练情况

城市	职业俱乐部青训			校园足球业余俱乐部		
	周训练次数/次	训练时间/h	训练方式	周训练次数/次	训练时间/h	训练方式
苏州	6	1.5~2	三集中	3~4	2~2.5	走训
上海	5	2	三集中	4~6	2	走训
武汉	4	1~1.5	走训	5~6	2	走训
南通	6	2	三集中	5~6	2	走训
大连	3~5	2	三集中	7~9	2	走训
青岛	6	2	走训	6~7	2	走训
北京	3~5	2	三集中	7	2	走训
南京	5	2	三集中	7	2	走训

在职业足球青训梯队建设方面,《中国足球协会职业俱乐部准入规程》中对不同级别俱乐部青训梯队建设有明确要求:新赛季中超、中甲级别俱乐部下设至少5支不同年龄段的青训梯队(U13—U19),中乙级别俱乐部下设至少4支青训梯队,并且每一个俱乐部对于青训方面的资金投入不能低于15%。有俱

乐部因自身建设了附属足球学校，所以面对准入规程并没有压力。例如，广州足球俱乐部拥有恒大皇马足球学校，学生约3 000人，并且足校内部已经形成较为成熟的青训体系。但是许多俱乐部并未做到，有些是"上有政策、下有对策"，变相执行。例如，深圳佳兆业足球俱乐部U13梯队组建，通过从翠园中学的学校足球队借调队员，组建U13佳兆业翠园梯队。在2019全国青少年男子足球超级联赛U13A组华南大区积分中，该队仅积得4分，15场比赛中1胜1平14负，总失球数41个。福建天信足球俱乐部U15梯队也存在先"搭架子"的情况，在2018年U15级青超华南大区比赛中以0∶24大比分惨败于广州足协五中。

在职业足球青训教练员方面，从教练员数量上来看，据中国足协官方网站的数据显示，从2009年1月至2018年12月，共举办1 930期D级教练员培训班，总参与人数为46 822人，通过人数为41 255人；举办C级教练员培训班205期，总参加人数为4 664人，通过人数为4 197人；举办B级教练员培训班35期，总参加人数为761人，通过人数为693人；举办A级教练员培训班23期，总参加人数481人，通过人数为411人；举办职业级教练员培训班10期，总参加人数175人，通过人数139人；[1]再加上2009年前的数据统计，我国D级以上足球教练员达56 551人。从我国足球教练员质量上来看，常规培训通道的基层教练员培训门槛较低，培养质量上存在不足，缺乏专业的技战术水平，缺乏比赛经验；进入快速培训通道的学员需要高水平球员或职业球员经历，这些教练员具有扎实的技战术基础、丰富的比赛经历，但是整体学历偏低，在知识和能力结构上存在缺陷。职业俱乐部青训工作对教练员专业执教能力的要求很高，培养职业足球运动员是一个长周期的过程，各个年龄段的发展侧重点各有不同，并且在技术、战术、体能、心理等多方面需要磨炼，才能为球员的高水平发展打下良好基础。这就要求职业俱乐部青训教练对于足球运动项目拥有正确的认识，了解当今足球发展的趋势与规律，具备扎实的基础技术及全面的理论知识框架，并在实践带队过程中灵活应用。就高水平的职业级和A级教练员数量而言，人口12 700万的日本分别拥有411人和1 363人，人口8 047万的德国分别拥有866人和3 789人，人口1 140万的比利时分别拥有136人和2 684人，人口4 860万的西班牙分别拥有2 351人和12 738人。我国青训教练员数量与人口比例严重失调（表2-4、表2-5）。

---

[1] 中国足球协会. 教练员培训历史背景[EB/OL].（2019-01-07）[2021-02-20]. http://www.thecfa.cn/jlypxlmym/index.html.

表 2-4　各国职业级与 A 级教练员与人口总数比例分析

国家	人口总数/万人	职业级教练员 数量/人	职业级教练员 比例（精确至小数点后三位）	A 级教练员 数量/人	A 级教练员 比例（精确至小数点后三位）
中国	140 005	158	万分之 0.001	985	万分之 0.007
日本	12 700	411	万分之 0.032	1 363	万分之 0.107
德国	8 047	866	万分之 0.108	3 789	万分之 0.471
比利时	1 140	135	万分之 0.118	2 684	万分之 2.354
西班牙	4 860	2 351	万分之 0.484	12 738	万分之 2.621

表 2-5　中国足球教练员培训人数

等级	PRO 级	A 级	B 级	C 级	D 级
数量	158	985	2 298	11 855	41 255

注：统计数据截至 2018 年 12 月

此外，《中国足球协会职业俱乐部准入规程》中对俱乐部梯队教练员资质有着明确要求，各级俱乐部所聘任的教练员级别最低也要达到 C 级教练员资质。所以，在我国足球青训教练总量如此稀少的情况下，符合职业足球俱乐部青训资质的教练更是匮乏。主要原因是：第一，开班少。根据中国足协数据，2009 年到 2018 年的 10 年间，D 级班开班数 1 930 次，C 级班开班数 205 次，B 级班开班数 35 次，A 级班开班数 23 次，PRO 级班开班数 10 次。全国各级讲师数量不足 200 人，且各级讲师多是高校老师、教练或是俱乐部主教练兼职，本身工作繁忙，难以抽出足够的时间进行培训，这是培训班开班数量少的主要原因。第二，投入多、工资少。我国足球教练员行业工资待遇普遍偏低，职业足球俱乐部青训教练员的待遇相较于其他国家职业足球俱乐部的待遇条件大相径庭。在工作中，俱乐部层面及地方足协对于俱乐部青训梯队竞赛成绩有严格要求，给教练员施加了巨大的压力，这就造成了职业足球俱乐部青训教练付出与回报严重失衡。足球青训教练在此情况下成了并不"吃香"的职业。

从笔者在调研与访谈中的整体感觉来看，我国职业俱乐部青训教练员最主要的问题是精力投入不足，文化基础薄弱，知识结构单一。首先，精力投入不足。我国职业俱乐部中的青训教练在工作认识上存在差异，有些教练对于工作方面仅仅投入少量的时间、精力，对于梯队队员了解不够精细，管理方式粗暴单一；对于梯队训练没有针对性，训练方式落后；缺乏自我提升，自身的知识、水平不能跟上现代足球发展趋势。其次，文化基础薄弱。教练员的学历代表其曾接受系统教育的程度，也在一定程度上反映教练员的业务素质、基础文化水平和发展潜力。[1] 职业俱乐部的多数青训教练员具备专业队运动经历，但在其成长历程中并未接受系统的文化教育。再次，知识结构单一。知识结构是指在一个人的知识体系中各种知识的构成和组合状况。知识结构不完善、不合理的教练员很难胜任足球教学和训练工作。职业俱乐部多数青训教练员并非科班出身，缺乏体育理论知识，基础训练理论与工具性知识也存在不足，这些教练员基础知识结构还需逐步完善。最后，道德素质参差不齐。打骂球员的现象在职业足球俱乐部青训梯队队伍中屡见不鲜，也有教练在球队训练期间做出吸烟等对青少年健康成长不利的行为。上述问题形成的主要原因有以下几点：一是教练员对工资待遇不满，工作积极性难以提升。2017年央视记者孙雷曾在广西梧州做过一个调查，调查显示，当时在昆明执教的阙之凯（50岁）、陈元昆（44岁），在青岛执教的荆涛（34岁）、申涛（43岁），在延边执教的李时峰（43岁）和在乌鲁木齐执教的那色尔（47岁），6人的平均年龄是43.5岁，平均年薪只有45 333元。由此可见，全国各地的青训教练员投身青训行业多年，囊中依旧羞涩，这也就导致了教练员在工作上积极性并不高，不愿意投入过多的时间精力。相比而言，日本的青训队教练员不仅在社会上处于较高的地位，而且拥有较为丰厚的工资待遇，所以相应的工作积极性、投入程度普遍比国内职业俱乐部的青训教练员更高。二是部分教练员在做运动员期间没有很好读书，工作后事业发展瓶颈早现。多数职业俱乐部教练员拥有专业队经历，但由于我国足球专业队训练模式不重视文化教育，导致这一批教练员在文化知识上存在缺陷。这些教练员接受系统文化教育的程度较低，使其在事业发展上受到多处局限，如业务水平、自我提升、创新能力等。三是封闭管理的成长环境造成部分性格缺陷与品格问题。传统体制内的专业队训练模式主要采用集中封闭化管理，球员在青少年时期就长期脱离社会、家庭、学校，缺少社会关注、家庭关心与学校关怀，道德素质、法律意识等方面得不到系统教育，加之金牌理念之下过度追求运动成绩的锦标管理模式，许多运动员的成长缺失了必要的品德教育与文化学习。在发展后期转型为教练员时，部分教练员易出现行为失范。

---

[1] 赵治治，臧鹤鹏，宋海燕. 中国足协U-17队伍教练员现状及发展对策[J]. 首都体育学院学报，2013，25（4）：350-352，370.

三、竞赛体系

1994年中国足球职业化改革后，推行足球职业联赛制度，中国职业足球进入了一段辉煌时期，人们在关注职业联赛竞技时，忽视了职业足球后备人才培养的问题，一直没有建立一套与职业联赛相配套的完整且稳定的后备人才足球竞赛体系，特别是在青训年龄阶段划分中，各个俱乐部的建队设置各不相同，杂乱无章。直至1999年，中国足协颁布了《关于严格按年龄组设置青少年梯队的暂行规定》，开始将我国青少年足球后备人才队伍竞赛体系划分为"竞技系列"与"普及系列"两类，并在年龄结构方面与世界赛事进行接轨[1]（图2-4）。

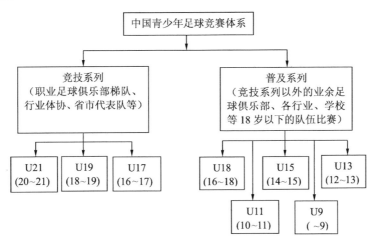

图2-4 我国青少年足球后备人才队伍竞赛体系

此后，随着中国足协机构的内部调整，青少年足球赛事也进行了大幅度的变革，在"竞技序列"逐步完善了"U系列联赛"（仅职业俱乐部青训梯队与省市体育局或足协队伍参赛），并增设"精英梯队联赛"，但执行效果并不理想。据统计，2016年参加U系列联赛中5个年龄段联赛和锦标赛的队伍共计133支，中超、中甲职业足球俱乐部的青训梯队参赛队伍数量为64支，如果去除U18的12支队伍（中超7支、中甲5支），参加四级比赛的职业俱乐部青训梯队仅为52支。这个数字仅占133支队伍的39.09%（表2-6）。

---

[1] 杨一民，李冬生，李飞宇，等. 中国足球竞赛体系和训练体系的研究［J］. 体育科学，2000，20（5）：25-32.

表 2-6　中超 16 家俱乐部梯队参加 U 系列联赛情况[1]

俱乐部	U13	U14	U15	U16	U18	小计
广州恒大	★(2支)	★(2队)	★	★(2支)	★	8
江苏苏宁		★	★	★	(全运)	3
上海上港	★	★(幸运星)	★	★	(全运+留学巴西)	4
绿地申花	★	★(江镇中学)		★		3
北京国安		★	★	★(2支)	★	5
广州富力	★	★	★	★		4
河北华夏	★(河北足协)	★	★	★	★	5
重庆力帆					★	1
延边富德		★		★	★	3
天津泰达	★	★				2
辽宁宏运				★		1
长春亚泰	★	★	★	★		4
河南建业		★		★		2
山东鲁能	★	★(2队)	★	★	★	6
天津权健					(参加锦标赛)	1
贵州智诚						0
累计参赛队	8家9队	12家14队	8家8队	12家14队	7家7队	52

2016 年年底，中国足协与教育部商定，推行全国区域性青少年主客场制联赛，赛事分为两个阶段，包括"大区主客场互访赛""全国总决赛"，之后再增设一个"后备力量选拔赛"。2017 年中国青少年男子足球超级联赛（以下简称"青超联赛"）开赛，该赛事分为 3 个年龄段，即 U16、U15、U14，首阶段赛事分为华中、华南、华北、东北、西部 5 个大区（U15 球队报名数量有限，采用赛会制）进行，后阶段进行总决赛。2018 年该赛事将原有的"U 系列联赛"和"精英梯队联赛"纳入其中，增设至 5 个组别，即 U19、U17、U15、U14、U13，1 年 3 000 余场比赛，基本形成以"青超联赛"为竞赛体系核心和顶层赛事，辅助以"青少年锦标赛""青少年足协杯赛""青少年冠军杯赛"，覆盖 U13—U19 7 个年龄组别的竞赛体系。2019 年青超联赛改组升级，赛事体系不断完善，推行升降级制度，U17、U15、U14、U13 组别基本赛制不变，U19 组别分设了 A、B 两组，A 组采用全国主客场双循环联赛制，B 组则选用大区赛、总决赛，进行升级决赛。值得一提的是，随着体育部门、教育部门构建体教深度融合"一体化设计、一体化推进"的中国青少年足球人才培

---

[1] 马德兴. 有钱闲置外援没钱搞青训？一半中超中甲梯队不完整[EB/OL]. (2017-04-07) [2021-02-20]. http://www.ttplus.cn/publish/app/data/2017/04/07/48420/os_news.html.

养新格局的不断推进，职业足球俱乐部青训与校园足球在赛事活动中的融合也更加紧密。实地调研发现，2017年全国U13锦标赛中，出现"成都棠外""上海江镇""重庆辅仁"等学校队名，这些球队都是国内某职业足球俱乐部的青训梯队或省市足协的队伍。例如，"重庆辅仁中学队"是由重庆市辅仁中学校与北京人和足球俱乐部共建的球队，扮演着北京人和俱乐部的梯队角色；"上海江镇中学队"则是由上海市江镇中学与上海绿地申花足球俱乐部联合建队，成为绿地申花梯队。重要的是，这些学校也是属于当地的优质重点学校，这就确保学生球员既可以踢好球又不影响文化课学习，从而让孩子安心、家长放心。此外，中国足协为进一步完善全国青少年足球竞赛体系，还组织了"全国青少年足球锦标赛""青少年中国足球协会杯赛""全国青少年冠军杯赛"3项全国赛事，部分职业俱乐部青训队伍还会代表各省市参加锦标色彩浓厚的城运会和全运会等体制内赛事（图2-5）。

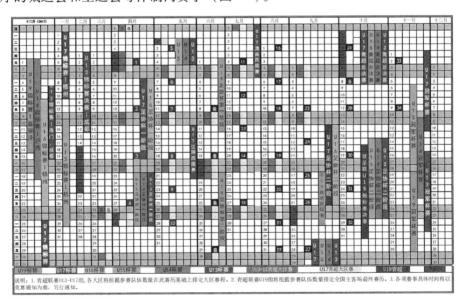

图 2-5 中国足协 2018 年全国青少年男子足球赛历

2020年4月中央全面深化改革委员会第十三次会议审议通过《关于深化体教融合 促进青少年健康发展的意见》，该意见从2019年开始研制，前后征求了13个部门的意见最终成稿。为确保落实，同年12月成立了由国务院办公厅、教育部、体育总局牵头的青少年体育工作部际联席会议制度，旨在推动青少年体育人才培养、训练竞赛等各方面多层次的深度融合，而此项工作的最重要抓手和突破口是青少年竞赛体系改革，特别是青少年足球赛事深度融合。为此，2021年中国足协印发了《关于鼓励俱乐部梯队球员融入校园竞赛平台的

指导意见及 2021 年青少年男足竞赛计划方案（建议稿）》（以下简称《方案》）。该《方案》目前仍处讨论阶段，但其所提出的改革建议将会对我国职业足球青训与校园足球赛事体系带来颠覆性的大变革。以下着重介绍此《方案》的八大要点。要点一：U15 及以下赛事主要为体教融合赛事、U16 及以上赛事由中国足协主办。校园足球工作领导小组办公室将与中国足协共同举办各级体教融合足球赛事，赛事重点放在小学、初中义务教育阶段，并计划将此类赛事统一命名为"中国青少年足球联赛"；原中国足协主办的 U 系列等精英赛事继续保留，但仅作为"体教融合赛事"的补充和提高。要点二：确定 U13、U14、U15 三个年龄段作为 2021 年度体教融合改革重点年龄段，鼓励俱乐部优先将梯队（或部分球员）分散（推荐）或集中到几所或一所初中参加相应的"体教融合赛事"，并派教练、科研团队深入合作学校给予技术支持，各地方足协也应在竞赛组织、裁判选派上支持"体教融合"赛事。要点三：鼓励俱乐部与高校合作。为进一步完善体教融合工作，鼓励职业俱乐部与高校合作，尝试将俱乐部预备队（或部分球员），分散（推荐）或集中在几所或一所高校中。如果达到参赛累计时间、人数要求则视为相应梯队准入建设达标。要点四：各俱乐部可将本俱乐部的各级多支梯队球员分散到多所当地普通学校（推荐），或集中到某一所普通学校；以上暂时条件不成熟未能实现的，也可留在本俱乐部或本俱乐部的足球学校（非普通学校）参赛。1 类球员将在一个赛季内以参加"体教融合赛事"为主；2 类球员参加 U 系列赛事为主。中国足协与校足办拟计划在不影响"体教融合赛事"既定赛程的间隙期，举办从两类球员中选拔精英球员组队参加的提高性、交流性的短期赛事。以上两类球员可以在"注册窗口期（在赛季前）"每赛季进行一次参赛类别确定或转换。要点五：体教融合赛事与 U 系列赛事施行不同年龄标准。体教融合赛事将按学年划分年龄段。出生日期为某年 9 月 1 日至次年 8 月 31 日，允许并鼓励低年级优秀球员同时参加高年级比赛，U 系列赛事主体仍按年龄划分，为了与校园赛事接轨，每队可报不超过 5 名次年 9 月至 12 月出生的球员。要点六：球员与原属俱乐部的培训关系不因球员参加校园赛事而变更。参加校园赛事的俱乐部梯队球员与原属俱乐部的培训关系不变，有关培训协议继续有效，有关各方应积极创造条件保障球员仍可继续参加俱乐部的训练，并鼓励俱乐部派教练员到合作的普通学校进行训练及技术指导。俱乐部、球员（及家长）、合作学校应商定好合作协议及培训协议的补充条款。要点七：梯队球员参加校园足球赛事达到一定标准可纳入俱乐部梯队建设准入标准相应指标。根据职业俱乐部准入标准，对于派本俱乐部梯队球员参加校园赛事的俱乐部，其相应年龄段每赛季参加校园足球赛事正式比赛上场达到或超过 1 800 分钟的球员人数达到或超过18人的（初期暂定标准，重点放在初中年龄段，此规则也可涵盖从预备队、U19、U17等各级梯队），可计为此年龄段的梯队建设达标。要点八：做好地方赛事设计，提高比赛质量。各地方足球协会应积极配合各地校足办，在赛事设计、规程制定、竞赛组织、裁判员选派、人员培训、技术统计分析等相关工作上给予全力支持。建议赛制以地区内多级联赛为主，通过赛制及规程、日程设计，力求各参赛队全年有稳定的比赛数量，并尽量减少水平差距过大的低质量比赛。U13及以上较高级别联赛应为十一人制的比赛，级别较低联赛、U12及以下年龄段可采用九人制、七人制和五人制的竞赛形式。方案中对于预备队联赛和U系列赛事有四大改革。第一，预备队联赛改革。中国足协委托"职业联盟"（筹建中）为各中超、中甲联赛俱乐部举办的赛事，以U21年龄段球员为参赛主体，同时每场比赛也允许不超过3名本俱乐部超龄及一队球员报名参赛。中超、中甲俱乐部根据本俱乐部情况自愿报名参赛（如参赛队不足，则此项赛事暂不恢复）。赛制为多阶段赛会制比赛，即将参赛队根据往年成绩排序，依次分为A、B、C……若干个小组，每组4~6队，在一赛季进行3~5个阶段（视疫情及承办赛区条件），每阶段小组循环赛后进行一次升降组，全部比赛完成后排定全年名次。第二，U19和U17联赛改革。如果俱乐部所在地此年龄段校园赛事的质量及场次较好，则鼓励俱乐部将梯队（或部分球员）分散或集中到几所或一所高中、高校参加相应的校园赛事。如所在地的校园赛事不能满足相应场次及水平要求，也可参加由中国足协组织的U19、U17联赛。根据职业俱乐部准入要求，各中超、中甲俱乐部应组队参赛（考虑到此年龄段球员与全运会参赛主体有一定重叠，如存在对应梯队球员参加全运会情况，俱乐部需要说明，中国足协将根据情况进行研究）；中乙俱乐部根据准入要求及本俱乐部条件可选择性参赛；足球学校（非普通学校）及其他青训单位、社会俱乐部可申请参赛。竞赛计划方案：将参赛队根据往年成绩排序（主要参考近年相关年龄组的青超联赛成绩），依次分为A、B、C……若干个小组，每组4~6队，在一赛季进行3~5个阶段（视承办赛区条件），每阶段小组循环赛后进行一次升降组，全部比赛完成后排定全年名次。第三，U15、U14和U13联赛改革。鼓励这三个年龄段球员参加体教融合赛事，这几个年龄段赛事中较大比例的比赛，将以会员协会（省级重点城市）独立（或邻近2~3个会员协会自发联办）组织的联赛为主。校足办与中国足协将在10月份左右组织一次赛会制的全国总决赛，将对以上各会员协会组织的联赛给予必要的指导，并根据其赛制、规模、水平（组织水平及球队成绩）进行评级，并根据评级分配总决赛参赛名额。第四，U12及更低年龄段赛事改革。地方足协要积极贯彻《关于深化体教融合 促进青少年健康发展的意见》，与当地体育、教

育部门密切配合,根据本地区情况办好相关赛事。原则上,中国足协不再举办此年龄段的大规模的、全国性的赛事。[1]

目前,《方案》征求意见稿已经指出中国青少年足球联赛的改革方向在于体教融合,U15及以下年龄段竞赛将以体教融合赛事为主体。2021年2月7日,中国足协召开2021年青少年足球竞赛工作筹备协调会。会议就2021年青少年足球竞赛筹备工作进行了沟通,确定在义务教育阶段的竞赛上实现"校园、俱乐部、体校、社会青训机构"四位一体融合,优化U17、U19、U21联赛的竞赛方案并组织好第十四届全运会足球赛事等目标和任务。[2] 体教融合赛事将成为我国青少年足球竞赛体系一大重要组成部分,该类赛事将会让中国足球青训受益良多。首先,校园足球人口不断扩充,足球人口基数不断提高。其次,体教融合赛事一定程度上避免了现阶段小升初、初升高足球人口断崖式减少的现象。最后,体教融合背景下培养的球员相较于传统体系培养的球员普遍接受系统教育程度更高。但是,目前校园足球短期内尚不能承担过多的青训任务,由于投入下降,中国足协将青训支出纳入俱乐部支出限额范畴,这导致了职业俱乐部青训出现教练工资待遇减少、梯队队员训练比赛搁置、营养费削减等诸多问题。职业俱乐部可能会因为该政策的出现,降低青训热情,与学校方面达成仅仅形式上的合作,造成青训质量难以保障,造成中国青训事业发展隐患。

四、选拔体系

我国职业足球青少年运动员选拔体系对我国职业足球球员市场发展意义重大,对我国足球后备人才培养影响深远。职业足球青少年运动员选拔体系是保障足球人才向上输送数量和质量的保障机制,良好的青少年球员选拔体系可以大幅度提升职业足球俱乐部整体竞技水平,各级梯队会涌现更多优秀青训队员、一线队阵容得以不断补充,也能使国家储备更多优质足球后备人才,推进各级国家足球队竞技水平的提升。选拔体系的缺失将直接导致职业俱乐部各级梯队水平下降,一线队人才匮乏,球员市场上出现奇货可居、高薪低能等现象,也不利于国家足球队人才储备。因此,职业俱乐部青少年球员选拔体系无论对于我国职业足球俱乐部还是国家竞技足球整体发展都起着重要作用。

---

[1] 陈永. 中国足球青训将迎颠覆性变革[N]. 足球报,2021-01-21(02).
[2] 中国足球协会. 2021年中国足协青少年足球竞赛工作筹备协调会在京召开[EB/OL].(2021-02-07)[2021-3-27].http://www.thecfa.cn/qingchaoliansai/20210207/29292.html.

中国体育创业伊始就效仿苏联模式，搭建以体校为基础的三级训练网，这对中华人民共和国成立后四十年中国竞技足球发展发挥了重要作用，培养出范志毅、贾秀全等具有世界水准的优秀球员。当时中国竞技足球后备人才选拔体系依附于以三级训练网为标志的举国体制。三级训练网分为初级、中级、高级三级训练层级，初级训练形式以中小学运动队和体育传统学校为代表，中级训练形式以业余体校和体育运动学校为代表，高级训练形式以省体工队和国家队为代表，层层选拔，层层衔接，坚持"思想一盘棋，组织一条龙，训练一贯制"的指导方针（图2-6）。后来，随着我国社会政治经济体制改革，体育事业也顺应社会全面发展做出调整，1992年国家体委把足球改革作为体育工作改革的突破口，率先进行了职业化尝试，1994年万宝路杯全国足球甲A联赛开赛，中国职业足球正式启动[1]，原有三级训练网已无法适应职业足球发展，青少年足球运动员选拔体系由此从单轨制逐渐向多轨制转变。

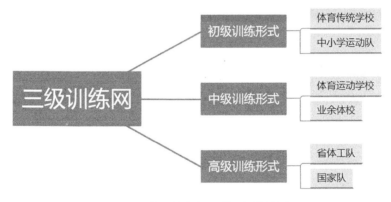

图 2-6　中国青少年足球三级训练网

在选拔对象方面，国内职业足球俱乐部球员选拔面较广，选拔对象来源于多种渠道：本俱乐部各级梯队、其他俱乐部梯队、足校、省市体校、校园足球队伍、社会足球青训机构、训练营等。《中国足球协会职业俱乐部准入规程》对不同级别俱乐部青训梯队建设有明确要求，职业俱乐部从本俱乐部梯队进行逐级选拔最为便利。但目前我国部分职业俱乐部在梯队建设上并不完善，这也导致多级梯队球员质量较低，为日后梯队选拔高淘汰率埋下隐患。欧洲职业俱乐部在梯队建设方面十分慎重，严格把控球员质量，从一线队到各级梯队统一足球理念、训练思想，主要采用同一足球哲学思想下的技战术打法，明确各个位置的具体要求，战术纪律保持较高的一致性。这样有利于形成俱乐部自身独

---

[1] 黄银华，张志奇，张碧涛. 我国足球职业俱乐部后备人才培养机制的初步研究[J]. 武汉体育学院学报，2004，38（5）：17-20.

有的技战术风格，也便于梯队队员在向高年龄段晋升时快速适应。而我国职业足球俱乐部虽拥有各级梯队，但鲜有俱乐部梯队"反哺"一线队的典范出现，其他俱乐部梯队、足校、省市体校、校园足球队伍、社会足球青训机构、训练营等虽为我国职业俱乐部提供了众多选材面，但却不具备从自身俱乐部梯队选拔的诸多优势，易产生足球理念不一、战术纪律不高、技战术打法脱节等问题。

在选拔指标体系方面，我国青少年足球运动员科学选材始于20世纪70年代，由起初的经验感官选材过渡至量化指标选材，由单学科、单项指标评价逐步发展至多学科、综合评价指标体系（表2-7）。[1] 王锋等人借助应用层次分析法建立了我国高水平足球运动员评价体系，结果显示：技战术素质最为重要，其次是身体素质、心理素质、意识、文化素质等。[2] 国内球员选拔普遍注重技战术素质与身体素质两大因素，相对忽视心理因素与心智因素。国外结合生理学、人体测量、心理学、社会学和专业技能得出一套足球天才运动员潜能预测指标体系，基于科学依据识别天才足球运动员（图2-7）。我国青少年足球赛事通常以年龄为标准进行分组，然而青少年一个限定的年龄范围中生理年龄跨度最大跨度为12个月，这就造成我国以年龄段划分的赛事中接近限定年龄的球员偏多，而且每个青少年的生理成熟期迥然不同，年龄一样的球员可能因为生理成熟程度不一，身体形态、身体素质、生理机能等方面存在着较大差异，球员在青少年时期因为生理结构过早成熟带来的优势并不会一直伴随其至成年队。基于青少年相对年龄效应因素和生理年龄成熟度因素，将技战术素质与身体素质作为我国国内球员选拔指标体系的重点指标，相对忽视心理素质与心智素质是选拔主体期望短期成功的体现，易造成具有天赋的球员资源流失，不利于青少年球员长远发展，因此，此类指标体系还有待改善。

表2-7 中国青少年足球运动员选拔指标体系

指标	派生指标	重要性
身体形态	身高、体重、臂长、胸围、大腿围、踝围、腹脂厚、足长、下肢长、肩宽、克莱托指数等	★★★
生理机能	最大摄氧量、肺活量、血红蛋白、无氧阈、心功指数、心率等	★★★★

[1] 孙永生. 我国足球运动员科学选材的研究综述[J]. 沈阳体育学院学报, 2004, 23（6）: 791-794.

[2] 王锋, 王立生, 赵瑞花. 高水平足球运动员评价选优层次分析体系的研究[J]. 北京体育大学学报, 2005, 28（3）: 91-96.

续表

指标	派生指标	重要性
身体素质	30米折返跑、三角变向跑、12分跑、立定跳远、纵跳、背力、腿力、伸膝力等	★★★★★
心理素质	注意广度、简单反应时、责任感、视觉记忆、果敢性、坚毅性、自持性、神经类型等	★★
技战术素质	颠、传、接、控、带、射、顶等各项基本技术、应变能力、个人战术、智力、观察力等	★★★★★

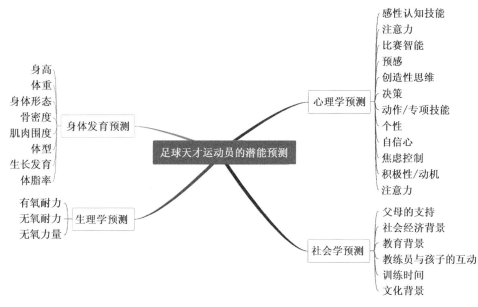

图2-7 足球天才运动员潜能预测指标体系[1]

在选拔主体方面,青少年足球运动员选拔主体通常为教练员、足球职业球探、职业经理人等,而我国长期以来选拔主体以教练员为主。教练员作为选拔主体所拥有的天然优势条件在于能够长期跟踪、了解梯队队员,这能为选拔带来准确依据,避免优秀青少年球员因为意外因素导致落选。但也存在一定劣势,教练员因为工作原因,绝大多数时间是与自己队伍的队员在一起训练比赛,选材范围相对受限。此外,由于受人情世故、教练员主观印象、选材知识不足等因素影响,我国职业俱乐部教练员自主裁量权较大,选拔过程还存在不透明、不具体、不科学等问题。除教练员之外,职业足球青训选拔主体还主要

---

[1] 刘宇. 国外对青少年足球天才识别方法的研究进展 [J]. 中国体育科技, 2014, 50 (4): 33–38.

涉及足球职业球探群体。足球职业球探能根据俱乐部发展需要，在比赛和训练中考察和发掘具备足球运动天赋和潜力的适龄球员，并将其推荐进入职业俱乐部。[1]欧洲足球职业球探体系已经成熟，情报网络遍布世界各地，各俱乐部球探机构也相继组建联络体系，为球员选拔创造有利条件。而国内足球职业球探体系发展时间短，各大俱乐部球探多为兼职，缺乏系统理论培训，球探之间尚未搭建信息交流平台，这给国内球探选拔球员带来重重阻力。不过国内也有部分俱乐部率先打造职业球探队伍，取得了良好成效。例如，山东鲁能足校专职球探建立自己的数据库，录入负责区域中农村、乡、县的足球教练员信息，教练员会将球员位置和比赛信息向球探反馈，球探经筛选后长期跟踪球员成长。鲁能足校建有大数据系统，该系统通过分析现实数据提供分类操作，并预测一些结论，进而服务于青少年足球运动员选拔。恒大足校在招生测试中会选派职业球探到国内30多个省（区、市）招生站进行招生，对参加测试的共计两万名青少年球员进行选拔，科学严密筛选精英青少年球员进入足校。此外，恒大足校打造了20个"智慧球场"，球探和主教练能够借此获得青少年球员在训练比赛中的量化身体数据和可视化战术总结，积累了宝贵的选材和球员成长数据，为日后青少年球员选拔提供科学依据。2021年中国足协教练员培训系统对教练员讲师进行了一次"球探培训体系构建"的问卷调查，搜集了教练员讲师对于构建球探体系的一些建议，有望在日后建立相对完善的职业球探培训体系。

在选拔走向方面，我国职业足球俱乐部青训梯队选拔主要分为两部分：一是在自己青训体系中逐级筛选，层层选拔，最终选拔出的队员为俱乐部一线队效力；二是从俱乐部青训体系外选拔，从附属足校、社会青训机构、校园足球队伍等渠道吸纳球员到俱乐部中。简言之，职业俱乐部的上级梯队由下级梯队优秀队员和全国范围内选拔的适龄球员组成，一直到俱乐部一线队都是由该俱乐部自身青训体系选拔的球员和全球范围内选拔的球员两大部分组成。国家队方面，由各级国家队教练团队向各大俱乐部、会员协会征召球员，入选球员主要去处有U系列国家队选拔训练营、各级国家队集训、国家队赛事等。特别需要指出的是，国内地方足协、职业俱乐部以省运会、全运会规程的年龄要求为标准，以大型赛事成绩为导向进行梯队建设，导致了部分年龄段球员不被重视。2019赛季参加中国职业足球联赛（中超、中甲、中乙）的职业足球运动员共计1 570名，其中1989年年龄段球员184名，1993年年龄段球员224名，1997年年龄段球员153名，这三个年龄段球员分布如此集中的主要原因是各

---

[1] 邱林，张廷安. 欧洲足球职业球探研究[J]. 体育文化导刊，2013（9）：71-74.

地方为参加2009年、2013年、2017年全运会提前选拔对应年龄球员，并倾注大量资源建设未来参赛队伍。从表2-8可发现我国职业球员年龄分布规律：奇数年份出生的职业球员数量往往多于相邻两个偶数年份出生的职业球员数量。这是由于我国省运会、全运会等大型赛事促使体制内选拔所产生的独特年龄分布规律。奇数年份出生的球员往往因全运会、省运会大赛受到更多重视，得到更多培养与锻炼，这批球员通常会成为俱乐部一线队、国家队的主要组成部分；偶数年份出生的球员则面临机遇较少、领导部门重视程度低、资源分配不公等问题。全运会规程中的男足设组对各地方统筹备战和资源划分产生巨大影响。受新冠肺炎疫情影响，全运会男足设组也经历了多次变化：开始计划设置U13—U20多组别，继而维持上届U20和U18两个组别，后来取消U20组别，增设U17组别，直到2020年12月，国家体育总局提出最新修改，男足U17组重新修改为U20组。这些调整导致了各省U20队伍经历了解散后整合，整合后再解散，最终再整合的曲折过程，在此过程中造成了一部分优秀青少年球员流失。据统计，2021年中国职业足球联赛3个序列中该年龄段球员仅有150多名，数量过于稀缺。这批U20球员将在未来两三年内成为中国足球的新生力量，并能逐步扛起中国足球的重任，但是U20年龄段国青球员折戟2019年亚青赛，无缘世锦赛，在中乙联赛中积13分，这批未来参加2024年巴黎奥运会男足赛的适龄球员实力堪忧，表现不尽如人意。

表2-8　2019年中国职业足球联赛球员年龄分布

单位：人

出生年份	中超级	中甲级	中乙级	总计
"70后"	1	0	5	6
1980	1	0	0	1
1981	2	3	1	6
1982	2	4	4	10
1983	5	4	8	17
1984	2	2	6	10
1985	11	13	24	48
1986	5	6	13	24
1987	30	19	29	78
1988	13	13	18	44
1989	58	35	91	184
1990	18	17	38	73

续表

出生年份	中超级	中甲级	中乙级	总计
1991	20	36	52	108
1992	10	11	26	47
1993	50	50	124	224
1994	9	22	45	76
1995	29	28	85	142
1996	17	11	27	55
1997	50	44	59	153
1998	15	10	54	79
1999	16	26	61	103
2000	13	8	36	57
2001	2	4	12	18
2002	2	0	4	6
2003	0	0	1	1

五、保障体系

（一）政策支持

中华人民共和国成立后，1955年中国足球协会在北京组织建立，1956年国家体委下设球类司、足球科，同年开始学习苏联模式，在基层建设青少年足球业余训练机构，逐步形成依附于"三级训练网"的青少年足球后备人才培养体系。1964年，国家体委印发《关于大力开展足球运动，迅速提高技术水平的决定》《关于在男少年中开展小足球活动的联合通知》，对青少年足球推广起到了促进作用。这一阶段，我国尚处在计划经济时期，青少年足球政策颁布甚少，但都得到了高效执行，培养了大量的专业足球人才，足球竞技水平始终处于亚洲一流层面。改革开放后，1979年国家体委印发《加速提高足球技术水平的通知》，组织编写足球少儿业余训练教学大纲、教材和运动技术等级标准。[1] 1980年，国家教委联合多部委印发《关于在全国中小学中积极开展足球运动的联合通知》，推动足球融入中小学多项活动，增设"萌芽杯""希

---

[1] 杨成伟,唐炎,张德春,等. 对我国青少年足球运动发展的政策执行审视[J]. 沈阳体育学院学报, 2015, 34 (1): 21-27.

望杯"等系列赛事。然而，1984年中共中央下发《关于进一步发展体育运动的通知》，要求集中力量发展优势项目，足球项目因投入巨大、人数众多、在国际上难以取得顶尖成绩逐渐受冷落，青少年足球发展格局遭受较大负面影响。直到1992年，中国足协在北京召开了"红山口"会议，印发了《中国足球运动改革总体方案》，中国足球开始"复苏"并向职业化道路转变。1993年中国足协制定《中国足球事业发展十年规划（1993—2002年）》，并规定职业俱乐部必须拥有梯队，将青少年足球后备人才培养推向了市场，在市场机构的逐利本质等多种因素影响下，青少年足球发展经历短期繁荣后急剧萎缩，青训质量严重下滑。北京奥运会后，2009年国家体育总局、教育部联合印发《关于开展全国青少年校园足球活动的通知》《全国青少年校园足球活动的实施方案》，并正式开启了"校园足球时代"。2010年中国足协颁布《"十二五"中国青少年足球发展规划》，2011年《体育事业发展"十二五"规划》明确指出"努力提高足球运动水平"，青少年足球发展由此进入"快速发展期"。2017年12月12日，中国足协印发《中国足球协会职业俱乐部准入规程（2018年版）》，对各级职业俱乐部梯队建设、青少年发展计划、场地设施、青训网点、资金配备等提出明确要求。中国足球协会于2018年印发《关于调整青少年球员转会与培训赔偿标准管理制度的实施意见》，保障青少年球员在转会与培训方面的权益。2020年，体育总局、教育部联合印发《关于深化体教融合促进青少年健康发展的意见》，明确对青少年高水平运动队的训练、竞赛、选拔等方面进行大力支持，深化体校改革，对青少年人才升学、培养等多方面予以政策保障。

我国青少年足球政策主要由中国足协、体育总局、教育部等以规程、规定、意见、方案等形式颁布，政策法律效力相对微弱，对于基层政策执行缺乏约束。在人才培养方面，对于有竞技成绩追求目标的俱乐部而言，U19年龄阶段"三集中"训练依然较为普遍，虽然国家印发了《关于进一步加强运动员文化教育和运动员保障工作的指导意见》等相关政策，但这些政策对俱乐部的约束力较小，梯队球员的文化课学习仍然难以保证。在球员选拔输送方面，俱乐部之间的体制性壁垒依然存在，教练员对球员的把控性较强，球员在俱乐部之间的自由流动难度较大。在青少年足球政策体系方面，青少年足球政策随着决策层的更替不断推陈出新，没有一脉相承，缺乏连贯性和针对性。在地方出台的足球政策文件中，主要还是围绕全运会进行部署，关于职业足球青训建设的内容少之又少，地方足球后备人才梯队建设体系未能完善，足球人才金字塔塔基问题严峻。总体而言，我国职业足球青训依然缺乏强有力的政策法规保障体系。

（二）资金投入

1994年至2002年，中国足球初探职业化发展道路，青少年足球后备人才培养开始由职业足球俱乐部自主进行梯队建设。中国足协在此期间将职业足球青训任务交由各俱乐部承担，在青训方面资金投入较少。由于市场因素和职业联赛竞争环境的变化，相较于投入大笔资金建设梯队、花费时间等待后备人才成长，俱乐部更偏好在转会期间直接购买经验丰富的职业球员。2003年至2010年，中国足协青少部与竞赛部主要负责职业俱乐部青训工作的训练与竞赛工作，全年经费为700万元~800万元，同时承担国字号青少年队的集训、比赛、酬金等开销，经费开支十分紧张。随着国家对青训工作的逐步重视，2017年中国足协第十届第三次会议通过了《中国足球青训体系建设"165"行动计划》，该行动计划，包括构建完善1个机制，建设6个平台，强化5项保障。5项保障主要包括：教练员人才队伍建设，强化技术服务，修订《中国青少年足球训练教学大纲》，完善青少年竞赛训练体系，建立全国青少年足球运动员、教练员的竞训技术档案。从指导力量、技术服务、训练标准、竞赛体系、人才培养5个方面强化保障体系。在经费投入方面逐年递增，2017年中国足协在青训工作中的总投入近1亿元。2018年《中国足协关于调整青少年球员转会与培训补偿标准管理制度的实施意见》出台，"青训补偿年龄从12岁下调为8岁"。从2019年起，每家职业俱乐部每年在青训方面的支出不少于全年支出的15%。2020年12月，中国足协对外发布了《进一步推进足球改革发展的若干意见》，其中有6条政策直接涉及青少年足球培养工作，在职业足球青训方面也提出明确要求"每支俱乐部至少拥有3—5级精英梯队，2023年中超俱乐部至少拥有9级精英梯队，中甲俱乐部至少拥有7级精英梯队，从选材、训练、比赛、科研、硬件设施和成才率等方面对俱乐部青训工作进行评级，并与俱乐部准入挂钩"，同时，提出"进一步完善球员注册转会制度，确保'谁培养谁受益'，落实联合机制补偿和培训补偿相关机制"。各项政策的出台，旨在完善青训工作的保障体系。但是，好的政策需要健全的执行机制予以落实。在经费投入方面，访谈得知，职业俱乐部的经费更多还是使用在购置外援方面，例如，山东鲁能的费莱尼身价高达1 350万欧元，广州富力的登贝莱身价高达1 620万欧元，各家俱乐部在青训方面的投入是否能够满足15%的基本要求，只能通过财务报表予以反映。中国足协针对过去多个赛季各级联赛中部分俱乐部面临生存困境及财务问题的现象，抽调多个职能部门组成"职业联赛俱乐部准入组"，并特聘税务、财务、法律专家加入其中，集中发现、治理相关问题。2021年1月15日中国足协印发《关于进一步做好各级职业联赛俱乐部财务约定指标落实工作的通知》，敦促各俱乐部准确理解规定，落实财务约定指标，共同维护中国职业足球环境。中国足协近期相关政策的颁布以及监督机构的成立，表明其已发现各级职业俱乐部中存在的相关问题，也体现出中国足协彻查财务乱象、保障未来各级联赛健康稳定的决心。

（三）场地设施

国家发展改革委员会、教育部、体育总局、国务院足球改革发展部际联席会议办公室共同编制了《全国足球场地设施建设规划（2016—2020年）》（以下简称《规划》），《规划》中指出"完善专业足球场地。新建2个国家足球训练基地。依托现有设施，建设一批省级足球训练基地。鼓励职业俱乐部完善各梯队比赛和训练场地"。截至2018年，中国足协在北京、上海、大连、成都、重庆、广州、梅州等地市建立男足国家青训中心12个、女足国家青训中心14个（图2-8）。其中苏州太湖（女足）青训基地已经建成国家级天然标准足球训练场10片，多片人工球场，曾于2018年荣获"中国足协女足青训优秀赛区"称号。成都足协青训中心位于成都足协温江基地及FF足球公园，现有6块足球场，1座五人制室内场馆，运动员公寓、餐厅、康复中心、健身房等配套设施齐全，为女足日常训练、比赛提供了良好的条件。温江基地常年举办各项女子训练营及全国比赛，为我国女足发展做出了诸多积极贡献。但也有部分国家级青训中心建设不尽完善，截至2018年，五大国家级足球发展试点城市中仅剩广州市未建有大型足球青训基地，直到2020年11月广东省发改委下发《2020年区域协调发展战略专项资金投资计划通知》，该计划中涉及广州市国家级青少年足球训练基地项目，安排前期经费720万元。职业俱乐部中长春亚太集团打造的净月基地已经成为长春足球新地标，长春亚泰净月基地总占地面积21.53万平方米、总建筑面积9.18万平方米、总投资15亿元。其中，训练区拥有9块国际标准天然草坪、人造草坪室外训练场，1座能容纳7 000人的国际标准天然草灯光体育场，2块五人制人造草坪球场、1块七人制人造草坪球场。亚泰净月基地国内先进、亚洲一流的设施，不仅能满足俱乐部各级球队的训练，而且还能接待国字号球队和其他俱乐部队夏训。[1] 恒大足球学校于2020年5月份，将20个球场进行升级改造，通过场边的智能摄像实时监控球员训练、比赛，视频系统还有标注划线等功能，辅助教练员分析，帮助球员迅速回看训练内容。

---

[1] 长春亚泰足球俱乐部. 净月基地[EB/OL]. (2020-09-21)[2021-03-27]. http://www.yataifc.cn/ytzq_jdjs/jdls/jyjdls/.

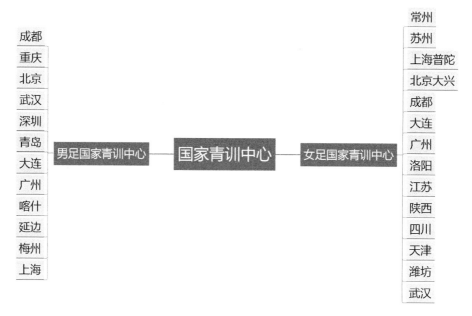

图 2-8　国家男女足青训中心分布情况

（四）教练员培养

足球教练员岗位培训始于欧洲，20 世纪 70 年代"第三世界国家"足球教练员培训开始逐步兴起。亚足联在 1994 年才开始实施"足球教练员培训计划"，1999 年中国足协与亚足联教练员培训计划完全接轨。也就是说，中国与"第三世界国家"在教练员培训衔接方面存在近 30 年的时间空当。2008 年，亚足联官员受中国足协邀请到中国开展教练员培训工作，着手中国本土教练员讲师的培养。2010 年中国足协聘任郭家明先生担任中国足协技术主任，并着手打造中国足球教练员及讲师培养体系。2017 年亚足联开始推出《亚足联教练员公约》，该公约是亚足联与成员协会之间关于等级教练员培训的协议与合同，主要分为职业、A、B 三级足球教练员资格认证。2018 年中国足协印发《中国足球协会教练员培训管理规定》《中国足球协会教练员讲师管理规定》等文件，对教练员及讲师的工作规范、培训课程、主办机构、培训要求、培训对象、薪资酬劳等方面进行了系统规定。2019 年中国足协正式通过亚足联最高级别——职业级教练员认证，成为继日本足协之后第二个获得此项资格认证的国家协会。根据公约要求，中国足协将有权单独组织职业、A、B 三级足球教练员培训班并颁发相应等级证书与执照。中国足协官方网站的数据显示（表 2-9），截至 2018 年，我国 D 级及以上教练员总数为 56 551 人，教练员数量与我国足球人口基数严重不成比例，远远落后于日本及德国、西班牙、比利时等世界足球强国。我国教练员讲师培养体系（图2-9）对应教练员培养体系（图2-10）建立，截至2018年，共有D级教练员讲师101名、C级教练员讲师21名、B级教练员讲师5名、A级教练员讲师4名、职业级教练员讲师2名。目前，我国教练员讲师培训极其严格，选拔程序严谨。以D级教练员讲师选拔程序为例：会员协会推荐—实习讲师（讲师助理）至少两期—主讲师评估/考评—会员协会推荐—CFA考核/选拔—助理讲师至少两期—主讲师评估/考评—CFA批准晋升主讲师。总体而言，我国足球教练员讲师资源相对匮乏，教练员总体数量依然无法满足现实所需，符合职业足球俱乐部青训要求的教练员更是稀缺。

表2-9　等级教练员培训情况统计表[1]

级别	记录人	人数	2018	2017	2016	2015	2014	2013	2012	2011	2010	2009	合计	2008.12-7	2008.6-2004.1	2003.12-1998.1	1997前岗培	合计	2018.12总计
D级	现统计	期数	661	459	331	122	105	82	74	52	35	9	1930						
		参加人数	15551	10753	7600	4540	2413	1986	1784	1210	778	207	46822						
		通过人数	13510	10541	6450	3887	2044	1581	1609	865	629	139	41255						41255
		通过率	87%	98%	85%	86%	85%	80%	90%	71%	81%	67%							
C级	现统计	期数	81	36	27	22	15	7	8	6	1	2	205						
		参加人数	1925	845	634	482	335	145	160	113	8	17	4664						
		通过人数	1755	833	553	409	288	115	127	95	8	14	4197	113	4875	2670	0	7658	11855
		通过率	91%	99%	87%	85%	86%	79%	79%	84%	100%	82%	8.72						
B级	现统计	期数	13	3	5	2	3	4	2	1	2	0	35						
		参加人数	309	68	120	47	66	27	69	30	25	0	761						
		通过人数	271	68	111	45	58	27	63	28	22	0	693	26	619	865	95	1605	2298
		通过率	88%	100%	93%	96%	88%	100%	91%	93%	88%								
A级	现统计	期数	4	3	2	2	3	2	2	2	2	1	23						
		参加人数	95	51	47	42	72	50	19	38	24	43	481						
		通过人数	86	51	36	37	70	45	13	38	18	17	411	15	115	204	240	574	985
		通过率	91%	100%	77%	88%	97%	90%	68%	97%	75%								
职业级	现统计	期数	1	1	1	1	1	1	1	1	1	1	10						
		参加人数	24	13	16	16	13	16	19	7	21		175						
		通过人数	16	13	10	11	12	12	13	10	18		139		18	1	0	19	158
		通过率	67%	100%	63%	69%	92%	75%	75%	76%	86%		8.03						

---

[1] 中国足球协会. 教练员培训数据[EB/OL]. (2019-01-07)[2021-03-27]. http://www.thecfa.cn/jlypxlmym/index.html.

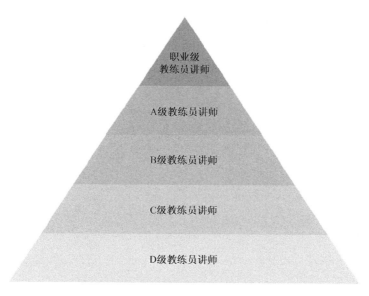

图2-9 中国足球教练员讲师培养体系[1]

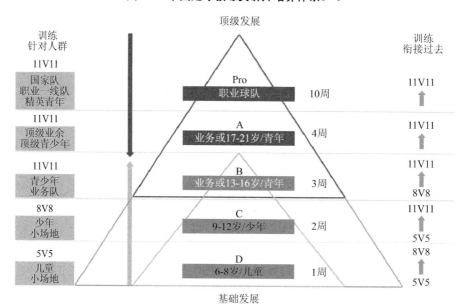

图2-10 中国足球教练员培养体系[2]

---

[1] 中国足球协会. 教练员讲师培训[EB/OL]. (2019-01-01)[2021-03-27]. http://www.thecfa.cn/jlyjspx/index.html.

[2] 中国足球协会. 教练员培养体系与管理规定[EB/OL]. (2019-01-01)[2020-03-27]. http://www.thecfa.cn/jlypxlmym/index.html.

好的青训，必须有好的教练员，教练员为先的基本原则是职业俱乐部青训工作的共识。我国职业俱乐部青少年教练员等级至少为C级，依据我国教练员培养体系（图2-10），C级及C级以上的教练员培训都需要运动经历和执教经历，还需出具带队、教学或实践情况等多项证明，因此，C级及C级以上的教练员在国内已属于精英，数量稀少。由于俱乐部在经费投入方面的问题，职业俱乐部青训教练员的薪资待遇很难得到满足，教练员的工作积极性与进取心大打折扣。通过问卷调查显示，我国职业俱乐部青训教练员呈现工作压力大、出差频率高的两大特点。第一，职业俱乐部领导层对于青训梯队的竞赛成绩都有着很高的要求，其与教练员职称晋升、薪酬待遇等切身利益直接"挂钩"，各个俱乐部之间竞争激烈，青训教练员在日常训练和比赛中背负着巨大的职业压力。第二，我国幅员辽阔，各个职业俱乐部地理位置上不集中，青训梯队队员在周边往往缺少同级别的比赛对手，加之我国青少年竞赛以赛会制为主，青训梯队除了在本俱乐部进行训练，还需要不定期出去参加交流比赛，这使得青训教练员出差频繁。在上述影响因素之下，许多优秀的教练员第一选择不会从事俱乐部青训工作。

六、案例分析

（一）河南嵩山龙门足球俱乐部青训（原河南建业足球俱乐部青训）

河南嵩山龙门足球俱乐部是我国足球职业化改革后的第一批职业足球俱乐部，也是为数不多的从未更换过投资主体的职业足球俱乐部。河南嵩山龙门足球俱乐部自成立以来，一直很重视俱乐部的青训工作。2009年全国校园足球活动开展以后，2011年河南嵩山龙门足球俱乐部调整俱乐部的青训体系，与河南省教育厅、郑州市教育局签订协议，与15所小学、9所初中进行合作，建立了"河南建业足球俱乐部网点学校"，初步形成"小学—初中"青训体系。在"体教结合"的基础上，通过与教育部门的合作，河南嵩山龙门足球俱乐部后备人才基数不断提升，青训体系日益完善。

在管理组织方面，"河南嵩山龙门足球俱乐部网点学校"青训队伍是由俱乐部、学校、教育部门三方管理，俱乐部选派教练员进驻学校进行足球队的日常训练与竞赛工作；学校负责足球队员的文化课学习；教育部门进行宏观管理与部分队员的学籍调配工作。在训练竞赛方面，俱乐部教练员对网点学校运动员进行强化培养，周一至周五，基本为一天两练，周末以"训练营"形式开展训练，在需要参加U系列比赛时，选拔队员参赛。在队员输送方面，"网点小学"的优秀队员可进入"网点初中"进行学习，但也可选择去其他普通学

校,"网点初中"的学生毕业后可以选择离开校园进入梯队,在中牟足球训练基地进行训练,也可以选择进入高中。目前,为不影响球员学业成绩,河南嵩山龙门足球俱乐部中牟训练基地只有一线队、预备队、U19 球队进行集中训练,其他年龄阶段梯队都下放至"网点学校"。从本质上来看,"网点学校"主要采用俱乐部梯队运动员在普通学校集中学习、训练、比赛的模式。2018 年后,俱乐部将更多的重点放在"网点初中",并寻求合作"网点高中",建立"小学—初中—高中"一体化人才培养体系。在教练员方面,"网点初中"多数由俱乐部选派退役球员进行执教,但不上体育课;"网点小学"多数是本校的体育教师进行执教。前者的工资待遇由俱乐部负责,后者由学校负责。

"网点学校"模式相比之前的"三集中"模式有很大进步,并具有一定优势,但其依然存在一些问题:第一,过度依赖"网点学校",且分布区域不合理。多数学校集中在郑州,青训体系选材面可进一步扩大,与更多的校园足球特色学校进行合作。第二,缺乏"网点高中",人才选拔与输送体系缺少环节,需要尽快弥补短板。第三,教练员结构体系需要优化,应进一步与学校进行深度合作,而非短期的劳务派遣,从而激发教练员的积极性。

(二)江苏苏宁足球俱乐部青训

江苏苏宁足球俱乐部是江苏省的一家职业足球俱乐部。近年来,江苏苏宁不断强化其青训体系,培养出了黄紫昌、陈运涵、刘心想等知名国字号球员,其 U19 梯队勇夺 2018 赛季足协杯冠军,U17、U15 等各线梯队也取得了不错的成绩。江苏苏宁青训体系的成功有其独有的特色。

首先,在发展思路方面,江苏苏宁非常重视与校园足球的合作。为改变球员学业发展问题,俱乐部与具有优质教育资源的南京河西外国语学校进行合作,通过开设足球特长班的方式,将其青训梯队建立在学校内。这与传统的足球学校有着本质的区别,球员首先是学生,然后是球员,这也成为江苏苏宁青训招收球员的"金字招牌"。此外,江苏苏宁将青训分为精英化青训与社会化青训两部分。精英化青训主要包括 U13、U14、U15、U17、U19 梯队建设,通过与徐州、南通、扬州等足球重点城市的足协合作,以定期选拔的形式,挑选后备人才,再将学籍转至南京河西外国语学校。社会化青训与校园足球衔接较为紧密,俱乐部与江苏省教育厅签订合作协议,在南京、苏州、徐州、常州、无锡、扬州设立了 6 家分公司,建立苏宁青训品牌机构,入驻部分校园足球特色学校,在课余训练、足球课、校园竞赛等多方面进行合作。在青训理念方面,江苏苏宁学习欧美足球发达国家先进理念。2018 年,江苏苏宁与江苏省教育厅、江苏省体育局、江苏省足协四方共建,引入国际米兰青训体系,该体系是欧洲最为先进的青训体系之一。江苏国米青训学院在全省 13 个地级市中选择具有一定优质教育资源的中小学建立精英梯队，各精英梯队由青训学院配备相应的意大利国米青训外籍教练员，其他队伍教练员则是由苏宁派遣的国内高水平教练员担任。在发展体系方面，江苏苏宁重视青训体系的全面性，除了建立《中国足球协会职业俱乐部准入规程》（2018版）要求的5级梯队之外，其与南京市浦口外国语学校、南京市鼓楼区第一中心小学等学校合作，建立了U8、U10、U12、U16等梯队，这也是俱乐部对其青训体系的长远规划。值得一提的是，江苏苏宁已与南京市栖霞区实验幼儿园等多家幼儿园建立合作关系，建立幼儿足球发展项目，真正做到了"足球要从娃娃抓起"。

在访谈中，俱乐部青训人员也意识到自身发展的不足：第一，将精英梯队球员集中至南京河西外国语学校有其优势，但存在受众范围小的问题，许多优秀小球员难以享受到这项福利。俱乐部需要进一步拓展教育资源，与教育部门深度合作，寻求更多的优质教育资源学校进行合作。第二，优秀球员流失问题无法解决。天赋球员在高中阶段会出现明显的分流问题，好的苗子最终没有选择踢职业足球，而是选择继续在学业上深造。第三，教练员指导思想难以统一。由于引进国米青训学院外籍教练员，中外教练员在执教中出现较多矛盾。

（三）山东泰山足球俱乐部青训（原山东鲁能泰山足球俱乐部青训）

山东泰山足球俱乐部于1997年在山东潍坊市建立了山东泰山足球学校。建校至今向国家各级足球梯队输送237名球员，向各级俱乐部输送267名球员。2017年8月，国家体育总局将山东泰山足球学校命名为"国家足球山东体育训练基地"，2019年亚足联为其颁发"年度青训学院奖"。[1] 除此之外，该足校还于2006年发起了中国"鲁能·潍坊杯"国际青少年足球比赛，该赛事是国际上知名度很高的品牌赛事。

山东泰山足球学校非常注重与校园足球的深度合作，至2020年年底，足校一共签约授予44所学校为"足球人才基地"，定期给予这些学校资金和教练等资源。山东泰山足球学校提倡"三结合一突出""四段式"新型泰山国际化青训培养模式。"三结合一突出"主要是指：突出尖子队员培养；整队培训与个体融入式培养；"走出去"与"请进来"相结合；坚持海外长期培养与短期拉练相结合。[2] "四段式"是指：U13及以下梯队重点在校培训，邀请日韩等亚洲足球强国同年龄梯队进行比赛；U14、U15梯队每年在鲁能巴西基地进行为期2~3个月的训练与比赛；U16、U17梯队整队每年在鲁能巴西基地进

---

[1] 山东鲁能泰山足球学校. 山东鲁能足球学校学校介绍[EB/OL].（2019-11-06）[2021-03-27].http://www.lnschool.cn/football/article_detail/61?type=2.

[2] 山东鲁能泰山足球学校. 鲁能足校队员赴巴西培训[EB/OL].（2018-04-04）[2021-03-27]. https://baijiahao.baidu.com/s?id=1596777571474733705&wfr=spider&for=pc.

行为期不少于9个月的训练与比赛；U18及以上年龄段的梯队选拔优秀球员在巴西基地进行融入式培养。山东泰山足球学校还聘请诸多外籍职业足球教练和我国国内的足球职业、A级、B级、C级等级别教练员，使得每一位运动员都能享受到精英式的培养，同时制订了相应的5年周期足球人才培养计划。除此之外，聘请外籍教练不仅能让球员在西方先进的青训体系中成长，而且让很多中国教练通过研讨课的形式学习西方先进的青训模式、理念、方法等，培训出一批属于山东泰山足球学校自己的优秀足球教练员。此外，足校还设立了"七大体系"，对标诸如西班牙拉玛西亚青训营模式等国际一流青少年足球训练模式。在文化课程方面，足校不仅使用国家标准课程，还开发了特色的校本课程，例如运动心理学、葡萄牙语等。为了解决运动员长期不在学校的情况，足校专门配备随队的老师，保证运动员长期在校外进行比赛或培训也可接受文化课学习。因此，山东泰山足球学校总能保持每年70%的升学率。[1]

总体而言，山东泰山足球学校青训的优点体现在以下几点：一是运动员在进行足球训练或比赛的同时，能保证文化课的学习；二是合理设计了长期的青少年足球人才培养规划，并设计了相应的短期培养计划；三是积极与学校合作，推进校园足球的发展，创造良好的足球氛围。但是，学校也存在一些不足之处：一是校园足球的合作主要集中在我国南部，区域分布不平衡；二是青训的主要负责人全是外籍教练，在制订具体青训计划时会出现中方教练与外籍教练在训练目标、方法与手段上的不一致，造成运动员技能习得的阶段性差异。

（四）广州足球俱乐部青训（原广州恒大淘宝足球俱乐部青训）

广州足球俱乐部作为中超联赛历史上第一支"八冠王"，拥有着属于自己的青训基地——恒大皇马足球学校。恒大皇马足球学校是全球规模最大的足球学院，该足球学校基础设施和基础教育都是以所能到达的最高标准设置的。广州足球俱乐部从该校建校到2020年年底累计投入超过28亿人民币，培养了408名足球队员进入各级别国家足球队，并且先后与15个省30所学校签订战略协议，建立足球培训基地。恒大皇马足球学校先后创办了五大青年赛事："恒大·星耀杯"青少年足球邀请赛、"恒大杯"国际足球冠军赛、"南粤杯"青少年足球锦标赛、西班牙"恒大杯"马德里足球冠军赛和U18冠军联赛，以弥补中国足球青训中球员实战经验少的短板。

恒大皇马足球学院实施的是文化与足球结合培养、基础教育与高等教育结合办学的模式。在基础教育方面，足球学校与中国人民大学合作共同办学，在

---

[1] 山东鲁能泰山足球学校. 鲁能足校教学体系进行改革 盼智商+情商全面展[EB/OL].（2018-11-19）[2020-03-27]. http://www.lnschool.cn/football/article_detail/14.

足球专业培养方面由皇马俱乐部派遣教练全权负责实施。该足球学校建立的目的主要是"振兴中国足球，培养足球明星"，并且制定"持续培养优秀足球运动员并向我国各级国家队输送，为中国足球在洲际乃至世界大赛取得突破贡献力量；持续培养输送职业球员，打造能立足世界顶级联赛的优秀球员；塑造足球青训一流品牌，吸引更多有足球梦想的孩子加入，持续扩大足球人口、推动足球普及和提升"三大目标。[1] 学校就足球青训模式上提出了"八大模式"：可续投资模式、中外结合模式、公平竞争模式、精英培养模式、训赛结合模式、全部免费模式、恒大文化模式、文化同步模式。这使家境贫寒的足球运动员也能通过足球学院的层层筛选获得免费学习、训练的机会，并且接受优秀外籍教练和国内教练的指导。在不落下文化学习的情况下，进行精英化足球训练，恒大的"5年国内特训+5年国外深造"体系，为学校中最为优秀的足球队员提供了进一步提升的可能，经过3个阶段严格、公平地筛选出的球员有机会前往西班牙分校进行深造。同时，西班牙分校采用了"末位淘汰，本部首位晋升"的考评机制，更加有利于精英足球运动员的选拔和培养。足球教练员方面，足球学校实行了外籍青训教练团队"PK制"职教模式[2]，不仅营造良好的竞争环境，而且也让球员不用出国就享受到世界顶尖的足球培养模式。

总体而言，恒大皇马足球学校的校园合作与人才筛选范围遍布半个中国，区域分布广，形成了良好、广泛的校园足球与职业俱乐部人才输送的模式，并且"精英式"的筛选容易培养出优秀的足球运动员，但是该足球学校仍然存在不足：一是足校选址位于广东清远偏僻地区，运动员与外界接触机会少，存在"三集中"特征，队员之间的竞争压力过大，不利于青少年健康的心理与性格成长；二是球队的教练员主要以世界杯优秀外籍教练团队为主，忽视了本土教练员的培养。

（五）长春亚泰足球俱乐部青训

长春亚泰足球俱乐部是唯一的主场城市未变、成立历史超过20年、主体投资企业不变、球队未曾更换过名称，同时得到过中超联赛冠军的职业足球俱乐部。该俱乐部的核心思想是"打造百年俱乐部"。[3] 长春亚泰足球俱乐部

---

[1] 恒大足球学校. 恒大足校精英生"养成计划"：选拔千里挑一 竞争始至终[EB/OL].(2020-06-18)[2021-03-27].https://fs.evergrande.com/show.php？id=738.

[2] 恒大足球学校. 恒大足球学校2021精英招生正式启动[EB/OL].(2021-02-09)[2021-03-27].https://fs.evergrande.com/show_list.php？id=32.

[3] 长春亚泰足球俱乐部. 长春亚泰足球俱乐部的俱乐部介绍[EB/OL].(2020-05-21)[2021-03-27].http://www.yataifc.cn/ytzq_jlb/ytzq_jj/.

一直注重青少年足球后备人才的培养,并且在2016年斥资15亿人民币打造了长春"地标式"的、设备先进的建筑——长春亚泰净月足球基地。一方面改善了俱乐部各梯队训练环境,使得球员能够进行更加科学系统的训练;另一方面可以承接更多的国内外青少年以及成年人的赛事。其中俱乐部创建的"亚泰杯"和"东北联盟杯"等精英青少年足球赛事有效地促进了亚泰青训的发展,拓宽了优秀青少年足球运动员选拔途径。[1]

长春亚泰足球俱乐部在青训方面始终坚持学习国际先进的足球经验,并且于1997年6月成立了长春亚泰足球职业学校,制定了"引进来"与"走出去"的青训政策。在"体能好、技术精、能赢球、作风硬"的精神指挥下,该学校构建了U10—U19共十级梯队和每级梯队红、黄双队建设标准。足球学校300余名球员的日常训练是在长春亚泰足球职业学校的管理、安排下完成的。其训练配套人员由1名技术总监,37名国内外职业级、A级、B级教练员,9名队医组成。而在球员日常文化教育上,大多数本地球员采用的是"走训"的方式,平时在市里的学校上课,而非本地球员则采取集中式上学。在考试前一段时间,球队就会停止训练,让出时间给球员认真复习、备考。与此同时,俱乐部也与教育部门保持密切的联系,在不耽搁球员学习的情况下进行训练,还积极与诸如东北师范大学体育学院等高校合作,保证球员即使不在俱乐部踢球也能有机会、有途径接受高等教育。此外,长春亚泰足球俱乐部除了建立自己的职业足球学校以外,还积极探索"职业足球"与"校园足球"相结合的新模式,本着双赢、共同发展原则,与各类学校达成战略合作协议,建设"长春亚泰足球俱乐部足球文化教育基地"等。例如,俱乐部于2017年11月把"职业足球和校园足球"相结合的提议作为契机,与吉林省白城市人民政府签订战略合作协议,共同建设"长春亚泰青少年足球运动员培训基地"。[2]

长春亚泰足球俱乐部青训经验中,最为成功的是给予了青少年足球后备人才更多的职业选择,青少年球员可以根据自身发展的实际情况选择职业化道路,也可以选择高校深造等路径。但是,长春亚泰足球俱乐部与学校之间并未进行深度合作,其人才选拔的方式主要集中于"亚泰杯"和"东北联盟杯",和学校合作并建立"青训基地"的范围和数量较少,所以,俱乐部在校园足球与职业俱乐部青少年足球运动人才输送的衔接环节较为薄弱。

---

[1] 长春亚泰足球俱乐部.巴巴扬分享执教经验 支招亚泰青训教练为一线队多输送人才[EB/OL].(2020-06-23)[2021-03-27].http://www.yataifc.cn/ytzq_news/ytzq_qx/202006/t20200623_125266.htm.

[2] 新浪网.白城市36名校园足球教师赴长春亚泰足球俱乐部深造[EB/OL].(2018-05-29)[2021-03-27].https://k.sina.cn/article_6079480795_16a5d83db02700gitf.html?from=sports&subch=osport.

（六）浙江职业足球俱乐部青训（原浙江能源绿城足球俱乐部青训）

浙江职业足球俱乐部1998年由绿城集团创始人宋卫平投资组建，现征战于中国足球协会甲级联赛。2020年9月，宋卫平将浙江绿城足球俱乐部50%的股权转让给了浙江省能源集团有限公司，浙江绿城足球俱乐部改名为浙江能源绿城足球俱乐部。2021年，根据中国足协"去企业化"更名要求，浙江能源绿城足球俱乐部改名为浙江职业足球俱乐部。

在足球界，宋卫平是有名的注重足球青训的人，他在2000年开始投身青训，投资1 000多万人民币选拔并培养了1985—1986年年龄段的球员，在经历了南斯拉夫BSK足球俱乐部训练后，他们成为2006年浙江绿城足球俱乐部成功"冲超"的良好基础。[1] 俱乐部在2004年4月斥资1.5亿建立浙江绿城中泰足球训练基地，为俱乐部各个梯队的训练和各类足球比赛的举办做准备。

在青训方面，俱乐部主要采用了日本足球青训模式，将球员的成长过程划分为三个部分：13岁以下、13~16岁和16岁以上。对于13岁以下阶段，一方面，积极与学校合作，例如，浙江职业足球俱乐部与杭州上海世界外国语小学合作，俱乐部派遣专业的足球教练员进入校园，将低年龄段的青训直接放在校园中，让球员在训练的同时也能接受良好的教育，同时，选拔一批有足球天赋的足球队员到浙江职业足球俱乐部的中泰足球训练基地进行试训。另一方面，俱乐部采用球探模式，派遣相关的教练员去各类青少年足球比赛中挑选人才，重点关注球员的球感和身体素质，进行跟踪和选拔。13~16岁阶段的球员则采取集中训练方式，主要培养足球技术，同时俱乐部也提供比赛和海外拉练、研修的机会。16岁以上的阶段，主要提升个人技能，而球员的文化教育则主要依托于足球学校，给他们提供学历深造、职称培训方面的帮助。俱乐部在教练员方面，主要聘请日本职业足球教练，其中冈田武史对浙江职业足球俱乐部的青训影响最大，作为浙江职业足球俱乐部青训的首席顾问，俱乐部全面吸纳了其有关青训的建议。俱乐部对本土教练员的成长也尤为重视，会经常邀请日本有名的教练来杭州为教练员授课，计划性地提高中方青训教练员的教学水平。同时，浙江职业足球俱乐部也与日本的一些俱乐部合作，每年组织球队去日本进行拉练。除此之外，浙江职业足球俱乐部与浙江省足协合作，牵头联合省内外20余家青训俱乐部成立青训联盟，创办了"绿超联赛"，让更多的足球少年参与到足球比赛中，意在培养更多本土化的球员。

由此可见，浙江职业足球俱乐部长时间采用了日本的青训模式，并且有着

---

[1] 虎扑网. 绿城青训进化史 从选拔精英留洋 到日式精英青训 再到日式普及青训[EB/OL]. (2019-05-17)[2021-03-27]. https://bbs.hupu.com/27452781.html.

长期的、周期性的训练计划，不会因为经常性地更换足球教练而打乱训练计划。但是其不足显而易见：一是选材范围较为狭窄，主要通过青少年足球竞赛筛选；二是俱乐部与校园联合培养的合作较少，校园足球与职业足球的衔接路径不清晰；三是青训中投入的人力、物力、财力不足。

（七）新疆天山雪豹足球俱乐部青训（原新疆雪豹纳欢足球俱乐部青训）

2014年为了解决新疆本土年轻足球队员在全运会结束后没有机会踢球的情况，新疆足球协会成功接收湖北黄石华凯尔足球俱乐部和中甲联赛的参赛资格，随后俱乐部落户乌鲁木齐，并以"新疆雪豹纳欢足球俱乐部"为名在足协注册。虽然新疆雪豹纳欢足球俱乐部在近年中甲比赛中表现不是很理想，但是新疆人特有的彪悍体质还是给观众留下了深刻的印象。新疆还培养了一批优秀的足球运动员：阿卜杜肉苏力、阿不都海米提、买提江、巴力·买买提依力等。

新疆足球青训最早可以追溯到2002年宋庆龄基金会和新疆维吾尔自治区体育局共同出资建造的新疆宋庆龄足球学校，宋庆龄基金会每年向足球学校固定输送资金帮助，用于球员的培养、训练和比赛。足球学校每年在新疆筛选、招收50名左右10至12岁的足球运动员并且提供相应的足球培训。在文化教育方面，球员初二之前主要前往足协附近的中小学和普通学生一起接受文化教育，初二之后则进入新疆运动技术学院学习，保证顺利完成学业的球员都能拿到中专文凭。[1] 新疆宋庆龄足球学校也向各级别足球职业俱乐部、国家队等输送人才，买提江和巴力·买买提依力就是新疆宋庆龄足球学校最好的培养成果。2014年新疆雪豹纳欢足球俱乐部成立之后，宋庆龄足球学校与天山雪豹纳欢足球俱乐部建立了长期合作的关系，宋庆龄足球学校为俱乐部培养年轻足球运动员，俱乐部为足球学校提供一定的资金和职业足球运动员。随后是卡瓦斯·李个人出资千万在新疆喀什巴楚县创办了阿里甫足球俱乐部，并且和巴楚县36所学校共建青训基地，现有多名足球队员进入新疆雪豹纳欢足球俱乐部中。2019年孙继海接任新疆足协副主席与青训总顾问后准备在新疆打造一个总体的青训系统，这将包括1座新疆足球青训学院，8个地州市级别的青训中心，还有100个足球学校。[2] 虽然新疆的足球氛围不亚于中国东南部的城市，而且新疆足球队员的身体素质相比其他城市的同龄足球队员更具先天优

---

[1] 刘烨. 新疆足校全疆撒网双语教学 四梯队备战全运会[EB/OL].（2012-05-16）[2021-03-27]. https://sports.qq.com/a/20120516/001082.htm.

[2] 瑞士资讯. 前英超球星孙继海 在新疆为中国足球扎根[EB/OL].（2020-06-11）[2021-03-27]. https://www.swissinfo.ch/blueprint/servlet/chi/afp/前英超球星孙继海-在新疆为中国足球扎根/45841596.

势，但是新疆最严重的不足还是表现在资金的筹措上，很多校园足球特色学校没有资金建设足球基本的设施，满足不了学生和足球队员正常的训练和比赛。同时，进行足球运动员培养是需要资金的，很多家庭没有钱供孩子去足球学校进行更加深入的培训，家长还是更希望孩子好好学习或者毕业后帮家庭分担一些负担。在足球教练员方面，新疆也是十分匮乏的，一方面是因为过于偏远，另一方面是因为薪酬相比于其他省市较少，所以很少有优秀的足球教练员愿意来新疆培养运动员。

（八）延边富德足球俱乐部青训

延边富德足球俱乐部是一家位于吉林省延边朝鲜族自治州的职业足球俱乐部，球员主要来自朝鲜族，是一支以凶猛、顽强、全攻全守为特点的足球队伍，曾经在2015年中甲联赛中创造21轮不败的战绩，提前两轮拿到进入中超联赛的门票。但是，2019年2月由于俱乐部亏损2亿多元人民币并且股东双方存在"更换法人"的问题，在当月26日正式宣布延边富德足球俱乐部破产，64年的队史正式结束。因为俱乐部解散没找到下家的1999年、2000年年龄段梯队的足球队员主要被延边海兰江足球俱乐部吸收。

在青训方面，延边富德足球俱乐部为了解决年轻足球队员家长一直担忧的学习问题，不仅在俱乐部成立之初就与延边州体校和延边州下属县市业余体校合作，成立青训基地；而且也积极与高校合作，为足球运动员的其他出路留了一个后手。足球队员可以一边进行专业学习，一边进行足球队的训练；同时有中国足协挂牌的青少年训练中心也逐渐在延边建立，形成了良好的足球氛围。[1] 延边富德俱乐部坚持"走出去"和"引进来"相结合的培养模式。"走出去"主要是将俱乐部各级梯队优秀的足球运动员送往海外青训营进行训练，学习国外的先进理念；"引进来"主要是选拔国外优秀的足球运动员和苗子，延边富德俱乐部球探、足球教练左拉在刚果民主共和国发现的奥斯卡·塔蒂·马里图就是很好的范例。

俱乐部的优点有以下两点：一是积极与延边州的体校合作，保证了足球队员在比赛训练时能正常地接受文化教育，并且在运动员毕业时能拿到专科院校的毕业证书。二是坚持"引进来"和"走出去"相结合的模式。一方面吸收国外年轻的优秀足球队员进行培养；另一方面将本土的足球运动员送到国外的足球训练营进行联合式培养。但是延边富德俱乐部青训还存在一些问题，主要集中在以下几个方面：一是文化教育保障过低。俱乐部没有保证进入足球体校

---

[1] 延边信息港. 延边富德青训两条腿走路"北延边"绝不能只是一句口号[EB/OL].(2018-08-23)[2021-03-27].http://www.yb983.com/p/72708.html.

训练的足球队员都有良好未来前景。俱乐部只能确保孩子从体校毕业之后能拿到专科文凭,而上大学接受高等教育的名额很少。二是人才储备少,人才选拔范围窄。俱乐部青训人才选拔主要集中在延边州,且在足球体校中。但是,事实证明很多孩子不愿意去体校读书,导致足球人才选拔范围狭小,而且俱乐部没有积极与中小学开展合作,以扩大足球人才储备和选拔的范围。三是本土足球教练员匮乏。俱乐部忽视了本土足球青训教练员人才的培养,导致了师资匮乏,只能外聘外籍足球青训教练员,导致外籍教练与国内教练产生足球理念等方面的冲突。四是资金匮乏。俱乐部在青训体系建设上投入资金不足,导致足球教练人才资源、足球人才引进、青少年足球人才选拔等方面较为滞后。

(九) 武汉三镇足球俱乐部青训

武汉三镇足球俱乐部于2016年由武汉尚文房地产开发有限公司出资创办,原名武汉尚文足球俱乐部,2018年年底改名为武汉三镇足球俱乐部。2018年获中国足球协会会员协会冠军联赛第十一名且于2019年升入中乙联赛,2020年年底获得中乙冠军,成功拿到进入2021赛季中甲联赛的门票。

武汉三镇足球俱乐部之所以能在成立短短四年的时间里,从中国足球协会会员协会冠军联赛的业余足球联赛快速升入中甲联赛最主要的原因,是武汉三镇足球俱乐部十分重视青少年足球运动员的培养。俱乐部还获得了2019年中国足球协会乙级联赛优秀青训俱乐部奖。2014年,俱乐部与武汉市足协合作筹备"培星计划"并于2015年与西班牙NAMA体育管理公司合作,启动"尚文青训海外培星计划",筛选优秀的球员前往西班牙留学。在运动员选材方面,俱乐部不仅可以通过组织足球后备人才训练营、武汉市校园足球精英赛、校园足球精英运动员夏令营等途径筛选优秀的足球后备人才进入相应的俱乐部的梯队进行试训、培养和比赛,也可以通过和武汉市足协合作建立的"校—区—市"三级训练体系,指派高水平外籍青训教练员走访武汉各个学校选拔足球活动中拥有资质、潜能的足球运动员进行集中训练。[1] 经过长期优胜劣汰的筛选,俱乐部选出一批足球精英前往西班牙巴塞罗那的科尔内亚青训俱乐部进行集中训练。在教练员方面,俱乐部坚持"请进来"的方法,聘请高水平青训教练员团队并且配对相应的本土足球教练员,将西班牙的青训模式结合中国的训练环境,创造出适合武汉三镇足球俱乐部独特的、长久的足球青训模式。在文化方面,俱乐部采取"走训"的体教结合模式。小学毕业以后,梯队的所有队员统一升入同一个初中,在结束日常的学习之后进行足球训练,并

---

[1] 武汉三镇足球俱乐部. 武汉尚文青训[EB/OL]. (2019-12-10)[2021-03-27]. http://www.whszfc.com/index.php?s=/List/22.html.

且梯队长时间在外比赛时也会派出跟队文化课老师对他们进行文化教育，在海外留学的足球队员也会入读当地的 ESCAN 国际学校学习。[1] 在资金方面，多方筹措资金，为足球训练提供相应的场地等基础设施，并且积极与俱乐部、学校、企业合作开展相应的足球训练营等活动，形成了良好的融资渠道。

总体而言，武汉三镇足球俱乐部的青训体系存在以下几点优势：一是积极与政府、学校合作，创建了良好的足球氛围；二是为足球队员提供了良好的教育环境，保证足球队员即使在外比赛或者在海外研修也能接受到相应的教育；三是聘请高水平的外籍教练员与本土足球教练员联手制订科学、长久的训练计划，并且培养相应的本土教练员；四是武汉市政府积极协助武汉三镇足球俱乐部的校园足球、足球夏令营、青少年足球联赛等相应工作，并且提供相应的资金与相关的基础设施。

（十）南通支云足球俱乐部与苏州东吴足球俱乐部青训

南通支云足球俱乐部是南通市首支职业足球俱乐部，2016 年成立并征战中国足协乙级联赛，2018 年升入中国足协甲级联赛。南通支云青训工作开展时间不长，但非常重视与校园足球合作。俱乐部主要以三种形式开展合作：一是合作共建"满天星"训练营，利用俱乐部优质教练员与场地资源提升校园足球中优秀球员的培养质量；二是与当地校园足球特色学校进行合作，派遣优秀教练员进驻学校进行日常教学训练工作；三是开设"支云青训"培训机构，将校园足球特色学校学生引入此机构进行培训。为进一步提升青训质量，2018 年，南通支云足球俱乐部以如皋地区为实践基地，全面实施"631 青训计划"。俱乐部聘请日本青训专家金子隆之组建优质的教练员团队，进入 6 所小学、3 所初中、1 所高中——共 10 所校园足球特色学校，探索具有支云特色的青训体系，构建 U7 到 U19 的人才选拔和培训制度，寻求职业足球与校园足球的衔接发展，为俱乐部后备人才培养打通渠道。此外，为加强精英梯队的培养质量，俱乐部与宿迁市体育局签署了关于合作共建"南通支云苏北（宿迁）青训中心"的战略合作协议，双方将在精英梯队与校园足球方面达成长期合作。

苏州东吴足球俱乐部是一支中国足协乙级联赛参赛球队，俱乐部前身是 2008 年成立的苏州锦富新材足球俱乐部，2015 年更名。2016 年俱乐部征战中乙联赛，主要以南京河海大学足球队为班底，其在青训领域也与大学足球存在紧密联系。目前，俱乐部青训体系尚不成熟，青训工作主要通过三个途径进行：一是与苏州大学合作，共建后备梯队，为其梯队后备队员上大学提供机

---

[1] 武汉三镇足球俱乐部. 武汉足球青训模式 可供借鉴学习[EB/OL].(2017-12-15)[2021-03-27].http：//www.whszfc.com/index.php?s=/View/406.html.

会,同时,也为大学生球员踢职业联赛提供平台;二是与苏州市体校合作,共建小年龄段梯队;三是与当地校园足球特色学校合作,重点选择竞技水平较高的一些初中和小学,再与具备优质教学资源的高中合作,努力形成足球后备人才文化教育培养输送一条龙的运行机制。

总体而言,中甲与中乙俱乐部青训体系构建的成熟度远不如中超俱乐部,从访谈中笔者得知,造成这种现象的主要原因有以下几点:一是俱乐部整体实力较低,在青训中投入的人力、物力、财力不足。二是俱乐部发展的稳定性不足。中甲、中乙俱乐部时常出现解散的危机,青训工作就更加无从谈起了,所以,多数俱乐部只要完成准入要求即可。三是多数俱乐部会成立"青训公司",但其主要目的是拓展俱乐部业务,寻求自身造血,获取经济利益。

第二节 我国校园足球发展现状

2009年以来,政府以主导之势强力推进校园足球改革与发展,从中央到地方相继出台了大量政策文件,我国校园足球呈现开拓性、创新性的发展态势。截至2021年1月,全国已建立校园足球综合改革实验区38个,试点县(区)201个,国家级特色学校30 750所,招收高水平运动队高校188所,"满天星"训练营110个,制定了《全国青少年校园足球教学指南》等系统性的规范标准,面向近2 000万名中小学生开设足球课程,参与课余训练与足球竞赛,充分发挥了校园足球的育人功能,基本建构起"改革实验区+试点县(区)+特色学校+高校高水平足球运动队+'满天星'训练营"五位一体的校园足球立体化发展格局。近期,教育部体育卫生与艺术司司长王登峰同志在教育部新闻发布会上表示:校园足球坚持"教学是基础,竞赛是关键,体制机制是保障,育人是根本"的发展思路,做大分母,做强分子,抓牢抓实核心点,打通体制机制障碍,与体育系统通力协作,打造中国特色足球青训体系。

一、管理体系

2009年4月,国家体育总局与教育部联合成立全国青少年校园足球工作领导小组办公室,印发《关于开展全国青少年校园足球活动的通知》(以下简称《通知》),校园足球活动全面开展。根据文件要求,国家体育总局与教育部联合成立"全国青少年校园足球工作领导小组",各级体育、教育部门成立相应的协调机构。各级体育部门负责竞赛组织、专业技术训练与指导。各级教育部门负责师资培训,各种形式的校园足球活动开展,运动员学籍及注册管理等。该阶段的管理工作主要由体育部门主导,"全国校园足球办公室"设在中国足协,工作人员13人,除挂职领导外,教育部并无专职人员,基本直属体育总局领导、管理。地方校足办145个,其中129个设立在体育部门,占总数89%;工作人员356人,挂职领导284人,专职人员72人,占总数20%。在管理工作中,体育部门与教育部门的工作职责与权限划分并不清晰,难以形成通力合作。此外,由于校园足球活动开展的领域集中在学校,体育部门对学校没有管理权限,校园足球活动在学校内部开展权威性不足,管理工作难度较大,政策执行困难重重。

2015年1月,为进一步加强校园足球的领导与管理,经国务院批准,教育部会同国家发改委等6个部门,重新成立全国青少年校园足球工作领导小组,并下发《关于加快发展青少年校园足球的实施意见》,明确管理要求。教育部门履行青少年校园足球主管责任,负责校园足球的统筹规划、宏观指导和综合管理。体育部门发挥人才和资源优势,加强技术指导与行业支持等。该阶段的管理工作主要由教育部门主导,各级校足办也基本上设立在教育系统。校园足球上升至国家发展战略,各部委在场地规划、师资培训、社会支持等方面合作程度更加紧密,逐步实现"一体化设计,一体化推进,自成体系,相互支撑"的管理格局。

从校园足球组织管理机构设置来看,主要是根据国家行政机构关系进行设置(图2-11)。纵向上,从中央到地方分设不同级别的管理机构进行领导,管理机构依附于教育行政系统,基本为单一向度的行政管理形式,通过上层权威进行层层加压,提升管理效率;横向上,由教育、体育、广电、发改委、共青团、财政等系统进行合作,教育系统主导推进,体育系统进行主力协作。但在

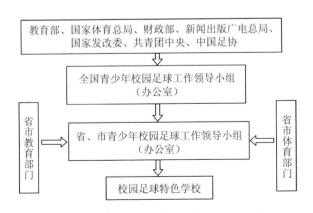

图2-11 中国校园足球常设管理组织机构

实际工作中,各政府部门在职能配置、工作方式、政绩诉求等方面存在较大差别,部门之间的藩篱与摩擦依然存在。

二、学训体系

教学训练是校园足球活动开展的基石,也是校园足球活动质量的重要体现。校园足球工作也始终坚持"教会、勤练、常赛"的发展思路。2009年国家体育总局联合教育部印发《关于开展全国青少年校园足球活动的通知》,提出"学校体育课应加大足球教学在教学中的比例,在青少年学生中普及足球知识和技能"。2013年两部委印发《关于加强全国青少年校园足球工作的意见》进一步要求"利用各种资源大力建设国家、省、市(县)三级校园足球训练网点;定点学校开设足球选修课程,开发足球校本课程,全校不少于50%的学生参与足球活动并掌握相应的足球基本技能"。2015年校园足球活动被提升至国家战略高度,教育部联合六部委印发《关于加快发展青少年校园足球的实施意见》,明确要求:"形成内容丰富、形式多样的教学体系,足球特色学校可适当加大学时比重,每周至少安排一节足球课;加强足球课外训练,要把足球作为学校大课间和课外活动内容,科学制订校园足球训练计划,合理组织校园足球课余训练。"此后,教育部相继印发了《全国青少年校园足球教学指南(试行)》《全国青少年校园足球教学训练竞赛体系建设方案(试行)》《学生足球运动技能等级评定标准(试行)》《全国青少年校园足球"满天星"训练营工作规范》等相关文件,旨在进一步推进与加强校园足球教学训练体系建设。

在校园足球教学方面,为更好地推进校园足球教学水平的提升,教育部组织国内外专家编撰了《全国青少年校园足球教学指南》和《学生足球运动技能等级评定标准》,在教学指南基础上又编制了《校园足球教学大纲》,从小学一年级至高中三年级每节足球课教什么、怎么教,都进行了详细介绍。为解决体育课老师足球技能示范能力不足的问题,教育部组织专人研拍了365集足球技术与技能的教学视频短片,并编写了360节校园足球课示范教案,免费提供指导一线足球教师。截至2021年1月,教育部在全国范围内遴选出30 750所校园足球特色校,数量众多,但是,在教学条件方面还存在师资力量匮乏、场地设施陈旧、资金投入不足等一系列问题。首先,在师资力量上,30 750所校园足球特色校要保证每个班级"每周一节足球课"就需要数十万足球教师,但我国学校教育体系中的足球师资数量还远远不够。2017年教育部校园足球专家调研团队对全国校园足球开展情况进行调研,通过网络统计,在14 728所校园足球特色学校中,足球教师共计51 056人,其中专职足球教师25 245人,平均每所学校1.7人,但其中拥有中国足协教练员等级证书的人员只有6 429人，体育院校足球专业毕业仅为13 661人，只占总数的26.7%[1]，换而言之，看似庞大的足球教师队伍中真正具备足球运动技能的足球教师可谓"凤毛麟角"，具备足球专业背景的更是稀少。在中小学阶段从事校园足球的教师，不仅要掌握心理、生理、教育及学校体育等相关知识，更要具备一定的足球技战术专项能力。近年来，教育部在全国范围内开展了校园足球骨干教师的"国培计划"，但是参加培训学习的学员中多数没有足球运动经历，缺乏足球基本的运动技能，甚至部分人员不是体育教师，这种短期的集中式培训只能在足球教学形式等基础层面给予学员一定指导，无法从根本上解决校园足球专业师资匮乏的问题。也有学者认为："国培计划"的主要功能还是让基层体育教师"开眼界"，了解足球的一些基本规律及训练，无法达到高质量的培养效果。[2] 其次，在场地设施上，场地设施是制约我国校园足球活动开展的另一大因素。我国中小学主要分布在城区和乡村，城区中的学校往往受到城区规划限制，学生活动的场地较少；位于乡村的学校有空间但缺少满足教学所需的建设场地经费和硬件配置。足球运动本身就需要占地面积大的专业化场地，教学也需要专业的硬件设施。目前，全国小学、中学体育运动场馆面积达标学校率分别为90.22%、93.54%，体育器械达标率分别为95.38%、96.56%，较"十二五"期间大幅度提升。但是，我国中小学体育场地设施的使用情况依然存在"紧缺状态"，多班级同一时间上体育课，足球课程可利用场区面积不足，足球课程无法有效进行。在足球课程开设上，教育部严格要求全国校园足球特色学校每周每班开设一节足球课，2017年全国青少年校园足球调研14 728所特色学校发现，部分学校存在未开设足球课的情况（表2-10）。在前期研究中，笔者曾对W省215所校园足球特色小学调研发现，足球课开课率与授课质量有待提升（表2-11）。2020年笔者作为全国青少年校园足球特色学校复核小组成员，调研了重庆、贵州两地的校园足球特色学校，多数学校每周开设了一节足球课，但是，许多学校依然存在"足球课程形式化"的问题，足球课上学生无法真正掌握足球运动基本技能，部分学校足球课是一种"科学式放羊"的足球自由活动课。在资金投入上，校园足球教学经费主要源自中央专项资金、地方配套资金、学校生均经费、学校学生学费、企业赞助等。全国校足办基于足球后备人才培养目标考虑，将经费主要倾斜于足球氛围较好、后备人才较多的大中型城市，而一些足球基础薄弱地区专项经费

---

[1] 蔡向阳. 全国校园足球发展调研报告[M]. 北京：人民体育出版社，2019.
[2] 毛振明，席连正，刘天彪，等. 对校园足球的"八路突破"的理解与深入——论"新校园足球"的顶层设计之三[J]. 武汉体育学院学报，2015，49（11）：5-10.

投入相对匮乏[1],而学校内部经费在足球课程的投入上更是十分有限。

表 2-10 校园足球特色学校开展足球课情况[2]

内容	数量/所	百分比/%
只有一节足球课	7 970	54.1
另一节由足球课内容体育课	5 457	37.1
有两节以上专门足球课	1 237	8.4
其他或未开展	64	0.4
合计	14 728	100.0

表 2-11 W 省部分校园足球特色小学足球课程开展情况

调研内容	基本情况
足球教师	足球退役运动员占 3.4%,足球专业毕业占 22.1%,其他占 74.5%;持有教练员等级证书占 21.6%,无教练员等级证书占 78.4%
场地设施	四百米跑道足球场 139 个,占 54%;三百米跑道足球场 63 个,占 24.6%;其他 55 个,占 21.4%
足球课时	每周一节足球课一、二年级,占 93%;三、四年级占 84%;五年级占 77%;六年级占 49.3%
组织形式	各校四年级足球课:两个班级同时上课占 12.6%;三个班级同时上课占 44.7%;四个班级同时上课占 29.3%;其他 13.4%
班级人数	各校四年级各班平均人数:0~40 人占 7.9%,41~60 人占 81.9%,60 人以上占 10.2%

在校园足球训练方面,教学是校园足球开展的基础,训练则是校园足球发展的关键。目前,绝大多数的校园足球特色学校都已基本建立起校队,并组织校内联赛与课余训练,许多学校也做到了"班班有球队,班班有训练"。笔者从调研中得知,许多校园足球特色学院都与当地的业余足球俱乐部或职业足球俱乐部等机构合作,借助其优质的教练员资源,指导本校的课余训练工作。部分地区的校足办会统一组织,通过政府购买服务的方式,将社会青训机构力量引入校园,提升训练水平。截至 2021 年 1 月,教育部已在全国建立了 110 个"满天星"训练营,并跟上海申花和广州富力签约,做好校园足球教学训练和竞赛活动以及"满天星"训练营活动,将"满天星"训练营做成区域性教学、训练的样板。值得一提的是,2019 年教育部计划遴选建设 3 000 所足球特色幼儿园,将足球教学训练工作引入幼儿阶段,建立一体化的教学训练体系。此

---

[1] 邱林,戴福祥,张廷安,等. 我国校园足球政策执行效果及主要影响因素分析[J]. 体育学刊,2016,23(06):98—102.

[2] 蔡向阳. 全国校园足球发展调研报告[M]. 北京:人民体育出版社,2019.

外，从校园足球后备人才培养工作来看，近五年来参加小学、初中、高中、大学四级联赛学生共计1 255万人次，有3万多名省（区、市）级最佳阵容的学生参加全国夏（冬）令营活动。2016年至2018年共遴选出828名夏令营总营全国最佳阵容队员，其中已有130多人进入国内职业俱乐部，30多人赴国外知名足球俱乐部深造。[1] 教育部体育卫生与艺术司司长王登峰提出"教会、勤练、常赛"，其中"教会"是基础性工程，"勤练、常赛"才能真正提升学生足球水平。虽然我国校园足球拥有庞大的人口基数，但在课余训练层面上依然存在诸多不足。第一，思想观念需要更新。校园足球活动是一项国家推进的顶层战略，所蕴含的战略价值巨大，对国民素质提升、国民教育改革等方面意义重大。但是，在应试教育模式之下，学校与家长对于学生踢球是否会影响学习、是否有出路等问题缺乏正确认识，学校领导层和学生家长的理念很大程度上会影响学校在足球课余训练的时间、资源配置。第二，训练水平有待加强。客观上讲，我国校园足球课余训练体系的整体训练水平还处于"低水平"阶段，普遍存在训练导向不明、训练手段单一、训练时间不足等现象，特别是存在训练主体能力欠缺问题。目前，我国校园足球课余训练主要依靠学校体育教师开展，部分学校会聘请校外青训机构教练员负责。学校体育教师自身足球专项技能水平与执教能力还普遍存在"先天不足"，无法有效提升课余训练的水平。第三，赛事形式影响训练方式。赛事是龙头，任何训练的最终目的是在比赛中获取胜利。校园足球赛事主要分为校内与校际比赛，校内比赛基本不涉及课余训练范畴，校际比赛则直接反应课余训练的整体水平。当前，我国校园足球校际比赛多采用联赛制，球员参与比赛机会较多，但也存在"强者恒强，弱者恒弱"的竞赛困局，许多学校在足球招生等环节与传统项目学校存在较大差距，继而基本放弃目标追求，多采用临时组队予以应付。对于杯赛制的地区，则更是缺少开展系统课余训练的特色学校。

三、竞赛体系

足球联赛的构建与完善对校园足球发展起着十分重要的作用，很多国家都十分重视本国校园足球联赛体系的建设，例如，美国全国大学体育协会（NCAA）足球联赛，邀请全国大学生足球队参加此联赛，大学生可以通过联赛进入职业联赛或者拿到奖金等，激励美国大学生积极参与足球联赛。足球协

---

[1] 全国青少年校园足球工作领导小组办公室. 全国青少年校园足球工作报告（2015—2019）[J]. 校园足球, 2019（8）：8-13.

会和政府可以通过健全青少年足球联赛体系,提高足球在青少年群体中的传播度,宣扬足球文化;足球俱乐部的教练员、球探可以通过观看青少年足球联赛选拔精英足球人才,拓宽选材渠道;青少年足球运动员可以通过参加足球联赛丰富阅历、提高足球水平、熟练运用战术;等等。为了达到提高我国足球普及率,提升足球竞技水平,拓宽足球人才选拔范围等目标,我国政府非常重视青少年足球联赛体系的构建与发展,并从2009年开始陆续颁布《关于开展全国青少年校园足球活动的通知》等系列政策,将校园足球上升为国家战略,积极开展校园足球相关竞赛活动。[1] 其中最为重要的一点就是构建并完善小学、初中、高中、大学四级足球联赛体系。

自2009年以来,教育部、体育总局等部门极其重视校园足球竞赛体系构建,"竞赛是关键"是校园足球发展的基本思路之一,并逐渐建立起中国特色的青少年足球联赛体系。在中国特色校园足球体系的构建中,核心观念之一便是健全小学、初中、高中、大学四级联赛。通过查阅《教育部等6部门关于加快发展青少年校园足球的实施意见》《全国青少年校园足球工作领导小组关于做好2019年校园足球工作的通知》等相关文件发现,顶层设计者多将校园足球联赛体系建设作为重点列出,印证青少年足球四级联赛的建设十分重要,并在政策中提出校园足球联赛创办和开展的相关要求和建议,期望通过政策的有效实施达到全国各地区校园足球四级联赛比赛场次、参赛人数呈逐年递增趋势等目的,继而形成"班班有球踢、校校常竞赛、地方大力推动、专家层层选拔、全国统一联动"的校园足球竞赛格局。[2][3] 根据教育部发布的《全国青少年校园足球工作发展报告(2015—2017)》,自2015年起至2017年12月,全国累积有534.70万小学生参加校园足球小学联赛,276.13万中学生参加校园足球初中联赛,165.35万高中生参加校园足球高中联赛,27.90万大学生参加校园足球大学联赛,共计1 004.08万名青少年。其中有15 564名青少年参与两届校园足球冬令营和三届夏令营,实现从小学到高中全覆盖。[4] 根

---

[1] 腾讯体育. 校园足球活动下拨经费和地方匹配金使用通知[EB/OL].(2010-04-02)[2021-03-27]. https://sports.qq.com/a/20100402/000701.htm.

[2] 教育部. 教育部等6部门关于加快发展青少年校园足球的实施意见[EB/OL].(2015-07-27)[2021-03-27]. http://www.moe.gov.cn/srcsite/A17/moe_938/s3273/201508/t20150811_199309.html.

[3] 人民政府网. 全国青少年校园足球工作领导小组关于做好2019年校园足球工作的通知[EB/OL].(2019-03-14)[2021-03-27]. http://www.gov.cn/zhengce/zhengceku/2019-12/03/content_5458021.htm.

[4] 教育部. 全国青少年校园足球工作发展报告(2015—2017)[EB/OL].(2018-02-01)[2021-02-27]. http://www.moe.gov.cn/jyb_xwfb/xw_fbh/moe_2069/xwfbh_2018n/xwfb_20180201/sfcl/201802/t20180201_326157.html.

据教育部公布的《2015—2019全国青少年校园足球工作报告》，截至2019年7月，全国参加小学、初中、高中、大学四级联赛学生共计1 255万人次，有3万多名省（区、市）级最佳阵容的学生参加全国夏（冬）令营活动，遴选出828名夏令营总营全国最佳阵容队员，其中已有130多人进入职业俱乐部梯队参加职业比赛，30多人赴国外知名足球职业俱乐部进行海外深造。[1] 综上所述，2017至2019年，参加校园足球四级联赛总人数呈上升趋势，同时，普通学生可以通过校园足球四级联赛进入职业足球俱乐部相应梯队进行试训和海外留学机会。完善的校园足球竞赛体系可以有效扩大足球的社会影响力，宣传校园足球价值功能，让更多学生参与足球运动，提高学生身体素质，拓宽选材范围与后备人才储备，缓解学生学业压力。

中国特色校园足球竞赛体系主要为分校内联赛与校际联赛。首先，校园内班级联赛和年级联赛是校园足球竞赛体系的基础。《全国青少年校园足球工作五年总结及2020年工作部署》明确要求：申请全国校园足球特色学校基本标准之一为所有校园足球特色学校需要面向2 000万学生每周至少开设1节足球课、组织课余训练和校内联赛。[2] 例如，张家港市凤凰中心小学设立《凤凰中心小学学生每天1小时体育活动细则》的规章管理制度，为各年级设立足球专项课，创办每学期一次的"校长杯"班级足球联赛。其次，以校园内班级联赛和年级联赛为基础向上扩展，形成的小学、初中、高中、大学四级联赛体系则是校园足球竞赛体系的核心。小学、初中、高中联赛主要有区长杯、市长杯、省长杯和全国冠军杯四个等级递进的校园足球联赛；大学生足球联赛主要有超冠联赛、冠军联赛、挑战赛和资格赛四级联赛，设立升降级机制，其中冠军联赛、校园组、高职高专组细分为地区选拔赛、分区赛、全国总决赛三个阶段，高水平组超冠联赛细分为全国24强赛、主客场淘汰赛两个阶段，形成横纵向立体的青少年足球体系，建立横向为小学、初中、高中、大学，纵向为学校、地区、市级、省级的联赛体系。从2018年起，累计有704名初、高中生通过入选夏令营省级和全国最佳阵容名单获得国家一级运动员称号；9 000多名初、高中学生获得国家二级运动员称号；5 000多名小学生通过入选省级最佳阵容运动员名单获得国家三级运动员称号，并且很多学生通过高水平足球等升学政策进入清华大学、复旦大学、北京体育学院等高校。同时，大学生也可以通过参加足球联赛获得相应学分减免等优惠，这也为参与足球运动且成绩优

---

[1] 教育部.全国青少年校园足球工作五年总结及2020年工作部署[EB/OL].（2019-12-20）[2021-02-27].http://www.moe.gov.cn/fbh/live/2019/51635/sfcl/201912/t20191220_412768.html.

[2] 中国教育新闻网.全国青少年校园足球工作报告（2015—2019）[EB/OL].（2019-7-23）[2021-02-27].http://www.jyb.cn/rmtzcg/xwy/wzxw/201907/t20190723_249940.html.

异的学生创建良好的升学渠道,提供接受更高层面文化教育和足球训练培养的可能,吸引越来越多学生积极参与校园足球活动。除此之外,为丰富校园足球竞赛形式,全国校足办组织了训练营比赛、夏冬令营比赛、区域性选拔赛以及幼儿趣味比赛(图2-12)。例如,"满天星"训练营主要达到的目标就是"四高":高质量的教学、高水平的训练、高品质的竞赛、高层次的保障。截至2020年12月,全国共开设110个全国青少年校园足球"满天星"训练营。[1] 这就逐步建立了"校内竞赛—校际联赛—选拔性竞赛—出国交流比赛"为一体的校园足球竞赛体系。

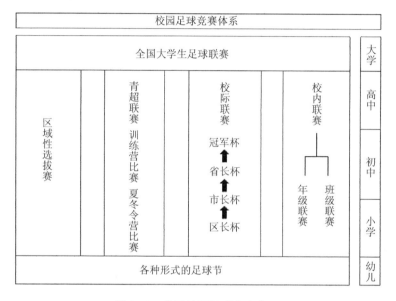

图 2-12　我国校园足球竞赛体系

为了进一步推广足球运动,完善和发展青少年足球竞赛体系,提高我国足球水平,教育部体育卫生与艺术司非常重视与中国足协的合作,国家体育总局和教育部也联合印发《关于深化体教融合 促进青少年健康发展的意见》,积极促进深化体教融合,特别是在竞赛方面的衔接与融合,努力形成"一体化设计,一体化推进"竞赛体系,在小学、初中、高中、大学四级联赛基础上增设其他青少年足球联赛。[2] 例如,中国足球协会联合全国青少年校园足球工

---

[1] 教育部. 介绍全国青少年校园足球最新进展情况和全国学校体育教学改革整体思路[EB/OL].(2018-06-26)[2021-03-27].http://www.moe.gov.cn/jyb_xwfb/xw_fbh/moe_2069/xwfbh_2018n/xwfb_20180626/201806/t20180626_341040.html.

[2] 新浪体育. 一体化设计一体化推进 深化体教融合吹响冲锋号[EB/OL].(2020-10-20)[2021-03-27].https://sports.sina.com.cn/others/others/2020-10-20/doc-iiznezxr6963911.shtml.

作领导小组办公室创办全国青少年男子足球超级联赛（National Youth Super League，NYSL），又称"青超联赛"，现分为U13、U14、U15、U17、U19等5个组别。其中U13、U14、U15、U17联赛分为大区赛和总决赛；U19分为A/B两个组别，并采取升降级制度。2021年中国足协印发了《关于鼓励俱乐部梯队球员融入校园竞赛平台的指导意见及2021年青少年男足竞赛计划方案（建议稿）》（以下简称《方案》）。该方案目前仍处讨论阶段，但其所提出的改革建议将会对我国职业足球青训与校园足球赛事体系带来颠覆性、革命性的大变革。《方案》征求意见稿已经指出中国青少年足球联赛的改革方向在于体教融合，U15及以下年龄段竞赛将以体教融合赛事为主体。此外，全国青少年校园足球工作领导小组办公室也极其重视女子足球发展，2018年与中国足协共同组织以大学生女足为主体的"全国大学生女足锦标赛暨中国足协女足乙级联赛"，形成中国足协女足超级联赛、中国足协女足甲级联赛、中国足协女足乙级联赛三级女子足球联赛体系，实现各级别女子足球联赛的有效衔接，鼓励大学生女子足球队伍加入相应足球联赛，并通过中国足协女足乙级联赛，增加各类高校招收高水平女子足球运动员名额，使女子足球青少年竞赛体系和女子职业足球体系相互衔接并进一步融合。

此外，教育部在校园足球适龄球员中筛选出不同年龄段的精英青少年足球运动员，分别组建全国青少年校园足球小学男子甲、乙组，小学女子甲、乙组，小学混合组，初中男子甲、乙组，初中女子甲、乙组，高中男子组，高中女子组，共11支校园足球国家队，积极参加各项各级国内外赛事。[1] 自2018年以来，中国校园足球国家队参加多项赛事，取得不俗战绩。例如，在第五届上海国际足球邀请赛中，青少年校园足球高中男子组国家队在小组赛中三战一平两负，获得小组第一，并最终夺得比赛第四名。

 四、选拔体系

建构选拔体系是校园足球活动的关键一环，在提升校园足球后备人才质量工作中占据重要地位。2013年国家体育总局、教育部在《关于加强全国青少年校园足球工作的意见》中明确提出，大力建设国家、省、市（县）三级校园足球活动培训基地及青少年足球训练网点，完善校园足球定点学校招生考试政策，逐步理顺以高等学校为"龙头"的大中小学"一条龙"足球梯队建设

---

[1] 新浪体育. 校园足球国家队是什么 后备平台不是自立门户[EB/OL].（2019-08-26）[2021-4-1].https://sports.sina.com.cn/china/gqgs/2019-08-26-doc-ihytcern3655294.shtml.

和运行机制。2015年国务院颁布的《中国足球改革发展总体方案》提出，允许足球特长生在升学录取时在一定范围内合理流动，获得良好的特长发展环境。同年，教育部联合国家体育总局等6部门印发《关于加快发展青少年校园足球的实施意见》，其中特别提到畅通优秀足球苗子的成长通道，要求各地注重选拔优秀足球苗子，建立教育、体育、社会三系统衔接的人才输送渠道。2017年教育部印发《关于加强全国青少年校园足球改革试验区、试点县（区）工作的指导意见》，进一步明确畅通校园足球成长通道，要求各地校园足球重点基地定期遴选有潜质的学生集训，完善教育、体育、社会相互衔接的人才输送渠道，鼓励高中毕业的校园足球学生运动员报考高水平足球运动队、运动训练、体育教育等专业。2020年教育部等7部门联合印发《全国青少年校园足球八大体系建设行动计划》，对各级向省（区、市）、国家后备人才梯队输送足球苗子，向国内外职业俱乐部输送后备竞技人才做出进一步指示。建构健全的选拔体系是校园足球从普及1.0时代进入提高2.0时代的关键工程，是实现从基层到顶层的各级提质提优的探路工程，也是各级国内外职业青训梯队拓宽人才输送渠道的系统工程。

在选拔主体方面，我国校园足球选拔主体主要为各级学校的足球教师、训练营教练员、国内外球探等。在校园足球人才成长通道中，基础教育阶段的校园足球人才选拔主要通过各级校园足球特色学校对于适龄足球特长生的招生考试，由各级特色校足球教师负责选拔工作。高等教育阶段则主要通过高校高水平运动队招生（以下简称"特招"）、运动训练专业招生（以下简称"单招"）以及体育教育专业招生（以下简称"统招"），选拔优秀校园足球人才进入高校深造。2021年之前，全国特招由各个学校自行负责制定考试内容、时间等，2021年之后，教育部发文进行全国统一招生。2018年之前，单招由各个学校自行组织，2018年之后，足球单招专项考试进行分区统考，足球项目考点分为华南、华中考区考点（武汉体育学院），华东考区考点（山东体育学院），华北考区考点（天津体育学院），西北、西南考区考点（西安体育学院），东北考区考点（沈阳体育学院）。据官方统计数据显示，2020年全国普通高校运动训练、武术与民族传统体育专业（含部分高校高水平运动队）共报名4.4万人，其中体育单招4.2万人，足球项目占比达18.39%，仅次于田径大项，报名人数达8 101人，2021年体育单招所有项目报考人数达49 632人（含部分高水平项目和冬季项目），其中足球项目报考人数达13 948人，位居所有项目首位。每年如此浩大的足球人才选拔工作，主要由全国部分高校足球教师进行选拔。体育教育专业招生主要是参加本省统一制定的体育专业测试。此外，2019年全国青少年校园足球工作领导小组办公室印发《全国青少年校园足球"满天星"训练营基本要求（试行）》，要求训练营实施高水平管理，选聘国内外高水平教练员进行高水平教学训练，打造高水平竞赛，实现校园足球提质增效的总体目标。"满天星"训练营教练员通过选拔性赛事为中国足协各级青训中心队伍、各地体育部门足球专业队和足球职业俱乐部后备梯队选拔人才，营内教练员在专业性上普遍优于特色校足球教师，在学员选拔上具有极大的自主权，但缺乏完善的监管机制。还有一种校园足球顶层精英人才选拔是评选"最佳阵容"。在全国青少年校园足球夏冬令营中会选拔出不同年龄阶段的最佳阵容，参与选拔的主体为国内外高水平教练员或球探。在人才选拔的专业性上，该主体具有一定的权威，但是在评选标准上会出现不一致的情况：国内高水平教练员选拔最佳阵容的标准主要为球员在夏令营的现实表现，国外高水平教练员或球探标准则侧重于球员的发展潜质。

在选拔对象方面，我国校园足球人才晋升渠道主要由高等学校为龙头，形成大、中、小学一体化的运行机制，因此，选拔对象主要为校园足球特色校中广大学生。校园足球特色学校主要通过班级联赛、校际联赛等多种形式从学校内部选拔一部分具有足球潜质的苗子进行集中训练，进入相应年龄段足球训练营或青训梯队。如上所述，除了同年龄横向选拔机制外，纵向选拔则主要通过足球特长生招生政策、高校高水平足球队、运动训练、体育教育等专业单招等多种形式拓宽足球特长生纵向晋升渠道。

在选拔标准方面，足球特长生选拔具有较为统一的选拔标准，训练营与专业梯队等选拔则主要由教练员或球探自行制定标准，随意性较强。足球特长生选拔考试标准主要分为量化指标测试和分组比赛考评。非守门员量化指标测试主要内容有绕杆射门、踢准、折返跑等，守门员量化指标测试主要内容有立定三级跳、抛远与踢远、接扑球等，比赛方面主要从技术动作、战术意识、位移速度、比赛态度等多方面进行考评。基于此类选拔标准，能够较好地选拔出现阶段实力水平突出的学生球员，但也存在一些不合理之处。首先，学生球员考试表现状态起伏较大，部分球员难以在考核中真正展示出应有水平；其次，量化指标测试不能够全面反映球员的足球技战术能力。

近年来，我国校园足球后备人才晋升渠道进一步拓宽，获得二级以上运动员证书的青少年足球运动员可以选择参加高校高水平足球运动队招生、运动训练专业招生、体育教育专业招生，还可以参加职业俱乐部试训，进入职业俱乐部梯队。横向上，运动员选拔后的去处主要为市、省、国家各级足球后备人才基地，国内外职业足球俱乐部青训梯队等，经历选拔的球员经过同年龄段的横向对比进入资源更为丰富的地方进行深造，进一步提升专业技能水平。自2015年以来，我国高等教育领域不断出现足球招生利好消息，截至2021年，

全国范围内已成立足球学院 35 所（表 2-12），招收高水平足球运动队院校 188 所，其中"双一流"高校有 68 所，占比 36%（表 2-13），运动训练单招院校 91 所（表 2-14），为学生足球运动员的成长提供了制度保障，也解决了学生家长的后顾之忧。此外，教育部与国家体育总局等 6 部委联合印发《关于做好优秀运动员免试进入高等学院学习有关事宜的通知》，为足球运动竞技水平较高的学生球员创造了免试入学的机会。例如，2021 年，经招生院校、各省区市体育局等审核，共有 737 名运动员获得保送上大学的资格，其中足球项目有 75 人。高等院校足球特长生招生规模的不断扩充为学生参与足球运动营造了良好的制度氛围，特长生招生更是校园足球选拔体系中不可或缺的重要组成部分。

表 2-12 全国高校足球学院名单

学院名称	成立时间
中国人民大学恒大足球学院	2013 年
沈阳城市建设学院足球学院	2015 年
广州体育学院足球学院	2016 年
成都大学足球学院	2016 年
成都体育学院足球学院	2016 年
内蒙古师范大学足球学院	2016 年
合肥师范学院足球学院	2016 年
河北传媒学院足球学院	2016 年
长春光华学院足球学院	2016 年
湖南师范大学足球学院	2016 年
北京体育大学中国足球运动学院	2017 年
贵州师范大学足球学院	2017 年
华南理工大学富力足球青训学院	2017 年
淮北师范大学足球学院	2017 年
南京体育学院足球学院	2017 年
山东体育学院国家足球学院	2017 年
同济大学国际足球学院	2017 年
武汉体育学院足球学院	2017 年
西安体育学院足球学院	2017 年
云南师范大学商学院足球学院	2017 年
云南师范大学足球学院	2017 年
安徽师范大学足球学院	2017 年
淮阴师范学院中德足球学院	2017 年
皖西学院足球学院	2017 年
丽江师范高等专科学校足球运动职业学院	2017 年
河南大学国际足球学院	2018 年

续表

学院名称	成立时间
河南师范大学国际足球教育学院	2018 年
吉林农业大学国际足球教育学院	2018 年
江西师范大学趣店足球学院	2018 年
内蒙古科技大学足球学院	2018 年
山西大学足球学院	2018 年
武汉科技大学恒大足球学院	2018 年
嘉应学院足球学院	2019 年
曲阜师范大学鲁能足球学院	2020 年
云南大学足球学院	2020 年

表 2-13　2021 年全国高校高水平足球项目招生情况

学校名称	重点	省（区、市）
北京联合大学		北京
湘南学院		湖南
南昌大学	双一流、211	江西
海南热带海洋学院		海南
湖南大学	双一流、985、211	湖南
齐鲁工业大学		山东
曲阜师范大学		山东
西南大学	双一流、211	重庆
云南财经大学		云南
集美大学		福建
辽宁师范大学		辽宁
南京信息工程大学	双一流	江苏
西安交通大学	双一流、985、211	陕西
湖南农业大学		湖南
江苏师范大学		江苏
宁夏大学	双一流、211	宁夏
湘潭大学		湖南
重庆文理学院		重庆
贵州师范大学		贵州
哈尔滨师范大学		黑龙江
湖南科技大学		湖南
云南大学	双一流、211	云南
湖北中医药大学		湖北
江苏大学		江苏

续表

学校名称	重点	省（区、市）
太原师范学院		山西
河南师范大学		河南
南京邮电大学		江苏
陕西师范大学		陕西
安徽农业大学		安徽
合肥工业大学	双一流、211	安徽
昆明理工大学		云南
山西大学		山西
沈阳理工大学		辽宁
西华大学		四川
重庆师范大学		重庆
兰州交通大学		甘肃
西安财经大学		陕西
西北师范大学		甘肃
郑州大学	双一流、211	河南
重庆工商大学		重庆
广州大学		广东
南昌航空大学		江西
西安建筑科技大学		陕西
广西师范大学		广西
湖北大学		湖北
南京理工大学	双一流、211	江苏
三峡大学		湖北
沈阳工业大学		辽宁
四川师范大学		四川
浙江工商大学		浙江
浙江工业大学		浙江
浙江理工大学		浙江
重庆大学	双一流、985、211	重庆
北京中医药大学	双一流、211	北京
成都大学		四川
海南大学	双一流、211	海南
海南师范大学		海南
河北师范大学		河北
河南理工大学		河南
湖北经济学院		湖北
华南理工大学	双一流、985、211	广东

续表

学校名称	重点	省（区、市）
吉林农业大学		吉林
江西师范大学		江西
上海工程技术大学		上海
西华师范大学		四川
西南科技大学		四川
中南民族大学		湖北
广西中医药大学		广西
长沙理工大学		湖南
宁波大学	双一流	浙江
重庆科技学院		重庆
北京吉利学院		北京
上海电力大学		上海
延边大学	双一流、211	吉林
浙江中医药大学		浙江
中国矿业大学	双一流、211	江苏
中国农业大学	双一流、985、211	北京
韩山师范学院		广东
华南农业大学		广东
武汉科技大学		湖北
安徽师范大学		安徽
江汉大学		湖北
井冈山大学		江西
山东理工大学		山东
山西大同大学		山西
武汉轻工大学		湖北
中北大学		山西
浙江财经大学		浙江
甘肃政法大学		甘肃
河北地质大学		河北
山东财经大学		山东
河南财经政法大学		河南
浙江师范大学		浙江
南宁师范大学		广西
东北农业大学	双一流、211	黑龙江
福建师范大学		福建
赣南师范大学		江西
贵州大学	双一流、211	贵州

续表

学校名称	重点	省（区、市）
河北传媒学院		河北
河南大学	双一流	河南
黑龙江大学		黑龙江
湖南师范大学	双一流、211	湖南
华东政法大学		上海
吉林化工学院		吉林
济南大学		山东
江西科技师范大学		江西
辽宁大学	双一流、211	辽宁
内蒙古大学	双一流、211	内蒙古
内蒙古工业大学		内蒙古
内蒙古科技大学		内蒙古
内蒙古农业大学		内蒙古
内蒙古师范大学		内蒙古
青岛大学		山东
青岛科技大学		山东
青岛理工大学		山东
山东师范大学		山东
上海立信会计金融学院		上海
沈阳农业大学		辽宁
沈阳师范大学		辽宁
天津城建大学		天津
天津师范大学		天津
西安工业大学		陕西
西北民族大学		甘肃
新疆大学	双一流、211	新疆
新疆师范大学		新疆
长春工程学院		吉林
长春师范大学		吉林
中国美术学院		浙江
中山大学	双一流、985、211	广东
清华大学	双一流、985、211	北京
中国政法大学	双一流、211	北京
北京大学	双一流、985、211	北京
中国人民大学	双一流、985、211	北京
华中科技大学	双一流、985、211	湖北
北京航空航天大学	双一流、985、211	北京

续表

学校名称	重点	省（区、市）
北京科技大学	双一流、211	北京
上海交通大学	双一流、985、211	上海
武汉大学	双一流、985、211	湖北
厦门大学	双一流、985、211	福建
同济大学	双一流、985、211	上海
山东大学	双一流、985、211	山东
北京工业大学	双一流、211	北京
华侨大学		福建
浙江大学	双一流、985、211	浙江
北京理工大学	双一流、985、211	北京
北京林业大学	双一流、211	北京
中国民航大学		北京
复旦大学	双一流、985、211	上海
上海理工大学		上海
电子科技大学	双一流、985、211	四川
广东工业大学		广东
南京农业大学	双一流、211	江苏
中南大学	双一流、985、211	湖南
东华大学	双一流、211	上海
南京航空航天大学	双一流、211	江苏
四川大学	双一流、985、211	四川
上海大学	双一流、211	上海
对外经济贸易大学	双一流、211	北京
西北大学	双一流、211	陕西
北京师范大学	双一流、985、211	北京
南京师范大学	双一流、211	江苏
兰州大学	双一流、985、211	甘肃
吉林大学	双一流、985、211	吉林
石河子大学	双一流、211	新疆
苏州大学	双一流、211	江苏
湖南工业大学		湖南
福州大学	双一流、211	福建
南京大学	双一流、985、211	江苏
河海大学	双一流、211	江苏
云南师范大学		云南
湖南人文科技学院		湖南
长安大学	双一流、211	陕西

续表

学校名称	重点	省（区、市）
北华大学		吉林
山西医科大学		山西
西南财经大学	双一流、211	四川
东北电力大学		吉林
湖南工商大学		湖南
大连海事大学	双一流、211	辽宁
上海海事大学		上海
广西民族大学		广西
太原理工大学	双一流、211	山西
云南农业大学		云南
陕西师范大学	双一流、211	陕西
江南大学	双一流、211	江苏
华东交通大学		上海
山西财经大学		山西
华中农业大学	双一流、211	湖北
深圳大学		广东

表2-14　2021年全国高校运动训练足球招生情况

体育类院校（15所）	师范类院校（35所）	其他类院校（41所）
北京体育大学、广州体育学院、首都体育学院、吉林体育学院、武汉体育学院、天津体育学院、沈阳体育学院、西安体育学院、上海体育学院、山东体育学院、成都体育学院、南京体育学院、河北体育学院、哈尔滨体育学院、郑州大学体育学院	北京师范大学、河北师范大学、华中师范大学、洛阳师范学院、东北师范大学、长春师范大学、华东师范大学、河南师范大学、西华师范大学、陕西师范大学、海南师范大学、赣南师范大学、安徽师范大学、湖南师范大学、合肥师范学院、山西师范大学、辽宁师范大学、新疆师范大学、青海师范大学、曲阜师范大学、天水师范学院、重庆师范大学、西北师范大学、福建师范大学、江苏师范大学、江西师范大学、贵州师范大学、华南师范大学、廊坊师范学院、云南师范大学、衡阳师范学院、广西师范大学、南阳师范学院、内蒙古师范大学、哈尔滨师范大学	北华大学、延边大学、邯郸学院、江汉大学、宁波大学、宁夏大学、苏州大学、西南大学、吉林大学、中北大学、河南大学、同济大学、中南大学、聊城大学、宜春学院、南昌大学、嘉应学院、大连大学、暨南大学、集美大学、山西大学、广西大学、石河子大学、张家口学院、井冈山大学、内蒙古大学、华东交通大学、西藏民族大学、华中科技大学、陕西理工大学、山东理工大学、重庆文理学院、青海民族大学、黄河科技学院、华南理工大学、大连理工大学、湖南工业大学、辽宁工程技术大学、内蒙古民族大学、湖南人文科技学院、武汉体育学院体育科技学院

五、保障体系

（一）政策支持

中华人民共和国成立后，1956 年，国家体委下设球类司、足球科，对学校足球工作开展进行管理和指导，1964 年，共青团中央、教育部等部门共同颁布《关于在男少年中开展小足球活动的联合通知》，要求有条件的学校开展足球运动。政策推出后，各级学校学生足球水平普遍得到提升，但随后学校足球活动因国家体育战略调整进入缓慢发展期，学校足球处于摸索前行阶段，从国家至地方各层面的足球政策并不系统，政策体系并未形成。

1978 年改革开放，我国校园足球也迎来了发展契机。1980 年，共青团中央、教育部及国家体委联合发布《关于在全国中、小学生中积极开展足球活动的联合通知》，设置"萌芽杯""幼苗杯""希望杯"等青少年足球赛事，推动足球运动融入中小学各项活动。1984 年，中共中央印发《关于进一步发展体育运动的通知》，从上至下形成了集中优势力量到优势项目、争取世界顶尖水平的主流思想，导致投入多、见效慢的足球项目遭受冷落。2001 年，国家体育总局与教育部在深圳联合举办全国学校足球工作会议，教育部与国家体育总局足球运动管理中心共同发布《关于进一步普及学校足球运动的通知》，足球活动在学校内部的发展得到了一定重视，但受我国足球职业化改革的影响，国内足球青训任务完全交给市场，校园足球发展并未探寻出一条正确的发展道路。

自 2008 年北京奥运会后，我国校园足球迎来了高速发展的关键节点，国家体育总局、教育部等部门开始协同探索校园足球的发展路径。2009 年，国家体育总局、教育部联合下发《关于开展全国青少年校园足球活动的通知》（以下简称《通知》），并成立全国青少年校园足球工作领导小组，此后 5 年，校园足球发展规模持续扩大。2013 年，国家体育总局、教育部联合印发《关于加强全国青少年校园足球工作的意见》（以下简称《意见》），为切实提高全国青少年校园足球活动的质量和水平提供诸多意见。从 2008 至 2015 年，校园足球工作主要由国家体育总局牵头，并取得了一些成绩，但尚未达到理想效果，出现了部门职能权威不足、地区发展不平衡、师资场地保障缺失、政策措施不完善、职能部门权责界定不清晰等问题，这些问题也成为校园足球工作进行下一步发展改革的重要原因。

2015 年，国务院办公厅颁布《中国足球改革发展总体方案》，并由教育部统筹管理校园足球相关事务，校园足球的战略地位得到明显提升。随后教育部等 6 部委联合印发《关于加快发展青少年校园足球的实施意见》（以下简称《实施意见》），对校园足球指导思想、基本原则、工作目标提出总体要求，在提高校园足球普及水平、深化足球教学改革、加强足球课外锻炼训练、完善校园足球竞赛体系、畅通优秀足球苗子的成长通道五大任务方面做出了详细的保障措施和组织安排。此后校园足球相关配套政策文件陆续出台。同年12月，教育部、财政部印发《青少年校园足球扶持专项资金管理暂行办法的通知》。2016年，财政部下发《关于完善足球改革发展财政投入机制的意见》，中宣部颁布《关于加强足球改革发展正面宣传引导的工作方案》，国家发展改革委、国务院足球改革发展部际联席会议办公室（中国足球协会）、体育总局、教育部联合印发《中国足球中长期发展规划（2016—2050年）》，教育部印发《全国青少年校园足球教学指南（试行）》《学生足球运动技能等级评定标准（试行）》。2017年，教育部出台《关于加强全国青少年校园足球改革试验区、试点县（区）工作的指导意见》《关于组织申报聘请校园足球外籍教师支持项目的通知》。2018年，教育部印发《关于组织开展全国青少年校园足球教练员国家级专项培训的通知》。[1] 2020年，教育部等7部门发布《全国青少年校园足球八大体系建设行动计划》。2021年，教育部下发《小足球场地建设与器材配备规范》。从2015年至今，校园足球指导性政策及配套性政策"井喷式"出台，政策体系愈加完善，校园足球活动得到了有力的政策支持，迎来了新一轮发展高峰期。

（二）资金投入

在资金投入方面，从2009年下发《通知》到2013年出台《意见》再到2015年颁布《实施意见》，校园足球经费由"彩票公益金拨款，地方1∶1匹配"到"国家、企事业单位、社会团体和个人多种形式赞助"再到"政府支持、市场参与、多方筹措"，经费开支由完全依赖公共财政预算转向政府、社会、市场共同承担。

2009年，国家体育总局每年从体育彩票公益金中拿出4 000万元用于开展校园足球活动。2012年，体育总局基于校园足球发展的良好势头以及定点学校进一步增加等原因，从体育彩票公益金中拿出5 600万元推进校园足球发展，要求各地方以1∶1的比例配套资金投入。2015年，中央财政在教育部设立"青少年校园足球扶持专项资金"，各级财政也积极安排配套经费，为省市比赛、教师培训、场地建设、活动开展等提供资金支持。截至2017年，教育部主导校园足球3年来，中央财政累计投入6.48个亿，各省（区、市）投入校园足球的财政、体彩和社会资金等累计196.03亿。以广东省为例，广东省

---

[1] 崔乐泉.中国校园足球发展的历史考察与经验启示［J］.上海体育学院学报，2018，42(4)：12-18.

颁布《广东省关于推进青少年校园足球发展的实施意见》的附件2指出，原则上体育教育工作经费不低于学校公用经费的15%，保证体育和校园足球工作的开展。2015至2017年各省（区、市）青少年校园足球发展综述指出，广东省2016、2017年每年安排校园足球专项资金1.5亿元，部分地级市也进行配套校园足球专项经费和经费使用条例。2017年广东省校园足球工作资金明细表显示（表2-15），省内133所小学、144所中学获得全国青少年校园足球特色学校奖补3 490万元，500所学校获得校园足球推广学校奖补3 000万元，此外，各区、县共获得校园足球试点县（区）奖补5 800万元，竞赛经费补贴1 300万元，合计金额13 590万元。截至2019年年底，广东省共创建1 540所全国校园足球特色校、3个全国校园足球改革试验区、3个"满天星"训练营、6个试点县（区），另外布局建设41个省级校园足球试点县（区）、2 696所校园足球推广校，覆盖超过400万名学生。

表2-15 2017年广东省校园足球工作资金明细表

单位：万元

序号	地区	全国青少年校园足球特色学校奖补			校园足球推广学校奖补		校园足球试点县（区）奖补/万元	竞赛经费补贴/万元	合计/万元
		小学/所	中学/所	金额/万元	学校数/所	金额/万元			
1	广州市	13	13	325	50	300	300	0	925
2	深圳市	7	9	205	28	168	100	0	473
3	珠海市	3	5	105	10	60	100	0	265
4	汕头市	8	4	140	35	210	300	50	700
5	佛山市	8	3	125	17	102	100	0	327
6	顺德区	5	2	80	10	60	100	0	240
7	韶关市	6	5	135	12	72	300	50	557
8	河源市	5	7	155	17	102	300	50	607
9	梅州市	10	6	190	30	180	300	50	720
10	惠州市	7	8	190	24	144	700	50	1084
11	汕尾市	5	6	140	21	126	300	50	616
12	东莞市	8	6	170	19	114	100	0	384
13	中山市	5	3	95	10	60	300		455
14	江门市	5	6	140	17	102			342
15	阳江市	3	9	165	10	60	300	50	575
16	湛江市	6	11	225	38	228	300	50	803
17	茂名市	2	10	170	45	270	300	50	790
18	肇庆市	5	7	155	14	84	300	650	1 189

续表

序号	地区	全国青少年校园足球特色学校奖补			校园足球推广学校奖补		校园足球试点县（区）奖补/万元	竞赛经费补贴/万元	合计/万元
		小学/所	中学/所	金额/万元	学校数/所	金额/万元			
19	清远市	6	6	150	17	102	300	50	602
20	潮州市	5	6	140	21	126	300	50	616
21	揭阳市	7	8	190	45	270	300	50	810
22	云浮市	4	4	100	10	60	300	50	510
	合计	133	144	3 490	500	3 000	5 800	1 300	13 590

注：1. 全国青少年校园足球特色学校奖补的标准为：按照小学 10 万/所，中学 15 万/所的标准对 2016 年获批全国校园足球特色学校（全省 277 所，具体名额分配按照教育部公布学校名单执行）进行奖补。

2. 校园足球推广学校奖补的标准为：在全省范围内创建 500 所省级校园足球推广校。每所奖补 6 万元。

3. 校园足球试点县（区）奖补的标准为：一是创建 22 个省级校园足球试点县（区），其中，珠三角 7 个地区及顺德区，各创建 1 个，每个奖补 100 万元；经济欠发达 14 个地市共创建 14 个，每个奖补 300 万元。二是对创建校园足球全国试点县（区）的中山市，广州市珠海区各安排 200 万元，惠州市龙门县安排 400 万奖补资金。

4. 竞赛经费补贴的标准为：一是授予肇庆市举办第三届"省长杯"校园足球联赛（大学、高中、中职组），组队参加全国小学、初中、高中、中职、大学组校园足球比赛和夏令营、冬令营等相关活动经费共 600 万元。二是对经济欠发达 14 个市举办中小学生足球竞赛予以每市 50 万元的经费补贴。

2018 年教育部发布的《关于做好全国青少年校园足球特色学校、试点县（区）创建（2018—2025）和 2018 年"满天星"训练营遴选工作的通知》中提道：第一，特色学校和试点县（区）享有本地有关部门给予的校园足球教学、训练、竞赛、招生、经费和条件保障等方面的政策支持；第二，全国校足办连续三年为每个训练营提供专项建设经费支持，主要用于聘请高水平国内外教练，组织开展教学、训练、比赛和选拔性竞赛等；第三，积极鼓励校园足球改革试验区、试点县（区）所在地方为训练营建设工作提供相应的经费等多方面支持，确保训练营正常运转；第四，"满天星"训练营享有本地有关部门给予的校园足球教学、训练、竞赛、招生、经费和条件保障等方面的政策支持。例如，2019 年度江苏省体彩公益金资助青少年校园足球 3 350 万元，其中实际支出 3 330 万元，结转 20 万元，市县转移部分 1 030 万元，单位发展部分 2 300 万元，主要用于组织开展青少年校园足球赛事，后备人才输送，青少年校园足球场地设施建设、培训、购买服务等工作，取得了良好的成效。江苏省无锡市第一中学每年设 50 万专项资金投入本校校园足球活动，用以聘请运动学校优秀足球教练员，保障广大学生尤其是足球特长生的学习、训练、生活等，引领示范成效显著。

目前，校园足球资金不单由中央财政或地方财政投入，教育部还多渠道调动社会力量支持校园足球，设立青少年校园足球专项基金，接受社会捐献。社会资金也属于校园足球经费的重要组成部分。2013年体育总局、教育部颁布的《关于加强全国青少年校园足球工作的意见》明确提出，引导企事业单位、社会团体和个人通过多种形式捐赠和赞助吸引社会资金。2015年教育部等6部门联合印发的《关于加快发展青少年校园足球的实施意见》提出，探索政府支持、市场参与、多方筹措支持校园足球发展的经费投入机制；创新校园足球利用外资方式，有效利用境外直接投资、国际组织、外国政府以及其他组织的支持。例如，上海市体育局以《2020年上海市体育产业工作要点》为政策依据推动社会办赛，鼓励企业进驻品牌赛事，校园足球精英赛事成为政企协作的样板赛事。

（三）场地设施

在场地设施方面，2011年全国校足办对3 978所定点学校进行场地普查，共有足球场1 605块，校均0.4块。2012年全国校足办进行场地援助计划，截至2014年2月，定点学校新建十一人制球场1 360块（增长率高达118%），五人制、七人制球场1 525块。2014年国家体育总局体育经济司公布第六次全国体育场地普查数据，数据显示全国各类型足球场地总量为10 628个，总场地面积为35 475 340平方米（表2-16）。从全国新建三大球场地数量和面积情况来看，足球新建场地数量为7 100个（表2-17），是三大球场地中新建数量最少的场地类型。2017年12月全国校园足球调研组对14 728所校园足球特色学校进行网络调查，拥有五人制足球场的学校为58 237所，平均每所学校3.9块；拥有七人制足球场的学校12 063所，平均每所学校0.8块；拥有十一人制足球场的学校有5 742所，平均每所学校0.3块；拥有室内足球场的学校有1 174所，平均每所学校0.07块（表2-18）。[1] 总体而言，全国校园足球场地设施总量与质量已有较大提升。

---

[1] 蔡向阳. 全国校园足球发展调研报告[M]. 北京：人民体育出版社，2019.

表2-16　第六次全国体育场地普查足球场地类型及场地状况

场地类型	场地数量/个	用地面积/平方米	建筑面积/平方米	场地面积/平方米	投资金额/万元	观众席位/座
室内五人制足球场	40	90 329	71 296	46 372	6 155	680
足球场	4 572	33 852 334	2 677 676	24 874 242	921 994	996 613
室外五人制足球场	3 672	6 994 475	375 893	3 739 902	633 635	100 547
室外七人制足球场	2 344	8 830 433	889 474	6 814 824	308 487	58 550
合计	10 628	49 767 571	4 014 339	35 475 340	1 870 271	1 156 390

表2-17　全国新建三大球新建场地数量和面积情况

三大球场地	数量/万个	场地面积/万平方米
足球类场地	0.71	2 136.99
篮球类场地	47.69	28 179.67
排球类场地	3.07	960.62

表2-18　2017年全国校园足球特色学校场地调研情况

规格	五人制	七人制	十一人制	室内足球场
数量/块	58 237	12 063	5 742	1 174
平均每所学校数量/块	3.9	0.8	0.3	0.07

场地设施是校园足球活动开展的基础条件之一，国家相关部门已投入大量精力并出台了一系列政策。2013年国家体育总局与教育部在《关于加强全国青少年校园足球工作的意见》中对校园足球场地建设和利用进行要求，各地要在公共体育服务体系的建设规划中优先建设小型多样的足球场地设施并对学校足球场地的建设和开放给予扶持。各级教育、体育部门要拓宽足球场地建设和运行资金的投入渠道，采取有效措施提高各类足球场地设施利用率和开放率。各校园足球布局城市要在推动学校体育设施和器材达到国家标准的工作中优先考虑足球项目。2014年国务院颁布《关于加快发展体育产业促进体育消费的若干意见》提出，对发展相对滞后的足球项目制定中长期发展规划和场地设施建设规划，大力推广校园足球和社会足球。随后，2016年国家发改委颁布《中国足球中长期发展规划（2016—2050年）》和《全国足球场地设施建设规划（2016—2020年）》，要求全国建设约6万块足球场地，修缮改造校园足球场地4万块并对落实情况进行专项督察，同时向国务院呈报督察报告。2018年印发的强制性国家标准《中小学合成材料面层运动场地》和体育总局等部门印发的《关于进一步加快足球场地设施建设的实施意见》皆对足球场

地建设、校园足球运动场地设施建设提出了严格要求，保证建设质量达标。2021年教育部下发《小足球场地建设与器材配备规范》，作为足球运动场地强制性国家标准，积极推动了校园足球场地设施高质量建设。随着相关政策陆续出台及有效落实，截至2018年9月，全国各级各类学校共建有120 960块足球场地，2015至2018年全国教育系统共新建改扩建32 432块足球场地，完成了《规划》中80%的任务，2020年已超额完成建设任务总数，该阶段建设任务推进迅速，场地建设总量喜人。国内不少地方在落实足球场地建设政策中也做出良好的表率。例如，2017年湖南省为切实改变中小学足球场地数量和质量问题，印发《2017年省预算内青少年校园足球场地建设专项实施方案》，拟用3年时间对湖南省现有的8个国家级、省级青少年校园足球试点县（区）以及特色校的部分足球场地进行优化改造，达到校园足球特色学校建设标准。同年，新疆发改委等部门联合颁布《新疆维吾尔自治区足球场地设施建设规划（2017年—2020年）》，要求到2020年新疆修缮、改造和新建足球场地816个，其中修缮、改造、扩建校园足球场地500个。浙江省也在该年由发改委牵头编制了《浙江省足球中长期发展规划（2016—2050年）》和《浙江省足球场地设施建设规划（2016—2020年）》，经过3年的努力，在2020年超额完成"十三五"建设规划任务。2019年4月奠基的大连市青少年足球训练基地，规划建设23块训练比赛场地，其中包含12块标准球场、6块灯光球场、2块草坪加热球场、2块室内球场以及1块5 000座比赛球场。该基地按照国际一流标准打造，项目占地22万平方米，总建筑面积9万平方米，总投资20亿元。该基地不仅满足了职业俱乐部的需要，还能为大连市各大、中、小学训练和比赛提供场地。

（四）师资培养

在师资队伍建设方面，2009年至2015年，全国校足办建立了校园足球指导员培训体系与指导员讲师培训体系。校园足球指导员培训体系分为初级指导员、中级指导员与高级指导员，每年培训指导员数量近万人，大大提升了基层体育教师的足球教学指导能力。指导员讲师数量达83人，主要由职业俱乐部梯队教练员与高校教师组成，根据全国校足办的委派对地方中小学体育教师进行足球教学、训练、比赛等专业知识培训。从2015年开始，教育部与国家留学基金委贯彻落实《教育部等6部门关于加快发展青少年校园足球的实施意见》精神，加强校园足球师资队伍建设，从大、中、小学遴选优秀校园足球教师、教练员、教练员讲师赴欧学习。中国足协依托现有的教练员培养体系与全国校足办进行全面合作，开设面向校园足球体育教师的教练员定向培训班、裁判员定向培训班。教育部将足球师资培训纳入了"国家级专项培训骨干教师培训计划",计划对5 400名中小学体育骨干教师,800名教练员、退役运动员和裁判员及2 000名中小学校长进行分批次短期集训。各地方教育部门也相应举办省级足球专项培训骨干教师培训计划,每期培训都吸纳了当地大量来自中小学体育教师参加。近4年间,我国共有4万余名体育教师参加了校园足球国家级专项培训,8 000余人获得校园足球D级教练员证书,参加各类校园足球教练员培训人数达40万余人次。全国校足办与法国、英国等欧洲足球发达国家签订师资培训协议,共派遣1 500余名教师赴欧培训。为增强中小学足球师资队伍力量,国家及地方给予一定的政策扶持,截至2018年,3年累计新增足球专业背景体育教师15 594人。国家实施《学校体育美育兼职教师管理办法》,完善退役运动员等优秀人才兼职校园足球教师制度。各地方也相继开设"省培计划",开设校园足球教练员、裁判员定向班,打造地方足球人才"蓄水池"。例如,浙江大学继续教育学院统策划省培项目"校园足球专项训练"课程,经浙江省教育厅审核批准,招收小学、初中、高中体育教师及校园足球活动专项指导教师,培养青少年校园足球师资,以此引导各地方开展校园足球师资培训。我国青少年校园足球试点县张家港市于2019—2020年免费面向当地中小学教师举办了1期中国足协D级教练员培训班、1期校园足球三级裁判员培训班、2期江苏足协E级教练员培训班,为当地培养了21名D级教练员、39名E级教练员、28名校园足球三级裁判员。

自2009年校园足球活动开展以来,在政策、资金、师资、场地等各方面的保障都得到了长足的进步。近年来,教育部与中国足协进行了深度合作,建立了校园足球运动员等级制度,完善了学生体育运动意外风险的防控和意外伤害保险制度,并扩大了高校足球专长生的招生人数,基本形成了"小学—初中—高中—大学"人才培养体系,解决了学生家长与学校的后顾之忧。但在实际工作中,依然存在一系列问题。首先,专项资金总数虽大,但受众基数也大,需要将有限的财政资金应用在教学、训练、竞赛等多个方面,就如同"撒芝麻"一般。调研发现,许多一线的基层教练员几乎没有感受到专项资金给学校内校园足球开展带来的变化。其次,场地设施与专项师资力量依然很薄弱。近年来,国家有关部门已投入大量人力、物力、财力予以改善,但专项师资力量与场地设施依然存在较大缺口,特别是师资培训体系还存在许多问题,国家级专项培训方式需要转变。在政策执行方面,部分地区出现了"上有政策,下有对策"的现象,国家政策在地方上的执行效果还需进一步的评估,执行成效还未达到预期目标。社会上也出现了"校园足球是形象工程、政绩工程"等不良言论。上述问题都需要强有力的保障体系来予以解决。

六、案例分析

（一）深圳实验学校

深圳实验学校创立于1985年，是深圳经济特区成立后创办的首所公办学校，所属高中部是广东省首批国家级示范性高中。近年来，学校实现集团化发展，已拥有8所幼儿园、1所小学、2所初中、2所高中及1所技校。该校是深圳市乃至广东省的绝对优质教育示范学校。2009年，学校响应国家号召开始开展校园足球活动，通过几年的发展，其校园足球发展模式已在全国独树一帜，足球文化与校园文化完美结合。

作为校园足球的典范，深圳实验学校已形成了小学、初中、高中的一体化足球后备人才培养体系，并很好地解决了"学训矛盾"。其初中组足球队获得过省运会的乙组冠军、15年全国锦标赛U15冠军等荣誉。2018年高中足球队10名应届毕业生球员全部考入国家重点学校，两名球员被清华大学录取，并培养出U19国青队员黄嘉俊。在建队模式方面，深圳实验学校与深圳市校足办建立了良好的合作关系，采用"校办市队"模式，既很好地解决了专业运动员的文化课学习问题，又保障了深圳市体育系统球队的发展问题。在发展模式方面，学校注册成立了"深圳实验学校足球俱乐部"，很好地规避了一些体制性发展障碍。例如，解决了优秀足球退役队员无法进入学校进行足球训练的问题。目前，俱乐部组建了13人的教练员团队，其中学校在职教师6人、专业足球教练员4人、职业俱乐部外聘教练员3人。教练员团队编写了符合学校需要的校本课程教材，从幼儿园至高中，教练员进行统一的足球训练理念，注重加强足球训练与比赛的紧密衔接，保证了学生球员技战术发展的实用性与延续性。

深圳实验学校能够成为校园足球发展的典范，有其自身优势：一是有优质的教育资源；二是与深圳市校足办的良好合作关系；三是有学校领导的大力支持；四是采用了校园足球业余俱乐部的发展模式。笔者在访谈中发现，虽然该校取得了优异的足球比赛成绩，并保证了学生球员的文化课成绩，考取重点院校，但其没有培养出太多的职业球员，或者说，学生球员没有选择职业足球道路。因此，如何更好地发挥像深圳实验学校这样优质教育资源的学校，来培养我国足球后备人才，将是校园足球与职业足球青训衔接的重要议题。

（二）深圳宝安区东方小学

1962年深圳市宝安区东方小学被创办，并且被评为"深圳市一级学校"和"广东省一级学校"。从34年前该学校就积极开展足球活动，现在是中国

校园足球特色校和"满天星"训练营的成员。学校足球队拿到了诸如宝安赛区"区长杯"青少年足球联赛和深圳市青少年校园足球精英联赛的诸多奖项,获得过深圳市青少年校园足球精英联赛女子 U9 冠军等赛事的冠军。该小学除了在各项足球赛拿到很好的名次外,也将足球人才输送到省队、国少队、国外进行进一步培养。[1]

学校秉承"创'足球'特色,促全面发展"的方针并且不断深化其内涵,以足球为龙头运动项目,带动素质教育的全面发展。目前,学校一共设立了男、女足球队各 3 支,于每周二到周五早上 7∶10 开始进行 1 小时的训练和每周一到周五下午 4∶10 开始进行 1.5 小时的训练。在文化教育上,足球训练并不会占用学生平时上课和做作业的时间。学校也构建了特色的"三沟通"管理体系,即教练员积极与队员、家长、队员的班主任沟通配合,培养"合格+特长"的学生。对于成绩不理想的学生,会要求停止训练,直到成绩达标才能返回校队训练,并且如果有长期在外比赛的任务时,学校也会派出随队老师保证学生不会落下学习。[2] 为了让学生系统地学习足球技术、战术,学校聘请了张春辉和吴伟东两名足球教练,并建立了以两位教练员为主的足球教练团队。教练团队一心扎在少儿足球启蒙方面,通过足球这项运动实现体育育人的特点,将学生塑造成德智体美劳全面发展的人。作为宝安区优秀足球教练员人才的张春辉协助宝安区教育局组织全国青少年校园足球夏令营第八营区夏令营工作、协助宝安区教育局开展"满天星"足球联赛工作等一系列与校园足球相关的工作[3]。学校作为校足球队的坚实后盾,保证了足球运动的人员配备、足球场地、资金、时间四个方面充足,也开设了相应的足球课程,保证每个班级每周都能上 1 节课。

总的来说,深圳宝安区东方小学的特色"校园足球"具有以下优点:第一,学校注意学生的文化教育,只有学习成绩达到一定的标准才有机会进入校队训练,保证了足球运动员文化成绩和足球训练成绩双优秀;第二,学校非常信任教练员团队,长时间采用能够让教练员团队探索和实施特色的校园足球训练模式;第三,学校提供足球活动的各类资源、环境等。但是该学校仍然存在一定不足:第一,校足球队只有成绩好的学生才能参加,打击了成绩中下游学

---

[1] 南方都市报. 以足球为龙头带动全面发展 东方小学打造"足球强校"发展道路[EB/OL].(2019-12-29)[2021-04-01].https://m.mp.oeeee.com/a/BAAFRD000020191228243922.html.

[2] 网易新闻. 深圳宝安东方小学:34 年坚持 筑梦校园足球[EB/OL].(2020-12-30)[2021-04-01].https://3g.163.com/dy/article/FV3G1CLN05299LQ3.html.

[3] 网易新闻. 深圳宝安东方小学:34 年坚持 筑梦校园足球[EB/OL].(2020-12-30)[2021-04-01].https://3g.163.com/dy/article/FV3G1CLN05299LQ3.html.

生参与足球运动的积极性；第二，足球职业教练员人才相对匮乏，足球训练的主要负责人只有两名教练员。

（三）张家港市凤凰中心小学

张家港市凤凰中心小学（原张家港市西张小学），坐落于民风淳朴的张家港市凤凰镇，始建于1909年，原名西林学堂。从传统的教育理念来看，这所学校不属于拥有优质教育资源的学校，但其在发展中走出了一条具有自身特色的发展之路，学校以校园足球发展为突破口，先后被评为张家港市体育传统项目学校、苏州市体育传统项目学校、江苏省体育传统项目学校、全国青少年校园足球特色学校、苏州市体育工作先进学校、苏州市青少年体育先进集体、苏州市校园足球活动先进单位等称号。笔者将此类非优质教育资源的学校是如何发展的，是如何将校园足球与职业足球青训进行衔接的，作为此次调研的一个亮点。

首先，在制度管理方面，学校对校园足球活动极其重视，建立了联席会议制度，制定了五年发展规划，成立了以校长为组长的校园足球活动领导小组，张家港市的相关领导、苏州市体育局的相关领导也给予了高度重视。学校足球经费单独列支，有效保障了学校校园足球的顺利开展。为了使校园足球开展的扎实有效，学校还制定了相应的常规管理制度，例如《凤凰中心小学人事制度改革方案》《凤凰中心小学学生每天1小时体育活动细则》《张家港市贝贝足球学校管理制度汇编》《张家港市贝贝足球学校教练员管理考核方案》等。在教学训练方面，从一年级开始，在每周体育课中，确保1节专项足球课，每学期举办1次"校长杯"班级足球联赛，学生人手1个球，每天操练自编的贝贝足球操，参与率100%。学校成立了民办非企业校园足球俱乐部，并通过"市队县办"模式承接了两支苏州男子队伍，目前学校有2007—2008年龄组男子足球队、2009—2010年龄组男子足球队、2010—2011年龄组男子足球队、2011—2012年龄组男子足球队，每天平均训练90分钟以上；另外学校还组建有女子2006—2008年龄组足球队、2009—2011年龄组足球队，球队队员构建覆盖全学段，平均14个人中就有1个校队队员。其次，在人才培养输送方面，学校与江苏苏宁足球俱乐部签订合作协议，将优秀的后备人才优先输送至苏宁俱乐部，优先进入南京河西外国语学校学习。近年来已输送20多人，并培养出王浩楠、朱致远等多名国青队员。最后，在条件保障方面，学校每年有专项经费（含市、镇、校）近100万元，单独列支，专款专用；学校现有8名足球专项教师，其中外聘5名（通过俱乐部形式解决了师资问题）；学校有十一人制天然草足球场1片（含灯光）、五人制人工草足球场4片（含灯光）、室内训练馆1个、室内风雨训练场1个、综合训练房1个（在建），运动训练活动场地约 2 万多平方米，设施齐全，并制定安全防范规章制度，在购买校方责任险的基础上，每年为学生和足球队员购买体育运动意外险。

（四）河南省实验中学

河南省实验中学是河南省教育厅直属学校，创建于 1957 年，是国家体育传统项目学校，2016 年 10 月，被教育部评选为"全国青少年校园足球特色学校"。

河南省实验中学足球项目作为学校体育教学的一个重要组成部分，有着悠久的历史，近年来，也取得了骄人的战绩。2016 年 10 月获得中国中学生足球锦标赛高中男子组亚军；2017 年获得中国中学生足球协会杯高中男足冠军、初中男子冠军；中国校园足球初中男子联赛北区冠军；中国校园足球初中男子联赛总决赛亚军等。河南省实验中学取得骄人战绩的原因与其独有的发展模式息息相关，笔者在实地调研与访谈中发现，该校校园足球的发展并未与职业足球俱乐部存在过多的联系，更多的是采用"大环境、小氛围、顶层设计+基层努力"的发展理念。

首先，学校受到各级领导的关心与支持。教育部中学生体育协会和中学生足球协会在业务指导、搭建高质量赛事平台等多个方面给予了学校关心与帮助。省市教育、体育行政部门在招生政策和教练员培训等方面给予了学校一定的支持与帮助。2017 年河南省教育厅下发了《关于举办河南省普通高中校园足球实验班并做好招生工作的通知》（教体卫艺〔2017〕205 号），学校于 2017 年秋季举办"河南省校园足球实验班"，每年面向全省招收应届初中毕业生 50 人。学校在师资力量、场地器材等方面给予了一定的支持和保障。学校为加强师资力量，聘请了荷兰籍外教彼得（Pieter）担任技术顾问，选派高中队主教练窦志刚赴法留学。

其次，学校建立了初高中有机衔接的培养模式。学校共有高中男子和初中男子共两支足球代表队，每年面向全市招收足球特长生。每年的 5 月份和 6 月份进行河南省实验中学初高中足球特长生测试。通过对技术、意识、比赛能力和身体条件等多个指标的评估，选拔出具有较高足球天赋和较好足球特长的学生。每年初升高时会有一次淘汰和补充，确保吸纳最优秀的足球特长生入校学习。这种有机衔接也体现在文化课学习方面，运动队一直秉承着"首先是学生，其次是运动员"的理念，在队员完成基础学业的情况下保证训练时数，一手抓学习，一手抓训练，两手都要抓，两手都要硬。制定了管理条例，对学业成绩不达标的队员，要求自动退队。

再次，拓宽足球特长人才上升通道，为高校输送优秀的高水平运动员。窦志刚指导认为："中学只是孩子人生中的一个重要阶段。通过 6 年的中学培养，把队员输送到理想的、适合个人发展的大学,是学校家长共同的目标。"近些年,学校为北京大学、南京大学、同济大学、重庆大学等全国重点大学输送了100多名优秀的足球特长生,这也是该校能够吸引源源不断的优秀生源入校学习的原因之一。

在访谈中得知,对于此类与职业足球俱乐部没有合作的学校,在校园足球发展定位上与有合作的学校还存在一定差异。第一,学校运动队不以培养职业球员为目的,更多的是希望学生通过足球高水平招生进入大学。而这些学生球员在国内赛场上多次击败职业俱乐部梯队,具有良好的发展潜质。如何将这些球员培养成职业球员,这是学校足球与职业足球体系衔接的重点。第二,学校运动队在发展经费方面并没有得到过多的资助。河南省实验中学是省属学校,并非郑州市市属学校,在活动经费上并没有太大优势,在有限的经费中取得如此良好的发展态势,从侧面说明,"经费不是校园足球发展的决定性因素"。第三,学校依然存在师资不足的问题。初高中两支队,每队只配备了1名教练员,2021年才配备了1名守门员教练。教练员既抓训练比赛,又抓学习、思想德育工作。

(五) 重庆市珊瑚鲁能小学

重庆市珊瑚鲁能小学位于重庆市南岸区,2019年获批全国青少年校园足球特色学校。该校是由鲁能地产集团投建的小区配套学校,2015年建成并由南岸区管委会托管招生,是一所真正推进"五育并举"的小学校。第一,在校园足球理念方面,学校对校园足球的理解与定位十分准确,将普及与提高协同进行,即普及至每1名学生都参与足球活动,有天赋的球员可以得到更加专业的训练。第二,在足球场地设施方面,该校足球场地设施资源丰富,拥有十一人制足球场1块,五人制足球场6块,沙滩足球场6块,笼式足球场6块,其他不规则足球小场地7块。此外,学校在不同场地还设立了"足球投篮""足球孔组合""足球墙""足球斜坡""吊球练习器"等足球练习游戏器械区,可以帮助学生简化足球运动规则,短时间提升全校学生的参与度。第三,在足球课程体系建设方面,学校提出基础课程平台、拓展课程平台、综合课程平台,足球课程只是拓展课程平台中的一部分。足球课程主要由课堂教学、大课间、足球比赛天天见、文化大讲堂、球队训练、足球嘉年华(谁主球王)组成,各部分之间存在紧密联系。例如,课堂教学根据国家教学方针要求划分为水平一、水平二、水平三;球队训练根据学生年龄与年级划分为U6混合组、U7、U8/9混合组、U8/9、U10、U11、U12等组别。第四,在师资整合方面,学校全面利用本校师资力量,发动全体老师参与足球活动,使其成为足球运动教育者。专业足球教师从事专业足球教学训练,其他科目老师进行足球游

戏普及工作，建构了"专业+专职"的师资队伍体系，做到了"班班有球队、人人有球队、校队人员人人带球、队队有教练、队队有老师"。此外，学校在优秀足球后备人才培养方面探索了"校体合作"模式，学校与原北京人和足球俱乐部签订了战略合作协议，共建俱乐部青少年足球培训基地，与德国门兴格拉德巴赫俱乐部签订教练员培训协议等。第五，在教学、训练、竞赛时间保障方面，学校合理规划学生的可利用时间，整体划分为：晨跑（30分钟）、大课间（45分钟）、课间休息（15分钟）、午休时间（30分钟）、足球课（40分钟）、社团时间（45分钟）、课后时间（90分钟）等，高效利用时间。一至六年级保证每周4节体育课，其中1节足球课，同时，合理利用碎片化时间，组织小型比赛，激发学生参与兴趣，提高对抗能力。第六，在经费来源方面，学校足球活动经费主要来源于学生的生均教育经费，以及市区教育局给予的奖励性专项经费（每年3万~5万元）。该校体育经费投入力度较大，每年学校经费的80%左右都投入在体育领域，以体育带动其他学科发展，真正达到"五育并举"。

笔者在与校长的深度访谈中发现，学校在后备人才培养方面依然存在一定困难：一是优秀后备人才输送渠道单一。2019年该校向U14国家队输送7名球员，在后备人才培养方面成绩斐然，但"中间培养环节"存在缺失与不足，没有形成定向的、稳定的输送渠道。优秀人才在不脱离学校、家庭之下没有合理的选择路径进行精英化的训练。二是部分家长的不理解与反对。传统思想观念下，部分家长不支持孩子过度参与体育运动，更加反对向专业或职业球员方向发展。对于学校将优秀后备人才向专业化领域输送的做法不予支持。三是高水平的专业师资力量依然匮乏。该校拥有专业足球教师4人，但基本为高校足球专项毕业生，缺乏专业与职业运动经历，不具备培养优秀足球后备人才的执教能力。该校虽与原北京人和俱乐部、德国门兴格拉德巴赫俱乐部之间有一定合作，但多为短期培训，没有真正形成长效、深度合作机制，专业师资力量并未得到显著提升，专业师资匮乏问题没有得到根本解决。

（六）重庆市第七中学校

重庆市第七中学校（以下简称"重庆七中"）位于重庆市沙坪坝区，建于1758年，是足球文化积淀深厚的一所国家级示范高中，也是重庆市唯一的"高水平体育后备人才（足球）试点学校"。目前，学校有专职体育教师18人，承担足球教学训练任务的教师8人，具备亚足联B级教练员资质4人，C级教练员资质4人。该校2019年、2020年均被教育部评选为"全国青少年校园足球优秀特色学校"，学校的足球运动发展史与创立之初的教学理念相辅相成，培养出了国家队队员魏新，国青队张达明、黄希扬、徐光福等诸多国家足球精英人才。据不完全统计，学校已向各级足球专业队、职业俱乐部输送优秀足球队员达200名。2020年高考，学校校队10余名学生被清华、北大、北理工等全国名校录取，特别是清华大学校队中近一半球员来自重庆七中高中足球队。重庆七中坚决贯彻习总书记关于足球运动的重要指示精神，在德育教育、教学模式、成才通道、校际合作等方面已形成可复制推广的先进经验。一是凝练校史、嵌入德育。学校梳理校足球史，形成了《重庆七中百年足球史》，作为学生德育教育的补充教程，将足球运动作为抓手与切入点，通过校园足球的团队精神、抗挫教育等项目内涵，浸润学生心灵，传承自强不息、勇于担当等爱国主义精神。二是改革教学、创新模式。在国家教学指导纲要之下，重庆七中体育教师在工作实践中不断探索，2018年提出了《中学校园足球课程"五三"结构及其运用》改革方案，获得国家级教学成果二等奖。该方案创新性地提出了"学训住赛奖"全链条培养模式："学"，足球老师担任班主任，外出比赛时文化课老师跟队进行辅导；"训"，校队球员每天进行两小时足球专业化训练；"住"，足球特长生入校的球员进行集中住宿安排，并配备专职生活老师进行管理；"赛"，与中国人民大学附属中学等12所学校共同搭建足球赛事育人平台，通过高水平的赛事交流提升学生运动技能、人文素养等综合素质。三是划分层次、因材施教。根据学生的实际发展需要，将足球课程体系划分为基础型、发展型、专业型体系。基础型：面向全体学生、培养足球兴趣，在初一、高一阶段每周安排两节足球选修课，并以班级为单位组织足球联赛；发展型：面向具备一定足球运动基础的学生，培养足球运动专项技能，通过学生自愿报名与老师挑选的方式组成1个足球提高班，为学校优秀足球后备人才培养储蓄人才；专业型：面向足球特长生开设的专项课程，采用二十五人制的小班教学，培养专业化人才。四是全面发展、拓宽通道。为解决足球特长生成才通道单一问题，重庆七中已形成足球人才优化机制：第一，完善"苗子"选拔机制，拓宽输入通道。在全市选取15所校园足球特色小学校作为"苗子"选拔与储备基地，每年投入一定经费加强培养，并选派优秀教练员进行指导，此外，在学校招生政策上予以适度倾斜，即全市初中连招，新生同等条件下优先录取基地足球特长生。第二，加强与国内知名高校合作，拓宽人才输出通道。学校与清华大学、北京大学、中国农业大学等知名高校建立深度合作关系，建成"双一流高校足球生源基地校"，每年足球特长班毕业生都可获得国家运动员等级评定。五是依托足球、促进交流。学校开展校园足球对口帮扶，与四川凉山彝族自治州布拖县中学等6县（区）农村学校结对子，选派足球教师住校帮扶；与上海、江苏等相关学校携手构建"长江经济带校园足球联赛"；与马来西亚、新加坡等"一带一路"国家建立定期交流机制，已派

遣 5 名足球教练员外国学习。

但是,在足球管理、教学训练等方面,学校也认识到了一些不足:第一,足球小班化教学存在模式弊端。学校每年招收 25 名足球特长生,编入小班进行日常教学训练,这样有利于足球教学训练与外出比赛。但在实践中发现,小班化文化课教学的班风难以控制,一旦出现文化学习风气不正的情况,整个班的学生都会受到影响,难以考取知名高校。第二,近年来,职业球员输送渠道不畅,高水平球员难以培养。一方面学生的自我人生规划主要是考取大学,这也是家长支持孩子从事足球运动的初衷;另一方面是学校师资力量与训练水平难以培养出优秀的职业球员后备人才。校园足球的训练水平、条件与职业足球后备梯队还存在一定差距。第三,由于参与赛事过多,校园足球经费短缺。学校每年带队外出比赛的经费达几十万不等,地区教育部门虽有一定补助,但无法从根本上解决经费短缺问题。学校有意愿与社会及市场机构合作来缓解经费紧张问题,但受限于教育政策束缚而无法深度合作。

(七)贵阳市金华小学

贵阳市金华小学位于贵阳市观山湖区,2017 年获批全国青少年校园足球特色学校,是一所公办的农村二类小学校,学校地处乡村,占地面积约 11 000 平方米,校舍建筑面积约 2 724 平方米,室外体育活动面积约 3 510 平方米,其中拥有七人制足球场 1 块。学校秋季招生入学,有教学班 24 个,在校生 1 120 人,生源主要为留守儿童与流动儿童,足球运动普及相对落后,学生足球基础几乎为零。在师资力量方面,学校在职教职工 58 人,专职教师 40 人,本科学历 35 人,专科学历 23 人,专职体育教师 2 人,无足球运动背景,日常体育课主要由其他学科老师兼职带体育课,体育教师数量匮乏。

金华小学校园足球软硬件条件落后的情况是我国乡村校园足球特色学校普遍存在的现状,学校场地设施条件不达标,足球师资力量极度薄弱,重知识轻体育现象严重等。此类学校在校园足球开展中存在的主要问题有以下几点:一是场地设施条件差。乡村校园足球特色学校的学区面积尚可,但体育基建设施条件较差,无法获得充足经费改扩建足球场等设施。二是师资力量薄弱。农村二类学校的教学资源相对较为紧张,生活工作环境一般,教师编制数量较少,在进行教师招聘时会将主要招聘指标分配给文化课的主课老师,如语文、数学、外语等,此外,优秀的教师也会从工作条件与发展前景考虑,不会选择此类学校。三是学生足球基础较弱。乡村学校的主要生源是留守儿童与流动儿童,这些孩子的家庭教育存在一定缺失,对体育运动的认知还存在很大的缺陷,许多孩子没有看过足球比赛,更没有亲身经历过足球活动,对足球运动缺乏兴趣。四是专项经费紧张。经济条件相对落后地区的义务教育阶段学校,体育经费主要来源于生均教育经费,这部分经费的数额与学生人数以及地区教育部门的财政状况密切相关,许多学校的总经费体量较少,用于学校体育发展的经费支出比例远不足10%。五是校园足球氛围淡薄。乡村学校的主要工作是围绕基础教育的初始目标开展,体育工作时常被忽视,学校体育课在其他科目老师指导下开展,科学性不足,无法有效开展足球课堂教育,学生对足球活动的技战术、基础知识等知之甚少,无法形成浓厚的校园足球文化氛围。

金华小学校园足球开展条件较为匮乏,存在种种困难与不足,但学校在校园足球开展中也总结出了一些有益经验:一是结合实际情况,树立可实现的目标。学校领导根据学校足球基础薄弱的现实情况,制定了《观山湖区金华小区校园足球三年发展规划》,并分为两个阶段逐步推进。首先,健全工作机制。学校成立以校长为组长的校园足球工作领导小组,以体育老师为办公室主任的工作机制。其次,借助社会力量推进校园足球发展。学校聘请社会青训机构教练员开展校队训练与社团训练,力争三年内取得优异成绩(2019年获得"区长杯"U10女子组第一名、U12女子组第一名、U11男子组第一名)。二是获取优异竞赛成绩,引起区市领导重视。金华小学并非优质教育资源学校,在同类学校中处于下游,但通过校园足球区级比赛中获取的优异成绩,得到了同类学校的赞扬,更得到了区教育局的关注与重视。2019年区教育局给予了一定数额的校园足球扶持资金,在一定程度上缓解了学校体育资金不足的困境。同时,得到了区教育局送教下乡的政策扶持。三是以"提高"带动"普及",两层面协调发展。学校通过校代表队所获取的优异成绩得到了外界的认可与扶持,更通过这样一种集体荣誉扩大了足球在学校内部的地位,特别是提升了足球在学生和老师心目中的地位,一定程度上改变了这些群体对本校校园足球的一些传统看法。文化课老师与班主任不再极力反对学生踢球,更多的孩子逐渐喜欢上了足球运动。特别是学校内部的班级联赛参与度越来越高,许多女孩子也参与其中,逐步形成了"班班有球队、人人都参与"的良好普及效果。四是以精英球员的示范作用,改变家长对校园足球的认知。学校通过建立校代表队,培养了一批足球运动技能较为卓越的学生,这些学生凭着在区市级比赛中的优异表现,被优质教育资源的初中特招录取,获得了更好的发展平台。部分学生家长也开始鼓励孩子参加校队,希望通过足球来获取优质教育资源,寻求更好的初中学校。五是以女足为学校校园足球抓手,形成别具一格的发展路径。金华小学在足球基础薄弱的条件下,集中人力物力财力,重点发展学校的校女子足球队,并形成一定的示范引领作用,培养出了多名区代表队球员,逐步成了该区的女足重点培养基地。

(八) 六盘水市第二十六中学

六盘水市第二十六中学是一所位于六盘水市钟山区的初级中学,该校是在"退高进初进小"教育资源整合进程中,由六盘水第十中学剥离出来的一所中学。学校2019年获批全国青少年校园足球特色学校,现有教学班32个,在校学生达1 548人,教职员工124人,专职教师117人,均为本科以上学历,其中专职体育教师10人,具备中国足协D级教练员资质1名,贵州省足协E级教练员资质1名,钟山区足球裁判员讲师1名。学校有九人制足球场1块,运动场地24 020平方米,场地设施与体育器材均达到国家标准。该校在相对较优的软硬件条件之下取得了一定的成绩:2019年获钟山区校园足球比赛女子组第四名;2020年获六盘水初中男子乙组第二名等优异成绩,并向六盘水第十中学输送两名足球特长生。

在实践工作中,该校也形成了一些有益做法:一是领导重视,统筹规划。学校校长高度重视体育工作,在学校内部设立了体卫艺办公室,并有专人负责日常具体事务,在课程落实中始终坚持以足球运动为载体,全校师生均参与足球运动;校长将校园足球纳入学校五年规划之中,拟定了《六盘水市第二十六中学校园足球规划2019—2021》,每年举行专题会议,解决年度困难事宜,将具体任务细化落实到人;成立以校长为组长的校园足球工作领导小组,充分尊重学校足球老师的意见与工作思路,形成了一系列尊重足球发展规律的规章制度,剔除了许多形式主义做法。二是配齐资源,注重建设。学校高度重视专业人才,在近年教师招聘中对体育教师,特别是具备足球专业背景的教师予以适度倾斜,形成了10人的体育教师团队,这在地区初中学段相对少见;落实体育教师待遇,学校将足球教师训练、竞赛等纳入教学工作量,并制定了详细的酬金发放标准,在教师评优评先等待遇上同等对待。三是真抓实干,落到实处。学校根据教育部的文件要求,开足开齐体育课,每班每周保证1课时以上的足球课内容,将足球课开展情况作为班主任年终考核的一项内容,促使班主任积极落实;组织本校教师与高校专家合力开发校本课程,结合本校实际情况,运用校本课程推进校园足球发展;合理利用时间,保证学生每天不少于1小时的体育锻炼,学校利用大课间、午间休息、下午放学等时间组织学生进行班级联赛、足球专项个人竞技表演等,提升学生参与足球运动的兴趣;积极营造浓厚的校园足球文化氛围,学校每年一度的全校运动会逐步变为了全校足球运动会,足球运动成为运动会的主题;成立不同年龄或学龄阶段的校足球队,根据学生的文化课成绩情况划分训练时间与时段,在保证文化课不下滑的情况之下,提升训练与竞赛质量。四是加强合作,促进融合。学校十分重视与校外青训机构的合作,希望通过借助专业足球教练的力量提升学校足球运动队的竞技水平。学校现与当地教育部门认证的钰博足球俱乐部进行深度合作，由俱乐部派遣专业教练员辅助学校足球教师进行日常训练，这种"以我为主，他人为辅"的训练合作模式，有效地提升了学校足球教师的训练水平，并保证了校队训练技战术风格的可持续性。同时，学校还与云南省青训俱乐部合作，由俱乐部定期派遣国外青训专家进行短期指导，在训练教学等理念上进行更新。

  笔者从访谈中得知，当前学校面临的主要问题有以下几点：一是长期参与足球运动学生难以获得足球运动员等级证书。从应试的角度来看，学生将更多的时间应用于足球训练与竞赛，也是希望可以从中获得快乐，以及有利于长远发展的实际利益。运动员等级证书是学生未来发展的重要"敲门砖"，学生可以以此享受国家在足球运动高水平招生中的政策红利，但市内教育部门的校园足球赛事还难以获得相应证书。二是高水平的教练员资源短缺。学校虽在师资招聘中适度倾斜足球教师，但依然无法招到高水平、具备职业或专业经历的足球教师。足球教师的专业或职业经历是其执教球队的重要条件，现有的足球师资都是大学足球主修的体育学院毕业生，虽具备一定足球竞技能力，但多数缺乏一定职业经历，执教能力依然有限。三是专项经费存在困难。学校现用于足球运动的相关经费主要来自生均经费，目前没有得到过区、市等部门的经费支持，在外出比赛较多时，学校的足球经费明显不足，部分经费需要参赛队员的家长支付。四是运动员选材存在政策壁垒。学校所招收的地段生，足球基础几乎为零，这对于校队建设而言较为困难，学校希望可以招收到具有一定足球基础的非地段生，但受限于地区教育政策而无法实施。

（九）太原市小店区育才小学校

  太原市小店区育才小学校隶属于太原市小店区教育局，创建于1993年，占地面积15 936平方米，是一所六年制公办小学校。该学校是太原市首批"全国青少年校园足球特色学校"，山西省"足球传统项目学校"。学校现有在校生1 300余人，教职工86人，教学班24个，拥有200米跑道足球场1块以及篮球场、排球场等体育硬件资源。学校多次代表太原市参加省级、全国校园足球比赛并获得优异成绩。在长期的实践发展中，学校凝练出了一些成功发展经验：第一，在工作机制方面，学校以《全国青少年校园足球实施方案》为指导纲要，成立了学校足球工作领导小组，校长郝连有任组长，成员分别有杜俊生（体卫艺分管主任）、王欣（教导处主任）、胡万梅（德育处主任）、王晶（体育组组长）、高继忠（总务处主任）以及各班主任与体育组老师。学校根据各科室的职能定位进行了明确的任务分工，没有使既定的工作机制流于形式。组长负责整体工作规划；副组长负责考核与评估；体卫艺分管主任负责协助组长与副组长开展具体工作；体育组负责制订训练计划、开展课余训练、组

织联赛、开展安全教育等；教导处负责制定学习管理规章制度、训练竞赛规章制度等；德育处负责宣传动员，开展校园足球文化活动；总务处负责活动经费配套，编制学期经费预算等；各年级班主任负责本班球队组建、报名、参赛等事宜。合理的机构设置与明确的任务分工使得学校校园足球工作长期有序开展。第二，在课程开发方面，育才小学校是一所体育氛围浓厚的传统体育项目学校，学校多年来严格按照国家课程计划要求，开全开齐体育课，一至二年级每周4节体育课，三至六年级每周3节体育课，其中有1节是足球课；学校与当地高校进行合作，结合自身实际情况，编撰了具有一定特色的校本课程，并在实践中予以应用。第三，在师资配备方面，学校共有专职体育教师6人，其中足球专业教师5人（1名C级教练员、2名D级教练员、2名"拜仁中国行培训学员"），足球教师占体育教师比例高达83%。此外，学校还聘任了山西省足协付醇指导、太原师范学院罗陵教授定期入校指导。学校领导对足球师资力量配备的高度重视，是其取得优异成绩基本保障。第四，在课余训练方面，学校根据年龄层级组建了多支校队，在保证普通学生每天1小时体育活动时间之外，代表队每天进行两次训练（上午6:00—7:40；下午4:20—6:00），每次训练不少于90分钟，节假日和寒暑假会进行集中训练；学校会给训练学员提供免费早餐，将学校足球场改建为灯光球场，以便全天候使用；近两年学校多次组队参加北海冬训，加强球队与外界的交流。第五，在竞赛方面，学校每年会举办两次校园足球文化艺术节，学生参与度高达85%，通过板报、征文、班级联赛等活动提升学生的足球兴趣，营造良好的学校足球氛围。学校现组建男子甲组、乙组足球队，女子甲组、乙组足球队参加校际比赛，并多次获奖。第六，在资金保障方面，学校的校园足球经费主要来自生均经费与家长支持经费两大部分。近年来，学校校园足球活动经费支出金额不断提升，单单依靠学校生均经费已无法满足现实所需，通过与家长沟通，形成了"1+1"互补模式，有效地解决了经费短缺的问题。第七，在学生升学方面，学校与区、市教育局进行沟通，与地区2所初中校园足球特色学校建立了合作关系，保证足球特长学生在一定条件下进入高一级足球特色学校，部分足球特长生还进入了山西大学附属中学校、太原市第三十八中学、太原文华中学等地区名校，解决了家长的后顾之忧。

实际工作中存在的问题主要集中在以下几方面：一是缺乏上级部门的经费支持。校园足球发展至一定阶段是需要经费投入机制的长效保障，现有经费已无法满足学生外出比赛的现实需要，而上级教育部门也无相应经费的支持与补贴，造成部分年级的运动队无法获得外出交流的机会。二是缺乏政策依据进行校企合作。学校在校园足球发展实践中总结出了一些"校企合作"的发展思路与路径，但缺乏政策依据的保障，在许多合作方式上，校长承担着巨大风险，这对于学校校园足球的长远发展存在一定隐患。三是学训矛盾较为突出。"教会、勤练、常赛"是校园足球的重要抓手和发展方向，但其中也不可避免地形成一定的学训矛盾，学生一天两练的模式保障了技术水平，但也影响了文化课学习。外出比赛的时间周期较长，部分学生会因此耽误课程，虽然返校后或比赛期间会进行补习，但效果一般。四是足球课教学效果一般。一方面，受限于现有的场地设施硬件条件，在多班级授课的球场上无法进行有效的足球教学，足球运动技能与比赛能力难以形成；另一方面，国家制定的足球课堂标准与教学指导纲要没有很好地解决基层特色学校的教学实际问题，指导性较强但操作性不足。而校本课程虽起到一定补充作用，但科学性方面还存在较大问题。

（十）芜湖市第十二中学

芜湖市第十二中学是安徽省示范高中，是全国首批命名的校园足球特色学校，2019年被芜湖市教育局命名为"满天星"训练营。学校历史悠久，距今已有900多年的发展历史。学校占地243亩（1亩约为666.67平方米），规划建筑面积18 000平方米，办学规模为40个教学班，3 000余名学生，教职工180余人。学校现有体育教师6人，足球教练员10人（2人在编，8人外聘）。2020年作为校园足球改革试验区，芜湖市第十二中学开设了校园足球实验班，招收男女足50人，形成了"广泛普及、重点提升"的足球人才培养思路，严格落实每周1节足球课的政策要求，使更多的孩子参与校园足球活动。近年来，学校以"育人为本，普及为重；面向全体，广泛参与；夯实基础，逐步提高"为主题，推进校园足球的跨越式发展，在人才培养模式上大胆创新，取得了丰硕的成绩。笔者实地调研发现，芜湖市第十二中学校园足球发展思路清晰，所取得成绩与其紧密围绕"满天星"训练营开展主体工作有关。

这种借助"满天星"训练营主体优质资源的做法也是校园足球发展的经典模式，更是开拓创新校园足球"新型足校"的示范模板。在这过程中，学校形成了一系列成熟经验。一是组织机构搭建。学校高度重视校园足球"满天星"训练营工作，成立了工作领导小组，进行了详细的任务分配，设立了"满天星"训练营办公室，使营区工作常态化、规范化。二是制定发展规划。学校校园足球日常工作紧密围绕训练营展开，将速度、灵敏、协调、爆发力等素质，以及足球基本技术、战术等内容全面融入日常足球教学训练，并制定了定期检查及量化考核标准，对每一位足球教师的教学训练工作进行常态化的监控，对优秀教师进行奖励，不达标教师扣除部分绩效。三是足球文化建设。学校每年会定期举办"校长杯"足球联赛，并将许多足球文化内容融入其中，例如，学生设计各自球队队徽，有奖足球知识问答等，在校领导的重视下，已将足球联赛打造成了学校的传统文化盛宴，多次被《大江晚报》《今日芜湖》等媒体报道。四是足球营地建设。学校作为"满天星"训练营分营地，分营点校有芜湖市第一中学、芜湖市第七中学、芜湖高级职业技术学校、北京师范大学芜湖附属中学、芜湖沈巷中学、芜湖城南实验中学、芜湖火龙岗中学等，可用场地设施完善，有6 000平方米体育馆，各校足球资源联动使用，可以满足教学、训练、竞赛所需。五是区域协同发展。2018年"芜湖足球学院建设"开始纳入芜湖市政府与安徽师范大学共建方案，该学校的"满天星"训练营是该建设方案中的重点建设项目。为跟进全市协同发展步伐，芜湖市第十二中学与芜湖市奔璨体育投资管理有限公司进行合作，在训练竞赛等方面加强交流，通过借助社会青训机构的专业力量推进该校校园足球的高质量发展。六是有专项经费支持。芜湖市教育局与财政局每两年拨付给学校建设"满天星"训练营的经费约17万元，用于场地维护、器材购置、训练补贴等，芜湖市第十二中学依托"满天星"训练营的高水平建设条件，有效提升了本校校园足球发展条件，并在训练水平、教学质量、竞赛成绩等方面在全区乃至全市起到了引领示范作用。七是教练队伍建设。学校十分重视足球教练员队伍建设，在教练员人数与质量上狠下功夫，力求打造出一支职业道德高尚、业务素质过硬、专业技能精湛的教练员队伍。学校足球教师每年都会获得资助参加亚足联教练员培训班、全国青少年校园足球骨干教师培训班等。八是构建人才输送体系。学校结合营区优势，形成了"进十二中，上体育名校"的培养思路，从高一学年开始，学校会根据每一名足球特长生的文化课成绩与足球技术水平的实际情况，制订科学的"专业训练+文化课辅导"方案，采用"训练队教练+班主任"双负责人制。学校政教处每学年都会召开一次体育特长生家长联席会议，加强学校教育与家庭教育之间的联动。2020年高考，学校9名同学被中南大学等全国重点大学录取。

笔者在与校长访谈中发现，学校近些年高速发展中依然存在一些顽疾沉疴无法得到有效解决。一是经费来源渠道单一。学校依托"满天星"训练营的高投入可以在训练器材等条件上得到一定保障，但学校代表队外出比赛的相关费用并没有得到上级部门的经费支持。学校现有的校园足球经费主要来自学费，而这些经费使用会受严格的经费使用制度制约，任何高中都不可能将主要经费用于单一体育项目的发展。二是高中足球课堂教学难以深入。高中学段的应试压力是不容忽视的，也是开展校园足球课堂教学不可回避的"拦路虎"。学生自身足球技术水平较差，在短暂的课堂教学中很难掌握足球技能，而现有的单班教学模式无法从根本上改变足球课堂教学的"鸡肋现状"。三是体教融合力度不足，难以获得优质资质。高中足球特长生持续参与足球训练竞赛的最主要目的是借助足球特招考入理想大学，在这条成长路径上获取足球运动员等级证书是前提条件。近年来，体育与教育系统"两张皮"问题依然没有得到有效解决，学生参加体育系统比赛获取等级证书的路径仍然存在体制壁垒。

第三章

我国职业足球青训与校园足球深度融合的内涵及选择逻辑

第一节 我国职业足球青训与校园足球深度融合的内涵

要厘定"职业足球青训与校园足球深度融合"的内涵,首先必须要明确"校园足球"与"职业足球青训"各自的概念定义。"校园足球"是在2009年出现的新名词。它是在我国青少年足球人口萎缩、学生体质下滑的背景下,为扩大足球后备人才基数,由中国足协提出的。自其产生,学术界对"校园足球"内涵的争论从未终止。目前主要有两种主流观点:第一种观点认为,校园足球是以学校为依托,在广大学生中全面开展的以增进学生身心健康、培养德智体全面发展的青少年足球后备人才为目标的足球相关活动的总称[1],是夯实足球人才根基,提高足球发展水平和成就中国足球梦的基础工程[2]。根本目标是培养青少年足球后备人才,最终目的是提高中国足球运动水平。第二种观点认为,校园足球是提高广大青少年体质健康水平,培养青少年拼搏进取、团结协作的体育精神,普及、提高足球知识与技能,在普通学校开展的全国性青少年足球活动。[3] 它本质上是一种教育方式、手段,根本目标是增强体质,最终目的是立德育人。这种观点认为足球"苗子"选拔与培养不属于

---

[1] 侯学华,薛立,陈亚中,等. 校园足球文化内涵研究 [J]. 体育文化导刊,2013 (6): 107-110.

[2] 教育部. 教育部等6部门关于加快发展青少年校园足球的实施意见 [EB/OL]. (2015-07-27) [2021-03-27]. http://www.moe.gov.cn/srcsite/A17/moe_938/s3273/201508/t20150811_199309.html.

[3] 李新威,李薇. 我国校园足球的异化现象 [J]. 体育学刊,2015,22 (5): 45-48.

校园足球范畴[1]，忽视或否定校园足球培养足球后备人才的功能。两种观点都在围绕校园足球的本源定位论述，争论校园足球竞技性与教育性的地位与作用，并相互对立，掩蔽了校园足球真正的内涵。笔者认为，校园足球作为体育项目的一种，必然具有一定的竞技属性，任何国家的校园足球都是其青训体系重要组成部分，承载着培养足球后备人才，振兴竞技足球的任务。我国只是在实际操作中出现了过于明显的"功利主义"和"锦标主义"现象，从而"异化"了发展目标，但我们不能否认校园足球培养足球后备人才的功能，人为割裂"普及"与"提高"相辅相成的关系。2015年国务院办公厅印发的《中国足球改革发展总体方案》明确提出："增强校园足球人才培养意识，畅通优秀苗子从校园足球到职业足球的成长通道。"因此，笔者认为，校园足球是以学生为主体，以学校为依托，在校内外进行的普及足球与培养足球后备人才的一系列活动的总称。它既有普及性又有竞技性。

关于"职业足球青训"的定义，目前学术界还没有比较权威的解释。而足球中的"青训"，多数人理解为"青少年竞技足球"，该概念也没有较权威的解释。但关于"竞技体育"的定义，一直都有，且随着时代的不断发展，其定义也不断变化。我国首次提出竞技体育概念是1979年，谷世权与过家兴在《体育是一门综合科学》中提出"竞技体育是不断提高各项技术运动水平和成绩，夺取比赛优胜的一个体育分支"。1990年全国体育学院通用教材《运动训练》将其定义为"在全面发展身体，最大限度挖掘和发挥人在体力、心理、智力等方面潜力的基础上，以提高运动技术水平和创造优异运动成绩为主要目的的一种活动过程"[2]。此后，学术界虽有对竞技体育发展功能与价值反思的理论争鸣，但其核心定义并未改变。因此，"青少年竞技足球"可以从字面上理解为"为提高足球技战术水平，最大限度挖掘与发挥足球运动员的体力、心理、智力等潜力，以获取比赛胜利为主要目的的一种活动过程"。从我国行政管理体制上看，青少年竞技足球是由体育部门主管下的体育运动学校、省市专业队、俱乐部足球队、国家代表队等部分构成。2015年《足改方案》明确提出"改进足球专业人才培养发展方式，拓宽职业足球选人视野，搞好体教结合，畅通优秀苗子从校园足球到职业足球成长通道，促进足球运动员全面发展"。这就从另一个层面提出了竞技足球在足球人口普及与强化运动员文化教育方面的义务、功能与作用。因此，本研究将职业足球青训定义为：

---

[1] 李卫东，何志林. 全国青少年校园足球可持续发展思考[J]. 体育文化导刊，2011（3）：106-108.

[2] 辜德宏. 我国竞技体育发展方式转变的逻辑起点辨析[J]. 天津体育学院学报，2015，30（5）：383-387.

由体育部门指导的、职业足球俱乐部主导的，在促进青少年足球运动员全面发展的条件下，以普及足球为基础、提高足球技战术水平为目标、培养竞技足球后备人才为目的的一种活动过程。它既有竞技性又有普及性。

关于"深度融合"的概念，以往所提是"体教结合"，那么"结合"与"融合"有何区别？"融合"指几种不同的事物合成一体，该词汇在物理意义上指熔成或如熔化那样融为一体；心理意义上指不同个体或不同群体在一定的碰撞或接触之后，认知、情感或态度倾向融为一体。"结合"的基本解释为人或事物间发生密切联系，也多指结为夫妻关系。1977年高考恢复后形成的应试教育与1978年实行社会主义市场经济后产生的连锁反应，对之前计划经济制度、非应试教育背景下的三级训练体系、学校体育和文化教育有机融合的态势带来冲击，为缓解这种态势对体育与教育结合带来的冲击，我国从80年代的中后期开始历经教体结合、体教结合和体教融合。自此，国家出台一系列政策文件，从教体结合到体教结合，再到今天的体教融合、深度融合，国家政策不断推陈出新的原因就在于之前的政策没有真正解决如何培养德智体美劳全面发展的社会主义建设者和接班人这一问题。教体结合阶段是教育部门主导将传统的竞技体育人才培养体系引入教育系统；体教结合阶段是把业余体校、运动学校、青少年运动队等作为竞技体育人才的培养基础，与教育部门结合，将文化教育作为高水平运动员的退出机制。由此可见，两者在目标理念上并不一致。"结合"，多用于表达夫妻关系，回顾三十多年历史的教体结合、体教结合，教体两部门确实产生了密切的联系。如果将体育部门与教育部门的结合比喻为建立夫妻关系，那双方虽然联系紧密，但是，两者还是独立的个体，持有不同的理念，所以，中央全面深化改革委员会提出了"体教融合"。钟秉枢教授认为，新时代的体教融合首先是两个部门的思想融合，一体化设计，一体化推进；其次是目标融合，打造新型竞技体育人才培养体系和学校体育工作体系；最后是资源融合，整合两个部门赛事，打造适应学生和青少年发展需要的小、初、高、大学四级竞赛网，并且与现有的青少年竞赛体系以及职业赛事体系有机结合，统一运动员注册和等级认证，统一运动员不同项目的比赛年龄，统一运动项目的竞赛规则。[1] 新时代体教融合要求体育部门与教育部门从整个学校体育定位，覆盖全体青少年群体，从更高层次、更大范围上形成相互渗透、互为一体、相互促进的发展新格局，本质上探索一条新型全体青少年全面健康发展之路，最终完成培养德智体美劳"五育并举"的社会主义建设者和接班人的任务。

---

[1] 钟秉枢. 从体教结合、教体结合，到体教融合[R]. 武汉体育学院，2020.

我国职业足球青训与校园足球的深度融合具体阶段如图3-1所示。校园足球侧重普及的前端，即A、B段，涵盖以足球基础技术能力培养为主的体育锻炼、足球教学、保健卫生等工作；职业足球青训侧重后端，即C、D段，涵盖以足球竞技能力培养为主的足球训练、足球竞赛、心智能力提升等工作；其中B/C段是两者融合的重点。从政策制定的角度来看，职业足球青训与校园足球深度融合需要从中央到地方，根据政策层级要求制定国家主体政策与地方配套政策。从政策执行的角度来看，需要教育部门、体育部门、财政部门、基建部门、发改部门、广电部门等相关部门之间相互协同推进。从深度融合的具体内容来看，包括宏观的顶层决策领域融合，主要指教育与体育两大系统的战略布局、整体规划、政策法规、标准制定、权力让渡等要融合；中观层面的管理领域融合，包括部门权力边界划分、整体资源配置、专业人员对接、绩效考核体系改革、专项资金配比、领域话语权调整、融合理念宣传等方面要统筹；微观层面的操作领域融合，包括融合平台的建立，如建立相应的工作领导小组等，以及在管理、教学、训练、竞赛、选拔、保障等各个具体领域的融合方案。

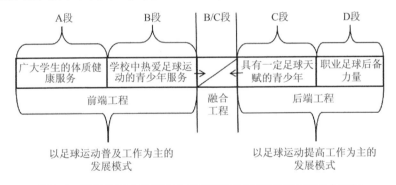

图 3-1 不同发展阶段的职业足球青训与校园足球深度融合特征

第二节 我国职业足球青训与校园足球深度融合的选择逻辑

一、学理逻辑

从学理上讲，探索我国职业足球青训与校园足球深度融合的路径，首先要选择两者之间深度融合的关键出发点，进行以点带面的推进；其次要通过控制影响两者深度融合的关键要素，使融合过程不偏离应有的轨迹。在融合的关键

出发点选择上要从我国职业足球青训与校园足球两者之间的关联出发考虑。首先，两者的目标群体具有同一性，都是服务青少年。其次，两者的发展目标趋同，校园足球发展的四大目标是提高学生身体素质，掌握足球运动技能，培养学生健全人格，培养竞技体育后备人才。[1] 职业足球青训发展的根本目标是提高青少年足球竞技水平，培养竞技体育后备人才。在培养竞技体育后备人才目标上，两者是一致的。最后，两者在内容和方法上部分趋同。校园足球对学生的培养主要通过教学、训练、竞赛三大体系来完成，实施内容主要根据青少年身心发展的阶段性特点并结合足球专项特点进行科学系统安排，属于普及层面；职业足球青训主要是通过训练与竞赛提升青少年足球竞技水平，实施内容与校园足球一致，只是在训练的方式方法上略有不同，属于提高层面。因此，就我国职业足球青训与校园足球二者的逻辑关系来讲，应该针对青少年足球人才培养问题，通过一体化设计和一体化推进，从教学、训练、竞赛、保障四个方面，构建以促进青少年全面发展的足球后备人才培养体系，作为我国职业足球青训与校园足球深度融合的关键出发点，两个工作体系应从各自的角度推进这一中心工作。

我国职业足球青训与校园足球深度融合是一个渐进的过程，受多种因素相互作用与影响。根据其发挥作用的不同可分为动力要素、政策要素和支持要素。其中，动力要素是推进两者深度融合的核心，政策要素是引导两者深度融合的关键，支持要素是保障两者深度融合的基础。从动力要素包括的内容来看，我国职业足球青训与校园足球的融合涉及体育、教育、财政等诸多部门和系统之间的协同，推动不同主体融合的动力主要包括现行体制改革的推动力、政府部门间协调配合的协同力、个体和社会等目标群体的促进力、基层组织的执行力等。从政策要素包括的内容看，我国职业足球青训与校园足球深度融合是通过国家宏观的顶层设计、区域中观的规划管理、基层微观的执行操作三个层次的融合来实现的，不同层次的融合需要相应的政策指导，因此，政策要素包括国家顶层设计的元政策、省市区域制定的基本政策、县域等基层操作的方面政策三个方面。从支持要素看，主要包括组织机构、专业人才、专项资金、技术指导、目标群体认同等几个方面，是我国职业足球青训与校园足球深度融合的保障。在探索我国职业足球青训与校园足球深度融合的路径时，要结合实际进行全要素提升，充分发挥我国职业足球青训与校园足球各自优势，形成优势互补。

---

[1] 教育部. 介绍2015—2017年全国青少年校园足球发展情况和2018年校园足球重点工作[EB/OL].(2018-02-01)[2021-04-01].http://www.moe.gov.cn/jyb_xwfb/xw_fbh/moe_2069/xwfbh_2018n/xwfb_20180201/201802/t20180201_326169.html.

二、历史逻辑

中华人民共和国成立至今,党和国家高度重视青少年足球后备人才培养工作。1953年国家体育运动委员会(以下简称"国家体委")举办全国青年足球锦标赛,青少年足球后备人才培养工作开始被纳入政府工作计划。1956年国家体委发布《青年业余体育学校章程(草案)》与《少年业余体育学校章程(草案)》,开始建立"基层体校—重点体校—体工队"的青少年足球后备人才培养体系。[1] 1964年召开全国足球工作会议,做出"关于大力开展足球运动,迅速提高技术水平"的决定,并发布了《关于在男少年中开展小足球活动的通知》,在全国足球重点城市中,50%左右的中小学校均建立了足球代表队。这是足球运动在学校内部开展的第一项重要文件,也是校园足球与青少年竞技足球的第一次结合。1979年国家体委上报《关于提高我国足球技术水平若干措施的请示》并得到国务院批转,明确提出"在群众中,特别是在青少年中大力普及足球运动",充分肯定普及和发展青少年足球对于提高我国足球竞技水平的重要作用。[2] 1980年国家体委、教育部、共青团中央共同出台《关于在全国中、小学生中开展足球活动的联合通知》,将足球活动纳入学校体育计划。1983年国家体委、教育部联合颁发《体育传统项目学校试行办法》,足球传统项目学校成为青少年足球后备人才培养的重要基地。1987年,为疏通学校体制内部及体育体制间的优秀体育后备人才培养渠道,国家教育委员会(以下简称"国家教委")下发《关于部分普通高等学校试行招收高水平运动员工作的通知》,首次打破青少年足球后备人才培养的体制障碍,为青少年足球后备人才培养体系建设指明了方向(图3-2)。1993年的全国足球工作会议,讨论了《中国足球运动整体改革方案(草案)》,提出基于扩大足球普及面,培养高水平足球竞技人才的《绿茵工程方案》,并将学校足球开展工作转至教育部门主管,体育部门统筹辅助。[3] 2001年,全国青少年学校足球工作委员会成立,教育部门与体育部门在青少年足球发展事务上合作程度不断加深。至此,青少年足球主管部门开始由单一向多元转变,青少年足球发展不单服务于竞技足球,同时肩负着"提高学生身体素质,培养学生健全人格"

---

[1] 杨成伟,唐炎,张德春,等. 对我国青少年足球运动发展的政策执行审视 [J]. 沈阳体育学院学报,2015,34(1):21-27.

[2] 国家体委政策研究室. 体育运动文件选编 1949—1981 [M]. 北京:人民体育出版社,1982:516.

[3] 任振朋. 改革开放以来我国青少年足球政策发展演变研究 [D]. 福州:福建师范大学,2017.

的任务。2009年国家体育总局联合教育部下发《关于开展全国青少年校园足球活动的通知》,学校足球发展进入"校园足球时代"。2013年印发《关于加强全国青少年校园足球工作的意见》,提出"引导鼓励足球学校、体校、职业俱乐部与校园足球定点学校共建后备人才基地"。我国职业足球青训与校园足球深度融合成为探索学校培养竞技体育后备人才的新路径,并取得一些效果(表3-1)。此后,相继出台了《关于加快发展青少年校园足球的实施意见》《中国足球青训体系建设"165"行动计划》《关于完善校园足球竞赛体系 畅通青少年人才培养机制的实施意见》等文件,明确提出建立和完善我国职业足球青训与校园足球深度融合发展的体制机制,构建体教深度融合的"一体化设计、一体化推进"的青少年足球人才培养新格局。

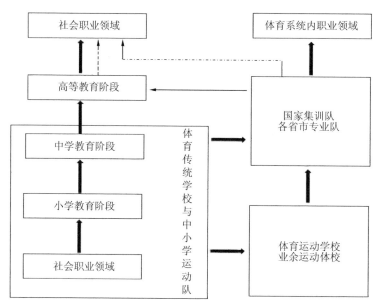

图3-2 学校体制内部及体育体制间足球后备人才培养路径图

表3-1 2009—2014年全国青少年校园足球专业人才输送情况

单位:人

类别	国少队	国青队	省运会	青运会	全运会	足球学校	俱乐部梯队
男	63	54	854	31	171	165	409
女	113	27	576	6	46	29	64
总计	176	81	1 430	37	217	194	473

注:根据2014年年底全国校足办统计数据所得。

从发展历程看,我国青少年足球由体育部门一家主导提升至体育、教育等多部门协同配合，由单一的竞技目标发展至青少年的全面发展，由不同系统下相对隔离的人才培养体系转变至相互协同的发展体系，无论是学术界还是政府部门都深刻认识到竞技足球发展离不开教育，体育和教育必须深度融合，学校必将承担培养竞技足球后备人才的重担。因此，从历史发展的成功经验看，只有在保障学生全面发展的基础上，吸引更多的青少年参与足球活动，并遵循足球人才培养规律，选择职业足球青训与校园足球深度融合的足球后备人才培养模式，才能够真正提升我国青少年足球发展水平。

三、现实逻辑

2009年国家体育总局与教育部联合下发《关于开展全国青少年校园足球活动的通知》，明确指出"在全国大中小学广泛开展校园足球活动，普及足球知识和技能，形成以学校为依托、体教结合的青少年足球人才培养体系"。2015年教育部联合六部委下发《关于加快发展青少年校园足球活动的实施意见》，指出"校园足球是夯实足球人才根基，提高足球发展水平和成就中国足球梦想的基础工程，形成有利于大批品学兼优的青少年足球人才脱颖而出的培养体系"。王登峰司长认为"没有质量的数量是没有意义的。校园足球的发展，关键在于质量的提升，要有出色的人才培养梯队"。培养"全面发展、特长突出"的青少年足球后备人才，已成为校园足球改革发展的重要方向。目前，我国足球事业发展处于历史低谷，青少年足球后备人才数量严重萎缩，而足球后备人才是我国足球事业可持续发展的基石。因此，青少年足球后备人才的培养是促进我国足球事业可持续发展的战略选择，校园足球则是培养青少年足球后备人才的战略举措。但在实际发展中，却出现了"过于注重人数普及和全面发展，但难以打破足球课程教学'蜻蜓点水'的低水平现象，造成普及人数大大提升而质量难以提高，其规模徒有其表"[1]的问题，且许多地区或学校存在专业师资力量不强、人才培养输送渠道不畅等问题。虽然，校园足球在普及层面效果显著，国家级特色学校已达24 126所，青少年参与人数达5 000万之巨，但这种经常参加足球活动的学生人数与青少年足球后备人才数量则不可等同看待。在"一万小时训练理论"框架下，校园足球仍然停留在增加足球人口基数层面，在培养青少年足球后备人才道路上依然难以统筹兼顾"普及"与"提高"两个层面的协调发展。

---

[1] 邱林，戴福祥，张廷安. 我国校园足球发展中政府职能定位研究［J］. 武汉体育学院学报，2016，50（6）：95-100.

在职业足球青训方面,中华人民共和国成立初期,借鉴苏联的"业余体校—市、省专业队—国家队"三级人才培养模式,1994年中国足球职业化改革以来,以市场为依托的足球学校、业余足球俱乐部、俱乐部梯队培养体系逐渐兴起。但在这种双轨体制下,由于市场机制的不规范、人们对短期利益的追求,原有的三级人才培养体系面临"网破、断线、人散"的局面,而以市场为依托的培养体系无法完全建立,后备人才数量严重萎缩。据统计,2000年中国足协青少年注册人口为610 000人,到2013年已不足5 000人。2012年中国足协曾对16家中超俱乐部调查,只有8家俱乐部拥有三级后备梯队。2016年,全国49家中超、中甲及中乙俱乐部中仅有20%拥有独立梯队,31%的俱乐部未建立梯队。2017年年底,中国足协出台《中国足球协会职业俱乐部准入规程》(2018版)执行"梯队捆绑俱乐部注册制度",要求中超、中甲俱乐部至少具备U19、U17、U15、U14、U13五级梯队,中乙俱乐部至少具备U17、U15、U14、U13四级梯队,每支球队至少注册球员18名,并代表俱乐部参加各级不同的官方比赛。由于我国足球人才培养体制以及项目发展特点,竞技足球后备人才培养投入成本较大、淘汰率较高,从遵从收益与遵从成本的权衡来看,将足球运动作为青少年的职业规划重心,显然风险太大。例如,恒大足校每年学杂费约5万元、鲁能足校6万元、富力足校5万元,如果孩子从6—8岁开始踢球,到18岁进入预备队,家庭至少要供养10年,花费大约50万元。因此,为降低投入成本和规避职业风险,许多俱乐部已经开始探索与校园足球结合的发展模式。例如,中超河南建业俱乐部采用的"校园足球网点校模式",中甲南通支云俱乐部与当地教育局、学校共同建立的"校园足球支云青训体系"等。2017年年底,教育部与体育总局联合印发《关于加强竞技体育后备人才培养工作的指导意见》,旨在通过改革创新完善竞技体育后备人才培养体系,推动竞技体育后备人才培养科学高效,并提出"学校体育是竞技体育后备人才培养的基础,坚持以校园足球为引领,积极推进'一校一品'建设"。因此,如何发挥体育育人功能,培养"全面发展、特长突出"的青少年足球后备人才,已成为职业足球青训改革发展的重要方向。

此外,从当前青少年足球发展现状来看,教育部门主导的校园足球掌握着学校内部足球发展事务的资源和决策权,并可为学生提供优质的教育资源,保证学生球员的文化教育,避免出现"球踢不好、学上不了"的窘境,降低了学生球员职业规划的风险,但其缺乏优质的足球专业教练、裁判、技术指导等资源,难以有效地培养"特长突出"的青少年足球后备人才;体育部门主导的职业足球青训则拥有除学校体育以外的全部体育事务的管理权,并控制着大部分足球专业资质教练、裁判、场地等优质资源,可为青少年提供最优质的足球专业发展指导与保障，但其缺乏青少年发展中系统的文化教育保障机制，无法保障青少年足球后备人才的"全面发展"。因此，我国职业足球青训与校园足球在青少年足球发展中存在明显的优势互补，两者间的深度融合是培养"全面发展、特长突出"的青少年足球后备人才的必由之路。

第四章

我国职业足球青训与校园足球深度融合的域外经验

青少年足球运动与足球教育的发展在全球化背景下已形成跨地域的共性问题，而不同国家与地域却形成多种发展理念，成为该国足球青训的有力支撑。近年来国内涌现大量有关国外足球青训的研究，一些学者对世界上存在的主要培养模式进行了归类，大体上分为以学校为主体、以职业俱乐部为主体、以学校和职业俱乐部双轨并重三种类型。[1] 不同类型培养模式的确立与该国的政治经济体制、足球文化等国情息息相关。例如，德国在2000年欧洲杯小组赛出局后，经历了青训人才匮乏时期，通过对荷兰、西班牙的先进青训理念的分析与研究，并结合本国原有青训体系的基本情况，提出"培养本土技术化人才"的培养理念，科学制订"天才球员2001"与"Team 2011"培养计划，取得辉煌成绩。因此，我们需要借鉴足球运动发达国家的先进经验，更需要结合自身发展特点，对域外经验进行客观的审视与研判，汲取适合我国青少年足球培养体系的适行理念，推进校园足球与职业足球青训深度融合，打造一条符合我国国情的青少年足球后备人才培养之路。

第一节 立足基本国情

足球后备人才培养是一项系统工程，不单涉及国家的政治经济体制、体育发展模式、足球职业化进程及历史文化积淀等因素，也与地理环境、民族特性等相关。欧洲市场经济体制下的青训体系主要以职业俱乐部青训为主要发展模

---

[1] 孙克诚，何志林，董众鸣. 国外足球强国后备人才培养路径与启示 [J]. 南京体育学院学报（社会科学版），2011, 25（5）: 108-111.

式，这些国家足球经济发展完善，职业与社会俱乐部数量众多，国土面积较小，青少年球员可在不脱离社会、家庭、学校的条件下进行"三集中"培养。例如，法国足协根据行政区域的13大区，与职业俱乐部共建15个大区级足球精英训练中心，与社会俱乐部合作，在大区之下建立117个地区级训练中心，青少年放学后采取就近训练原则，进入地区训练中心。[1] 比利时则充分利用地缘与语言优势，在本国青训基础薄弱阶段，借助周边足球强国青训体系，培养本国球员，国家队阿扎尔等9人来自荷兰阿贾克斯等青训营，然后，仿效德国足球经验建立"Top Sport"足球基地，学习法国、荷兰先进训练理念，制定"Global-Analytique-Global"训练体系，强化本国青训体系。[2] 而亚洲足球青训体系发展则与欧美不同，依据民族特点与历史文化，多数以学校足球为基础，政府以发展规划方式对青少年足球领域直接干预，强化学校与职业俱乐部的合作。例如，日本足球强国之路并未完全借鉴欧洲职业青训之路，而是依据其完善的学校足球基础与"地域密着"理念，逐步建立"足球俱乐部训练中心制度"，接受日本文部省直接管制。[3] 韩国教育部在"小学—初中—高中—大学"的纵向教育系统中建立对应"学校足球联盟制度"，每个联盟都有各自的青训体系，优秀球员以走训形式挂靠地区俱乐部等。因此，先进经验的借鉴必须依托于本国国情，有所甄别地吸收、利用。

第二节　形成统一的青训理念

先进的青训理念是一个国家足球后备人才培养的方向标，而成功的青训理念则需要成功的青训实践为基础，并将实践成果上升至理论层面，引导广大青训从业者沿着这一正确方向开展工作。世界足球强国青训理念的形成都经历了漫长的过程，来源于管理、教学、训练、技战术等各个层面的长期实践积累与演变，并保证各个层面的高度统一。法国青训"三位一体"理念注重公民意识、比赛能力、身心发展三个核心要素的培养，职业足球青训、学校足球以及社会足球等在教学训练计划制订、内容选择、方法应用等方面都围绕三要素展开。[4] 荷兰

---

［1］ TOUSSAINT J P. Football[M].Paris：Les Editions de Minuit，2015.

［2］ BROWAEYS B.The philosophy of youth development at the Belgium FA[R].UEFA Study Group Match，2010.

［3］ 应虹霞. 日本足球的明治维新［M］. 杭州：浙江古籍出版社，2012.

［4］ 邱林，王家宏，戴福祥. 中法青少年足球培养体系比较研究［J］. 上海体育学院学报，2017，41（6）：34-41.

青训则是以1974年米歇尔斯创造的"全攻全守战术"为基础，将青训系统与其技战术风格衔接，形成以比赛基本能力为主要素的"TIC"理论体系与"TIPS"训练模型，被阿贾克斯、费耶诺德等荷兰职业青训中心沿用至今。[1]日本足协根据民族特性与人种特点，90年代起全面学习巴西足球理念，借助巴西日侨较多的优势，多种形式派遣球员留学巴西，并将巴西理念贯穿至校园足球、职业足球青训等各个层面，形成具有巴西足球特点的技战术风格。以"拉玛西亚"青训营为代表的西班牙青训，极其重视青少年球员比赛能力的表现，青少年球员每赛季出场时间不得少于总时间的40%，并要求校园足球、俱乐部青训及草根足球组织统一使用西班牙足协制定的青训大纲，逐渐形成以"Tiki—Taka"风格为主体的西班牙足球技战术体系。因此，从世界足球强国青训理念形成与发展来看，先进的青训理念是基础，统一的青训理念是前提，只有保证青训理念的统一性，才可能推进青训体系的系统性发展。

第三节 统筹协调顶层设计与基层执行

世界足球发达国家的青训体系发展都是在科学、长远的发展规划指导下进行的，且根据规划制定一系列翔实周密的配套政策与执行方案。1997年英足总制定青训规划大纲——《质量章程》，并在此规划下与职业俱乐部、教育与科学部商定陆续推出"Elite Player Performance Plan"等配套政策与发展方案，将校园足球、社区足球、职业足球青训等青训组成部分进行新的系统分类，在同一理念下制定不同层面的评价模式，并借助商业化运作模式以及政策性补贴保障基层执行的切实性与长远性。1996年日本足协推出"J百年规划"，在青训体系建设方面制订了内容详尽的发展计划，从各地校园和俱乐部不拘一格网罗英才进行筛选强化，并将青少年足球逐步向产业化公益事业发展，建立坚实的青少年足球财政基盘。[2]顶层设计的发展规划是各国足球青训的纲要与指南，而推动规划落实的配套政策法案则是青训体系构建的基础保障。意大利通过"Spread-the-Losses Decree"法案，减轻职业俱乐部的财政压力，保证青训体系的健康发展；日本"JFA2005年宣言"出台了长达21页的行动指南；德国足协与职业联盟推出"50+1"财政政策，严苛的财政管理制度保障了职业

---

[1] 克里斯蒂安·达米亚诺. 欧洲青训中心的配置与管理[R]. 2018"熊猫杯"国际青少年足球发展研讨会, 2018.

[2] 应虹霞. 日本足球的明治维新[M]. 杭州：浙江古籍出版社, 2012.

青训培养计划获取相应的场地、资金、配套服务。[1] 此外，为避免领导人更换后随意干预、变更规划，出现"领导调动、规划重弄"现象，欧洲各国建立了严格的调整审核、监督机制以及完善的管理体制。

第四节　政府与行业协会的协作

国外青训体系发展中政府与行业协会承担着不同的职能与权责，形成了权责较为清晰的长效协作机制。政府通过制度和法律形式减少行政干预对青训体系的影响，借助合理的政策工具进行宏观监督，同时，以法律形式确立行业协会（足球协会）的"总舵"地位，并采用税收、服务、基建投资等优惠政策，引导职业俱乐部、市场机构和社会组织充分介入，按照市场化运作方式，逐步实现青训体系社会化常态发展。行业协会发挥自身专业技术优势，全权负责青训体系构建的专业技术领域的顶层设计，以及相关配套政策与方案的执行，加强职业俱乐部青训与校园足球、社区足球以及其他形式的草根足球的协调发展与融合，并接受政府部门监管。2005年法国青年和社会教育活动司、法国足协、俱乐部、学校等多方联合推出《法国青少年足球发展协议》，教育部与足协通力协作，建立权责明晰的协调运作机制，并以足协为主导，全方位推进校园足球、社会俱乐部足球与职业足球青训的一体化发展。日本足球在《公益法人认定法》框架下，真正实现"管办分离"，文部科学省进行宏观监督与指导，与足协共同管理青少年足球事务，两者并无从属关系，部门间职权分明，并联合建立"球员既定制度"，形成校园足球与职业足球在人才培养、选拔和输送方面的双向流动体系。阿根廷足协借助本国地广人稀的自然优势与政府基建产业利好政策，扩充社会足球场地，借助税费减免等政策红利，吸引职业俱乐部投建场地，完善青训投入。[2]

---

[1] LOPATTA K,BUCHHOLZ F,STORZ B.'50+1-rule in German football-a reform proposal based a comparison of the european big 5 football leagues[J].Sport und Gesellschaft,2014,11(1):3-33.

[2] 乔纳森·威尔逊. 脏脸天使：足球阿根廷史［M］. 蝶歌，童文煦，译. 上海：文汇出版社，2018.

第五节 世界足球强国青训模式案例

青少年足球运动与足球教育的发展在全球化背景下已形成跨地域的共性问题和共性的发展思路，我们需要借鉴足球运动发达国家在青少年足球后备人才培养方面的先进经验，并对其进行客观的审视与研判，唯有如此，才能理性判断我国职业足球青训与校园足球深度融合的发展方向能否建立"全面发展、特长突出"的青少年足球后备人才培养体系。

一、亚洲模式

（一）日本

纵观日本百年发展史，日本综合国力的提升离不开改革，其足球发展亦是如此。如果说19世纪60年代，日本开始了关乎政治、经济、教育、军事以及司法等诸多方面的"明治维新"，那么20世纪20年代至今日本足球筚路蓝缕的过程则是日本足球史中的"明治维新"。在思想上，日本向足球强国靠拢，通过"和魂洋才"思想实现"脱亚入欧"。[1] 在内容上，日本从管理、训练等方面寻求突破，实行日本独有的"企业足球"体制，并且师从巴西，学习足球强国的技战术。[2] 在形式上，主要是日本足协制定规划并予以实施，例如1996年的"百年构想"，2005年的"JFA2005年宣言"等。随后几年间，日本男足4次问鼎亚洲杯，5次闯入世界杯16强；日本女足更是多次获得世界杯亚军、奥运会亚军。我国虽与日本在地理位置上一衣带水并且同步进入足球职业化时代，但是就当前我国国足成绩和足球环境而言，并不是特别理想，问题就出在了足球发展之本的青训上。日本足球的"明治维新"始终以青训建设为主线，而我国在相关工作上则出现纰漏。单从足球后备人才数量上看，90年代初期，我国青少年足球后备人才数量达到历史最高的65万人，到2000年，足球后备人才下滑至61万人，2005年降至18万人。反观日本，自1993年开启足球职业化时代以来，足球整体发展取得长足进步。据统计，日本在90年代前，足球后备人才数量为54万人，到2002年增长到59万人，2010年

---

[1] 王晓晨，赵光圣，张峰. 嘉纳治五郎对柔道教育化改造的关键思路及启示 [J]. 山东体育学院学报，2015，31（2）：107–113.

[2] 乔媛媛，汤夏，蒋宁，等. 日本足球"明治维新"历程、特征及启示 [J]. 广州体育学院学报，2018，38（2）：43–47.

达到68万人，而我国人口总量却是日本的10多倍。[1] 在足球后备人才培养质量上，我国青训与日本青训也存在不小差异，2016年举行的武汉U15国际邀请赛中，我国U15全国联赛亚军新疆队对阵同为日本U15联赛亚军的札幌冈萨多队，结果我国队伍以1∶9惨败。青训规模以及质量上的差异性，或多或少地表明我国足球青训体系建设的不完善，为此，我们要对日本足球青训的管理、训练、竞赛、保障等方面进行研究。

整体而言，日本主要实行"双轨制"的青训模式，即校园足球青训与职业足球青训并存。在管理体系上，日本与我国颇为相似，具体表现为两个体制的协作，即国家行政体制与社会团体组织体制的协作。[2] 其国家行政体制主要包括文部科学省、各级教委会等；社会团体组织包括日本奥委会、体育协会、足球协会等。二者的协作主要以《体育振兴法》为依据，《体育振兴法》规定：日本体育发展的整体战略主要是由文部科学省制定，而相关社会团体组织则负责具体实施。不过日本与我国足球青训管理体系似形但神不同，虽然都是政府部门宏观调控，负责指导、监督等工作，其余部门具体落实，但是我国足球青训在管理上更具行政色彩，即上下级关系凸显，日本则强调各部门、各组织的分工与合作。在训练体系上，日本加大校园足球和职业足球的教练员培训力度，不过二者在侧重点上有所不同。校园足球青训教练员更注重"量的产出"，例如，日本曾提出"9 000名C级教练员"计划，而后为了扩大普及范围，又实行了"D级教练资质"制度。[3] 职业足球教练员的培训则更重"质的提高"，日本足协统一训练理念并且成立"TSG"（技术支持组），对顶尖赛事以及高水平训练活动进行数据汇总、分析，以期"知己知彼，百战不殆"。这种模式使得足球青训的训练体系在普及层面以及提高层面都得到很好的提升，为扩大足球人口基数，提高足球后备人才质量打下坚实基础。在竞赛体系上，日本校园足球联赛与职业足球联赛共同发力，完善"双轨制"青训竞赛体系建设。日本各类校园足球联赛每年有10万多名中小学生参加，每位小球员1年平均可以参加50场左右的球赛，这就为日本足球青训提供了人才基础。2002年世界杯打入16强的日本队23人名单中，包括中田英寿在内的9人就是来自高中联赛。[4] 而以J联赛为代表的日本职业足球联赛更是为国字

---

[1] 陈安. 日本足球青训模式对中国足球青训模式的启示——基于对中日青训模式的差异性分析[D]. 成都：成都体育学院，2019.

[2] 李云广. 日本足球职业化管理体制研究[D]. 北京：北京体育大学，2013.

[3] 程隆，张忠. 日本足球青训的发展及其启示[J]. 体育文化导刊，2014（7）：95-98.

[4] 孙一，梁永桥，毕海波. 中、日、韩三国青少年足球培养体系比较研究[J]. 中国体育科技，2008，44（4）：60-65.

号队伍高水平建设贡献力量,这主要得益于职业联赛的巨大发展优势,整体上看这种优势来自其内部因素和外部发展条件。从内部来看,J 联赛拥有管理先进、组织结构合理、法制健全以及科研水平高等优点;从外部上讲,J 联赛则具备浓烈的民族文化、优良的足球文化以及成熟的外援引进模式等发展条件。[1] 由此,校园足球联赛在普及中提高,职业足球联赛在提高中优化,二者共同建设国字号队伍。在保障体系上,日本加大校园足球和职业足球的资金保障力度。日本足协公布的 37 期收支预算书显示关于足球普及推广费用达到了 33.74 亿日元,国字号队伍建设费用 47.26 亿日元,各类足球比赛费用为 26.93 亿日元。资金方面强有力的保障得益于日本雄厚的经济基础,日本作为世界第三大经济体,GDP 总计已达 5.08 万亿美元,人均 GDP 超过 4 万美元,而我国目前成为第二大经济体,同样有强大的经济基础作为足球发展的坚实后盾。2018 年我国国字号球队建设支出为 2.55 亿人民币,约合 42.5 亿日元,竞赛支出 2.03 亿人民币,约合 33.8 亿日元。但是同样重金支持下我国的国足成绩、青训建设等方面却没有取得相应成果,因此,在资金保障上不必过度苛责总量供给,更多地需要优化青训资金分配方式,丰富资金的多元化来源途径,协调精英足球与草根足球资金分配比例,不能只注重开花结果,不重视生根发芽。

在探寻我国职业足球青训与校园足球衔接的现实路径时,我们需要学习与借鉴日本足球的一些先进经验:一是宏观决策方面。日本足球提出"普及—育成—强化"的发展思路,将"三位一体"(国家队、青少年培养、教练员培养)强化体系与"以世界一流水平为标准"强化政策紧密结合,注重青少年球员在校园内部的选拔与培养,加强校园足球与职业足球、社会足球的结合,建立了"小学—中学—大学—职业俱乐部"一体化的人才培养、选拔和输送体系(图 4-1)。例如,日本球星本田圭佑在大阪钢巴 U15 梯队进入 U18 梯队时没有入选,返回星棱高中继续读书,此后,他在日本全国 U18 全国锦标赛中被日本职业球队名古屋鲸八选中,成为一名职业球员。二是中观管理方面。在日本民法《公益法人认定法》框架下,日本足球真正实现了"管办分离",文部科学省进行宏观监督与指导,与足协共同管理青少年足球事务,两者并无从属关系,部门间职权分明,协作密切。此外,日本青少年足球逐步向产业化公益事业发展,建立了坚实的青少年足球财政基盘,形成一定的自身造血能力。[2] 例如,2011 年日本青少年足球专项资金为 2.76 亿元,我国校园足球

---

[1] 邱林,张廷安. 日本足球职业联赛发展研究 [J]. 体育文化导刊,2013(3):83-86.
[2] 应虹霞. 日本足球的明治维新 [M]. 杭州:浙江古籍出版社,2012.

专项资金仅为0.56亿。三是微观操作方面。在普及层面,日本高体联采用"兴趣型"发展路线,通过在学校内组建以学生足球兴趣为基础的"足球部活"组织校园足球活动,这是学生兴趣和学校组织紧密结合的产物。根据2007年日本文部省校园体育小组统计资料显示,日本中小学学生入部率高达87.8%,其中加入体育运动部的比例达71.5%,足球正是运动部中最受欢迎的一种。[1] 日本高中足球联赛每年举办一届,2018年共有4 093支球队参赛,决赛吸引了4万余人观赛,且高中联赛中每年大约有20余人被职业俱乐部选中成为职业球员,高中足球联赛的社会影响力与普及程度可想而知。在提高层面,日本足协建立了国家训练中心制度,从各地校园和俱乐部不拘一格网罗英才进行筛选强化,并围绕校园足球,将校园联赛与俱乐部联赛进行结合,形成学校与俱乐部双轨运行的竞赛体系。在人才选拔机制上,日本职业足球选拔机制与校园足球紧密结合,每年进行校园足球专业球员选拔。中小学阶段通过专业选拔进入国家训练中心或俱乐部梯队进行走训,在大学阶段可借助"J联赛特别指定球员制度"进入J职业俱乐部。许多球员都是在大学联赛中逐步成长起来,再经过职业俱乐部成熟的球探体系选拔进入职业队。[2] 在安全保障体系方面,1985年日本从立法层面颁布了《日本体育、学校健康中心法》,并于次年实施了《实行规则》,明确了学生体育伤害内容和保险金额。[3]

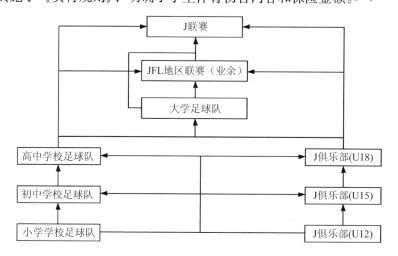

图4-1 日本青少年足球一体化人才培养体系

[1] 邱林,张廷安. 日本足球职业联赛发展研究[J]. 体育文化导刊,2013(3):83-86.
[2] 日本J联盟. Jリーグについて[EB/OL].(2017-05-28)[2021-02-21]. http://www.j-league.or.jp/aboutj/.
[3] 平田竹男,ステファン・シマンスキー. 日韓W杯がJリーグの観客数に與えた影響に関する研究[J]. スポーツ産業學研究,2009,19(1):41-54.

简而言之,日本职业足球青训与校园足球深度融合的可借鉴点有三:第一,日本校园足球具有很强的社会影响力,教育体制内90%的学生都会参加1项体育活动,家长认为孩子不会体育运动就是"不会幸福的书呆子",企业大力资助校园足球,媒体与社会舆论非常关注校园足球,为校园足球发展营造了良好的外部生态。第二,日本职业足球青训与校园足球都有各自完善的发展体系,相互之间没有体制性障碍,形成了明显的"优势互补"。在职业青训中"失败"的孩子,可以返回学校读书,通过校园足球竞赛,再度进入职业青训,成为职业球员;一直在校园足球体系内球员,则可以通过高中、大学比赛,直接进入职业青训体系。第三,日本职业足球青训与校园足球衔接经历漫长的过程,摒弃急功近利的思想,深刻遵循"深挖坑、广积粮、缓称王"的发展理念,踏踏实实践行"J百年计划"。

(二)韩国

韩国足球在整个亚洲足球发展历史中有着举足轻重的地位,韩国作为最先晋级世界杯、最早实行足球职业化的亚洲足球强国,两次问鼎亚洲杯,取得了亚洲球队在世界杯的最好成绩——2002年获得世界杯第4名。韩国足球发展的诸多方面值得我国借鉴学习,其中最重要的就是韩国足球青训。韩国足球协会(KFA)自1933年成立以来,就致力韩国青训体系建设,对后备人才培养十分重视。韩国足协明文要求参加韩国最高等级足球联赛("K联赛")的俱乐部,必须拥有自己的青少年球队,规定俱乐部必须为当地学校提供指导[1],同时韩国足协每年将足协总预算的10%~15%用于足球青训体系建设。在2019年波兰U20世界杯结束后,韩国足协决定拿出10亿韩元奖励国青队,其中4亿韩元分给培养过这些运动员的青训基地。从整体上看,韩国足球青训体系分为校园青训体系和俱乐部青训体系,其中校园青训体系占主导地位,就注册人数而言,俱乐部青训体系中注册球员人数占校园青训体系注册球员人数的3/4。

韩国校园足球青训体系不单负责青少年足球运动普及工作,更承载着竞技足球后备人才培养的坚实重担。从校园足球管理方面来看,韩国足协负责全国青少年足球人才工作,在校园青训体系内下设小学足球联盟、初中足球联盟、高中足球联盟和大学足球联盟,共同负责韩国校园足球青训建设以及其他事务。为了提高学校足球联盟的工作效率,协调部门之间的组织关系,韩国足协将下设的联盟管理机构统一至足协办公,加强交流与沟通。从校园足球竞赛方

---

[1] KIM J. An analysis of talent development in Korean and German football[D]. Seoul: Seoul National University, 2015.

面来看，韩国校园青训主要推行"周末联赛制"，即校园足球比赛安排在休息日，同时，为了防止运动员和教练员过度疲劳，一般只有周六组织比赛，周日休息。参加周末联赛的小学球队平均每年会有30场比赛，初中40场，高中则能踢到60场左右的比赛。[1] 从校园足球训练方面来看，韩国实行"半读半训"制，周一到周五放学后球员参加3小时的训练，在接受训练的同时，还要进行文化课学习。从校园足球教学方面来看，韩国足协和韩国教育部在2006年联合宣布了该年为"培养学习的足球运动员元年"，并公布了指导思想，提出"培养学习的足球运动员"[2]，在这一思想下，涌现了金英权、洪明甫等优秀足球运动员。

韩国职业足球青训是韩国足球屹立于亚洲足球之巅的"台柱"，是韩国优秀职业球员培养的"孵化器"。韩国足球职业化较日本和中国更早，在1983年，韩国正式推出了职业联赛，这一年也称为"韩国足球振兴之年"。韩国职业足球青训的管理主要由韩国足协负责，为了充分调动俱乐部活力，韩国足协尝试将管理权逐渐下放。1994年韩国足协成立职业足球联盟，负责韩国职业足球联赛的专门运营[3]，并统一将俱乐部名称改为"俱乐部地名+吉祥物名称"，推动足球职业俱乐部自我管理、自负盈亏的改革进程。从职业足球竞赛方面来看，职业俱乐部青少年主要参加U12、U15、U18年龄段联赛，市级联赛在4月到9月举行，地区联赛于11月举行，U15和U18队伍除了可以参加全国决赛，还能参加周末联赛，而U12队伍只可以参加全国决赛。从职业足球训练方面来看，韩国职业足球俱乐部重视技术练习，避免过早的专项化训练，根据客观规律循序渐进地提高运动员竞技水平。[4] 从职业足球教学方面来看，韩国足协与韩国教育部、韩国文化体育旅游部之间建立了良好的协作关系，许多职业俱乐部的优秀后备球员在成长过程中并没有脱离学校与家庭教育，不存在过于激烈的"学训矛盾"。曾经在恒大队执教的李章洙就讲道："俱乐部中的青少年运动员都有清晰的认识，他们懂得读书的重要性，知道自己是不可能踢球踢一辈子的。"从韩国职业足球运动员的学历中也可以发现，他们中有许多人获得了本科学历（表4-1、表4-2）。

---

[1] 徐伟康，郑芳. 中国足球归化的理论证成与未来路径［J］. 体育学研究，2019，2（3）：75-82.

[2] 吴基星. 中韩校园足球管理体系比较研究［D］. 长春：吉林大学，2015.

[3] 浦义俊. 韩国足球发展方式的历史转型与战略启示［J］. 河北体育学院学报，2020，34（5）：16-24.

[4] JUN S H，LEE P M．Exploring convergent development of youth soccer league(i-league)［J］.Journal of the Korea Convergence Society,2019,10(5):341-349.

表 4-1　韩国国家男子足球队中的大学生情况[1]

编号	姓名	出生时间	位置	（曾）就读学校
1	卢东健	1991-10-04	门将	高丽大学
2	张贤秀	1991-09-28	后卫	延世大学
3	金真素	1992-06-13	后卫	庆熙大学
4	RIM Changwoo	1992-02-13	后卫	蔚山大学
5	朴柱昊	1987-01-16	后卫	崇实大学
6	KWAK Haeseong	1991-12-06	后卫	光云大学
7	崔诚银	1991-07-28	中场	高丽大学
8	文相云	1991-01-09	中场	亚洲大学
9	金盛达	1991-04-01	中场	岭南大学
10	金英旭	1991-04-29	中场	延世大学
11	SON Junho	1992-05-12	中场	岭南大学
12	金申旭	1988-04-14	前锋	中央大学

表 4-2　韩国国家女子足球队中的大学生情况[1]

编号	姓名	出生时间	位置	（曾）就读学校
1	金敏晶	1985-01-16	门将	蔚山大学
2	金美珍	1984-10-16	门将	永进专科学校
3	宋水兰	1990-09-07	后卫	永进专科学校
4	沈世妍	1989-04-15	后卫	骊州大学
5	任善株	1990-11-27	后卫	汉阳女子大学
6	金度妍	1988-12-07	后卫	威德大学
7	金惠丽	1990-06-25	后卫	骊州大学
8	SHIN Damyeong	1993-10-02	后卫	蔚山大学
9	权荷娜	1988-03-07	中场	威德大学
10	李素丹	1994-10-12	中场	蔚山大学
11	池笑然	1991-02-21	中场	汉阳女子大学
12	权昭贤	1988-06-24	中场	骊州大学
13	赵宥利	1994-09-16	前锋	蔚山大学
14	田佳儿	1988-09-14	前锋	骊州大学
15	柳英爱	1988-04-15	前锋	骊州大学

韩国足球青少年人才培养体系的持续性、一体化发展，离不开校园足球青训体系和职业足球青训体系的深度融合。其深度融合具体体现在以下四个方

---

[1] 张廷安. 开展校园足球活动需要理念引领[J]. 北京体育大学学报，2015，38（8）：112-117.

面：第一，管理深度融合——足协统筹兼顾。韩国足协在韩国足球青少年培养过程中发挥着绝对的主导作用，负责管理整个韩国足球青训体系的各种事务。2013年韩国足协推出了《展望"Hat—Trick"2033》行动规划，包括三大核心价值以及五大促进目标，对韩国足球青训体系进行了整体安排。2014年韩国足协制订了"黄金年龄"即"Golden Age"计划，主要面向11岁到15岁的注册球员，包括校园足球青训体系中的运动员和职业足球青训体系中的运动员。第二，竞赛深度融合——人才同台竞技。韩国小学足球联赛于2001年开始举行周末联赛，2006年时职业俱乐部少年球队也可以参加该联赛。韩国中学足球联赛在2006年开始进行周末联赛，职业俱乐部U15少年足球队也可以参赛，2006年韩国高中足球联赛开始举办周末联赛，职业俱乐部U18少年足球队可参加比赛，各城市或省足协负责监督区域联赛。第三，训练深度融合——理念始终如一。在韩国足球后备人才训练理念上，校园足球青训体系和职业足球青训体系高度契合，二者都重视技术发展，不过分强调成绩，根据年龄特征展开针对性的训练。韩国足球人才培养的理念就是：培养灵活的运动员，而不是会踢球的机器。第四，教学深度融合——文化贯穿始终。韩国校园足球青训体系和职业足球青训体系都重视运动员的文化教育。2007年韩国教育部颁布《学生球员文化课学习保障制度》，要求各小学、初中、高中学生球员参加文化学习，制定学分最低标准，规定只有学习成绩和出勤率合格之后才有资格参赛。同时，韩国足球协会联合俱乐部选派14岁到16岁的优秀球员到欧洲、南美洲的著名俱乐部深造，在那里小运动员们不仅要进行足球训练，还要加强文化学习。总的来讲，校园足球青训体系与职业足球青训体系相辅相成，校园足球运动队是整个韩国足球后备人才培养的基础，每年为职业俱乐部输送大量人才。同时以职业联赛为平台，在校园足球青训体系里面的运动员经过了职业联赛的锤炼，不仅提升了竞技水平，而且有了被选拔到更高平台的机会。

简而言之，韩国职业足球青训与校园足球青训深度融合的可借鉴点有四：第一，加强政府主导，深化体教融合。在政府主导足球青训体系的前提下，规范足球培训市场，打破足球青训的体制机制壁垒，加速职业足球俱乐部的去企业化进程，实现俱乐部的区域化、校园化、社区化发展，发挥学校的育人和育才功能，形成足协引领、学校推动、社区支持、俱乐部广泛参与的多元化、多格局、多方面的人才培养体系。加强体育系统与教育系统的深度融合，协调双方资源，例如，在校园足球开展过程中，体育系统可以选派教练员进行指导工作，教育系统也可以提供场地、设施等，避免资源浪费。第二，打通竞赛壁垒，完善赛事体系。规范足球运动员的注册管理系统，加强不同系统内足球运动员的流动性，在校园足球青训体系中的运动员可以参加职业足球联赛，同时职业足球青训体系中的运动员也可以参加校园足球联赛。广泛开展业余比赛，甚至是社区赛、家庭赛等，完善赛事体系。第三，加强行业培训，统一训练理念。加强对教练员的培训力度（图4-2），要求教练员持证上岗，提升对教练员的考核要求，教练员的素质与能力很大程度上决定运动员的素质与能力。足协、学校、职业俱乐部及其他机构在对教练员培训时要统一训练理念，注重技术发展，根据运动员年龄阶段特点展开训练工作。第四，重视文化建设，深耕教育沃土。不管是校园足球青训体系，还是职业俱乐部青训体系，在后备人才培养的过程中要重视文化建设，保证基本学时，规定只有成绩及格的运动员才有资格参赛。同时，足协、教育部门、体育部门应定期检查校园足球青训和职业足球青训中的文化建设，建立常态化的建设机制。各青训体系要始终以教育为沃土，保障青少年球员的全面发展，降低足球运动员成材率低所带来的"行业风险"[1]，为球员后期发展奠定一定的转型基础。

足球教练员	AFC P 级	AFC A 级（1 级）	AFC B 级（2 级）	AFC C 级（3 级）	KFA D 级（4 级）	总计
	173 名	1 141 名	1 801 名	4 525 名	2 991 名	10 631 名

守门员教练员	AFC GKLv3(1 级)	AFC GKLv2(2 级)	AFC GKLv1(3 级)	总计
	128 名	185 名	143 名	456 名

五人制足球教练员	AFC FUTSAL Lv3(3 级)	AFC FUTSAL Lv2(2 级)	AFC FUTSAL Lv1(1 级)	总计
	0 名	34 名	334 名	368 名

足球体能教练员	KFA FITNESS Lv1	总计
	62 名	62 名

总计	11 517 名

注：统计数据截至 2020 年 12 月

图 4-2　韩国足协教练员等级与人数

（三）乌兹别克斯坦

近年来，素有"中亚狼"之称的乌兹别克斯坦足球发展迅速，2012 年 U16 国少队获得伊朗少青赛冠军，2013 年 U19 国青队进入土耳其世青赛 16 强，2015 年 U20 国青队进入新西兰世青赛 8 强，2006 年和 2014 年世界杯预选

---

[1] Hong E.Women's football in the two Koreas：A comparative sociological analysis[J].Journal of Sport and Social Issues,2012,36(2)：115-134.

赛获得世界杯亚洲区第五名附加赛机会等。[1] 这些成绩相比早期青年队无缘亚青赛、亚少赛，2000年亚洲杯决赛圈垫底等着实进步许多。乌兹别克斯坦足球的飞速发展与其发展模式、培养理念及政策实施有着密切关系。

乌兹别克斯坦是世界上仅有的两个双重内陆国家之一，1946年乌兹别克斯坦足球协会（Uzbekistan Football Federation）成立，乌兹别克斯坦于1991年从苏联分裂为一个国家并独立参加国际体育赛事，其足球水平在中亚5个前苏联国家中最强，1994年就获得亚运会足球比赛冠军，与此同时加入亚洲足球联合会（Asian Football Confederation，AFC）与国际足球联合会（Federation Internationale de Football Association，FIFA）。1995年以后乌兹别克斯坦足球陷入一段较长时间的低迷发展期，1996年和2000年亚洲杯小组赛均垫底出局，为此，乌兹别克斯坦希望通过"归化球员"政策解决足球水平持续下滑的困境，但"归化之路"并未起到应有的作用，反而对本国青少年足球培养体系产生了一定的负面影响。

2006年乌兹别克斯坦足球发展进入重要转折时期，乌兹别克斯坦足球协会主席换届，乌斯马诺夫出任乌兹别克足协新主席。首任总统伊斯兰·阿卜杜加尼耶维奇·卡里莫夫和政府开始大力推进足球事业发展，将足球工作重心集中至青少年足球发展领域，并将足球发展提升至国家战略。政府以及足球俱乐部投入大批资金建设足球学校、足球设施，培养大批足球职业教练以及青少年足球运动员，并对优秀足球运动员实行"足球免税"政策，极大地激励了青少年参与足球运动，使得乌兹别克斯坦拥有庞大的足球后备人才储备体系以及完善的青训体系。[2] 乌兹别克斯坦在经历一系列足球改革后，国家足球竞技水平迅速提升，在多项青少年足球赛事中屡创佳绩，例如，2012年U16国少队获得伊朗少青赛冠军；2011年亚洲杯比赛中小组赛C组第二出线并最终获得殿军。

经查阅乌兹别克斯坦足球相关资料，笔者总结出乌兹别克斯坦足球发展具有以下特点：一是完善顶层设计、政府着力推进。自2006年开始，乌兹别克斯坦政府将足球工作重点放在足球青训体系建设上，乌兹别克斯坦足球协会和相关政府部门颁发了一系列推进青少年足球发展的政策文件，总统伊斯兰·阿卜杜加尼耶维奇·卡里莫夫下达"总统令"，督促地方政府部门及足球俱乐部

---

[1] 腾讯体育.乌兹别克重建业余体校制度 足球水平飞速提高[EB/OL].(2015-12-14)[2021-04-01].https://sports.qq.com/a/20151214/039930.htm.

[2] KURYAZOV R.The concept improvement fc bunyodkor youth academy[J].Science Almanac,2017(31):123-125.

全力发展青少年足球。[1] 例如，2010年卡里莫夫颁发《关于在安集延建立寄宿制足球学校》（第1388号"总统令"），就安集延政府及相关组织创办"寄宿制足球学校"一事进行规划等（图4-3）。二是大量兴办足球学校、培养专业足球人才。截至2013年年底，乌兹别克斯坦足球协会与各州政府合作共建251所业余体育院校，其中综合性体育学校204所，足球专项体育学校47所；还有寄宿制专业足球体育学校29所，奥林匹克预备大学12所，足球研究院5所。[2] 这些学校费用极低，每年基本费用约120美元，足球研究院可以称之为真正意义上的"足球大学"，研究院开设了系统的足球人才培养课程，涉及足球裁判员、教练员、技术分析师等多样化的人才培养，球员毕业后可以获得大学学历。此外，政府还要求所有学校都要设置足球课程，且课程内容由国家足协统一编制，所有在官方足协注册的俱乐部都要设置"足球学院"并完善俱乐部足球青训梯队层级。大量足球学院的兴建使得很多人从小接受正规足球教育和专业训练，营造了良好的足球氛围，拓宽了足球俱乐部选拔青少年足球运动员的渠道。足球学校为运动员开设了系统的文化教育课程，并在青训理念上明确指出，学校不是培养只会踢足球的运动员，而是要培养有智慧的职业足球运动员，球员在进行足球培训之余必须接受文化课教育，让球员成为一个高智商、会动脑的足球运动员。三是健全职业联赛体系。乌兹别克斯坦职业足球联赛分为三个级别：乌兹别克斯坦超级足球联赛，是乌兹别克斯坦最高级别联赛，于1992年由乌兹别克斯坦足球协会创办，该超级联赛采用主客场双循环赛制，现有14个俱乐部参加该联赛，其中塔什干棉农队13次夺冠；乌兹别克斯坦甲级联赛，是乌兹别克斯坦第二级别足球联赛，共有8个俱乐部参加该联赛；乌兹别克斯坦乙级联赛，具体参赛球队数量不详。职业联赛体系的构建为乌兹别克斯坦青训系统的发展提供了技术支撑与发展导向，许多优秀的青年足球运动员较早地在职业联赛中得到了锻炼。四是"免税足球"刺激足球产业发展。2006年卡里莫夫总统颁发《发展乌兹别克足球的补充措施》（第338号"总统令"），其内容主要有：国内相关税收进入足球基金会后，全部用于足球相关设施建设、青训等；进口足球基础设施、物质等相关产品、设备，统一免去税收；资金运营透明化并且对资金流动进行严密监控，防止贪污腐败、挪

---

[1] ARZIBAYEV K O,ARALOV S A.Physical culture and social importance of sport in educating the young by the principles National Concept[C]//Scientific achievements of the third millennium,2016:23-24.

[2] 禹唐体育. 中国足球青训：模式不重要 训练才是根本问题！[EB/OL].(2015-12-16)[2021-04-01].https://www.xtbdy.com/xiangmu/news-8553.html？id=54499999.

用公款情况出现。[1]"免税反哺"的政令解决了青少年足球发展的基建问题，更推动了乌兹别克斯坦足球产业的快速发展，许多国内企业纷纷涉足该领域，进一步推进了青少年足球产业的发展。

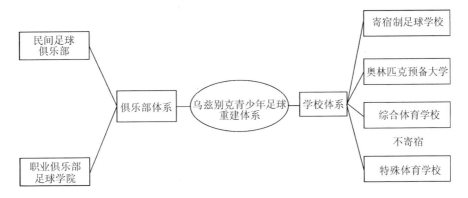

图 4-3　乌兹别克斯坦青训体系结构图

综上所述，乌兹别克斯坦足球发展优势有以下几点：第一，发挥举国体制优势，提升足球战略地位。乌兹别克斯坦总统接连发布"总统令"，各级政府与足球协会联合制定、印发一系列足球相关政策，将足球事业提升为国家重点发展项目。政府、足协、俱乐部集中人力、物力、财力，积极建设足球学校，为青少年提供专业足球培训，使他们接受职业足球教练指导，规避不科学训练所带来的机能损伤；推进俱乐部梯队建设，为俱乐部选材拓宽渠道；加强文化教育，为青少年足球运动员提供各类学科教师资源，让足球运动员在结束足球生涯后有更多的就业机会；宣传足球文化，借助足球文化提高社会凝聚力。第二，加强政策扶持，"免税足球"刺激产业发展。《发展乌兹别克足球的补充措施》（第 338 号"总统令"）的颁发，极大刺激国内足球相关产业的发展，建立足球专项基金会、进口足球设施材料等实施免税并且配有严格的监督手段，辅助乌兹别克斯坦足球相关政策严谨、有效地实施。该政策也使得足球职业俱乐部积极配合政府、足协工作，建设足球学校、足球场等相关设施，为人民参与足球运动提供场地设施，让观众在观看足球联赛之余也能参与足球运动，有利于足球的普及与发展。第三，推崇足球学校模式，深度挖掘后备人才。乌兹别克斯坦建有 251 所足球相关体育学校，学制为 12 年，囊括高、中、小学三个阶段的学习；建有 29 所"寄宿制足球学校"，该校规定学生入学年龄在 10—16 周岁，毕业时可以拿到中专学历；建有 13 所"奥林匹克预备大

---

[1] 禹唐体育. 揭秘乌兹别克斯坦青训：举国体制下的足球青训［EB/OL］.（2017-08-31）［2021-04-01］.http://www.ytsports.cn/news-14681.html.

学",该学校规定学生入学年龄在12—18周岁,实施初、高中6年学制;建有5所大学级别"足球研究院",是足球大学,培养各类足球人才,例如职业足球运动员、教练员、裁判员等。此外,各个俱乐部也建设有自己的足球学校,全年龄段覆盖的足球学校能够有效监控青少年足球运动员身体发育状况、足球技术发展等,避免有潜力青少年足球人才未被发现,导致足球人才流失;为足球运动员提供系统的文化教育服务,保障球员综合素质的全面发展。

(四)卡塔尔

自1970年卡塔尔足球队参加国际、洲际大赛以来,其成绩并非始终处于亚洲一流水平。可以说卡塔尔足球在经历一段漫长的沉寂期,经过吸取教训、反思经验、借鉴学习,通过大力开展青训建设之后,才取得了如今的成绩。卡塔尔足球队于1976年开始征战亚洲杯,直至1992年小组赛都未出线,世纪之交时,卡塔尔足球队勉强进入8强,最终被中国队击败。2000年后卡塔尔开始重视足球青训体系建设,国家领导人签署"国王令",卡塔尔足球振兴计划正式拉开帷幕。2004年建设落成的精英学院为卡塔尔足球队提供了大量后备人才,如马蒂博、莫伊兹等优秀足球运动员。2019年卡塔尔更是凭借失1球,进15球的辉煌战绩,问鼎第17届亚洲杯。在征战世界杯中,卡塔尔足球队从1978年参加世界杯预选赛,却从未获得出线权[1],直到2010年成功申办2022年世界杯,卡塔尔作为东道主才进入世界杯决赛圈。卡塔尔足球青训建设的成功使国家队竞赛成绩得到明显提升,进而提高了卡塔尔在国际足球赛事中的话语权。

在职业足球青训体系建设过程中,卡塔尔主要采取两种手段推进。第一种,依托足球精英学院开展本土化培养。卡塔尔足球队在阿联酋亚洲杯夺冠时,这支由23人组成的队伍中有21人出自足球精英学院,同时,各年龄段的国字号足球运动员也全部在精英学院接受培训。可以说,精英学院是卡塔尔职业足球后备人才培养的摇篮(图4-4)。在经费保障方面,卡塔尔强大的经济基础支撑着精英学院高规格投入。卡塔尔被誉为"西亚巨富",凭借着丰富的石油和天然气资源,卡塔尔国内生产总值约1 679亿美元,人均约6.5万美元。为保障精英学院的高规格。卡塔尔政府投资金额超过200亿美元,将近国内生产总值的1/8,充足的经费使得精英学院的硬件设施多样化、现代化,这些硬件也为职业足球青训提供保障,也体现出卡塔尔政府发展足球运动的决心。[2] 精英

---

[1] 丁佳豪,晋腾,刘元国. 卡塔尔足球运动发展的历史回顾及启示[C]//中国体育科学学会. 第十一届全国体育科学大会论文摘要汇编. 南京:南京体育学院,2019.

[2] SCHARFENORT N. Urban development and social change in Qatar:the Qatar National Vision 2030 and the 2022 FIFA World Cup[J]. Journal of Arabian Studies,2012,2(2):209-230.

```
U17  U16  U15  ⎫  Aspire Academy Program
U14  U13  U12  ⎭      （精英学院计划）

U11  U10  ⎫  Aspire Feeder Groups  ⎫
U9   U8   ⎭     （精英供给组）      ⎬  Football Skills
                                    ⎪  Development
U7                                  ⎪  Centers
U6                                  ⎭  （足球技术发展中心）
```

图 4-4　卡塔尔精英学院梯队建设概况

学院集科研中心、学校、宿舍，甚至五星级酒店等于一体，功能齐全，保障后备人才的训练、学习等活动。同时，医学实验室、科学实验室、康复中心等现代化部门，为后备人才的运动康复、体能检测等活动提供科学技术支撑。这些多样化、现代化的场地设施在职业足球青训建设的选拔阶段、训练阶段、竞赛阶段发挥重要作用，为青训工作的正常开展提供场地保障。在管理方面，精英学院的足球后备人才全部隶属各职业俱乐部。这些小运动员平时的训练、学习、住宿都在精英学院内进行，到了周末他们会返回自己的俱乐部参加比赛，在精英学院毕业后，他们还会回到原来的俱乐部效力。在训练方面，精英学院训练主要有两种特点，一是教练员量上的积累，二是训练模式质上的突破。每支梯队配备 11 名教练员，包括主教练、助理教练、体能教练、战术教练等，U13 到 U18 的 6 支队伍配备近 70 名教练员。这些教练员集中办公，便于交流与沟通，例如，U16 教练可以很轻松找到 1 年前带这支队伍的教练，从而清楚地了解某位球员的情况。在训练模式上，精英学院不拘泥现状，力求在西亚建立欧式青训模式。例如，西班牙球星哈维在离开巴萨后到精英学院担任足球顾问，2014 年帮助卡塔尔足球队获得 U19 世界杯冠军的主帅切尔斯也是西班牙人。在竞赛方面，精英学院保证比赛的"强竞争""高水准"。精英队伍集中了整个地区最高水平的足球运动员，为保证足球竞赛质量，避免竞赛队伍之间实力过于悬殊，精英学院足球运动员在参加比赛时会回到各自俱乐部，成为核心球员，增强比赛竞争性。精英学院在追求比赛竞争性的同时，也会组织更高水平的国际赛事，例如"三角对抗赛"，国安、上港足球俱乐部曾受邀参赛。组织国际高水平赛事，一方面锻炼卡塔尔足球后备人才的技术水平、战术能力，另一方面通过科学实验室监测其他足球强国后备人才的各种数据，真正做到"知己知彼，百战不殆"。第二种，搜寻国外足球人才进行归化。与直接的拿来主义不同，卡塔尔的足球归化更加注重对国外小球员的"再青训"。在"精英学院足球梦"计划中，卡塔尔将目光聚焦非洲，选拔出色的足球运动员，为他们免除生活和学习上一切费用，还提供每年 5 000 美元的补贴。由于有着共同的宗教信仰，以及国外球员年龄小、可塑性强，这就为他们的"再青训"提供了先天条件。在阿联酋亚洲杯揭幕战中，卡塔尔本土球员仅1名，卡塔尔足球队俨然成为"外籍军团"。

在卡塔尔足球崛起过程中，校园足球青训体系建设也发挥了不可或缺的作用。与我国教育部门负责校园足球不同的是，卡塔尔校园足球主要由卡塔尔足协负责。卡塔尔足协管理国内各种足球工作，这也就避免了"体教冲突""学训矛盾"等问题。在校园足球青训竞赛上，涉及范围广、保障力度强。每学年伊始，卡塔尔都会推出"学校奥林匹克计划"，所有的学校都会派人参加，全国197所学校选出上千名中小学生参赛，涉及的学校和学生非常广泛。比赛时，除了充分利用学校场地外，卡塔尔足球基地和精英学院中的场地也如数开放，为比赛的正常进行提供有力保障。卡塔尔校园足球竞赛涉及范围广、保障力度强的关键在于以下两个方面：第一，11 521平方千米的土地上只有197所学校，在卡塔尔足协的统一管理下，"学校奥林匹克计划"得以辐射为数不多的各级学校。第二，让所有的学校参加竞赛，同时足球基地、精英学院也开放场地，反映了卡塔尔人民对足球运动的认同感，这是思想观念上对校园足球青训建设的保障。在校园足球训练方面，由于卡塔尔国土面积小，人口数量少，所以效仿欧美国家依托社区对广大学生进行训练，大力开展足球普及运动，卡塔尔足球协会技术委员会秘书长穆夫塔赫曾表示，要让学校内踢球的学生达到15 000人。通过校园足球进社区的形式，让更多的青少年接触足球、了解足球，为卡塔尔足球的普及活动增添动力。

卡塔尔职业足球青训体系与校园足球青训体系深度融合的具体表现形式为以下三点：第一，管理深度融合，足协全权负责。卡塔尔足球青训管理体系主要由足协负责。卡塔尔足协统筹兼顾职业足球青训中的运动员和校园足球青训中的学生，同时足协留有一定的管理权给俱乐部或者学校，激发他们培养小运动员的积极性。例如，精英学院中的小运动员隶属各俱乐部，毕业后也是要回原俱乐部效力。不过整体上还是由足协统一管理卡塔尔足球青训体系，这样可以规避很多麻烦，例如，在球员注册问题上和场地使用问题上，足协的统一管理可以实现利益最大化，促进职业足球青训体系和校园足球青训体系的深度融合。第二，竞赛深度融合，完善竞赛网络。"学校奥林匹克计划"中的足球赛事为卡塔尔足球普及赛事，由中小学生参加的"学校联赛"和大学生参加的"大学联赛"为提高赛事，精英学院及各职业俱乐部参加的U系列赛事、"三角对抗赛"等比赛为强化赛事，由此普及赛事、提高赛事、强化赛事深度融合，共同构成了三级比赛网。层次分明的三级竞赛网，既保证了卡塔尔足球人口基数，又提高了其质量。例如，在"三角对抗赛"邀请皇马、巴萨等著名俱乐部的梯队参赛，提高竞赛质量。同时依托社区每周举行的小型比赛，对宣传足球运动，扩大足球人口基数起着很大作用。第三，保障深度融合，经济持续发力。卡塔尔作为西亚国土面积较小的国家，这里沙漠的死寂会是人们心中永远的魔鬼，但石油却可以为这个国家的足球事业在沙漠之外带来生机盎然的景象。[1]"富得流油"的卡塔尔常常为足球青训体系建设一掷千金。2003年卡塔尔就拿出1亿美元打造10支甲级球队。2004年卡塔尔更是豪掷200亿美元建设精英学院。经济的迅速发展使得卡塔尔大玩"金元足球"，不惜花费重金引进"暮年"大牌足球巨星，例如罗马里奥、瓜迪奥拉等足球运动员，以期实现"明星效益"，不过高价却没能换来实效，很多被邀请来的足球巨星把这里戏称为"足球养老院"，所以简单的拿来主义，不加改造的归化运动，是不可能取得优异成绩。辉煌成绩的背后，还是需要踏踏实实地做好青训建设。

简而言之，卡塔尔职业足球青训和校园足球青训深度融合的可借鉴之处有三点：一是整体推进。卡塔尔足球的各项工作由足协全权负责，不管是资源调动、还是人才选拔都达到了"全国上下一盘棋"的状态。我国足球管理体系的"条块化"分割，使得资源配置、市场活力调动等方面无法达到最优。加之足球俱乐部数量众多，无论是管理还是调动都十分麻烦，所以目前仍需政府主导。当教育行政、体育行政和社会体育资源得到优化分配后，就可逐渐过渡到全民和全社会来办足球事业这一良性循环的局面。[2] 二是内部激发。卡塔尔不论是在经费支持上的一掷千金，还是在竞赛安排上组织所有学校参与，都体现了卡塔尔自上而下对足球事业的重视。2015年国务院颁布《中国足球改革发展整体方案》，将足球运动上升至国家战略，顶层设计上对足球运动进行了系统规划。通过统一发展理念转变对足球运动的认知，实现足球可持续发展。为此，职业足球青训建设和校园足球青训深度融合过程中，应通过媒体报道、舆论宣传、广泛开展娱乐性比赛等方式，重新审视足球运动的社会属性。三是外部促进。卡塔尔足协实行归化运动时，大力网罗国外优秀足球人才。例如，卡塔尔在非洲7个国家，耗时7年，对350万青少年进行筛选，选拔优秀后备人才。每年都会沿着"非洲—多哈—比利时"的路径，从非洲选出出类拔萃的孩子放入欧洲职业足球的躯体之中。[3] 近年来，我国也开始推行"归化"政策引进国外运动员或者教练员，例如艾克森、费南多、李可、阿兰等，但是，我们更应重视对引进球员的"再青训"，通过训练、竞赛以及各种教育

---

[1] 王晓易. 数字：卡塔尔烧钱足球[N]. 网易体育，2011-01-13（10）.

[2] 毛振明，刘天彪. 再论"新校园足球"的顶层设计——从德国青少年足球运动员的培养看中国的校园足球[J]. 武汉体育学院学报，2015，49（6）：5-11.

[3] 张晓彤. 卡塔尔的足球梦[J]. 中国报道，2014（10）：39.

活动,加强他们的认同感、归属感,而不是简单的"拿来主义"。

(五)沙特阿拉伯

中东广袤的绿茵场上翱翔着一只闻名世界足坛的巨鹰——"西亚绿鹰"。沙特阿拉伯足球队因高超的技术、凶狠的打法,加之队服上明显的绿色标识,得名"西亚绿鹰"。1952年沙特阿拉伯开始开展足球运动,1959年加入国际足联,起步不早的沙特阿拉伯球队在80年代突飞猛进,于1984年、1988年、1996年3次问鼎亚洲杯。1994年首次闯入世界杯决赛圈的沙特阿拉伯足球队更是大放异彩,跻身16强,在与比利时足球队"交战"时,沙特球员奥维兰连过4人射门进球的精彩表现,让全世界记住了这支球队。可以说自1952年"西亚绿鹰"诞生,到20世纪80年代展翅腾飞,这一路上沙特阿拉伯足球队所向披靡。依靠强大的经济基础,在"金元足球"的作用下,沙特阿拉伯足球队很长一段时间在球场上风光无两。不过由于对青训建设的不重视,沙特阿拉伯足球出现了人才断层。2011年亚洲杯小组赛、世界杯预选赛,这只"西亚绿鹰"均铩羽而归,曾经的"亚洲霸主"却连小组赛都未能出线。对此,沙特阿拉伯足协在利雅得召开会议,并且推行了"Project Team Buds 2022"计划(图4-5),大力开展青训体系建设,重点组建U10、U12、U14等3个主要年龄段的队伍,加强本土球员与教练员的培养力度,以求在2022年世界杯赛场上获得历史性突破。2018年俄罗斯世界杯中,沙特阿拉伯球队虽以1胜2负的战绩位列A组第三被淘汰,不过时隔24年再度在世界杯上赢球[1],这在某种程度上反映了本国青训体系建设已经初现成效。"西亚绿鹰"从腾飞到铩羽,再到如今的蓄势待发,这种起伏状态与我国足球发展有着异曲同工之处。中国足球国家队于1984年、2004年两度获得亚洲杯亚军,2002年冲进世界杯决赛圈,这段峥嵘岁月点燃了中国足球的希望之火。不过此后却是一蹶不振,在国际、洲际大赛上再无佳绩。如今面对沙特阿拉伯足球的强势崛起,其中的青训建设经验或许就是我国足球走向复兴的"启示录"。

沙特阿拉伯足协全权负责职业足球青训体系建设,并十分注重优秀青少年运动员的培养。沙特阿拉伯足协大胆给予年轻球员出场机会,例如,在举办超级联赛时,18岁的赛义德·奥维兰成为最佳射手,一战成名。同时,沙特阿拉伯足协提高本土球员的出场率,在征战2018年俄罗斯世界杯的23人名单中,大部分球员均来自沙特阿拉伯国内联赛,尤其是阿尔希拉尔、阿赫利以及利雅得胜利3家豪门。[2]这种做法主要得益于沙特阿拉伯足协以赛代练的培

---

[1] 王集旻. 打出最后一颗子弹 补时绝杀捍卫荣誉[N]. 新华社, 2018-06-26 (06).
[2] 张琳. 沙特23人名单:国内联赛班底[N]. 网易新闻, 2018-06-04 (05).

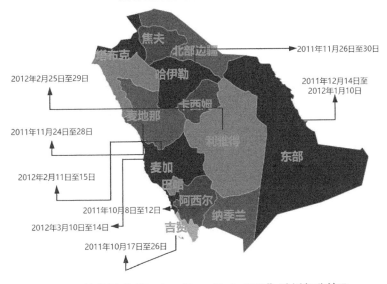

图 4-5　沙特足球"Project Team Buds 2022"计划部分情况

养模式，例如，超级联赛队伍中 U16 到 U23 的各级梯队，一个赛季至少参加 32 场正式比赛。从运动训练与运动竞赛的关系来看，参加竞赛是训练的最终目的，比赛时特定的环境和气氛，提供了平时训练难以达到的条件，只有在专门组织的比赛中表现出来的成绩才能得到社会认可。种类繁多的足球联赛和杯赛，例如"奥林匹克联赛""费萨尔王储杯赛"等，大大增强了沙特阿拉伯足球队的整体竞技水平。沙特阿拉伯足球队在训练时采取扬长补短的理念，沙特阿拉伯足球队向来坚持技术流发展路线，球员脚下技术细腻，在进攻推进时主要采用中路传切渗透策略，很少边路下底。坚持技术发展的同时，沙特阿拉伯足球队积极弥补不足，不管是在选材上还是在训练中，都对速度和身体对抗有所侧重。例如，亚运会中完成帽子戏法的沙特阿拉伯球员卡马里，就是一名身体素质和速度素质都十分出色的前锋。沙特阿拉伯足球队在坚持技术优势的同时，又注重身体和速度的提高，实现三者的协同发展。我国在确定训练理念时一度举棋不定，最后还是决定大力发展技术技能，从选材上就可以窥探一二，中前场的球员多是身体灵活，技术出色。不过我国足球原有的技术风格却消失殆尽，再也看不到像郝海东、高峰这样速度迅猛的前锋。从运动训练学的角度来看，沙特阿拉伯足球队采取"双子模型理论"来指导训练，以期实现扬长补短的完美结合。我国足球队在训练时更倾向"木桶理论"，注重补短，而忽视了竞技能力非衡结构的补偿效应。在职业足球青训保障方面，沙特阿拉伯足协加大管理力度，2018 年出台政策规定球员年薪的 50% 作为奢侈税标准线，

款项返还各自俱乐部用于青训建设。这是沙特阿拉伯"金元足球"热潮后的经验所选,在花费巨额资金投向大牌球员和经纪人后,本应成长为国脚的年轻球员却丧失了前辈的技术能力和比赛经验,用沙特阿拉伯媒体《生活报》的话讲,"没有技术的国脚给奥维兰做球童的资格都没有,还是踏踏实实地做好青训建设"。

沙特阿拉伯校园足球青训体系主要由教育部门负责。这点与我国校园足球青训体系建设颇为相似,教育部门负责校园足球青训体系中球员的教学、训练、竞赛等。沙特阿拉伯教育部门在组织校际联赛、区域联赛时,沙特阿拉伯足协以及地方足协不参与,同时规定,在俱乐部梯队中注册的球员不得参赛。沙特阿拉伯通过这种方式提高校园足球比赛中的竞争性和公平性,防止职业足球青训中的运动员参赛造成实力不均。在校园足球运动开展过程中,小运动员除了接受本校的训练外,还可以参加当地俱乐部的培训,沙特阿拉伯规定即使不在俱乐部注册的球员也可以到学校附近的俱乐部参训,并且这个过程是免费的。[1] 俱乐部先进的训练理念以及齐全的设施为沙特阿拉伯校园足球运动的开展"保驾护航"。但是,沙特阿拉伯的体育意识不足,离体育大国还相差很远,2012年伦敦奥运会上沙特阿拉伯仅得1枚铜牌。同时,沙特阿拉伯地广人稀,作为西亚第一大国,人口才3 255万,校园足球参与人口数量较少,再加上自然环境恶劣,225万平方千米的土地上多是荒漠,联赛举办费时费力。所以,沙特阿拉伯的校园足球青训体系仅作为职业足球青训体系的辅助,只在普及、推广足球运动中起到一定作用。

沙特阿拉伯校园足球青训体系与职业足球青训体系深度融合具体表现在以下两点:一是以管理深度融合为基础推进资源深度融合。虽然沙特阿拉伯足协管理职业足球青训,沙特阿拉伯教育部门负责校园足球青训,但是由于沙特阿拉伯实行君主专制,最终的管理权都属于沙特阿拉伯皇室。在资源配置方面,沙特阿拉伯皇室拥有决策权,如沙特阿拉伯所有俱乐部都属于皇室拨款的政府项目,在资源上沙特阿拉伯皇室实行共享机制,以伊蒂哈德俱乐部为例,其基地在向一线队和后备梯队提供场地的同时,还留出3块人工草皮场地供校园足球训练使用。这种因管理深度融合进而形成的资源深度融合的根本原因在于,沙特阿拉伯实行君主专政的中央集权制度,在统一管理过程中不可避免地对资源配置施加影响。[2] 马克思主义认为经济基础决定上层建筑。沙特阿拉伯内

---

[1] BINJWAIED M, RICHARDS I, O'KEEFFE L A. The factors influencing fans' attendance at football matches in the Kingdom of Saudi Arabia[J]. Athens Journal of Sports, 2015, 2(2): 111-122.

[2] LYSA C. Fighting for the right to play: Women's football and regime-loyal resistance in Saudi Arabia[J]. Third World Quarterly, 2020, 41(5): 842-859.

部变迁没有经历商品经济发展的自然过渡历程，不存在内部衍生的进步因素[1]，即沙特阿拉伯主要依靠单一的石油经济，没有完善的工业体系支撑，因此，延续了中世纪社会制度的沙特阿拉伯，其皇室在国内各方面的管理处于支配地位。二是以训练深度融合为手段实现出路深度融合。沙特青训体系中职业足球青训体系的运动员与校园足球青训体系中的学生很少在赛场上"剑拔弩张"，但在训练时可以时常相遇。训练时相互交流为校园足球青训中的学生提高技术水平创造条件，同时帮助小运动员形成健全人格。当运动员无法继续职业道路转而求学时，可以更好地适应环境；当学生竞技能力提高到一定程度时也可以成为职业选手。通过训练双向交流，使得双方共同进步，在后续的道路选择中，二者可以通过身份转换实现利益最大化。

简而言之，沙特阿拉伯职业足球青训体系和校园足球青训体系深度融合的可借鉴之处有三点：一是加强政府主导，明确责任划分。沙特阿拉伯在资源调动、人员管理、竞赛安排等各方面高度统一、协调，这与我国"集中力量办大事"的思想有些许契合。我国足球青训应在政府主导下，以奥运争光计划、体育强国建设等重大战略为目标，以各部门的具体实施和协调配合为手段，注重不同部门的责任划分，促进我国校园足球青训体系和职业足球青训体系的协同发展，实现我国足球青训的"两条腿走路"。二是激发市场活力，探寻共建机制。沙特阿拉伯凭借着世界第一的石油储量和产量，经济基础雄厚，在足球青训建设中"出手阔绰"。我国虽然经济建设取得一定成效，但是目前仍然需要引进社会资本，激发市场活力，具体可以尝试共建机制，即校园与俱乐部联合培养，实现资源互通，利益共享。三是优化选择路径，尊重利益诉求。沙特阿拉伯职业足球青训中的球员在无法参加职业联赛，成为职业运动员时，仍然可以踏上求学之路。这一点在我国其实也有体现，例如高校高水平运动员招生政策，但是，在实际操作中仍然存在一定问题，例如2020年有72所院校的高水平运动队招生完成率不足60%。为此，我们应该尊重运动员的利益诉求，优化考核机制、保障运动员求学的基本权益。

二、欧洲模式

（一）法国

自1872年足球从英国引入法国发展至今，法国足球已有一百多年历史。法国现已成为欧洲足球强国之一，也是青训体系构建最完善的国家之一。为进

---

[1] 林丹. 沙特君主制屹立不倒 为何至今没有爆发革命[N]. 世界历史，2019-08-28（06）.

一步了解法国足球,笔者将简要从法国足球的发展历程、中法青训体系的对比以及法国青训体系的可借鉴之处三点进行阐述。

首先是法国足球发展历程。法国足球最早可以追溯到 1872 年,英国商人最早将足球引入法国勒阿费尔港,并作为一种教育手段在法国校园中普及。随着足球的快速发展,1904 年法国足球协会 French Football Federation(FFF)成立于巴黎,负责所有足球事宜,但是当时并没有构建完善的足球体系,法国足球尚处起步与探索时期。1946 年至 2010 年,为了不断深化体育改革,提升校园足球整体水平,完善校园足球体系,法国足协下设法国青少年足球技术指导委员会(DTN),主要负责组织开展全法青少年足球活动;政府印发《国家发展体育运动法》保护运动员合法利益诉求,建设法国国家体育学院,完善职业运动员人才培养体系,并建立现代化竞技体育组织管理网络等,形成了系统化青少年足球人才培养体系。经历 2010 年南非世界杯小组赛"法国队集体罢训事件"后,法国开始注重青少年球员的精神教育,强调青少年球员素质、技术、心理全面发展。除此之外,法国足球协会、青年体育娱乐部等机构联合创办"足球班",并联合法国体育部、足球联盟等组织签署"校园足球协议",全面推动校园足球的普及和发展。[1] 截至 2015 年,全法范围内有青少年足球俱乐部 18 500 多家,注册青少年球员数达 205 万余人,青少年参与率达 87.3%。我国青少年足球人才储备历史最高的 90 年代,也才达到 65 万人,不足法国注册青少年足球运动员 1/3。[2] 在学校体制之内,法国足协与法国教育部合作,在全法遴选 750 个中学设立足球特长班,每班 25~30 人,由法国教育部主导管理。[3] 为了丰富青少年足球队员的阅历和让他们接受文化教育,DTN 根据相应的年龄阶段在全法统一规定了青少年足球比赛层级、竞赛赛制,在全法建立了 15 个精英训练中心(图 4-6);采用上午文化课学习,下午足球训练的教学模式,同时为职业俱乐部和国家队挑选人才提供平台;建立包含克莱枫丹在内的 7 个国家级足球训练中心,让精英足球运动员有机会进一步全面提升自身能力。现在的法国已然成为取得两次世界杯冠军、两次欧洲 U17 足球锦标赛冠军、一次欧洲 U19 足球锦标赛冠军、一次 U20 世界杯冠军的足球强国。

通过对比中、法两国青少年足球培养体系建设可以发现两者存在以下几点

---

[1] 浦义俊,邱林. 法国校园足球发展历程、特征及启示研究[J]. 武汉体育学院学报,2020,54(8):81-88.

[2] D,OEILC.L'Académie secréte des coachs[N].Vestiaires,2015-09-01(05).杨一民. 关于我国青少年足球主要问题与对策的探讨[J]. 中国体育科技,2007,43(1):33-35.

[3] CAHIERS,CHRISTIAN G. Comment regarder un match de foot[M].Paris:Solar édition,2016.

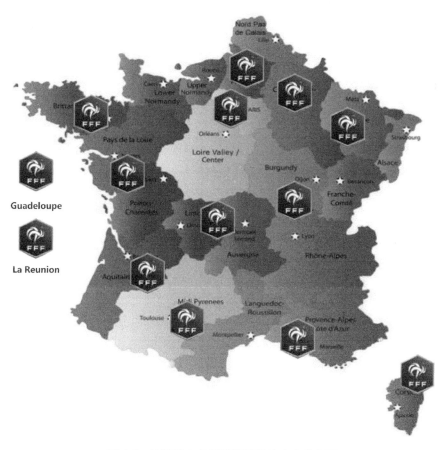

图 4-6 法国青少年足球精英训练中心分布图

区别：一是教练员培养和职能不同。法国在足球教练员培养上采用了严苛地分级培养模式，共分为六个级别：职业级（BEPF）、青年职业级（BEEF）、高级（DES）、中级（BEF）、助理级（BMF）、青少年足球教练员（CFF），持有不同种类教练员证书的足球教练员只能执教某一年龄段的球员。例如，青少年足球教练员按执教对象设有四种证书，CFF1 只能执教 U7—U11 五个年龄段足球运动员；CFF2 只能执教 U12—U15 四个年龄段足球运动员；CFF3 只能执教 U16 及以上足球运动员；CFF4 是俱乐部项目资格证书，涉及体育与教育、运动损伤防治等内容。[1][2] 法国足球协会对不同级别教练员的培训时长、考

---

[1] 邱林，王家宏，戴福祥. 中法青少年足球培养体系比较研究[J]. 上海体育学院学报，2017, 41（6）：34-41.

[2] 周建伟，陈效科. 法国足球后备人才培养研究[J]. 广州体育学院学报，2020, 40（3）：74-77.

核、再教育等也有严格的规定,例如,职业级教练员需要培训14周,高级教练员需要培训12周。中国足球教练员共分为6个级别:职业级、A级、B级、C级、D级、E级,其中D级足球教练员是亚洲足球联合会根据中国足球协会情况特殊设立的级别,E级足球教练员则是为希望从事足球训练但没有运动经历的普通人设立的。持有不同级别足球教练员证书的教练员有不同的职能:D级教练员可以执教6~8岁儿童;C级教练员可以执教9~12岁少年;B级教练员可以执教业余球员或13~16岁青少年;A级教练员可以执教业余球员或17~21岁青年;职业级教练员可以执教职业球队。各级别培训时间为职业级10周、A级4周、B级3周、C级2周、D级1周、E级1周以内。[1]二是训练模式不同。法国凭借丰富的教育经验和先进的教育理念,开创性提出"五环节训练法",包括限制性热身对抗、身体素质训练、情景训练、技术训练、主题性比赛,提升球员瞬间决策能力和反应能力,增强主动思考能力,提高身体各项素质、技术水平和"球商"。中国足球课程主要借鉴苏联模式,将训练课分为准备部分、基本部分和结束部分,各个部分之间有较强独立性且训练内容以体能、战术、技术等为主,内容单一,没有做到学、训有效结合,且教学模式刻板化,不利于青少年球员养成自我思考的能力。三是青少年足球竞赛体系构筑不同。法国足球协会将其分为两个部分:俱乐部竞赛体系与学校竞赛体系。其中,俱乐部竞赛体系细分为专区赛、省级比赛、大区赛、国家级比赛。专区赛有来自法国329个专区约13万支足球队伍;省级比赛细分为4个级别,有接近9 000支U13、U15、U17、U19足球队伍参赛;大区级比赛细分为2个级别,共有468支U15、U17、U19足球队伍参赛;国家级比赛共有140支U17、U19足球队伍参赛。学校竞赛体系划分为小学、初中、高中、大学4个组别,只进行省级比赛与全国级比赛[5]。俱乐部联赛与学校联赛衔接紧密,且业余球员可以与职业球员同台竞技,提升比赛质量。我国青少年足球竞赛体系分为两个部分:竞技足球和校园足球。竞技足球联赛主要包括全国青少年足球联赛、城运会、全运会等,例如,全国青少年足球联赛设有省市赛、大区赛、全国赛3个级别,U13、U15、U17、U19共4个组别。校园足球联赛体系以小学、初中、高中、大学为核心,例如,中小学设有区长杯、市长杯、省长杯、全国冠军杯,大学设有省级联赛、大区联赛、全国联赛。我国青少年足球竞赛体系存在U13以下无正式比赛的空白,且青少年运动员能参与的足球比赛数量较少。四是后备人才培养体系不同。法国青少年足球体系由校园足球和俱乐

---

[1] 中国足球协会. 教练员培训数据[EB/OL]. (2019-01-07)[2021-03-27]. http://www.thecfa.cn/jlypxlmym/index.html.

部足球组成。在校园足球部分，小学阶段以培养学生足球运动兴趣为主；初中阶段，足球特长生可以进入足球特色初中的足球班，部分精英球员会进入精英训练营或俱乐部青训中心；高中阶段，学院会为青年足球运动员提供继续学习或成为职业球员双向选择。俱乐部的后备人才选拔以全国选拔赛为主。在运动员接受训练的同时，文化课并不会中断。除此之外，DTN规定13岁以下的足球队员不进行专业球员选拔。[1] 我国足球人才选拔体系由校园足球和竞技足球组成。在校园足球体系中，球员多以求学为主，部分高水平学生可能被推荐进入竞技足球体系；在竞技足球体系中，球员主要以准备竞技比赛为主，注重球员的身体素质、运动技术和水平。校园足球与竞技足球体系的人才流动存在壁垒，部分地区忽视文化教育，并且过度竞技训练对青少年足球队员身体有损，不利于球员的成长。五是社会环境的不同。法国是为数不多采用政府、社会混合管理体制开展全国体育工作的发达国家之一，青年体育部是法国唯一的官方体育政府机构，建设有青年司、培训司等下属部门。青少年足球是法国公共体育服务的重要部分，例如，在给予足球俱乐部一定资金的基础上，要求俱乐部对外开放部分场馆并提供技术指导；《复兴法国体育计划》《法国大众与竞技体育活动的组织和促进法修订版》《教育法》《Avice法则》等体育法律的出台，促进了体育事业的快速发展；在国家评估委员会的强力监督下，保障法国体育事业的有序发展；《移民儿童教育》《通讯自由法》等法律条例的印发加速多元文化的融合，打破种族间的隔阂，有利于社会的稳定，其中足球是一根透明的纽带，将不同肤色的人串联在一起，增强社会的凝聚力。[2][3] 我国校园足球由教育部等部门联合推进，为了促进校园足球发展，政府相继印发《教育部等6部门关于加快发展青少年校园足球的实施意见》《全国青少年校园足球八大体系建设行动计划》《中国足球改革发展总体方案》等政策文件，政策体系已初具规模，但是究其深处仍然存在部门沟通机制梗阻、资源匮乏、体育保险机制不完善等问题，且优秀足球运动员升学、人才输送机制的不畅通，阻碍我国校园足球的可持续发展。

法国青少年足球发展经验可为我国职业足球青训与校园足球深度融合工作提供以下借鉴：第一，以法律为基础，完善制度保障。法国青少年校园足球活

---

[1] 孟青，王永顺，刘鎏. 法国青少年足球训练理念及启示[J]. 体育文化导刊，2019（4）：83-89.

[2] 程华，戴健，赵蕊. 发达国家大众体育政策评估的特点及启示——以美国、法国和日本为例[J]. 沈阳体育学院学报，2016，35（3）：36-41.

[3] 浦义俊，戴福祥，江长东. 法国足球历史演进及其文化特质分析[J]. 体育文化导刊，2016（2）：106-110，131.

动的开展是以法国《教育法》为基础和依据,20世纪70年代以来,法国政府出台了一系列政策促进校园体育与职业俱乐部、社会俱乐部合作发展。1969年法国政府规定小学体育课在每周整个27课时中占6课时,每天下午课后锻炼30分钟,青少年俱乐部进入学校进行指导,这为学生积极加入足球俱乐部提供了制度上的保障。[1] 第二,以政府为主导,协调运作机制。法国政府体育体制与中国体育体制相似,法国青少年体育活动主要由青年体育娱乐部下设的青年和社会教育活动司负责,在该机构主导下,2005年法国足协、俱乐部、学校、社会团体等多方联合推出了《法国青少年足球发展协议》,建立了权责明晰的协调运作机制,全方位推进校园足球、社会俱乐部足球与职业足球的一体化发展。第三,以协会为龙头,强化专业指导。法国青少年足球运动员培养管理模式为"DTN与教育部协作模式",其中DTN负责青少年足球专业领域的顶层设计,例如,青少年训练指导纲要、教练员培训体系、青少年竞赛体系等,从而保证了法国青少年足球人才培养理念的高度统一。

(二) 英国

足球运动起源于中国,而现代足球运动则发源于英国,英国足球运动的发展对世界足球运动有着至关重要的影响,其在国际足球组织中有着很高的政治地位与项目发展话语权。1863年10月26日现代足球正式诞生,与此同时,英格兰足球总会也正式成立,负责英格兰境内关于足球的各种事务,1904年5月21日世界足球联合会建立时,英国足球已形成相对完善的联赛体系。英国在国际足球联合会理事会中占有4个席位(一共8个席位),不管是国际足球推广,还是修订足球法案,都离不开英国这个足球强国的参与,因此,英国足球在世界足球中的地位不言而喻。同时,英国在各种大型足球赛事上也取得了令人羡慕的成绩,例如,在1966年世界杯中英格兰队力克德国队问鼎世界杯,1996年欧洲杯赛场上英格兰队荣获季军。辉煌成绩的背后是一套兼具合理性、高效性、可持续性的运行机制在支撑,科学的后备人才培养机制是英国足球前进的不竭动力。[2] 英格兰的足球青训系统为"双金字塔"系统,即职业足球青训体系和校园足球青训体系,二者分工不同,但是它们又深度融合,依靠职业球探、社区足球和教练员加强联系、开展合作。

英国"双金字塔"青训系统主要包括英格兰足球总会领导的职业足球青训体系和英格兰校园足球协会领导的校园足球青训体系。各体系内部层级分

---

[1] Toussaint J-P. Football[M]. Paris:Les Editions de Minuit,2015.

[2] AMARA M,HENRY I,LIANG J,et al.The governance of professional soccer:Five case studie-Algeria,China,England,France and Japan[J].European Journal of Sport Science,2005,5(4):189-206.

明，由低层次向高层次逐步过渡，例如，职业足球青训体系由草根足球、进阶训练中心、发展训练中心、精英训练中心、足球学院和一线队组成。由此来看，职业足球青训体系和校园足球青训体系就构成了两座"相对独立"存在的"金字塔"。两大青训体系之间不断进行深度融合，借助职业球探、社区足球和教练员加强联系，形成两座"金字塔"之间的融合通道（图4-7）。

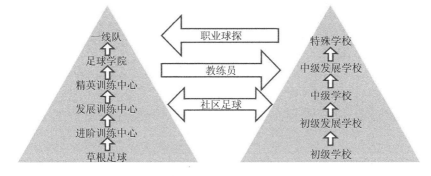

图4-7 英国双金字塔足球人才培养体系[1]

首先，英国职业足球青训体系包括6个部分，自下而上依次是草根足球、进阶训练中心、发展训练中心、精英训练中心、足球学院和一线队（表4-3）。草根足球阶段坚持公益性、普及性，主要任务是在本地区举办假期训练营以及开展校园合作活动，本阶段训练对学员不收取任何费用。进阶训练中心阶段是足球技能的发展阶段，各项足球训练条件有所提升，训练中心也会收取每节课10英镑到15英镑的费用，由俱乐部选派具有英格兰足球总会教练资质的青训教练员对350到400名的运动员进行较为系统的科学化训练。其中运动技能水平表现较为突出的球员会被选拔至发展训练中心进行更进一步的专项化训练。发展训练中心阶段所招收的球员可以理解为"职业球员的雏形"，该阶段的球员已基本具备成为职业球员的"可能"，他们所接受的训练也更加科学、系统。在经过一系列诸如体能考核、技术考核、文化考核等严苛测试后，部分优秀球员会进入精英训练中心。精英训练中心具有全英高水平的训练条件，在场地设施、教练员水平、管理模式等方面基本无可挑剔，球员可以接触到国家顶级足球资源。这些球员在中心的日常表现与阶段考核将决定其是否有机会再度进阶进入足球学院。足球学院中的球员已基本成为职业球员，他们将与相关俱乐部之间签订协议，并成为各自俱乐部的一员，在接受职业化训练的同时获取

---

[1] 申彦华. 英国"双金字塔"足球人才培养体系研究及启示[J]. 中国学校体育（高等教育），2018，5（6）：12-16.

一定的出场比赛机会。

表4-3 英国职业足球青训运动员进阶分析表[1]

训练层级	学员数量	训练费用	教练员资质	是否与校园足球合作
草根足球	广泛选拔	免费	无要求	依托校园足球与社区足球
进阶训练中心	350~400人	10~15英镑	具备英格兰足球总会教练资质	依靠校园足球联赛来选拔队员,且在训期间不能放弃学业
发展训练中心	40人	各俱乐部收费标准不等	具备英格兰足球总会资质的优秀教练员	在训期间坚持学习
精英训练中心	视学员情况而定	免费	部分俱乐部青年队教练	在训期间依托原学校进行学习
足球学院	通过选拔进阶	签订协议后免费	俱乐部青年队教练	校园足球的更高层次:文化课教师由俱乐部聘请,在指定地点接受文化课学习,课余时间进行训练

但是,由于2008年世界杯欧洲区预选赛的惨败,英国职业足球青训体系受到了严重的质疑,一场关于足球青训体系的改革便由此开展。英格兰足球总会和英国政府发现本国职业足球青训系统存在着较为严重的管理弊病,这也是其本土优秀球员"荒漠化"的重要原因之一。于是,2011年10月英格兰足球总会和英国政府联合提出了"精英球员计划"("EPPP"),从管理、训练、竞赛、评价等各方面进行改革。管理上趋于专业,由英超全权负责"EPPP"的管理运营,以英格兰顶级俱乐部为核心,打造高质量的青训体系。训练上更新理念,英国足球不再故步自封,在青训理念上开始学习其他足球强国先进经验,在训练中逐步改善原有训练体系的弊端。[2] 竞赛上保证每位球员都可以上场,且出场频率不低于50%,取消U17以下的比赛排名。评价上加强监督管理系统,两年对职业青训体系进行一次评估等。经过"EPPP"的有序实施,英格兰足球青训人才出现"井喷",培养出了乔森、奥多伊、福登、卢克曼、罗伯茨等诸多未来之星,取得了U17世界杯冠军、U19欧洲杯冠军、U20

---

[1] 谭淼.基于中英比较视角的校园足球人才培养方略探析[J].沈阳体育学院学报,2016,35(5):109-114.

[2] HOWIE L, ALLISON W.The English football association charter for quality: the development of junior and youth grassroots football in England[J].Soccer Society,2016,17(6):800-809.

世界杯冠军等世界级荣誉。此外，英格兰足球总会除了进行上述训练体系调整之外，还加强了职业足球青训的竞赛体系建设。英国职业足球联赛分为7个组级，每个级别中又包含很多赛事。58种不同类型的联赛，共计84个组别，1 000多支球队参与，共同构成了英国职业足球联赛体系。[1]

其次，英格兰校园足球协会管理着校园足球青训体系建设，整体上由初级学校、初级发展学校、中级学校、中级发展学校和特殊学校构成。初级学校和初级发展学校面向所有学生开展足球运动，进行基础性训练，主要任务是：培养学生兴趣；扩大足球人口，做好足球普及。到了中级学校和中级发展学校之后，小足球运动员有机会被选入专业足球俱乐部，成为职业运动员。从足球青训体系整体来看，这也是校园足球青训体系与职业足球青训体系深度融合的标志之一。更高级别的学校可以让小运动员接触更先进的设施、接受更具有针对性的训练。但是要想成为高标准的学校需要具备以下三点：一是教练数量要达标；二是定期开展课余足球活动；三是与校外俱乐部建立良好合作关系。

英格兰校园足球协会自1906年成立以来，经过各种曲折才建立如今的校园足球青训体系。自20世纪80年代起，英国足球流氓活动层出不穷，例如，海瑟尔惨案造成39人死亡，使得足球运动自身在英国的发展充满了危机。1987年撒切尔夫人领导的保守党政府继续推行自由化和私有化经济政策，通过私营化和强制性招标等形式，5 000多所学校的体育场被售卖[2]。一时间英国校园足球比赛减少了70%，校园足球活动遭受重创，校园足球青训体系建设也面临破产。直到2001年英国"足球发展战略"的提出，才使得校园足球青训体系"枯木逢春"。战略中要求建立校园足球基金会，专项支持校园足球活动开展，当时有1 391个足球项目在"足球发展战略"中得到了8 100万英镑的赞助。在此之后，英国校园足球青训体系建设有了明显完善。竞赛方面，英格兰校园足球协会共计下设40个学校足协，各自负责地方校园足球竞赛工作的组织和推广。在其带动下，当前英格兰中小学定期有序开展学生足球比赛，其中约18 000所小学常年开展足球比赛。[2] 训练方面，追求方法的多样性，保持学生对足球的兴趣。老师们善于灵活运用各种启发式和情景式的教学方法，并充分利用体育学科与其他诸如生物学科间的融合性和交叉性，实现知识的综合化传授。[3]

---

[1] 申彦华. 英国"双金字塔"足球人才培养体系研究及启示[J]. 中国学校体育（高等教育），2018，5（6）：12-16.

[2] 陈洪，梁斌. 英国青少年校园足球发展的演进及启示[J]. 体育文化导刊，2013（9）：111-114.

[3] 浦义俊，戴福祥. 英国校园足球发展特征及启示[J]. 体育文化导刊，2020（1）：6-11.

因此,英国足球青训体系深度融合是校园足球青训体系与职业足球青训体系的作用、被作用以及相互作用的结果。第一,整体融合路径是:校园足球青训体系通过职业球探为职业足球青训体系输送人才,职业足球青训体系通过教练员来指导校园足球青训体系的训练工作,社区足球则关联着两者,有着承上启下的作用。第二,具体执行方式是:职业足球俱乐部中会有球探部门,由首席球探员建立球探站,搭建球探网络,在校园足球青训体系内挖掘有天赋的球员。例如,斯莫林18岁时在校园足球比赛中被球探发现,从此开启职业足球生涯。校园足球青训体系为职业足球青训体系输送人才的同时,职业足球青训体系也以教练员为媒介,为校园足球青训体系带来先进的教学理念、多样的训练方法以及高效的人才监督评价体系,以此促进校园足球青训水平提高。例如,英国前国脚巴恩斯的母校哈弗斯托克中学每周都会有阿森纳俱乐部的教练前来指导,该校也在2015年5月份赢得了14岁以下学校足球总杯的冠军。此外,社区足球在两者深度融合中有着不可替代的作用,特别是"标准特许计划"的执行推动着社区足球工作的开展。该计划根据社区俱乐部的硬件设备、学生数量、比赛成绩等划分成三个等级,并进行专业化指导工作,采取协助学校和社区青少年参与足球训练的方式提高足球人口数量。[1] 许多职业俱乐部管理体系中都成立了社区部,以此推动俱乐部所在地社区足球工作的开展,例如,伯恩茅斯足球俱乐部社区足球基金会每周对4 000名左右的青少年展开训练。这样一方面提升校园足球青训体系训练水平,另一方面为职业俱乐部挑选校园足球青训体系中的优秀人才提供平台,同时还扩大职业俱乐部的影响力与品牌形象,实现校园足球青训体系与职业足球青训体系的深度融合。

简而言之,英国足球青训系统对我国职业足球青训体系与校园足球体系的深度融合有以下三点启示:一是纵向融合,确保青训金字塔各阶段的融合。英国足球青训体系是"双金字塔"体系,内部层级分明、逐步递进,我国职业足球青训体系和校园足球青训体系与此相似,也有类似的金字塔培养体系,例如校园足球特色学校、传统项目学校、区少体校、市少体校、省青年队等体制内发展路径。目前要做的是,确保纵向的金字塔各阶段产生融合,即在不同年龄段、不同层次的学校或俱乐部都可以有场地设施、竞赛训练等方面的融合。这就需要政策引领,激发市场活力。二是横向融合,探索青训金字塔多形式的融合。英国足球青训以职业球探、教练员、社区足球为形式,实现职业足球青训体系与校园足球青训体系在选拔、训练、普及方面的融合。我国在构建足球

---

[1] 舒川,吴燕丹. 本土化视角下我国校园足球发展路径研究[J]. 中国体育科技,2015,51(6):38-43.

青训金字塔融合机制时，需要探索横向上的多形式融合举措。应该以双方利益诉求为出发点，以做好普及与提高工作为根本，以政策支持为保障，以构建高水平的足球青训体系为目标，根据小运动员的身心特点和兴趣爱好，因地制宜地选取各种融合手段。三是整体融合，加强青训金字塔本土化的融合。英国足球青训体系建设虽然趋近完善，但是仍然存在一些问题。例如，英国因为政治原因，目前存在四个足协，虽然英国足球青训发展如日中天，足球人才济济，但是奥运会上却鲜有英国国家足球队（1956年奥运会开始，英国不再组队参加），2012年伦敦奥运会临时组建的英国队成为绝唱，之后的奥运会赛场上再也看不到英国足球队。我国有得天独厚的制度优势，在中国共产党的领导下，我国运动健儿在奥运会赛场上争金夺银，2008年北京奥运会中国运动员夺得了51枚金牌，我国正奋力向体育强国迈进。在足球青训体系融合建设上国家出台相关政策予以保障，例如，2015年国务院印发《中国足球改革发展总体方案》在教学资源上进行协调，引导职业足球俱乐部的教练员到学校内进行指导。在足球青训体系建设中，我们需要从国情出发，结合国外先进经验，探寻一条具有中国特色的足球青训体系道路。

（三）德国

在欧洲足坛绽放着一朵德意志之花。德国足球队曾获得4次世界杯冠军、3次欧洲杯冠军、1次奥运会冠军和1次联合会杯冠军。德国足球取得辉煌战绩之路绝非一帆风顺。世纪之交时，德国足球队在世界杯和欧洲杯赛场上铩羽而归，尤其是2000年欧洲杯时，德国队在3场小组赛中仅进1球，未能小组出线。面对惨淡败局，德国足球队主教练福格茨认为："德国足球青训体系建设不完善，过多引进外援致使本国年轻球员缺乏锻炼机会等，是德国足球缓慢发展的根本所在。"此外，球员老化与人才断层拖住了德国足球前进的脚步，在1998年世界杯时德国足球队平均年龄达到了29.13岁。为了改变这一状况，德国足协开始着手青训体系建设。经过对西班牙、荷兰等国家青训体系的调查，在融合其他足球强国青训建设经验的基础上，根据本国制度、经济、文化、教育等客观因素以及本国青少年足球运动员的身心发展特点，德国足协推出了"天才球员培养计划""足球复兴十年计划"等一系列措施（图4-8）。2014年巴西世界杯上德国队夺取冠军，这支队伍里面有7位球员为23岁及23岁以下，还有2位球员出自U17国家队，德国足球队的高光表现与绝佳战绩是球队年轻化趋势的重要体现，这也是德国足球青训体系改革的成绩所在。在青训系统建设上，德国足协主要从管理体系、竞赛体系、学训体系以及保障体系四个方面入手，通过加强职业足球青训体系建设和校园足球青训体系建设来促进德国足球的可持续发展，足球青训体系不断完善也成为德国足球发展的力量源泉。

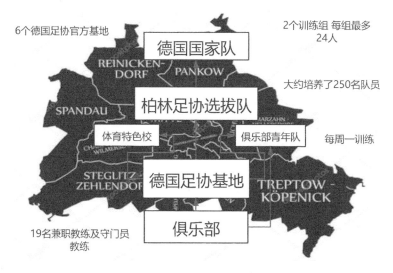

图 4-8　德国足协"天才球员培养计划"成长之路（柏林市）

德国职业足球青训体系发展主要由德国足协掌舵。德国足协是职业足球青训体系中的最高权力机构，足协要求参加职业联赛的各俱乐部建立自己的训练中心，参加德甲、德乙比赛的俱乐部必须拥有 7 支以上的梯队，例如多特蒙德、拜仁慕尼黑、勒沃库森等知名足球俱乐部都有 U9 到 U19 各年龄阶段的 11 支梯队。在德国职业足球青训管理的微观层面上，主要是各俱乐部自主行使管理权，不过这种管理权的使用相较于法国、英国职业足球俱乐部而言，德国足球俱乐部更加理性化，这主要得益于"50+1"法案。法案明确规定不管投资人持多少股份，俱乐部始终拥有 50% 以上的表决权，这使得俱乐部青训建设更加合理化，防止投资人随意斥巨资引进外援，避免产生"足球泡沫"，进而为俱乐部梯队建设提供资金保障。在竞赛体系方面，德国足协按照青少年不同阶段身心发展特点把德国职业足球青训相关赛事分成 U9、U11、U13、U15、U17、U19 等 6 个组别，其中 U9 组没有固定联赛，对成绩不做要求，这主要是为了培养小运动员参与兴趣。U11、U13 组最高级别的比赛都是地区联赛，不过人数上略有不同，U11 采用七人制，而 U13 组采用九或十一人制。U15 组也是十一人制，不过最高级别联赛为州级联赛。U17、U19 组分成 3 个大区进行，有东北部、西部和西南部，最高级别为全国性联赛（表 4-4）。同时，德国足协在官网上留出固定板块公布青少年比赛信息，包括比赛地点、时间、规则以及各队伍信息等，通过及时地公布更新比赛信息，德国职业足球青训竞赛体系变得透明化、公开化。在学训体系方面，为科学指导青少年足球训练，德国足协联合部分职业俱乐部专业人员研制了"德国足球训练大纲"，从青少年球员身心发展规律以及各年龄段球员身心发展差异性出发,将训练目标、内容、方法和要求进行阶段划分与实践分类。[1] 该训练大纲被分成7个等级,3~6岁为第一级,此阶段主要是锻炼小运动员的基本身体素质,如协调、柔韧等,以及通过足球类小游戏提升参与兴趣。7~10岁时通过各种体育活动和足球小比赛来帮助小运动员熟悉球性。11~14岁时其他体育活动逐渐减少,足球基础性技术练习次数增多,为后期学习各种技战术打基础。15~18岁时专项化训练增多,训练目标明晰,注重竞技水平提升。19~21岁时侧重高效强化训练,保持最佳竞技状态,此时表现突出的运动员可以进入职业俱乐部或国家队。在训练时间方面,职业俱乐部的运动员上午在校园学习,下午去俱乐部训练,训练次数由之前的每周3次增加到每周5次。德国职业足球青训十分重视运动员的文化教育与品德培养。早在20世纪90年代,单是慕尼黑地区就设立了3所学校专门接收职业俱乐部的小运动员们,对其进行系统的文化教育。现今德国有28所专门为培养高水平专业足球运动员而开设的精英学校,其中女子精英学校有7所,精英学校创办的目的就在于为足球运动员提供良好的学习、训练环境,促进身心全面发展。[2] 在专项资金方面,德国足协通过政策引导各职业俱乐部加大青训专项资金投入。据统计,从2002年开始,各职业足球俱乐部在青训中的投入高达13.9亿欧元,投入数字逐年上升。[3] 在场地设施方面,德国足协以资格审查为手段,要求德甲联赛俱乐部至少拥有3块足球场地、德乙联赛俱乐部拥有至少2块足球场地,对于无法满足此项准入标准的俱乐部将会被取消参赛资格。

表4-4 德国足球后备人才培养竞赛体系[4]

年龄组	区域	比赛形式	比赛结果
U19	东北部、西部、西南部	11VS11	全国冠军
U17	东北部、西部、西南部	11VS11	全国冠军
U15	州级联赛	11VS11	州级冠军
U13	地区联赛	11VS11 9VS9	地区冠军

---

[1] 周建伟,陈效科.德国足球后备人才培养研究[J].体育文化导刊,2017(11):97-101.
[2] SCHROEPF B,LAMES M.Career patterns in German football youth national teams-A longitudinal study[J].International Journal of Sports Science & Coaching.2017,13(3):405-414.
[3] 牛丽丽,谭建湘.德国职业足球发展经验与启示[J].体育文化导刊,2020(4):6-11,24.
[4] 国景涛.中德青少年足球人才培养模式的比较研究[D].济南:山东师范大学,2011.

续表

年龄组	区域	比赛形式	比赛结果
U11	地区联赛	7VS7	地区冠军
U9	无固定联赛	娱乐为主	无比赛要求

德国校园足球的发展主要由德国足协管理。2007年德国足协启动质量评价体系认证（Football Pass），对德国校园足球开展的质量进行全方位的评估。在校园足球开展的战略部署上，2016年11月25日中德校园足球座谈会在德国首都柏林隆重召开。中国教育部体卫艺司司长、全国青少年校园足球工作领导小组办公室主任王登峰与德国足协秘书长弗里德里希·库尔提乌斯共同主持座谈会。[1] 会上签署的《中德青少年校园足球战略合作协议》作为未来德国校园足球活动开展的指路牌，引导着德国校园足球的发展。竞赛体系上，德国学校系统"小学—中学—高中—大学"没有比赛体系，青少年在放学后，可以到业余足球俱乐部进行训练比赛，德国青少年的比赛是以足球俱乐部的形式进行的。[2] 因此，参赛之前需要到俱乐部进行注册，才能参加业余俱乐部和职业俱乐部举办的U系列赛事、全国联赛和地区联赛。学训体系上，德国校园足球训练的组织工作多是有专业经验的教练员来负责，德国足协每年会培训2 000名教练员参加校园足球训练工作。训练计划主要是根据"天才球员培养计划"，按照年龄阶段划分，针对青少年身心特点而制定。训练内容依据德国足协制定的"德国足球训练大纲"来具体展开。保障体系方面，德国政府出资，科隆教练培训学院落实培训，68 900名左右的教练员是德国校园足球青训保障体系建设的重要师资力量。在场地建设上，德国足协通过政策、计划的制定保障校园足球的有效实施。例如，德国足协在"小小球场"计划中准备建立1 000个13米×20米的足球场。

德国职业足球青训体系与校园足球青训体系深度融合的具体表现在以下四个方面：一是管理体系深度融合。虽然职业足球青训体系和校园足球青训体系的管理机构涉及了职业足球俱乐部、足球职业联盟、教育部等诸多主体，但最高权力机构仍然是德国足协。德国足协在德国足球青训体系中的角色定位与权力配置是十分明晰的，具备着协调各大利益主体与利益相关者的能力。二是竞赛体系深度融合。德国校园足球体系并未单独构建竞赛体系，校园足球队伍主

---

[1] 王勍. 中德校园足球座谈会在柏林圆满召开[EB/OL]. (2016-11-26)[2021-03-27]. http://www.gov.cn/xinwen/2016-11/26/content_5137954.htm.

[2] 侯志涛. 中、日、德三国青少年男子足球培养模式的比较分析[D]. 北京：北京体育大学, 2011.

要参加俱乐部体系的各级别足球联赛。[1] 在日常比赛方面，青少年需要在放学后到俱乐部参加交流比赛。在大型比赛方面，校园足球青训体系中的运动员可以参加 U 系列比赛，与职业足球青训体系运动员同台竞技。三是学训体系深度融合。校园足球青训体系和职业足球青训体系都十分注重球员文化教育与品德培养。在青少年训练阶段，小运动员的第一身份就是学生，为了保证充足的学习时间，德国足协将各类比赛时间集中安排在周末进行，例如俱乐部联赛、地区联赛等。值得一提的是，德国职业足球青训和校园足球青训之间形成了高度统一的培养理念：兴趣优先、成绩次之、以人为本、全面发展[2]，这使得职业足球青训和校园足球在后备人才培养模式上达到了理念上的深度融合。为促进足球教学训练资源的均衡发展，德国足协研制了"Team 2011 计划"和"Doppelpass 2020 计划"，要求地区职业俱乐部选派优秀教练员协助学校体育教师进行足球教学训练，对学校足球教学与训练内容、方法、手段进行改进，使之与俱乐部训练方向相一致。[3] 四是保障体系深度融合。德国足协在全国范围内布局了 390 个足球训练基地，在日常训练和比赛中为职业足球青训和校园足球青训提供场地保障。经费保障上，德国足协为加强中小学与俱乐部间的常态合作，要求 21 个联邦州中 2.5 万家俱乐部与地区中小学建立稳定合作机制，通过"Doppelpass 2020 计划"达成"结伴"的学校可获得 2.5 万欧元和"课堂启动包"的支持，以此促进二者深度融合。

综上所述，德国职业足球青训与校园足球间深度融合可借鉴之处有四点：第一，理顺管理机制，明确责任主体。德国职业足球青训和校园足球青训的各类训练与比赛主要由德国足协负责管理，单一的主导主体管理模式为两大青训体系的融合发展提供了制度保障。我国足球青训体系的管理机制相对复杂，容易出现部门间的"条块化分割"。体育部门主导职业足球青训体系建设，教育部体卫艺司与学生体育协会负责校园足球体系建设，两者间在教学、训练、竞赛、保障等方面都已建立"相对独立"的运行机制，在培养理念、发展模式、机制构建等方面还有待进一步统一思路。第二，调整比赛密度，理顺赛事体系。虽然德国学校系统不举办足球联赛，但是校园足球青训体系中的小运动员可以参加职业足球青训体系比赛。在比赛数量上，德国青少年球员 1 年可以参加 30~40 场比赛，远高于我国平均数值。在竞赛质量上，学生球员与职业俱乐部梯队球员同场竞技并未拉低比赛的竞技质量，反而有效地推进了校园足球

---

[1] 周建伟,陈效科.德国足球后备人才培养研究[J].体育文化导刊,2017(11):97-101.
[2] 国景涛.中德青少年足球人才培养模式的比较研究[D].济南:山东师范大学,2011.
[3] NAGLO K.The social world of elite youth football in Germany-crisis,reinvention,optimization strategies,and the role of schools[J].Sport in Society,2020,23(8):1405-1419.

训练质量。目前,我国"青超联赛"在部分年龄阶段已做到"同场竞技",但还需突破体制壁垒扩充赛事融合体量,通过协调竞赛资源来达到"质"上的突破,清除在资格认证、报名审查时出现的阻碍,加强竞赛奖励,实现校园足球与职业足球青训体系在竞赛层面上的深度融合。第三,打破两极分化,提高培养质量。德国职业足球青训不单关注球员竞技能力提升,而且注重球员文化教育与品德培养,校园足球青训体系不只重视学生文化教育,更加注重训练质量与竞赛水平,两大体系通过资源互补与体系协同很好地突出了自身长处,弥补了自身短处,职业足球青训培养的球员许多取得了高校文凭,校园足球青训体系的优秀后备人才成为了职业球员,避免了人才培养的两极分化。目前我国职业足球青训与校园足球则出现了"早期职业化"和"业余低水平"两个极端。[1] 第四,激发市场活力,强化保障机制。德国足协通过市场化运作为足球青训体系注入源源不断的专项资金(每年近1亿欧元的资金支持),同时通过政策引导,激发了市场机构的全面参与,例如,2009年红牛集团斥6 500万欧元在莱比锡打造顶级足球青训中心,并聘请著名青训教练阿尔贝克作为球队主管,在全世界范围内招募青少年精英球员;德国足协通过市场运作为德国足协学院的建立解决了巨大的资金问题(近2亿欧元)等。目前,我国职业足球青训与校园足球专项资金绝大比例仍依托于政府财政划拨,如何有效激发市场活力,从政策、资金、场地等各方面完善制度保障,将是未来很长一段时间内所需思考和解决的问题。

(四)意大利

意大利足球是欧洲足坛乃至世界足坛享有盛誉的足球大国之一,也是世界上为数不多获得过四次世界杯冠军的国家之一。截至2021年2月,意大利足球在世界足球联合会官网上以1 625积分排名世界第十。[2] 在意大利足球发展过程中,构建了庞大的足球联赛体系以及本土化青训体系,培育出大批诸如吉安路易吉·布冯、弗朗西斯科·托蒂、保罗·马尔蒂尼等足球明星以及罗伯托·曼奇尼、马尔切洛·里皮等足球职业教练。虽然近年来意大利足球水平有所下滑,但其足球发展哲学和青训理念依然值得被借鉴与吸收。

19世纪后期,足球运动被引入意大利并迅速"生根发芽"。1891年意大利首个俱乐部——都灵国际足球队成立,成为意大利第一家真正意义上的足球俱乐部。1898年意大利足球协会成立并开始筹建本国足球联赛。但是,第一

---

[1] 毛振明,刘天彪. 再论"新校园足球"的顶层设计——从德国青少年足球运动员的培养看中国的校园足球[J]. 武汉体育学院学报,2015,49(6):5-11.

[2] FIFA. Italian Football Association[EB/OL].(2021-04-07)[2021-04-27].https://www.fifa.com/fifa-world-ranking/associations/association/ita/men/.

次世界大战后,受战争破坏、赛制凌乱、管理不善等诸多因素影响,意大利足球联赛的社会认可度与民众参与度急剧下滑。为了解决这一问题,1929年意大利足球协会和意大利职业足球联盟进行全面会商,深入剖析联赛存在的主要问题,并结合世界足球发展趋势,开始推进足球职业化改革,并建立意大利职业足球联赛。随着足球职业联赛的不断完善,意大利足球运动员竞技能力不断提升,国家队成绩斐然,1934年与1938年蝉联两届世界杯冠军。但经历了第二次世界大战后,意大利男性青壮年人口数急剧下滑,战败国后续效应对本国联赛产生了极大的负面影响,许多青少年不再参与足球运动,意大利足球进入了"混沌时代"。1949年"都灵空难"中遇难的大多数球员为国家队主力队员,这时国家队整体竞技水平产生了巨大影响,随后,意大利国家队在1950年、1954年、1962年、1966年的四届世界杯中首轮出局。为此,意大利足协开始重视本土青少年足球队员的培养,通过政策引导社会资本进入青训领域,培养了一批足球技战术能力较为突出的球员,也是在这一时期基本形成了"十字形"防守战术风格,在1982年与2006年世界杯上,意大利足球队两次捧得"大力神杯"。2006年意大利足协主席在世界足联例会上声称,意大利6 000万人口中,注册职业球员与业余球员已达200万人,占总人口数的3.3%,建立了世界顶级足球学校8 000余所。随后,意大利足球迎来了历史转折点,在"电话门"丑闻后续效应,世界经济危机,青训体系落后,德国、英国等周边国家足球迅速强大等多重因素影响下,意大利足球总体呈下滑趋势,例如,意大利国家男子足球队在2010、2014、2018年世界杯比赛中,连续三年未能进入决赛圈。

　　世界任何国家足球道路的发展都非一帆风顺,只有在教训中不断总结经验,才可能保持长久的发展,意大利足球的坎坷之路有以下借鉴之处:第一,注重培养本土球员。早在20世纪60年代意大利就着重于本土足球队员的培养,以至于意大利足球甲级联赛将外籍球员转会市场关闭10年之久,客观上迫使足球俱乐部不得不积极构建和完善自身青训体系和挖掘本土年轻足球运动员。即使在外籍球员转会市场开放之后,意大利足球协会对外籍球员的引入和转会也严格控制人数,一定程度上维持意大利足球俱乐部对本土青少年足球队员培养的重视程度。[1] 第二,匠心打造联赛体系。意大利足球甲级联赛被世界球迷誉为"小世界杯",由意甲职业联盟管理运营,20世纪八九十年代,世界级球星云集于此,被公认为世界第一足球联赛。意大利足球联赛主要采取升

---

[1] 浦义俊. 意大利足球历史回顾及其转衰因素分析[J]. 体育文化导刊, 2016(11): 107-112.

降级赛制,共有9个级别:意大利足球甲级联赛(Lega Serie A),是意大利最高级别职业足球联赛,采用双循环赛制,共有20支球队参赛,排名为最后三名的球队将降级;意大利足球乙级联赛(Lega Serie B),是意大利第二级别职业足球联赛,共有22支球队参赛,其中积分前二的队伍直接升级,排名第三的球队必须与第四名积分相差超过15分,否则将参加附加赛确定最后升级名额,而排名最后的3支球队降级;意大利足球丙级联赛,是意大利职业足球联赛的最低级别联赛,又可细分为意大利足球联赛A/B/C组,各组联赛有20支参赛球队,每年有4支意丙球队升入意乙,其中每组冠军直接升入意乙,各组亚军参加附加赛争夺最后一个升级名额,而排名靠后的9支将会降级;意大利足球丁级联赛,是意大利足球联赛第四级别联赛,也是意大利非职业联赛中级别最高的足球联赛,细分为A到I共9个组别,共有166支参赛球队;意大利足球卓越联赛,是意大利地区性足球联赛,分为28个小组,共476支球队参赛,每年筛选出36支球队升入意大利足球丁级联赛;意大利足球推广联赛,该联赛是纯业余性质足球联赛,分为54个小组;意大利足球一类联赛,分为106组,共1 668支球队;意大利足球二类联赛,分为182组;意大利足球三类联赛,分为209组。除了职业与非职业联赛之外,意大利各区、足球俱乐部、社区等之间都会举办青少年足球联赛。层级分明、机制健全的足球竞赛体系为意大利足球后备人才培养创造了良好的"练兵场",享誉世界的意大利甲级联赛提升了意大利足球的世界享誉度与民众参与度,据意大利足球协会统计,意大利职业与非职业注册足球运动员在2006年已达200万人。[1] 第三,全力建造"孵化基地"。为了配合本土化足球队员培育的潮流,意大利各个区纷纷开始建立足球学校,据意大利足球协会统计,截至2006年,意大利共有8 000多所足球学校。数量庞大的足球学校让青少年从小就能接受足球文化的熏陶,接受足球教练的专业化指导并参加社区等青少年足球联赛。[2] 意大利足球协会官员称,意大利足球之根基在于基层频繁举办的青少年足球比赛、数千名业余足球教练、足球学校以及球探。[3]

意大利足球的发展历程与成功经验为我国青少年足球事业发展提供了宝贵

---

[1] 腾讯体育.意大利足球为何衰落?故步自封+经济衰退,青训改革才有一线生机[EB/OL].(2018-06-04)[2021-04-27].https://sports.qq.com/a/20180604/032432.htm.

[2] FORD P R,BORDONAU J L D,BONANNO D,et al.A survey of talent identification and development processes in the youth academies of professional soccer clubs from around the world[J].Journal of Sports Sciences,2020,38(11-12):1269-1278.

[3] 冷雪.意大利青训调查1:从托尔多的一生看少年体制[EB/OL].(2010-09-17)[2021-04-27].https://sports.qq.com/a/20100913/000058.htm.

的财富，但是，近年来意大利足球的衰退与低迷也是需要我们警惕与深思的，其主要体现在以下几个方面：一是贪污腐败成风、假球黑哨横行。许多俱乐部为了在联赛中取得优异成绩，获取财团的大量注资，通过收买裁判、球员操纵足球比赛。例如，2006年5月，意大利足球甲级联赛在世界杯开赛前期被爆冠军球队尤文图斯涉嫌通过贿赂比赛裁判，操纵比赛，随后AC米兰、佛罗伦萨、拉齐奥、雷吉纳四支球队也被指出有涉嫌操纵比赛结果的嫌疑，最终都受到了意大利足球协会的惩罚和社会各界人士指责，史称"电话门"丑闻。"电话门"丑闻使得意甲联赛元气大伤，成为世界足坛的"笑柄"，众多球星转会他国联赛，意甲联赛的经济价值与社会公信降至谷底。[1] 二是金元足球造势，培训成本高昂。为推进青少年足球后备人才的系统化培养，意大利足协建立众多足球学院，但足球学校培养的费用十分昂贵，虽然政府颁布政策补贴贫困青少年足球学习费用，但是在庞大的人口基数面前，着实是杯水车薪，受众群体太少。例如，普通球员接受足球培训的成长期至少5至6年，一般足校每年的培训费用约为8万至10万欧元，这对于工薪阶层无疑是天文数字。而且，金元足球的浪潮吸引了金融大鳄入驻足坛，带来了足球市场的顶级繁荣，但近年来，由于受本国经济颓势的影响，许多足球学校纷纷撤资甚至破产，仅隆巴迪一个大区5年内就减少246所足球学校。此外，很多足球学校过于注重足球培训，忽视文化教育的重要性，当足球运动员在足校毕业后无法进入俱乐部踢球时，许多球员难以适应社会，导致失业率增高，最高曾经达到13.1%。[2] 三是经济环境萧条，财政基盘缩水。经济基础决定上层建筑，据意大利国家统计局统计，2017年意大利国家负债总额超过22 630亿欧元，相当于年度国内生产总值的131.8%，2020年意大利政府负债占国内生产总值百分比升至154.2%，为历史最高。[3] 经济环境的持续萧条导致大批足球学校、足球俱乐部倒闭，截至2018年官方足球协会注册的职业与业余足球运动员有120万人，相比于2006年减少80万人。加之意大利甲级联赛的市场价值持续低迷，国际资本不断撤离，足球后备人才培养的财政基盘大幅度缩水，严重影响优秀本土球员的产出。四是恶性售卖球员，人才流失严重。2009年经济危机爆发后，部分俱乐部财政受到巨大影响，不得不减少青训体系的专项资金投入，提

---

［1］ BURAIMO B,MIGALI G,SIMMONS R. An analysis of consumer response to corruption：Italy's calciopoli scandal［J］.Oxford Bulletin of Economics and Statistics,2015,78（1）,22-41.

［2］ TRANDING ECONOMICS.意大利-失业率［EB/OL］.（2021-01-20）［2021-04-27］.https://zh.tradingeconomics.com/italy/unemployment-rate.

［3］ CEIC. 意大利政府债务：占国内生产总值百分比［EB/OL］.（2020-12-15）［2021-04-27］.https://www.ceicdata.com/zh-hans/indicator/italy/government-debt--of-nominal-gdp.

高足球运动员培养费用,甚至通过"售卖"优秀足球运动员来节省俱乐部资金的支出并获得一定收益用以维持俱乐部的正常运转,进而导致足球人才严重流失。更为重要的是,足球市场活力遭受严重破坏,踢球不再是意大利青少年的主要体育兴趣选择,普通群众对足球的喜爱程度逐年降低,青少年足球人才培养体系难以维系。

(五)荷兰

16世纪,将橙色视为信仰的荷兰人民推翻了西班牙的统治;20世纪,将信仰披在身上的荷兰足球运动员组成了"橙衣军团"。如今"橙衣军团"依然流淌着不甘屈服的血液。在完成的788场比赛中,荷兰队取得了397胜172平219负的战绩,净胜593球,整体排名位列欧洲球队前茅。凭借着个人技巧的超凡脱俗,整体配合的流畅华美,荷兰队于1974年德国世界杯、1978年阿根廷世界杯、2010年南非世界杯,三次获得亚军,也因此被誉为"无冕之王"。荷兰队之所以能够在1974年至今的11届世界杯中,5次进入4强,3次取得亚军,关键就是在"人人有球踢"足球发展理念指导下,形成的庞大人口基数和数量众多的足球俱乐部。正如曾在中国足球队执教的荷兰教练阿里·哈恩所言:荷兰足球目前值得中国学习的不是技术,而是"让每个想踢球的人都有球可踢"的理念。在荷兰1 700万国民中,足球注册会员达到了121万,4.2万平方千米的土地上,星罗棋布着3 229家足球俱乐部。正是这些俱乐部承担起了荷兰足球青训的任务,点燃了荷兰足球的希望之火,培养出了克鲁伊夫、古力特等众多足球明星。[1] 然而在2010年之后,荷兰足球出现人才匮乏、青黄不接的情况,总体水平下降,巴萨"教父"克鲁伊夫在其一篇专栏中讲道:"荷兰足球对于年轻一代球员的培养,过早地重视了战术纪律的养成,忽视对球员各环节的精心雕琢,长此以往很可能会自食其果。"从荷兰足球青训整体框架来看,荷兰青训分为职业足球青训和业余足球青训。其中业余足球青训类似我国校园足球青训,负责足球运动的推广以及为职业足球提供人才等工作,但是业余足球青训依托俱乐部的形式而开展,不在学校进行,这样在管理体系、教学体系等方面与我国校园足球青训有所出入。我国在学习荷兰足球青训体系时不能全盘照搬,但荷兰足球青训的选拔体系、竞赛体系、训练体系以及职业足球青训与业余足球青训的深度融合模式,对我国足球青训建设具有较大指导意义。

荷兰足球青训在选拔时始终遵循"足球人才不是培养出来的"这一理念,

---

[1] 胡伟. 荷兰青少年足球训练体系及相关理念探究 [J]. 南京体育学院学报(社会科学版),2004,18(5):108-110.

即不是所有的人在接受专业训练后都可以成为高水平的足球运动员,足球人才一定是在具有一定天赋的基础上,通过系统训练并给予平台展示才能培养出来。从教育学角度来看,荷兰足球青训并不否定教育和环境的作用,而是把内发论和外铄论相结合,培养出更具性价比的优秀足球运动员。[1] 为此,荷兰足协和各足球俱乐部携手编织了一张密密麻麻的球探网络。例如,素有"足球星工场"之称的阿贾克斯俱乐部如今拥有60名球探,通过观看训练、比赛等形式发掘足球天赋较高的青少年。为了防止遗珠于野,阿贾克斯俱乐部每年还展开为期4天的"足球人才日",以期发现、考察足球人才。选拔环节作为整个培养体系的开始部分,有着举足轻重的作用,以阿贾克斯俱乐部为首的荷兰各足球俱乐部对足球人才选拔的重视,保证了青训建设的科学化、高效化,为荷兰足球队在赛场上争金夺银奠定基础。

荷兰足球青训在竞赛体系上根据青少年不同阶段身心发展特点而安排比赛,高度细化,表现出科学性与合理性。在荷兰足球协会成立后就开始着手建立并逐渐完善足球联赛,迄今为止,荷兰足球联赛共有10个级别:第一,荷兰足球甲级联赛是荷兰最高级别足球联赛,共有18支球队参赛,采用双循环赛制。每年有3支球队降入荷兰足球乙级联赛,其中排名最后的2支球队直接降级,排名倒数第三的球队要与荷兰足球乙级联赛排名前三球队进行附加赛。第二,荷兰足球乙级联赛,为荷兰足球联赛第二级别,创办于1956年,有20支队伍参赛,进行主客场双循环制,每年会通过复杂的附加赛筛选出3支球队升入荷兰足球甲级联赛,其中青年队只有降级制度。第三,荷兰丙级足球联赛是荷兰第三级别足球联赛,属于半职业联赛,细分为周六组和周日组,两组各16支球队参赛,冠军可以选择性升班进入荷兰足球乙级联赛,排名靠后的球队将降级。第四,荷兰足球丁级联赛,又被叫作荷兰业余超级联赛,细分为周六A/B/C组和周日A/B/C组,各组都有14支球队参赛。第五,荷兰业余甲级联赛,按照地区分为6个区共11组,总计154支球队参赛。第六,荷兰业余乙级联赛,按照地区分为6个区共22组;第七,荷兰足球业余丙级联赛,按照地区分为6个区共44组。第八,荷兰业余丁级联赛,按照地区分为6个区共67组。第九,荷兰业余戊级联赛,按照地区分为5个区共40组。第十,荷兰业余己级联赛,按照地区分为2个区共9组。除此以外,还有青少年联赛以及欧洲杯等洲际联赛。各类的足球联赛为职业、半职业、业余、年轻足球运动运提供充足的竞赛机会,丰富足球运动员阅历和球商,提高运动员竞技水平。整体上看荷兰足球联赛系统是由两个职业联赛荷甲、荷乙,一个半职业的

---

[1] WINNER D.Brilliant orange:The neurotic genius of Dutch soccer[M].New York:Abrams,2008.

荷丙，以及业余联赛组成，业余联赛的顶级是第四级的荷兰业余超级联赛（或称为荷丁）。层次分明且数量众多的足球比赛，一方面说明荷兰足球青训建设中竞赛体系的完善，同时也与上述"人人有球踢"的足球发展理念相呼应，开展繁多的比赛正是"人人有球踢"理念的有力佐证。

荷兰足球青训中的训练体系在开展形式上分成3个阶段6个组别，在开展内容中坚持以"TIC"理念为指导。其训练体系主要分为第一阶段、第二阶段和第三阶段。其中，第一阶段设有幼儿F学生组和E学生组；第二阶段有D学生组和C少年组；第三阶段分为B少年组和A少年组参加。不同训练阶段按照年龄特征和技战术水平进行划分，在纵向上形成了层次明晰的训练体系。在训练内容上，荷兰足球青训始终坚持"TIC"理念（图4-9）。T——Technical/Locomotors Skills：技术和无球跑动的能力——基本的传、接、控、带、射门技术和身体条件（协调性，速度，力量）；I——Insight and Mental Skills：意识和预先判断的能力——辨别并做出判断所需要的经验意志品质；C——Communicative Skills：交流能力——和同伴之间的相互呼应和提醒，主动接应要球以及能够适应不同环境、场地、对手、天气和裁判的应变能力。[1] TIC综合能力在一定程度上反映着球员的竞技水平。经过各级科学的训练阶段的培养，以"TIC"训练理念为指导的荷兰足球队创造性地形成了433的经典阵型，一举将阿贾克斯和荷兰国家队推向历史顶峰，并将荷兰整体足球的哲学理念演绎至极。[2]

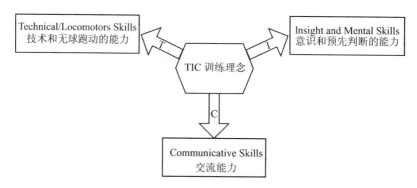

图4-9　荷兰足球青训"TIC"训练理念

---

[1] 胡伟. 荷兰青少年足球训练体系及相关理念探究 [J]. 南京体育学院学报（社会科学版），2004，18（5）：108-110.

[2] 浦义俊，吴贻刚. 荷兰足球历史崛起与持续发展探究 [J]. 武汉体育学院学报，2015，49（1）：20-24.

荷兰职业足球青训与业余足球青训深度融合在以下几点：一是选拔体系深度融合，创建球员输送机制。荷兰足球在选拔人才时，职业足球俱乐部和业余足球俱乐部通常会进行深度的交流，以此满足彼此的利益。例如，阿贾克斯俱乐部在通过内部力量选拔球员的同时，还与附近24家业余足球俱乐部签订协议，规定这些业余俱乐部有义务向其提供有天赋的足球运动员，阿贾克斯俱乐部则提供资金、技术支持，帮助他们发展。这是荷兰足球青训实行"足球人才不是培养出来"理念的必然之选，对于有天赋的足球人才的渴望，必然加强职业俱乐部与业余足球俱乐部的交流进而实现深度融合。二是竞赛体系深度融合，实现利益最大化。荷兰职业足球竞赛体系与业余足球竞赛体系深度融合，以此实现发掘人才、增强内部竞争力的利益诉求。荷兰足协规定14岁以前，职业足球梯队运动员仍然可以和业余足球运动员比赛，借此机会，荷兰足协会挖掘其中的足球人才。为加强职业足球和业余足球竞赛交流，2015年12月，荷兰足协决定在乙级联赛和业余联赛之间增设一级国家联赛，打通业余足球和职业足球晋升通道，增强比赛竞争力。[1] 通过上述比赛设置，荷兰足协获得遴选人才和提高比赛竞争性的双层收益，使足球青训体系建设更加合理化、科学化。三是训练体系深度融合，统一全国足球打法。在摒弃之前落伍的235阵型后，在米歇尔斯大刀阔斧的改革下，荷兰足球最终选择了全攻全守的433阵型。至此荷兰职业足球俱乐部及业余足球俱乐部都坚守这种打法，二者在战术上的深度融合，使得业余足球俱乐部的运动员在职业俱乐部接受训练时更容易适应比赛环境，同时在职业俱乐部的后续培养上达到事半功倍的效果。

简而言之，我国职业足球青训与校园足球深度融合可借鉴荷兰足球青训经验有以下三点：一是理念先行。不管是"让每个想踢球的人都有球可踢"的足球发展理念，还是"足球人才不是培养出来的"青训理念，抑或是"TIC"的训练理念，荷兰足球在发展和青训建设中始终坚持理念先行。为此，我国在开展职业足球青训、校园足球青训以及二者融合工作时应注意理念的支撑，加强理念引导，切实推进我国职业足球青训与校园足球青训的深度融合。二是广设比赛。荷兰足协开设众多的比赛来选拔人才，增强竞争性。我国教育部体卫艺司司长王登峰曾在指导足球青训时强调以赛代练，二者都是通过广设比赛的形式来促进青训体系建设。为此，我国应广泛开展各类比赛，尤其是娱乐性比赛和沟通职业足球青训和校园足球青训之间交流的比赛。三是统一训练。荷兰各类俱乐部坚持433全守全攻的打法，使人才的培养实现优势最大化。我国由于地域辽阔、人数众多，且青训管理体制不完善，教育部门与体育部门之间在

---

[1] 陶云江.荷兰业余足球很职业[N].半岛晨报，2015-04-20（6）.

足球青训发展上尚未完全融合,为此,在依照训练规律、青少年身心发展规律的基础上,应由政府牵头,教育主管部门和体育主管部门共同制定相关训练大纲,以此指导我国足球青训体系建设。

三、美洲模式

(一)阿根廷

足球是阿根廷最受欢迎的运动项目之一。截至2020年12月10日,阿根廷国家队以总积分1 642分,在世界足联世界足球排行榜上位居第七位。阿根廷足球被誉为世界足坛最成功的国家队之一,曾2次获得世界杯冠军,2次获得奥运会男足金牌,14次夺取美洲杯冠军,并涌现出一大批闻名世界足坛的巨星,例如吉列尔莫·斯塔比莱、达尼埃尔·帕萨雷拉、马里奥·肯佩斯、迭戈·马拉多纳、克劳迪奥·卡尼吉亚、加布里埃尔·巴蒂斯图塔、梅西等。阿根廷足球有着悠久的发展历史、多元的足球文化以及桀骜不驯的技术风格,足球寄寓着阿根廷人的家国情怀,它不单是一项运动,更是全民的信仰,足球基因已像红细胞一样流淌在阿根廷人的血液之中。据统计,阿根廷3至70岁的男性人群中足球普及率高达98%,每10个阿根廷人中9个人属于某家俱乐部的会员,全国各地区219项联赛全年无休,参加各级别联赛的职业球员或业余球员有几十万人,容纳量万人以上的足球场有80多个。

阿根廷足球的历史最早可以追溯到19世纪后期,"阿根廷足球之父"亚历山大·沃森·赫顿将足球引入阿根廷的英国学校,足球萌芽借此机会深深扎根在阿根廷这块土地上并开始迅速成长。1893年世界第八个国家足球协会——阿根廷足球协会诞生,并于1931年实现职业化。随后,阿根廷足球协会开始积极创办足球联赛,提高足球竞赛质量和竞赛水平,现在阿根廷足球联赛体系由六个部分组成:阿根廷足球甲级联赛;阿根廷足球乙级联赛;阿根廷足球乙级大都会区联赛和阿根廷全国足球甲级联赛;阿根廷足球丙级联赛和阿根廷全国足球乙级联赛;阿根廷足球丁级联赛和阿根廷全国足球丙级联赛;地区联赛。随着联赛体系的逐渐完善,相继出现了一批又一批足球俱乐部,至今为止有超过3 400家足球俱乐部在阿根廷足球协会注册。随着足球运动的不断普及,职业联赛与国家队对精英足球后备人才的需求越来越大,阿根廷足协也开始学习欧洲足坛先进青训体系并完善本土化青训系统。一是完善俱乐部梯队建制与赛制。阿根廷足球协会要求所有足球俱乐部必须建立U13—U20的全年龄梯队。因此,职业联赛准入的足球俱乐部都具有U13—U20全年龄阶段梯队,有的俱乐部甚至建立了U9—U20全年龄阶段梯队,例如博卡青年队。不同区域的俱乐部之间也建立了各年龄阶段的青少年足球联赛,这种联赛独立于足协体制之外,主要目的是为青少年球员提供更多的比赛机会,特别是非主力球员可以在比赛中获得较多的登场机会,提升比赛阅历与竞技能力,俱乐部球探也可通过此类比赛选拔出"发展潜力"较大的青少年球员。[1] 二是推进职业俱乐部与足球学校深度合作。阿根廷约有2 000所青少年足球学校,这些学校的学员在校期间不会与任何俱乐部签订合同。其中一半以上的足校都具备良好的场地设施与师资力量,可以源源不断地培养出优秀的足球后备人才。阿根廷职业联赛的俱乐部会与足球学院签订战略合作协议,为精英球员选拔与梯队校办提供支持。例如,塞萨利尼足球学校与河床青年队建立深度合作,塞萨利尼足球学校培养的优秀球员可优先由河床俱乐部挑选,并协助俱乐部组建后备梯队,形成了相对稳定的足球人才输送体系。[2] 三是提升足球场地设施条件。阿根廷全国范围内建设了80余个可容纳1万人以上的专业足球场,例如,首都布宜诺斯艾利斯现有专业大型足球场馆36个,成为世界上拥有足球场地最多的城市[3](图4-10)。部分职业俱乐部可向足协及当地政府申请专项基金进行足球场地改建、扩建,新建足球场地则需要当地足协全程参与,并建立与学校、社会组织关联的场地资源共享机制,提升新建球场利用率。四是建立俱乐部后备人才培养基地。阿根廷职业俱乐部中不乏顶级财团支持,此类俱乐部会建立俱乐部专属的后备人才基地,在全球范围内网罗优秀球员,以此提高俱乐部梯队足球人才质量。例如,拉努斯足球俱乐部借助财阀支持,建立了俱乐部后备人才培养基地,并定期捐助资金给生活贫困的球员,同时聘请专业足球教练对球员进行培养。五是加快球探系统建设进度。阿根廷职业俱乐部会根据地区划分各自的职业青训中心网点,并组建专业的球探体系,在区域内的学校或训练基地选拔优秀球员。阿根廷足协也十分重视球探体系建设,并制订了球探培养与选拔计划,为更多的青少年球员能够从低级别联赛中脱颖而出创造了可能。六是注重足球青训教练培养。阿根廷足协是世界上较早建立教练员培养体系的足球协会,国内职业足球教练员人数已达万人,其中高水平教练员并非在执教职业队或国家队,而是负责或参与地区青训工作。这使得阿根廷青少年在其足球能力形成初期就能够接触到最好的足球教练,为后期成为职业球员打下了坚实基础。如前阿根廷国家主教练马塞洛·阿尔贝托·贝尔萨·卡尔德

---

[1] NOGUERA A. Soccer in Argentina:a lecture[J].Journal of Sport History,1986,13(2):147-152.
[2] 吴夕东. 阿根廷青少年足球后备人才培训模式探究[J]. 运动, 2010 (16): 35-36.
[3] 搜狐体育. 布宜诺斯艾利斯是世界上拥有最多足球场的城市[EB/OL].(2009-04-01)[2021-04-27].https://www.sohu.com/a/305219190_658094.

拉,就曾在纽厄尔老男孩竞技俱乐部从事青训工作,培养出了波切蒂诺等足球明星。[1]

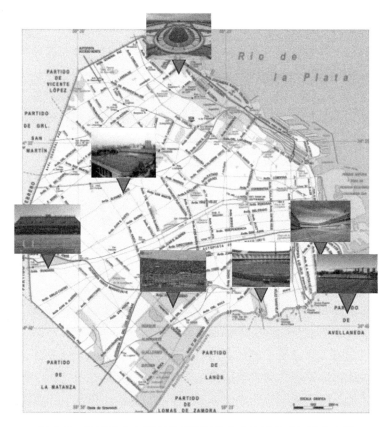

图 4-10 阿根廷布宜诺斯艾利斯部分专业大型足球场馆分布图

综上所述,阿根廷足球成功之处可以归为以下几点:一是足球普及度高且氛围浓厚。据统计,截至 2012 年年底阿根廷约有 33 万注册足球运动员,约占总人口数的 0.7%。国内足球场地设施资源丰富,可以满足普通民众日常足球活动所需。除职业联赛以外,阿根廷足协组织了不同年龄阶段的群众足球赛事,为青少年参与足球比赛创造良好的社会氛围。二是足球联赛体系双向互补。各级别职业足球联赛、业余联赛、青少年联赛等为职业、业余、青少年足球运动员提供良好的足球竞赛环境,有利于青少年运动员积累丰富的实战经验。阿根廷国内许多足球联赛并非官方举办,但此类赛事在竞赛组织、竞技水

---

[1] 网易体育. 内德·贝尔萨:疯子和教父于一体的痴狂人生[EB/OL].(2020-09-27)[2021-04-27].https://sports.163.com/20/0927/21/FNIF0NVQ00058781.html.

平、参与程度等各方面趋于职业化，这种官方赛制与民众赛制的双向互补为青少年球员成长提供了更为广阔的平台。三是职业俱乐部与足球学校建立长效合作机制。俱乐部与足球学校的深度合作是一种足球人才培养的"双赢模式"。俱乐部借助足球学院广泛生源的体制优势为其梯队建设提供长效保障，足球学院通过俱乐部的后备人才选拔为学校学员谋取更好的发展平台。这种"定向—培养—选拔—输出"的合作机制可以理解为足球后备人才培养的"供给侧结构性调整"。四是职业教练资源丰富，球探系统科学健全。阿根廷足球教练员培养体系为该国培养了许多职业足球教练，这些教练员大多数都具备较高层级的职业经历，例如赫拉多·丹尼尔·马蒂诺、迭戈·阿曼多·马拉多纳·佛朗哥、马塞洛·阿尔贝托·贝尔萨·卡尔德拉等。这些职业足球教练员通过系统的培训，会将自身职业足球训练经验与现代科学训练手段有机结合，按照青少年生长发育规律，为球员安排合理的训练计划。此外，部分职业球员退役后转型成为专业球探，探寻不同年龄阶段青少年球员的竞技表现行为特征，选拔有潜力球员向高水平俱乐部输送。

虽然阿根廷足球氛围浓郁、拥有较为完善的足球训练、竞赛与选拔体系等，但就其近几年的竞赛水平看，总体呈下滑趋势。究其原因可归为以下几点：一是人口老龄化严重。据统计，截至 2020 年阿根廷年龄超过 60 岁的老年人总数已达总人口数的 13%，且该比例存在不断上升的趋势，阿根廷已步入老龄化社会，而 9 岁至 14 岁的青少年占总人口数的 16.2%。这种国家年龄结构老龄化问题意味着青少年人口总数相对较少，进而导致阿根廷青少年足球运动员"基数福利"难以维系，俱乐部选材范围逐渐缩减。二是国家经济持续低迷。受到经济危机影响，阿根廷货币比索的大幅度贬值、国内生产总值连续多年下滑、在国际货币基金组织大规模贷款、对内实行紧缩政策以维持财政平衡[1]，这些导致国内职业足球俱乐部和基层足球机构经济实力衰退，难以投入更多的专项资金推进足球人才选拔培养、基础设施建设升级等相关体系建设。三是俱乐部人才"外流"。足球俱乐部在受到经济危机的打击下，为了维持俱乐部正常运作，通过向外界"出售"俱乐部培养的优秀、存在潜力的青少年足球运动员，以获得俱乐部运营资金，其中有很多优秀的足球运动员外流欧洲，导致本土足球精英的大量流失，再加上国家老龄化严重，极大打击到阿根廷的足球青训体系。[2] 四是团体"依附"于个人。随着世界足球运动技战

---

[1] 戚奇明. 阿根廷为何"哭泣"？全球化下新兴市场面临困境[EB/OL].(2018-07-04)[2021-04-27].https://www.financialnews.com.cn/shanghai/201807/t20180704_141396.html.

[2] ALABARCES P.Football and stereotypes：Narratives of difference between Argentina and Brazil[J]. Bulletin of Latin American Research,2018,37(5):553-566.

术体系的不断革新,以"个人"为中心的战术打法已无法适应当前足球运动的发展体系,整体性团队协作将是未来足球发展的基本趋势,以"个人核心式"打法为基础的球队将逐渐消失。阿根廷足球风格以奔放自由为主旋律,提倡个人英雄主义的特立独行,出现了马拉多纳、卡尼吉亚等独具浪漫主义色彩的"潘帕斯雄鹰"。但是,这种足球人才培养理念与组队方式已不再适宜当前世界足球发展潮流。例如,2018年俄罗斯世界杯,阿根廷队以梅西为核心的组队原则和战术打法使其止步16强,间接证明了团体"依附"于个人已很难获得比赛胜利。

(二) 巴西

截至2020年10月,曾经5次举起"大力神杯"的巴西国家足球队世界足球排名第三,其独具特色的足球风格被人们誉为"桑巴足球"。足球运动一直是巴西人文化生活的主流,大街小巷都能见到人们踢球的身影。据世界足联官方统计,2014年巴西足球人口达到1 686万,其中注册足球运动员超过200万。巴西足球起源于1864年,"巴西足球之父"查尔斯·米勒从英国留学归来时,将英国的足球引入巴西。[1] 在查尔斯·米勒创立巴西第一个足球俱乐部——圣保罗竞技俱乐部并举办"圣保罗足球联赛"后,足球的火种在巴西这块土地上迅速蔓延。以巴西人对足球的热爱为基础,巴西足球开始进入发展阶段,并且迅速成为世界足球强国。

通过对文献的梳理与总结,笔者将巴西足球发展体系归结为以下几点:第一,足球职业化推进种族平等。巴西原为印第安人居住地,16世纪沦为葡萄牙殖民地,在"奴隶制""种族歧视"影响下,足球运动成了白种人的专属运动,1922年之前没有一支冠军球队里有黑人,很多白人足球俱乐部也拒绝和有黑人的球队踢球。直到20世纪中后期,中下阶层的足球精英涌现,大批俱乐部开始接纳黑人和混血运动员,例如瓦斯科·达伽马足球队。[2] 在1933年巴西足协实施足球职业化并借助法律作为保障后,各个阶级、肤色的足球运动员都有机会参与足球联赛,大量球星开始出现:卡卡、贝利、罗纳尔迪尼奥、罗纳尔多、内马尔等。[3] 足球职业化为社会各基层、各肤色足球运动员提供参与高水平联赛的可能,提高运动员参与足球运动的积极性。第二,足球普及率高,群众基础广泛。巴西总人口共2.2亿人,其足球人口高达1 686

---

[1] 吴建喜,李可可. 巴西足球运动发展及对我国的启示 [J]. 北京体育大学学报,2015,38 (4):136-140.

[2] 韩朝晖,刘海明. 桑巴之魂:巴西足球文化研究 [J]. 辽宁体育科技,2017,39 (4):12-16.

[3] 陶克祥. 南美足球发展及其对我国的启示 [J]. 体育科学研究,2016,20 (4):36-41.

万,足球人口的密度非常高,其中国家级足球运动员达 2 万余人。巴西几乎所有人都是球迷,每逢有盛大的足球赛事他们都会成群结队地去赛场为自己喜欢的球队加油,还衍生出许多球迷俱乐部。巴西人对足球的狂热程度是我们无法想象的,足球已经成为民众生活的理想投射与精神寄托,成为巴西人血液中的恒久不变的基因。第三,赛事体系完善,受众群体众多。巴西足球联赛繁多,除了巴西足协创办的甲、乙、丙、丁四级联赛的巴西全国足球联赛以外,还有由地方足球协会负责组建的、独立于全国足球联赛的州联赛或州锦标赛等,且每个州联赛还细分为不同级别的联赛,例如,成立于 1902 年的圣保罗州足球联赛就分为 A1、A2、A3、A4、A5、A6 等 6 个级别,其中 A1 为圣保罗州足球联赛的最高级别比赛。这些州联赛是全国足球联赛的"塔基",也是巴西足球王国的"根基",各州足协可根据各州特点自行决定赛制与时间。除此之外,巴西足协及地方协会非常重视社会民众的比赛参与度,全国范围内各级各类业余足球联赛数不胜数,例如,圣保罗州 1 支业余球队 1 年的参赛数量达 100 余场。因此,层次分明的足球赛事体系满足了巴西民众不同群体对于足球比赛的需求,职业足球运动员可以通过频繁的高水平足球比赛快速积累比赛经验,提高自身技战术能力,业余水平的社会民众通过地方足球联赛的开展可以满足自身体育娱乐需求,这也是巴西足球文化形成的有效方式之一。第四,严格的球员选拔模式,造就了精英足球体系。虽然巴西足球氛围十分浓郁,无论男女老少都会一些足球基本技能,但是巴西足球俱乐部和足球学校的人才选拔十分严格,例如,在圣保罗青训基地只有 30% 或者更少的青少年运动员会进入俱乐部的梯队训练,70% 以上的足球运动员则会被淘汰(图 4-11)。[1] 如此之高的淘汰率从一个侧面反映出了巴西足球后备人才选拔的严苛。巴西青训建立了不同年龄阶段梯队球员的选拔机制,青少年球员在其足球成长路径中要经历 5 至 8 次的严格测试与选拔才有可能成为一名职业球员,而职业球员中也只有一小部分可能成为巴西国家队队员。[2] 这种层层筛选的选拔机制决定了巴西足球青训的"精英之路",被选拔球员会受到全方位的后勤保障助其成长。这里需要着重强调的是,在球员选拔年龄阶段中,重中之重是 U13 年龄阶段,其也是巴西青训人才的"分水岭"。第五,足球基础设施完备,后勤保障体系健全。自 20 世纪 40 年代后期巴西就开始陆续投建大型体育场馆,至今为止已建

---

[1] 每日头条.中国足球无法照搬巴西足球青训模式[EB/OL].(2017-11-09)[2021-04-27]. https://kknews.cc/zh-my/sports/ne529z5.html.

[2] TOZETTO A V B,GALATTI L R,SCAGLIA A J,et al.Football coaches' development in Brazil:A focus on the content of learning[J]. Motriz:Revista de Educação Física,2017,23(3):1-9.

立600座左右的标准足球场,其中最有名的就是马拉卡纳体育场。[1] 2014年巴西世界杯惨败德国之后,巴西政府投入1亿美元于15个州建造青训基地,这些基地设置了标准比赛场地、守门员训练场地、健身房、理疗室、游泳池等,为青少年足球后备人才培养创造良好环境。此外,绝大多数俱乐部梯队都配有技术教练、体能教练、医生、人力资源管理人员、后勤人员、心理咨询师等,例如,营养师会根据青少年足球各年龄段身体发育的需要,安排每天的饮食,一日"五餐"并不少见。第六,梯队衔接紧密,预防人才流失。巴西俱乐部各年龄段梯队衔接紧密,绝大多数俱乐部青训会建立U13—U20年龄阶段的梯队,也有部分俱乐部会建立囊括U9—U20全年龄阶段的梯队,避免了因足球后备人才梯队建制不全而造成的足球人才大量流失问题。巴西足球的灵魂是"桑巴足球",而桑巴足球的主要表现形式是街头足球。随着世界足球青训发展理念的革新,以拉玛西亚青训营为代表的欧洲青训模式已成为世界足球人才培养的主要趋势,强调"盘带""个人能力"的街头足球培养模式也无法与突出"推进""协作能力"的欧洲模式相对抗。为此,巴西足球也开始引入德国足协的青训体系,建立了衔接紧密的各年龄段梯队,并专门设立"种子计划",以技术、智慧与体格为三大标准,在全国范围要求俱乐部建立梯队。第七,注重球员全面发展使之成为一个合格的人。由于巴西足球后备人才培养推崇"精英模式",许多球员在U13—U15阶段会进行职业选择,单一的足球技能习得使其无法适应社会发展需要,甚至可能成为社会的"潜在危害",例如,罗纳尔迪尼奥、阿德里亚诺等贫民窟球员的"暴发史"。因此,近年来巴西足协开始注重球员的文化习得与道德教育,球员不能只会踢球,更需要智慧的头脑和强大的心理。在比赛之余,年轻球员必须要接受文化课教育。如果有球员文化课没有达到标准,就可能受到停训的处罚,直到文化知识达标才能恢复训练。[2] 第八,政府大力引导,法律保驾护航。巴西政府十分重视足球事业发展,支持足球场地开发,积极投入资金修建足球场地以及青训基地,足球也成为巴西的一种政治工具,可以用来凝聚民心、赢得选票等,例如,巴西队时常会在赛前接待各国来访的政要。巴西还设有各级体育仲裁法院,对职业联赛中出现的问题与纠纷进行司法或行政判决。除此之外,巴西还建立了比赛观察员制度,负责监控足球比赛中的不法行为,如果某场比赛存在"暗箱操作",观察员则会向巴西足协乃至体育仲裁法院申诉,以此保证足球比赛的公平性。

---

[1] 张海军,张海利,郭小涛.巴西竞技体育发展的赛场文化背景探析——以足球和排球运动为分析个案[J].体育与科学,2011,32(1):94-97.

[2] 姬烨,赵焱.巴西青训基地设施一流产业化青训成就足球王国[EB/OL].(2014-07-08)[2021-04-27].http://www.chinanews.com/ty/2014/07-08/6364369.shtml.

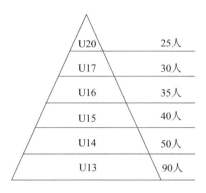

图 4-11　巴西圣保罗青训基地各级梯队及人数情况

综上所述，巴西足球的发展经验可为我国足球青训发展提供以下几点启示：一是足球普及度强，国民参与度高。一个国家足球运动的发展必须具备广泛的群众基础。据统计，一半巴西人都是超级球迷，足球人口超过1 600万，有20万左右的业余球队登记注册[1]；各级各类足球联赛的广泛开展为足球运动的广泛普及提供赛制保障，足球基础设施的大力投建为民众参与足球运动提供了硬件保障。二是人才选拔标准高，推崇精英足球模式。在保证广泛普及率的情况下，积极推进"精英人才"选拔，再以"精英"为抓手，进一步推进足球的广泛参与度。"只有普及，没有提高"是一种"低水平重复"，"只有提高，没有普及"是一座"空中楼阁"，我们需要高效协调"普及与提高"的关系。三是广泛开展各类足球联赛，加快球员比赛经验积累。全国足球联赛以及州各级联赛的举行有利于足球运动员经验的积累，加速高质量足球队员的培养，提高足球技术水平和阅读足球比赛的能力。四是推进体育法的改革与完善。各级体育仲裁法院的建立以及相对完善的比赛监督手段有利于比赛的公平进行，可以有效预防黑哨、假球等足球腐败的出现。五是严格要求俱乐部梯队建制。俱乐部各梯队之间衔接紧密，有利于掌握球员身体发育等的基本情况，有利于教练员根据采集信息为运动员制订科学的训练计划，帮助年轻运动员技能水平快速提升，也避免了青少年足球运动员因身体发育原因暂时达到瓶颈而被提前淘汰。六是育人与训练相辅相成。俱乐部不仅要对球员的足球技术、身体素质等方面发展严格要求，同时，对于球员文化教育方面也应有一定标准，保证球员在球场上具备一定的"球商"，转型后也可尽快适应社会。

虽然巴西作为足球强国有很多发展经验可供借鉴，但是其足球发展体系仍

---

[1]　吴建喜，李可可. 巴西足球运动发展及对我国的启示［J］. 北京体育大学学报，2015，38（4）：136-140.

然存在不足。首先，巴西U20以下的足球联赛稀缺，许多U20以下梯队的比赛是以友谊赛以及训练赛为主，并不能很好地增强运动员赛场意识。其次，足球存在过度"商业化"的现象。很多足球经纪人、俱乐部通过推荐、出售有天赋的青少年运动员来赚取钱财。很多足球运动员踢足球的目的是摆脱贫民的身份，但是收益高的总是占少数。据巴西足协统计，2016年巴西国内82%的足球运动员月工资低于265美元，很多足球运动员虽然被培养多年，但是最后只能放弃足球另寻他处。[1]

（三）美国

足球作为美国最受欢迎的运动之一，其青少年足球人口远超垒球、篮球等运动，成为仅次于橄榄球运动的全美第二大体育运动。据世界足联官方统计，2014年美国足球人口达到2447万，青少年足球运动员注册人数达到305万。截至2018年，美国高中学龄阶段参与足球运动人数中男生为456 362人，女生为390 482人，近些年来参与人数持续上升（图4-12），美国已成为紧随巴西的世界第二大足球王国。据统计，2019年全球青少年足球人口中女生参与人数占总数的12%，其中美国占了一半以上。在女足注册球员方面，美国已经超过了300万人。与之相比，中国女足注册球员仅为对外公布的"几千人"，后备力量的差距之大可想而知。而美国作为足球大国，其国家队在世界赛场上也

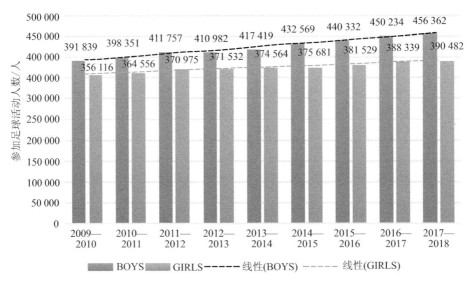

图4-12　2009至2017年全美高中学生参与足球活动人数变化图

---

[1]　界面新闻. 一场大火，烧出巴西足球青训的残酷现实[EB/OL]. (2019-04-13)[2021-04-27]. http://www.yidianzixun.com/article/0Lj0AyvA.

取得了不错的战绩，自1900年世界杯后美国男子足球队再无缺席世界杯，并多次打入十六强赛。美国女足自1985年成立，已保持超过8成的胜率，1999年和2015年美国女足三次赢得女足世界杯冠军。1996、2004、2008和2012年赢得奥运会女足项目金牌。

早在19世纪初期，足球就由英、法、德等欧洲殖民国家引入美国。在当时的社会发展环境之下，美国足球行业并未形成健全的足球竞赛规则与良好的足球市场氛围，足球俱乐部体系及青训架构雏形尚未完全形成，此外，早期受众的运动项目以橄榄球、垒球、冰球为主，并没有非常多的人愿意观看和加入足球运动中，本土化的足球职业教练员资源也十分匮乏。由此可见，美国早期足球在种种因素的影响下并没有得到很好的发展。但是，在1994年美国承办第15届足球世界杯后，其足球发展状况有了良好的转变。具体改变为以下几点：一是健全竞赛体系，填补空白区域。在足球竞赛规则进一步完善后，美国先后创办了美国公开杯、美国联合足球联赛、北美足球联赛、美国职业足球大联盟等职业联赛，国家足球超级联赛、联合足球联赛发展组等半职业联赛，NCAA大学联赛等业余联赛。美国足球联赛的创办与开展，给业余足球运动员与青少年足球运动员提供参与足球竞赛的平台，填充职业足球联赛以外的空白区域，创造了良好足球竞赛环境。二是以媒体为媒介，扩大群众基础。1994年美国世界杯总入场人数达到358万，其记录至今尚未被突破。美国各类媒体察觉到转播足球比赛存在巨额利润，陆续开始转播全球各类足球赛事，并且越来越多的民众愿意观看足球比赛并参与足球运动，这奠定了良好的群众基础。三是放弃明星效应，培养本土球员。美国不再浪费钱邀请国际球星来美国联赛踢球，从而博人眼球，而是开始重视本土化球星的培养，构建了具有美国特色的青训体系和人才输送体系（图4-13）：12岁及以下的青少年足球运动员在课余时间参加业余（社区）足球俱乐部组织的训练和比赛；12—16岁的足球运动员可以选择进入职业青训梯队进行训练或者进入高中学习并在学校训练；18岁及以上接受职业青训的运动员可以选择去职业球队二队或卫星队、美国职业联赛、欧洲联赛、欧洲青训体系接受进一步足球训练，而在高中的运动员则可以进入大学，参加全国大学足球协会组织的比赛；进入职业球队二队或者卫星队的球员可以进一步进入美国职业联赛等，而大学生则可以通过"选秀"进入美国职业联赛。[1] 四是"选秀制"淡出历史舞台，俱乐部青训焕发生机。

---

[1] CRUZ D. 美国足球青训模式的巨变历史[EB/OL].（2020-03-15）[2021-04-27].https://kingshark8848.gitbook.io/soccer-in-america/zhong-wen/mei-guo-zu-qiu-qing-xun-mo-shi-de-ju-bian-li-shi.

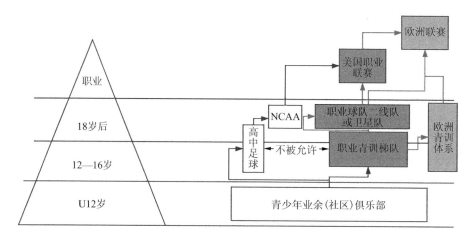

图 4-13　美国足球青训体系

"选秀制"盛行时期，许多俱乐部不能直接与参加选秀的球员签约，即使这个球员出自自己下属的青少年足球俱乐部。[1] 而在 2007 年美国足协颁发《本土球员规则》后，俱乐部可以签约自己培养的足球运动员，各个俱乐部逐渐积极构建青训体系，培养自己的青少年足球人才。五是成立美国足球发展学院，打造精英足球受众群体。2007 年美国足协还联合众多职业足球俱乐部成立了"美国足球发展学院"，美国大多数足球俱乐部将各年龄段的青少年足球运动员集中在一起，接受更专业的指导与比赛。其优质的培养途径和高质量的比赛吸引很多俱乐部加入美国足球发展学院，推进了美国青少年精英足球运动员的培养进程，形成了高质量培养体系之下的精英模式。[2] 六是以《美国足球青训纲要》为指导，合理规划球员训练计划。美国 U18 国青队主教练、国家队助理教练哈维尔·佩雷斯与美国球星克劳迪奥·雷纳借鉴欧洲成熟的青训系统出版了《美国足球青训纲要》，将美国青少年足球队员按照年龄分为五个水平：初学者水平（U6—U8）、普通水平（U9—U12）、中等水平（U13—U14）、进阶水平（U15—U18）、高等水平（U19—U20）和职业水平（成年人），并且按照各个年龄段身体发育的生理和心理特征等，提出不同阶段运动员在技术、战术、身体、心理等方面全面、科学的训练建议，形成"美国青训系统的金字塔"结构。除此以外，美国足协还设立青少年足球训练中心，免费为球员提供优质资源；与耐克公司合作，给优秀青少年足球运动员提供奖学金；归化优秀外籍球员，引进优秀的外籍足球教练员，学习国外优秀的训练

---

[1] 龙继军. 美国足球发展及振兴因素研究[J]. 体育文化导刊，2017（9）：176-180.
[2] SNOW S.US youth soccer player development model[M].New York：New York Red Bulls Red Print, 2012.

手段、青训体系等。[1]

综上所述，美国足球青训发展优势主要包括以下几个方面：一是以媒体为渠道，建立群众基础。通过转播各国各级的足球赛事培养大量足球观众，形成群众基础。孩子们愿意花时间去进行足球练习，家长也准许孩子进行足球训练和比赛，例如联合足联发展联盟等半职业足球联盟比赛队员主要由大学生组成。二是以青训纲要为指导，构建科学培养理念。《美国足球青训纲要》的出版，为全美青少年足球运动员的系统化、科学化训练提供统一的培养理念。其将足球运动员按照年龄分为五个阶段，并且根据运动员的身体发展规律和特点，从兴趣、心理、技术、战术等方面考虑训练的框架，为球员的发展预留出应有的空间，而非揠苗助长。同时，纲要也给予不同年龄阶段训练内容和强度等建议，规避了因不合理的训练内容与强度导致青少年球员身体过度损伤的情况出现。三是青少年足球联赛众多，运动员积累大量经验。半职业联赛、业余联赛以及青少年足球联赛等青少年足球比赛很多，年轻足球运动员可以通过美国专业体育协会、美国青少年足球协会、美国青年足球组织、美国青年足球协会等组织和协会参与各种足球比赛，丰富自身比赛经验，提升足球竞技能力。四是"引进来，走出去"相结合的模式。不仅引进欧洲优秀的职业足球教练员和团队，例如米卢蒂诺维奇、克林斯曼等，而且也引入年轻的外籍足球运动员将其归化，同时将优秀的本土足球运动员送到欧洲，加入当地的足球俱乐部接受更加系统的培训和比赛。五是职业足球青训与校园足球有效融合，助推校园足球高速发展。虽然"选秀"已经逐渐退出历史舞台，但是有实力并且愿意参与职业足球比赛的学生依然可以通过 NCAA 大学生联赛参与足球运动员"选秀"活动，并借助这个机会进入足球职业联盟。但是需要注意的是，他们在参加 NCAA 比赛的同时需要保证自己的学习成绩良好，否则他们的运动奖学金等就会被取消。

虽然美国职业足球青训体系与校园足球体系发展程度较为完善，但是美中不足的是，"付钱踢球"（pay-to-play）模式依然普遍存在。美国作为世界唯一的"超级大国"，资本主义世界的"领头羊"，却使得青少年足球运动员普遍难以得到免费或是低收费的足球青训服务，很多运动员在进入职业梯队集训营之前要付出高昂的青训费用才可能获得"晋升"机会，因此，部分青少年球员会因资金问题而无法得到系统足球培训，进而出现"半路夭折"。此外，在自由主义思潮的诱因下，许多美国青少年足球运动员会选择远赴欧洲进行深造，并加入该国国籍，这在某种程度上导致美国部分优秀足球后备人才"外流"。

---

[1] 潘前. 美国足球发展的历史回顾与现状分析[J]. 浙江体育科学，2010，32（2）：44-47.

(四) 墨西哥

墨西哥是南美洲足球强国之一，曾经 16 次晋级世界杯决赛圈，并将成为全世界第一个举办过 3 次世界杯的国家。截至 2020 年 12 月，墨西哥足球队共获得 11 次美洲金杯冠军、2 次美洲杯亚军。墨西哥足球协会成立于 1927 年，隶属中北美及加勒比海足球协会，是墨西哥足球运动的主管机构，负责管理墨西哥国家足球队、墨西哥联赛和宣传、组织、指导、监管墨西哥足球竞技等。墨西哥足协为了有效行使自身职权和提高办事效率，建立了中央办公厅、高水平赛事中心以及训练中心 3 个下级管理机构，各自负责不同的工作。1943 年墨西哥足球联赛实施职业化，并建立墨西哥足球职业联赛体系。现在墨西哥足球职业联赛体系共有 4 个级别（图 4-14）：墨西哥足球超级联赛，共 18 支参赛球队；墨西哥足球甲级联赛，共 16 支参赛球队；墨西哥足球乙级联赛，又分为晋级联赛和新秀联赛，参赛球队分别为 30 支和 34 支；墨西哥足球丙级联赛，共 244 支球队。各级别联赛除了墨西哥足球超级联赛和乙级联赛的新秀联赛没有升降级制度以外，都采用升降级制度。

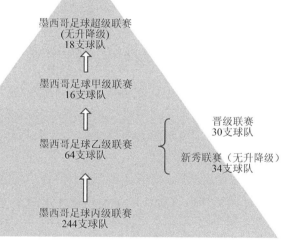

图 4-14　墨西哥足球职业联赛体系

经查找、阅读墨西哥足球相关文献，笔者总结出几点墨西哥足球成功因素：第一，足球普及度高，运动氛围浓郁。据调查显示，喜欢足球的墨西哥人有 8 000 万左右，约占总人口数的 66.7%。据 2015 年墨西哥足球协会调查显示，现有职业、非职业足球运动员约 850 万人，其中在墨西哥足协注册的职业足球运动员达到 32 万。从上述数据可以看出足球在墨西哥普及率非常高，营染浓厚足球气氛,有利于继续推广和发展足球运动,也奠定足球后备人才的选拔和培养基础。第二,足球赛制设置合理,比赛结果夺人眼球。墨西哥足球联赛由四个级别的联赛组成,各级别联赛主要分为春季联赛和秋季联赛,例如,墨西哥足球超级联赛分为春、秋季联赛,每季联赛包含常规赛与季后赛,18支足球队分为3组单循环赛制的常规赛,每组筛选出4支队伍进入主客场淘汰制的季后赛,最后角逐出冠军队伍。分层清晰的联赛体系和精彩多变的球场赛况,使得最终胜出球队的不确定性增大,吸引观众观看足球联赛。[1] 第三,联赛为新兴足球队员和球队创造机遇。墨西哥足球乙级联赛分为晋级联赛和新秀联赛两个子联赛。晋级联赛顾名思义,参加该级别联赛俱乐部的目的主要是升入甲级联赛,而参加新秀联赛的俱乐部无意升级,而是致力于挖掘优秀足球运动员和足球队伍,增加年轻足球运动员登场比赛机会,有利于足球运动员经验的积累、丰富自身阅历,提高球员训练的积极性,也扩大了足球俱乐部选拔足球人才的途径。第四,足球配套设施完善,群众足球热情高涨。墨西哥足球俱乐部都拥有各自的比赛主场,且与之相配的非标准足球训练场地也随处可见,这些训练场不但能用于球队训练,在闲暇之时也会分时间段对当地民众免费开放,这就间接提高了群众参与足球比率。据2015年墨西哥足球协会官方数据称,墨西哥现有高标准足球场地60片,其中最大的是阿兹特克足球场,是两次举办足球世界杯的场地。第五,青训体系逐步完善,本土球员不断涌现。庞大的青少年足球人口为职业足球俱乐部梯队奠定了广泛的选材基础,也为足协推动青训体系建设奠定了充足信心。在专项资金投入上,墨西哥足球协会每年为青训体系建设划拨专项资金超过2 000万美元,并采用购买服务的形式委托职业俱乐部进驻校园开展足球青训工作,统一青训职业化发展理念,形成以俱乐部梯队建设为核心的市场化运行机制。在竞赛体系建设上,组建U17、U20等不同年龄段的青少年精英足球联赛以及墨西哥足球乙级联赛的新秀联赛等,这些高水平赛事将有利于青少年球员良好技术战术意识的养成,使日常训练效果在高对抗竞赛中逐步内化,提高球员足球竞赛水平。在精英球员选拔上,墨西哥足球协会对年轻的精英球员极其重视,要求参加二级及以上联赛的俱乐部必须有至少1名21岁以下的本土精英足球运动员报名参赛,并且该运动员在赛季联赛中出场率必须在50%以上。[2] 这为青少年精英球员提供了较多参加高质量足球比赛的机会,刺激了梯队之间球员的良性竞争,也为各级

---

[1] 钱泳文.参与、基础、合作、青训四要素成就墨西哥足球——拉美足球强国调查之三[EB/OL].(2015-06-24)[2021-05-01].http://roll.sohu.com/20150624/n415535609.shtml.

[2] 浦义俊,辜德宏.墨西哥足球发展方式演进及其动力机制[J].体育成人教育学刊,2020,36(2):83-88,95.

别俱乐部选拔精英球员提供了平台。在人才全面培养上，各俱乐部都会竭尽所能为青少年球员提供优质、全面的文化教育资源，让青少年球员在成长过程中得到全面发展的机会。第六，融入国际足坛，吸取先进经验。首先，从足球联赛上讲，墨西哥不仅建立了墨西哥足球四级联赛体系，还积极融入国际足球联赛，拥有参加美洲杯、中北美及加勒比海金杯赛、中北美及加勒比海联赛冠军杯、南美解放者杯、南美杯等州级联赛的资格，不断提升自身竞赛平台，提高足球竞技水平，同样也吸引了大批青少年足球爱好者观看足球竞赛，有利于足球产业发展和青少年基础扩充。同时，墨西哥在人才培养模式上采用"引进来，走出去"的方法，将国内优秀青少年足球运动员和职业足球教练送到其他国家培养，让青少年足球运动员在其他国家足球俱乐部中进一步提升自身能力与水平，让职业足球教练学习其他国家科学、先进的青少年球员培训理念等。这种长效机制之下的高水平足球互惠是墨西哥足球近年来保持足球强国地位的重要因素之一。

综上所述，墨西哥足球成功的原因可以归为以下几点：一是足球普及度高，基础设施完备。墨西哥对足球感兴趣的人口远超总人口的一半，职业、非职业足球运动员约占总人口数的 6.9%，由此可见足球在墨西哥普及度之高。随处可见的足球场地为足球爱好者提供了进行足球训练或竞赛的机会。媒体对足球赛事的转播也极大宣传了足球文化，为足球普及做出一定的贡献。随着普及度和参与足球运动人数的提高，大幅度扩展足球俱乐部选拔人才的范围，有利于青少年足球人才基数提升和足球精英后备人才培养。二是足球联赛体系完善，优秀年轻球员辈出。墨西哥足球四级联赛与青少年足球联赛体系的搭建，为足球运动的普及营造了良好的竞技氛围，使得不同年龄段的足球运动员可以参与高水平足球赛事，提高自身竞技水平，积累充足球场经验。墨西哥足协对青训工作高度重视，出台了多项青少年足球运动员培养政策，给予他们更多的上场参与足球比赛机会，维持年轻球员的运动竞技水平，这也是墨西哥青年球员在世界足坛大放异彩的重要原因。例如埃尔南德斯、G-多斯桑多斯、布兰科、洛萨诺等。除此之外，墨西哥足球协会每年都会举办 10 多次青年精英训练营，培养、指导、选拔青少年足球人才，目前墨西哥国内青年球员的数量已经过万。三是"引进来，走出去"，联合培养足球人才。墨西哥足球协会与足球俱乐部积极为足球运动员与职业足球教练员创造海外学习机会，让球员能在更高水平的俱乐部和联赛中积累经验，让职业足球教练员学习更加先进、完善的足球青训理念。同时，足协也出台相关政策，引入高水平的足球运动员和职业足球教练员，提高国内足球联赛的质量与观赏度，吸收国外先进足球理念。四是社会环境稳定，足球氛围浓郁。墨西哥在经历第二次世界大战后，积极采用"进口代替"为主的国民经济全面工业化方针，使墨西哥经济在 20 世纪 50

年代到70年代保持高速发展。[1] 20世纪90年代后,对外资依赖极大的墨西哥经济体系受到金融危机打击后,政府立即制定紧急拯救计划,将通货膨胀率压缩到最小。[2] 在此过程中,墨西哥政府面对危机的应急处理能力得到了广大民众的认可,社会上未出现大规模的游行与群体暴动,广大民众对足球运动的热爱并未因政治经济环境的动荡受到影响。同时,墨西哥政府以两次举办世界杯为契机,大大提高了足球运动的社会参与度,推动体育产业的复苏与发展,一定程度上推进了墨西哥经济结构调整和社会稳定发展。

(五) 乌拉圭

作为美洲足球强国之一的"四星"乌拉圭素有"南美瑞士"的美称,曾两次获得奥运会足球比赛金牌、两次世界杯冠军、15次美洲杯冠军,培育出了路易斯·苏亚雷斯、迭戈·戈丁、卡洛斯·桑切斯等国际足球明星。根据2021年2月世界足联官方排名,乌拉圭以1 639点积分位居世界第八,是排行榜排名前十名中人口最少的国家。乌拉圭总人口为347.4万,不及中国总人口1/400。[3] 乌拉圭之所以能成为世界足球强国主要原因可以归结为国家历史、发展方针等几个方面。

首先,从乌拉圭的发展历史来看,其足球起源最早可以追溯到19世纪70年代,欧洲殖民者将英式足球引入乌拉圭。1881年乌拉圭最早的足球俱乐部——佩纳罗尔足球俱乐部成立。1900年乌拉圭足球协会正式建立,同时创办了全国业余联赛。1916年乌拉圭国家男子足球队在首届美洲杯足球比赛中夺得冠军,在1924年和1928年连续获得奥运会足球项目金牌,紧接着在1930年和1950年两次获得世界杯冠军。1932年乌拉圭足球协会开始推行足球职业化改革,逐步建立并完善乌拉圭足球联赛体系:乌拉圭足球甲级联赛和乌拉圭足球乙级联赛。随后乌拉圭足球发展陷入瓶颈,而欧洲五大联赛的举办使得欧洲大部分国家足球实力大幅度提升,足球培养理念日趋完善。欧洲部分国家以及美洲部分国家的足球实力逐渐与乌拉圭足球实力拉开差距。2000年后,网络、信息全球化时代的到来令乌拉圭足球重获生机,乌拉圭足球协会开始重视青训体系建设并学习欧洲先进的足球人才培养理念,在2010年南非世界杯获得第四名,2011年美洲杯获得冠军,2014年世界杯进入1/8决赛,2018年世界杯进入1/4决赛等,都证明乌拉圭足球正在复苏和发展。

---

[1] 杜娟."墨西哥奇迹"破灭对我国经济发展的警示 [J]. 环渤海经济瞭望,2009 (6):57-59.

[2] LEES F A.The mexican financial crisis [J].International Journal of Public Administration,2007,23 (5-8):877-906.

[3] CEIC. 乌拉圭人口 [EB/OL]. (2020-12-27) [2021-05-01]. https://www.ceicdata.com/zh-hans/indicator/uruguay/population.

乌拉圭足球的快速发展可以总结为以下几点：一是足球文化传播广且推广程度高。据统计，乌拉圭足球协会注册的业余足球队员约25万人，注册的职业足球运动员约3 000人，注册的足球运动员占总人口数的7%；约有138万人生活在首都——蒙得维的亚，有接近总人口数一半的人集中在蒙得维的亚，并且在这里先后有24个参加乌拉圭足球甲、乙级联赛的职业俱乐部成立。人口密集，足球俱乐部多，足球赛事较多，在浓厚的足球氛围之下使得足球受众广泛，任何人都能观赏或参与到足球比赛中。在足球文化传播方式上，乌拉圭除了通过转播世界各级别的足球赛事以及教育上宣传足球文化以外，也通过建设相关足球纪念博物馆来推广足球文化，例如，乌拉圭在首都蒙得维的亚的百年纪念体育场内建立了世界上第一个足球博物馆，并在1982年命名为足球历史遗产。博物馆内陈列了乌拉圭足球的发展成果以及获得的荣誉，是乌拉圭足球文化的象征之一，乌拉圭人都引以为傲，不仅宣传乌拉圭足球悠久的历史与文化，也提高社会凝聚力（图4-15）。[1] 二是建立健全职业、青少年足球联赛。乌拉圭足球联赛分为两个级别：乌拉圭足球甲级联赛与乌拉圭足球乙级联赛。虽然相比于美国、阿根廷、巴西等美洲国家的联赛体系显得略微简单，但历史悠久。乌拉圭足球甲级联赛成立于1900年，是乌拉圭最高等级足球联赛，共有16支球队，其中佩纳罗尔足球俱乐部和乌拉圭民族足球俱乐部长期包揽乌拉圭足球甲级联赛冠军；乌拉圭足球乙级联赛成立于1942年，共有14支球队。除了职业足球联赛以外，乌拉圭的青

图4-15 乌拉圭百年纪念体育场内建立的世界上第一个足球博物馆

---

[1] 杨翼. 乌拉圭百年纪念[EB/OL].（2019-01-01）[2021-05-01]. https://www.xzbu.com/6/view-2916777.htm.

少年足球运动员也积极参加南美青年足球锦标赛等青少年足球联赛，为各年龄段足球运动员提供良好的竞赛机会，提高运动员足球竞赛水平和丰富足球阅历，也为足球人才选拔提供渠道。三是构建完善的足球青训体系。在中小学阶段，学校给学生留下充裕的课余时间，他们可以利用下午绝大多数时间去足球俱乐部学习足球技术。[1] 很多孩子从小就对足球产生兴趣，愿意参与足球运动并养成了踢球的习惯，足球俱乐部可以在大基数愿意参与足球运动的青少年中选拔足球人才，拓宽精英球员选拔渠道。集中的人口提供丰富的足球人才资源储备，职业足球俱乐部能从基数众多的人群中筛选出青少年足球运动员进行训练、指导，培养本土化足球明星。各个职业足球俱乐部大多设置U14、U15、U16、U17以及U20的梯队，强调足球运动员精英化培养，充分利用各种资源培养少量的青少年足球精英。[2] 俱乐部除了提升运动员足球技术水平外也进行文化教育与爱国教育，例如，在国家队U系列梯队进行集训时，乌拉圭足球协会会专门聘请讲师宣讲有关乌拉圭足球历史和获得的荣耀。四是区域集中提升人才培养效率。乌拉圭足球甲、乙级联赛共有30个职业足球俱乐部参加，其中有24个职业足球俱乐部在首都蒙得维的亚落户，并且有接近总人口数一半的人生活在蒙得维的亚，为不同年龄段国家队集训提供便利。乌拉圭足球协会也与足球俱乐部签署协议，不同梯队青少年足球运动员可以在每周一到周三在蒙得维的亚国家队训练基地集中训练，其他时间则是在所属俱乐部训练和比赛，大幅度提高球员之间的默契度。五是注重培养职业足球教练。乌拉圭足球协会每年定期举办足球教练员培训班，注重培养本土化职业足球教练员，并加强与欧洲足球的交流，学习先进的足球训练理念和青少年足球培养理念。例如，乌拉圭国家男子足球队主教练奥斯卡·塔瓦雷斯就是乌拉圭本土化足球职业教练员，他也致力于乌拉圭足球青训体系的建设并提出"天蓝计划"，用以培养本土化足球精英，同时归化国外青少年足球运动员。[3]

综上所述，乌拉圭足球发展的优点可以归为以下几点：一是足球文化传播范围广，足球运动推广力度高。在乌拉圭足球协会注册的职业与非职业足球运动员占全国总人口的7%，每100个乌拉圭人就有7个官方注册足球运动员，而爱好足球的人则更多。加之中小学只设置半天的学习课程，很多爱好足球的

---

[1] 姬烨. 小国乌拉圭足球强国之路：重视培养球员爱国精神[EB/OL].(2015-01-30)[2021-05-01].http://sports.people.com.cn/n/2015/0130/c22176-26481729.html.

[2] MAURITZEN M H.Success of small football nations[D].Copenhagen：Copenhagen Business School，2017.

[3] 马作宇. 乌拉圭足球密码：340万人口，如何养育那么多巨星[EB/OL].(2018-07-09)[2021-05-01].https://www.thepaper.cn/newsDetail_forward_2237821.

学生可以自由支配大量时间参与足球训练，有利于提高青少年足球整体技术水平，也便于职业足球俱乐部筛选足球精英人才。建立足球相关的博物馆、纪念球场等也有利于足球文化宣扬以及足球项目在乌拉圭的普及。二是国家人口、职业俱乐部高度集中。据官方统计，有164万人生活在乌拉圭首都蒙得维的亚，约占总人口数的50%，参加乌拉圭足球甲、乙职业联赛的30个俱乐部中，有24个职业足球俱乐部在蒙得维的亚创办。集中的人口和足球俱乐部以及职业、业余、青少年足球联赛，使得足球运动能够快速普及并营造良好的足球氛围。三是稳定的社会环境为足球发展创造良好的外部条件。乌拉圭位于美洲南部，不仅免受两次世界大战破坏，而且凭借农副产品的大量出口，为早期乌拉圭足球发展提供了良好社会环境与财政基盘。虽然乌拉圭经历了20世纪后期的政治动荡、2000年南美经济危机以及2008年世界金融危机，但是乌拉圭政府借助积极的政策调控予以应对，通过总统选举，恢复民主宪制；注重保持经济的宏观调控，相关经济政策的延续性，加强金融管理等手段，迅速从阴影中走出来，为现代乌拉圭足球的可持续发展形成持久动力。[1]

虽然乌拉圭足球的强大有目共睹，其发展过程有很多亮点以及值得借鉴的地方，但是自身也存在一些不足：一是全国足球发展不均衡。乌拉圭的人口以及职业足球俱乐部过于集中在蒙得维的亚，导致只有蒙得维的亚足球发展速度很快，而其他地区的足球发展与之相比则较为落后。二是俱乐部之间贫富差距过大。大型职业足球俱乐部掌握着大部分足球产业，例如，佩纳罗尔足球俱乐部拥有8万左右的会员，大型足球俱乐部垄断球迷、门票收入，导致小型足球俱乐部收入较低、赤字出现，不得不通过"售卖"自身培养的优秀足球运动员来换取维持俱乐部正常经营的资源，导致足球精英人才的流失，不利于青训体系的发展。三是足球职业联赛体系较为简单，不利于高水平球员发展。相比于美国、阿根廷、巴西足球联赛体系，乌拉圭的二级职业足球联赛体系过于简单，导致高水平足球运动员难以通过国内足球比赛提升自身足球水平，不得不外出前往其他国家职业足球俱乐部进行深层次的培养和参加高质量的足球联赛提升自身足球水平，导致本土足球人才的流失。除此以外，过于简单的职业联赛体系，让球迷很容易猜出最终获得冠军的球队，相比于墨西哥足球超级联赛不仅每年产生两个冠军，其常规赛与季后赛赛制使得冠军得主充满变数，夺人眼球，让更多的人愿意观看足球比赛并进行足球运动。过于简单的联赛容易使人失去观看足球比赛的兴趣，不利于足球文化的传播与发展。

---

[1] 凌颖. 乌拉圭足球发展研究[J]. 体育文化导刊, 2016 (5): 124-129.

第五章

我国职业足球青训与校园足球深度融合的推进路径

第一节 理念先行,解决职业足球青训与校园足球深度融合的认识障碍

长期以来,由于体制制约等原因,我国职业足球青训与校园足球一直被人为割裂,体育与教育两家主导部门为"两张皮"状态,各自承担不同的职能、任务,平行难以交叉。许多人认为:校园足球就是教育,职业足球青训就是体育;校园足球就是普及,职业足球青训就是提高。人们对青少年足球事业发展的功能与价值也只是局限于体育层面,将其简单视为身体素质的锻炼,其在国民教育改革、民族精神塑造等方面的价值没有得到应有的发挥。对此,我们需要破除这些认识障碍,引导人们形成正确的发展理念。

一是要根据《中国足球改革发展总体方案》与《关于深化体教融合 促进青少年健康发展的意见》的战略部署,重新认识校园足球与职业足球青训的战略地位与作用,贯彻和落实"一体化设计、一体化推进"的中国青少年足球人才培养理念,并将这一理念作为我国职业足球青训与校园足球相关政策制定实施的核心导向。从人的全面发展角度考虑,始终以青少年的全面发展为中心,严格遵照"以教为先、体教结合"原则,将校园作为青少年竞技足球人才培养的重要基地,在国民教育体系内,为优秀竞技足球运动员的成长提供条件。同时,提升我国职业足球青训与校园足球深度融合的价值定位和多元功能,从单一的青少年体质增强、竞技水平提升、专业人才培养发展为民族精神塑造、学校体育改革、体育强国建设等社会功能。

二是要树立"大青训"理念,推进普及与提高的协同发展。我国职业足

球青训与校园足球深度融合要求足球后备人才培养要以全面化、专业化发展为导向，"专业人做专业事"，解决我国足球后备人才匮乏问题。这需要我们摒弃校园足球就是"玩""普及"，不具备培养足球后备人才的责任或能力的错误观念。要充分发挥足球协会、职业足球俱乐部、体育院校等体育系统的专业资源优势，破除校园足球教学、训练、竞赛等方面专业人才稀缺的困局，提升校园足球在"大青训"体系塔基层面的普及质量。同时，突出学校体育是竞技体育后备人才培养中的基础作用。根据《学校体育工作条例》《国务院办公厅关于强化学校体育促进学生身心健康全面发展的意见》的要求，充分发挥教育在足球后备人才培养过程中的育人功能，保障竞技足球后备人才的全面发展。

第二节 深化改革为动力，破除职业足球青训与校园足球深度融合的体制机制障碍

我国职业足球青训与校园足球深度融合是推进足球后备人才培养的重要途径和手段，要求打破体育、教育等部门界限和体制壁垒，形成合纵连横、协同创新和跨域治理的中国青少年足球人才培养新模式。受体制影响，我国校园足球工作主要由教育部门主导，其他部门和社会组织基本是"层层加压"的形式协助，教育部门与体育部门相互协作建立的"国务院足球改革发展部级联席会议制度"运行机制尚不成熟。体育部门主导的职业足球青训主要以培养竞技足球后备人才为目标，教育功能发挥不够，尽管国务院办公厅下发《关于进一步加强运动员文化教育和运动员保障工作的指导意见》等重要文件，但由于缺乏跨部门的协同机制，使得系统内外难以形成有效的动力与合力。面对新形势，要用全局的观念和系统思维考虑我国职业足球青训与校园足球深度融合问题，通过全面深化改革激发多元主体的协同与参与，从而破除制约我国职业足球青训与校园足球深度融合的体制机制障碍。

一是改革政府管理体制。在我国政治行政体制之下，政府是我国职业足球青训与校园足球深度融合的责任主体和推动主体，而且，在未来很长一段时间里，政府依然是改革的绝对主导力量。因此，改革政府管理体制既需要简政放权，也需要放管结合，更需要协同治理。我们需要充分发挥国务院部际联席会议制度的统领作用，转变部际联席会议办公室的临时性、兼职性和虚拟成分，进一步完善"决策、指挥、监督"的领导职能，明确细化各协同部门的工作职责，形成各部门和各层级权责分明、问责到位、高效联动的管理体制格局。

同时，大力推进部分管理权限逐级下放的职能改革，激活地方体育、教育部门的能动性和创造性，逐步完成"垄断式"主导向精细"分权化"管理的转变。

二是推进供给侧结构性调整。在需求侧，校园足球发展专项资金需求巨大，但资金渠道较为单一，主要依靠政府财政专项资金投入，市场开发相对滞后；足球专业人才、技术极度紧缺，但受政策所限，多数专业人才无法入职学校。职业足球青训职业风险率高，队员极易脱离学校和家庭；选材面较窄，目标群体相对单一等。在供给侧，校园足球难以培养和输送高质量的足球后备人才；职业足球青训无法为运动员提供系统的、高质量的文化教育等。目前，校园足球学生群体众多，具备高质量优质教育资源，职业足球青训则拥有高水平的足球专业师资力量等优质专业资源，因此，利用供给侧改革强化对我国职业足球青训与校园足球领域生产要素的高效配置，破除深度融合的体制机制障碍，发挥市场在资源配置中的决定性作用，提升要素供给的准确性与有效性，将最终形成供需匹配、优势互补的运行机制。

第三节 建立促进职业足球青训与校园足球深度融合的政策法规

我国职业足球青训与校园足球深度融合，需要对两者原有的部门职能、运行机制与工作体制进行改革，重新划分政府部门、社会组织、职业俱乐部、学校等责任主体的权责边界，进行利益的再度分配与整合。如果仅仅依靠"层层加压"的行政手段或是相关领导之间的个人关系及影响力，则难以取得保证两大体系间的深度融合，更难以推进融合的可持续性发展。如果运用法治思想建立维护和促进我国职业足球青训与校园足球深度融合的政策法规体系，充分借助政策法规的稳定性、权威性、强制性作用，则更有利于促进我国职业足球青训与校园足球融合的程序化、规范化和制度化。

我国职业足球青训与校园足球深度融合还处于摸索阶段，相关政策法规仍需进一步健全完善，在政策法规制定过程中应着重强调中央顶层设计的普适性和地方配套的针对性。第一，提高顶层设计政策法规的法律效力，法律层级应对相关部委具有较强的约束力和执行力。地方政策法规可提升至地方人大制定颁布。第二，政策法规要明确界定相关主体的权责边界，破除过去体系间联合工作没有依据和制度保障的体制障碍，对我国职业足球青训与校园足球深度融合的一系列战略规划或运行机制应建立相应的配套政策和实施方案。改变原则性指导文件多、实际操作性文件少的现象，保证政策指导思想可切实落地实

施。第三,建立政策法规建设的组织保障体系。我国职业足球青训与校园足球深度融合涉及教育、体育、财政、共青团中央等诸多政府部门,中国足协、宋庆龄基金会等社会组织,以及职业足球俱乐部等市场机构,需要有专业统筹协调的组织保障体系在相关政策法规制定与执行中发挥统筹统管作用。例如,《全国足球场地实施建设规划(2016—2020年)》的制定涉及国家发改委、体育总局等四部门,在执行中还会涉及土地、规划、城建等多部门,这都需要专业领导机构进行统筹。第四,重点难点法规试点先行。我国职业足球青训与校园足球深度融合涉及利益主体较多,跨部门、跨行业,阻力大,融合工作很难开展。建议在一些重点难点领域,特事特办,率先突破。例如,充分发挥市场机制作用,协调体育、教育部门,试点引导资质良好的足球市场机构承接、包装、推广"青超联赛",突破两大竞赛体系融合的利益藩篱等。

第四节 实施系统工程,保障职业足球青训与校园足球深度融合落到实处

一、结合专项,革新教学体系

2016年中共中央、国务院印发了《"健康中国2030"规划纲要》,提出了"青少年熟练掌握一项以上体育运动技能"的清晰可量化目标。一个看似简单的目标却困扰了体育课程与教学改革,至今未能有效达成。职业足球青训与校园足球的深度融合应结合学校体育改革思想,提升融合的战略意义,迎合当前学校体育改革趋势,将融合打造为体育课程模式改革创新的突破口。一是教学目标方面,要以学生掌握足球运动技能为目标;二是教学内容方面,以技术技能习得为基础,以比赛能力提升为核心,形成终身体育的实践手段;三是教学方式与手段方面,要打破以往的体育课教学模式,设立"普修(体验)""选修(简练)""专修(精练)"三种形式的"走班制"教学模式,将校园足球特色学校的足球课真正做成"足球专项课",并将其作为学校体育课程模式改革的突破口;四是教学时间方面,深入推进"课堂革命",将足球课时间由原来的45分钟,调整为90分钟,或者将2节课并为1节课,保障学生能够真正在课堂上学会足球运动技能;五是教学师资方面,授课教师必须具备一定足球专项技能,决不允许非专项体育教师进行授课,可借助体系融合的优势,充分发挥和利用体育系统专业人才优势,通过任教制度创新,将职业足球俱乐

部、省市专业队、社会青训机构等专业足球人才引入学校，并通过跨校上课的形式，在学区范围内"多校上课"，以缓解校园足球师资不足的问题。

二、突出核心，完善训练体系

《全国青少年校园足球工作发展报告（2015—2019）》提出，坚持"教学是基础，竞赛是关键，体制机制是保障，育人是根本"的发展思路。笔者认为，其中忽视了足球运动最为关键的"训练"要素。应将其完善为"教学是基础，训练是核心，竞赛是关键，体制机制是保障，育人是根本"，明确科学、合理的高质量训练在青少年足球发展中的重要意义，这是职业足球青训与校园足球深度融合的核心，也是检验两者融合程度的关键部分。训练体系融合主要涉及两个部分：学校内部的课余训练；"满天星"训练营与中国足协青训中心的专业训练。客观地讲，我国校园足球训练虽已形成规模，但尚未形成体系，在缺师资、缺场地、缺经费、缺训练大纲等条件下，训练质量难以保障。在深度融合进程中，职业足球俱乐部、省市专业队、社会青训机构等可派遣高水平足球教练员承担学校内训练任务，并投入专项资金进行扶持，协助学校成立校园足球业余俱乐部，将校园打造成职业俱乐部后备人才培养基地，这样既提升了校园足球课余训练水平，又转变了职业俱乐部后备梯队培养模式，使梯队球员在校园内成长，降低职业规划风险，扩大了选材面，但这种融合模式要做到"精准扶持"，以合同形式明确权责。另一部分，"满天星"训练营与中国足协青训中心的融合主要采用两种路径："合并"或"合作"。如果"合并"，那么需要从全局层面重新合理布局，统一调配资源，建立"国家青少年足球训练中心"，将高水平训练与高质量教学融为一体，并逐步将其打造成"新型足校"；如果"合作"，那么从顶层设计共同布局，资源共享，鼓励学生与教练员的自由流动，避免体制性摩擦，搭建体制内的合作平台。

三、科学管理，做强竞赛体系

竞赛体系的深度融合发展要坚持"一体化设计、一体化推进、自成体系、相互支撑"的融合原则。首先，全力打造"青超联赛"，提升赛事品牌质量，推进校园足球高水平球队与职业俱乐部、省市专业队等同场竞技。目前，校园足球高中联赛的前八名，大学联赛全国分区赛前八名（高水平足球）的球队，可以报名参加U17、U19两个组别的青超联赛。接下来，青超联赛应逐步开放U13、U14、U15三个组别，吸纳校园足球同年龄段高水平队伍参赛，做到高水平赛事的全方位融合。其次，一体化设计青少年竞赛体系，保证教育系统下校园足球赛事与体育系统下的职业或专业赛事"双轨并行"。现阶段，职业足球青训与校园足球竞赛水平还不可能达到完全融合，仍需要健全各自的竞赛体系。这种状态下的融合，更多地体现在，赛程赛历在时间、人员方面不冲突，探索两者共同发展、相互促进的协同机制。再次，融合进程中要解决赛事"过多"与"过少"的问题。赛事主办方杂乱、赛制不稳定、赛事资格限制混乱是赛事"过多"与"过少"问题的诱因。例如，2018年，某高中代表队优秀球员6月份参加了18场比赛（学校、市教育局、体育局、省教育局等主办比赛时间集中至6月份），普通学生一个学期参加2场比赛（原本的联赛更改为赛会制单场淘汰）。因此，体教赛事融合要以联赛为主体，稳定赛程、赛制、赛历，分层分类打造品牌赛事。最后，鼓励中国足协地方会员协会与地方校足办联合办赛，集中资源，打造地方高水平的青少年足球赛事。

四、双向流动，构建选拔体系

选拔体系的深度融合，关键在于建立"双向流动"的选拔机制（图5-1）。所谓"双向流动"就是校园足球球员与专业球员可在两种竞训体系间反复自由流动。竞技足球可在学校内自由选拔优秀球员进入省市专业队或俱乐部梯队，并在不同年龄或学龄阶段给予优秀球员或具备发展潜力的球员更多的选择机会，专业球员遇到职业发展瓶颈后可选择继续求学深造，降低职业规划风险。同时，这种选拔机制可推进职业足球青训与校园足球在后备人才培养模式上的融合，例如，省市专业队可采用"市队校办"的模式，职业俱乐部梯队可采用"挂靠学校"的模式。此外，在选拔体系构建中，还需要做到以下几点：一是建立球员注册、训练、竞赛等一体化大数据管理平台。打破中国足协与校园足球各成一体的注册模式，将注册系统进行一体化设计，实施注册数据、竞赛数据、比赛训练数据、球员运动数据等融合汇聚、共享应用。二是以大数据为基础，建立动态考察的人才选拔机制。传统的后备人才选拔多以教练员定性式主观判断与部分定量化的测试数据进行，这种选拔方式局限于青少年某一阶段的专项竞技能力，难以预测青少年未来的发展潜力。大数据动态考察选拔，可根据球员成长规律与发展特点进行长期跟踪循环筛查，确定最佳的选拔结果。三是建立专业球探体系。好的球员需要专业的人员进行选拔，专业球探可通过"运动员档案"等专业化手段测评球员的竞技能力和未来发展潜力。四是构建科学、合理的青少年选拔指标体系。选拔指标体系与竞技能力指标体系有着本质的区别，前者更多的要关注未来的发展潜力，但多年来，我国的青少年球员选拔更多是侧重于专项竞技能力的后者。我们应将期盼值、决策能力、焦虑控制力、家庭背景、教育背景等心智与社会因素纳入选拔指标体系。

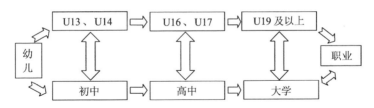

图 5-1　职业足球青训与校园足球深度融合下的"双向流动"选拔机制

 五、精诚合作，形成保障体系

　　保障体系形成的核心前提是"制度保障"，只有打破体育与教育、政府与市场、学校与社会之间的壁垒与藩篱，职业足球青训与校园足球深度融合的各要素功能才可能得到充分发挥。而制度保障则需要从顶层设计进行梳理，完善政策设计，通过一系列政策文件完善制度环境。这些政策要涉及双向兼职与定期会商机制、融合规划纲要等推进体制融合的内容。同时，要发挥"人、财、物"在深度融合中的基础性保障作用。一是建立人才支撑工程。中国足协可依托高等院校建立足球教师、教练员、裁判员等专业人才培养基地，并将体育院校足球方向的学生纳入中国足协或亚足联教练员、裁判员等级培训体系，经考核授予专业技术等级资格。二是建立"政府、市场和社会"资金投入机制。首先，政府建立专项资金投入机制，从国家体育彩票公益金中划拨专项资金，逐年增加资金；其次，职业足球俱乐部应坚决执行《关于规范管理职业俱乐部的通知》中"职业俱乐部每年在青训方面的支出不少于全年支出的 15%"的要求，不断完善青训体系；最后，建立良好的平台，接受社会捐赠与市场机构赞助，可建立发展基金会，也可通过赛事品牌营造等手段吸引赞助等，政府也可以出台一系列政策鼓励社会机构参与其中，例如，对参与其中的职业俱乐部进行税收减免，对参与其中的社会机构给予一定的税收优惠等。三是推进场地资源建设。全面推进《全国足球场地设施建设规划（2016—2020 年）》，推动地方出台配套实施方案，加快场地设施的新建与改建工程；合理利用现有场地资源，推动校内外场地双向开放。

第六章

我国职业足球青训与校园足球深度融合的体制与机制

我国职业足球青训与校园足球深度融合是一项复杂的系统工程，涉及因素众多，要使融合取得预期效果，必须准确地认清和把握融合的起点，控制融合过程中的关键影响要素，才能更深层次地解决融合过程中遇到的种种问题。我国职业足球青训与校园足球深度融合的原因在于当前我国青少年足球人才培养模式的变化，即由"单一足球技能型人才培养"向"以立德树人为主的全面型人才培养"的转变。从实践上看，我国校园足球由教育部门主导实施，职业足球青训由体育部门主导，两者在实践中的有效融合不足。以由教育部门主导的校园足球工作为例，为规范和指导全国校园足球工作开展，2015年教育部颁发《教育部等6部门关于加快发展青少年校园足球的实施意见》，该文件只是简单提及体育、财政等六部委的工作职责，例如，"体育部门发挥人才和资源优势，加强技术指导和相关服务"，并未涉及部委之间的协作与沟通机制。2018年，在《全国青少年校园足球工作发展报告（2015—2017）》中仅有两处出现"坚持协同推进，强化与足协、体育部门合作"的字眼。在职业足球青训方面，体育部门长期以"培养青少年足球后备人才"为己任，致力于提高中国青少年足球发展水平，但受自身资源的限制，也仅把工作的重心放在青少年足球精英人才体系建设上，对青少年足球普及工作缺乏重视。虽然《中国足球青训体系建设"165"行动计划》明确提出国务院足球部际联席会议制度，夯实校园足球发展基础，《关于深化体教融合 促进青少年健康发展的意见》在赛事体系建设、传统特色学校规划、高水平运动队建设、体校改革、体育教师与教练员队伍、政策保障等多个方面，再次提出了"一体化设计、一体化推进"改革理念，但实际工作仍然存在体制机制障碍而难以推进。

我国职业足球青训与校园足球由长期的分离状态向深度融合的转变，本质上是由国家青少年足球发展战略的现实需求与相关程度不足之间的矛盾而引起的不同利益集团相互博弈从而调整利益关系的制度变迁过程。由于两个系统的长期分离状态,主导两个工程的部门及相关主体为适应分离制度而形成的非正式制度(指观念、习俗、传统等)存量已经积累到了相当程度,在观念和行为上形成了对原制度的惯性,产生了路径依赖。要打破我国职业足球青训与校园足球深度融合的路径依赖,只有借助于政府的力量进行强制性制度变迁。政府通过构建适应我国职业足球青训与校园足球深度融合的体制机制,提供一种新的正式制度安排,并要求或鼓励其他相关主体在此框架下积累非正式制度(进入诱致性变迁过程),最终才能实现我国职业足球青训与校园足球的深度融合。

第一节 我国职业足球青训与校园足球深度融合的体制构建

体制融合是我国职业足球青训与校园足球深度融合的前提与保障。近年来,国家对足球改革发展的重视程度已上升至国家战略高度,校园足球与职业足球青训是我国足球改革的重中之重,但两者之间的深度融合也只是"高声提出",深入实施尚未进行,在领导统筹方面也只是建立了国务院足球改革发展部级联席会议制度,一直没有建立一个固定人员、固定办公地点、成体系的规章制度的领导机构实体。青少年足球工作不是简单地涉及教育部门与体育部门,更涉及共青团中央、住建部、财政部等诸多部门,因此,统筹职业足球青训与校园足球的深度融合,不仅要涉及诸多部委的力量,更需要有一个强有力的"权威"来推进。一方面,涉及职业足球青训与校园足球深度融合问题的部委,要自身主动投入此项工作;另一方面,更需要各部委根据机构职能,从更高层面(国家层面)设立专职机构,进行部委之间的职能与责任分工,这个专职机构(中国足球青训建设指导委员会)可设立在中国足协或教育部,各部委可抽调兼职人员参与工作,教育与体育两个部门必须派遣专人进行工作。该机构主要职能是从全局上对我国职业足球青训与校园足球深度融合进程进行统筹、协调、领导;制定深度融合的发展规划与实施方案;明确各部门的职责与权限,做到分工到位,责任追究制度等。在省市一级,也应建立类似的组织领导机构,或者有专人负责,保证上层制定的政策,可在下层得以实施,出现问题,可追究至专人。

在管理制度方面,中央深改组审议通过了《关于深化体教融合 促进青少年健康发展的意见》,中国足协与教育部曾颁布了《中国足球青训体系建设

"165"行动计划》《关于完善校园足球竞赛体系 畅通青少年人才培养机制的实施意见》等文件，明确提出建立完善我国职业足球青训与校园足球深度融合的体制机制，构建体教深度融合的"一体化设计、一体化推进"的青少年足球人才培养新格局。这也是当前我国职业足球青训与校园足球深度融合体制构建的主要依据。但是，从现实情况来看，这些文件只是简单提出此项工作，没有制定详细的战略规划，更没有实施的目标、途径、方法、内容等。此外，各相关主体在职业足球青训与校园足球深度融合的体制构建过程中各自承担什么样的职责，如何履行职责，以及部委之间的协调机制是什么样的，都没有明确规定，这也造成了相关协同主体之间相互观望，没有形成体制性约束。因此，应结合《关于深化体教融合 促进青少年健康发展的意见》《中国足球青训体系建设"165"行动计划》《关于完善校园足球竞赛体系 畅通青少年人才培养机制的实施意见》等文件内容与要求，从国家层面制定《我国职业足球青训与校园足球深度融合规划纲要》作为我国职业足球青训与校园足球深度融合的纲领性文件，从中明确规定涉及融合的各相关部门职责，以及完成该职责所要采取的具体策略。

第二节 我国职业足球青训与校园足球深度融合的机制构建

 一、运行机制构建

我国职业足球青训与校园足球的深度融合是一个由政府主导推进的强制性制度变迁，在融合过程中逐渐形成一些理念、传统等非正式制度性的变迁过程。因此，在运行机制构建过程中，首先要明确的是政府主导，全面统筹推动此项工作，这也是前面路径选择逻辑分析中得出的历史与现实经验。但在实际工作中，我国职业足球青训与校园足球深度融合又是一项极其复杂的系统工程，涉及的部门、层级、受众群体众多，需要长期的、细致的、摒弃功利的投入，否则容易出现利益藩篱与职权交叉现象，因此，可能出现有些部门重视，出现"争权夺利"，而有些部门轻视，出现"视而不见"。这就需要从决策、整合、协作、动力、激励、监督六个方面构建我国职业足球青训与校园足球深度融合相适应的运行机制，具体表现为以下几个方面。

（一）提高各级政府有关部门对我国职业足球青训与校园足球深度融合工作的重视程度，明确政府职责，逐步强化相关决策的科学性

各级政府要清晰认识到，此项融合工程是推动体育与教育体制改革的试验田，也是我国政府必须承担的一项社会事业工程。足球后备人才的培养是我国民族发展与国富民强的重要体现，也是我国体育强国战略的重要组成部分，更是实现"两个一百年"的奋斗目标和中华民族伟大复兴的中国梦的重要组成部分。目前，我国足球事业发展出现的最核心问题是足球后备人才培养匮乏，教育系统与体育系统无法有效形成合力推进发展，甚至可以说是长期处于分离状态。我国职业足球青训与校园足球深度融合的提出，是解决我国青少年足球后备人才培养矛盾的重要战略举措。因此，政府主导推进我国职业足球青训与校园足球的深度融合，是实现中国体育强国梦的现实需要，也是促进我国青少年全面发展的时代需要，各级政府相关部门应该高度重视此项工作，并将其纳入政府工作总体规划、议事日程、财政预算、考核评估。在决策过程中，避免行政干预过大，深度融合体系构建过程中一定要明确职能部门设置，明晰内部机构设置，做到"专业人做专业事"，强化决策责任制度，遵循足球运动发展规律进行科学化决策。

（二）从更高层面建立跨部门的领导机制

如上文所述，统筹职业足球青训与校园足球的深度融合，必然要涉及诸多部委的力量，更需要有一个强有力的"权威"进行整合。这需要从更高层面（国家层面）设立专职机构，进行部委之间的职能与责任分工。这个专职机构"中国足球青训建设指导委员会"，可设立在中国足协或教育部，各部委可抽调兼职人员参与工作，教育与体育两个部门必须派遣专人进行工作。该机构主要进行职业青训与校园足球深度融合的战略规划，同时，整合各部门资源，研制跨部门协调措施，指导督促部门间深度合作。进一步发挥和完善国务院足球改革发展部际联席会议制度，补充专业人士，而非行政级别高的人员，建立较为民主的商讨制度，使其可以体现各方意志，避免出现"一言堂"或"走过场"的形式主义，使各类决策能在实践中得到有效执行。在此需要着重强调，整合过程中，一定要充分发挥体育与教育两大部门各自的技术优势，不断为参与合作的其他部门赋能，提升各部门的协同能力。例如，在竞赛训练方面，充分发挥体育部门的专业人员优势，创造条件将专业教练员派进驻学校指导教学训练，而不是对在校非足球专业的体育老师进行短期的培训，使其承担教学训练任务。

（三）在深度融合工作中，需要思考一些问题

在我国职业足球青训与校园足球深度融合工作中，需要哪些部门参与？各

自目标是什么？肩负何种责任？部门间存在哪些协作点？如何进行协作？这些问题需要考虑以下几个方面：一是建立相关部门之间的协作机制，即在中央层面明确互不隶属的部门之间的协作条件。在法律层面明确规定各部门的职责，建立相关部门之间的协作机制，确定哪些是共同性目标，具体目标需要哪些部门合作，确认相关机构各自对目标的贡献，使用激励措施鼓励部门之间展开合作，在部门的绩效目标中设定跨部门合作所占的比例，作为部门绩效评估的依据等。二是不断加强各部门内部机构的协作能力。根据深度融合体系构建的需要，各部门内部应进行外部性机构或工作机制调整，保证融合工作正常进行。例如，教育部门在此项工作中如何进行机构调整或职能定位，也就是说，体卫艺司如何与政法司协作进行相关政策的制定与执行，如何与财务司协调专项经费问题等。这一原则应体现在其他部门的工作中，需要建立内部的区域协作机制，加强信息沟通和协调配合，目标就是要提高各个部门之间的协调能力，使各方面的力量能够有效协作。三是加强不同部门、不同层级之间的协作。融合工作涉及不同系统部门之间不同层级的沟通与协调问题，这需要各个部门内部要将协调协作的工作放在重要位置，更需要相关领导之间的沟通。

（四）我国政府对青少年德智体美劳全面发展的基本要求是我国职业足球青训与校园足球深度融合的根本动力，政府对足球后备人才培养模式的转变是基本动力，我国足球竞技成绩的无底线下滑，青少年竞技足球后备人才的严重匮乏是直接动力

党的十八大以来，以习近平同志为核心的党中央把振兴足球作为建设体育强国的重要任务摆上日程，并多次指示要下决心把我国足球事业搞上去。相关部委多次下发文件，提出建立完善校园足球与青少年竞技足球融合发展的体制机制，构建体教深度融合的"一体化设计、一体化推进"的中国青少年足球人才培养新格局。目前，我国职业足球青训与校园足球深度融合存在的主要问题有以下几点：纵向上普及与提高两大层级呈割裂发展态势，具体表现为管理部门权责不明；发展理念不统一；缺乏一条明晰的人才培养与输送路径等。横向上存在青训主体相对混乱，各主体之间相对孤立等问题。因此，在运行机制构建中，我们需要在横向上，将普及层面的校园足球校内事务、校外青少年业余足球俱乐部、体育传统校、体校、足球学校进行有效融合，形成校园足球业余足球俱乐部；将强化层面的职业俱乐部 U19 以下梯队、省市体育局青少年竞训队进行有效融合，形成新型足球学校或青训中心；将育成层面的俱乐部梯队及一线队、国字号球队进行有效调配等。纵向上，将普及、强化及育成三个层面之间进行有效融合，形成一条主线明晰的人才培养与输送路径，形成统一的人才培养理念。

（五）运用政策、资金、政绩评价和表彰等激励手段，推进我国职业足球青训与校园足球深度融合的有序进行

在政策引导方面，体系融合要通过国家宏观的顶层设计、区域中观的规划管理、基层微观的执行操作三个层次的融合来实现，不同层次的融合需要相应的政策指导，建立系统完备、衔接配套、有效激励的政策体系，明确工作目标，细化工作任务和要求。此外，要处理好职业足球青训与校园足球体系融合不相适应的原有政策问题，例如，职业球员注册学籍问题，职业球员参赛资格问题，以及五人制足球队员的运动等级是否可以报考大学等问题。要充分发挥中国足球青训建设指导委员会的统筹作用，大胆地对原有不适应政策进行"立、改、废"，避免政策各成体系，互不融合。在资金投入方面，应该建立长效的、充足的财政投入机制。专项资金使用应分层次、分重点进行，并根据实际需要逐年增加。地方政府可采用政府购买服务、定向资金资助、开放式项目申请等形式，提升财政资金的投入产出效率，发挥财政资金的杠杆作用，吸引更多的社会资源加入其中。在政绩评价方面，各级政府应将职业足球青训与校园足球体系融合工作纳入政绩评价指标，研制评价指标体系，成立评估委员会或委托第三方，建立开放式的激励模式，激发地方政府的创造性和能动性。

（六）要建立制度化、常态化的全程监控机制

我国校园足球和职业足球青训的现行监督机制主要以内部监督为主，注重自上而下的监督，相关监督机构缺乏独立性，属于"监办不分"。例如，2016年某市校园足球特色学校监察小组由教育局副局长、副研究员以及校足办成员组成。从监督标的关系看，教育部门与特色学校之间存在共有利益与共生关系，特色学校评价成绩直接影响地区教育部门政绩。因此，这种利益共同体中的监督与被监督就不免流于形式。从制度化建设看，校园足球和职业足球青训缺乏制度化、常态化的全程监控机制。因此，在推进我国职业足球青训与校园足球深度融合过程中，需要建立共同监督、协同治理的长效机制。首先，从内部监督主体角度，加强监督机制的合力成效。内部监督要做到责任分工明确，加强沟通与协调，对检查结果予以共享，提升内部监督的权威性与规范性。其次，从外部监督主体角度，发挥大众媒体事前监督与预警的作用。重点监督与报道运行中出现的"政绩行为"，以及"寻租、设租、创租"等逐利行为。最后，政府发挥强有力的官方权威作用，建立事后行政处罚机制，发挥事后长效治理作用。违规事件发生后要进行长期追踪，一查到底。例如，王登峰司长在全国青少年校园足球竞赛会议上提出"最佳球员被做手脚"的问题，要一查到底，绝不姑息。

二、保障机制构建

根据唯物主义辩证法的观点,内因是变化的根据,外因是变化的条件,外因通过内因起作用。保障机制,即事物发展的外因,是事物变化条件的具体体现。从当前我国职业足球青训和校园足球深度融合的保障机制构建来看,主要包括四个方面:一是制度保障,从政策制定、政策执行、政策监管等方面建立制度环境,打破体育与教育、政府与市场、学校与社会之间的壁垒与藩篱,为职业足球青训与校园足球深度融合的各要素功能发挥提供制度保障。二是组织保障,从管理模式、组织架构、人员组成、权责划分等方面,明确管理主体、管理客体、对应关系等,形成高效联动的管理组织机构。三是经费保障,从政府支持、市场参与、多方筹措三个角度研究经费投入机制。四是技术保障,研究如何充分发挥职业俱乐部的专业作用,在教学训练、竞赛组织、球员选拔、师资培训等专业领域提供更为优质的技术支持与服务;研究如何充分发挥校园足球的教育优势,降低职业足球规划的生长风险。

(一) 制度保障

目前,我国校园足球和职业足球青训深度融合的制度保障机制在设计上还存在制度混乱,存在设计主体不清、相关制度之间不协调等问题。这需要从顶层设计的层面进行制度梳理,完善制度设计,从政策制定、政策执行、政策监管等方面建立制度环境,实现校园足球和职业足球青训深度融合的完善保障机制。任何国家的足球发展都需要制定长远的发展规划,例如日本的"J百年计划"、德国的"足球天才培养计划"等。我国校园足球和职业足球青训体系深度融合更需要制定长远的、可操作的发展规划,同时,地方体育主管部门、地方各级人民政府还需制定大量配套政策性文件,确立起校园足球和职业足球青训深度融合的保障制度体系。我国校园足球和职业足球青训深度融合政策制定要解决的首要问题是目标差异上的矛盾,这种目标差异主要源于部门职能驱动下的矛盾。教育系统主要目标是推进素质教育、引领学校体育改革,而体育系统则希望建立体教结合的青少年足球人才培养体系。当不同部门的目标诉求存在不一致时,政策多重目标的内在冲突是不可避免的。[1] 但是,从长远发展看,两者的根本目标是趋同的,只有在推进素质教育与学校体育改革下,才可能完全实现体教结合的青少年足球人才培养体系。因此,明确政策目标多重性

---

[1] [美] 威廉·N. 邓恩. 公共政策分析导论 [M]. 谢明,杜子芳,伏燕,等译. 北京:中国人民大学出版社,2002.

是推进政策有效执行的前提条件,关键在于理清政策目标的先后次序,在政策设计上明确近期目标、中期目标与长远目标,确保基本目标、锁定重点目标。此外,政策制定有一个最基本问题要搞清楚,即政策目标定位在哪里。基于我国校园足球和职业足球青训深度融合的发展所需,政策目标定位应呈现出"普及""强化""育成"等多元化特征,即不仅要培养身心健康、全面发展的青少年,也要注重发现、选拔和培养足球苗子,更要形成高水平的、被行业认可的后备人才培养体系。现阶段,我国校园足球和职业足球青训政策之间缺乏统筹,政出多门,相互掣肘,政策体系尚不完善。这需要从高位入手,整体谋划校园足球和职业足球青训的协同发展,通过制定一套完善、综合的政策,使各项政策相辅相成,相互协调,形成整体性政策体系引领发展。此外,许多政策执行问题的产生是因为缺乏配套政策或方案。为此,相关部门要以国家政策为依据,根据政策功能与作用,将我国校园足球和职业足球青训深度融合的政策体系划分为保障性、引导性和发展性政策三个模块。保障性政策旨在提供一个基础平台,满足发展所需的能力。引导性政策旨在推进我国校园足球和职业足球青训深度融合的合理布局与协调发展。发展性政策是通过政策倾斜转变我国校园足球和职业足球青训发展方式,为可持续发展提供政策保障。

在政策执行方面,纵向上,通过顶层推动与中间层级协调进行层级性治理。校园足球和职业足球青训政策执行属于典型的"纵向高位推动型",各层级具有独立的利益诉求,政策每经历一个层级,就黏新的政策目标,出现政策"钝化效应"。[1] 这种多层级链条必然加大政策执行失真概率。要破解层级性治理难题,首先应依照我国"职责同构"机制,保持不同层级执行主体在纵向间职能、职责和机构设置上的统一对应,保证上级部门的"权威"和政策下达的一致,真正实现上下级"无缝"对接。其次,顶层部门应合理借助人、财、事权的优势,通过顶层推动,调动下级执行主体积极性,并建立常态化巡视、监督和检查工作机制。最后,发挥中间层级作用,保持政策一致性。加强三个中间层级执行主体的沟通联系,在政策精神与目标等方面达到高度一致。横向上,切实发挥中国足球青训建设指导委员会的作用,形成横向联动治理格局。政策网络理论认为:信任、合作、整合是多属性治理的基本策略。信任可以降低集体行动阻碍与合作成本,建立部门之间的信任机制;政策执行只有在相关部门的通力合作下,才能形成政策执行合力,产生实质性绩效;整合可以降低部门利己主义的消极影响,防止政策目标"分散化"。在中国政治制度框架下,要将三种策略有效糅合,充分发挥中国足球青训建设指导

---

[1] 贺东航,孔繁斌.公共政策执行的中国经验[J].中国社会科学,2011(5):61-79.

委员会工作机制的实际效用是关键。一是赋予其权威、高效、统一的领导权与协调权。小组成员均为不同机构的领导成员,在政策事务中具有一定话语权,可以有效协调部门间事务,从体制机制上根除部门之间敷衍塞责、争权夺利的状况。二是减少执行摩擦成本。通过成立"以党委为核心"的领导小组,促进部门间的互动和非正式的意见交换,形成集体政策。三是形成强大政策推动力。建立"高位推动"治理模式,运用党的权威来实现政策有效执行。

在政策监管方面,首先,建立政策执行监控机制的关键在于建立完善的监管体系,并保证其权威性与独立性,特别是减少对政策执行体系的依赖。目前,我国校园足球和职业足球青训政策执行监管主体不独立,属于"自监控",这种内部监控不可避免出现"弱监""禁监"情况,监控责任较为弥散,监控流于形式,成为"报喜不报忧"的执行汇报。我们需要建立相对独立的垂直领导的监控体系,通过一系列规范性文件,对各级监控主体的性质、职权、作用、监控对象与范围等做出明确界定,赋予其职责一致的监控权利,并加大对监控部门的资金、技术设备、人员编制等方面的扶持力度。此外,通过构建信息化、透明化的监督渠道,强化对政策执行活动的监督,发挥社会团体与大众传媒舆论引导和信息集散的监督作用。其次,建立分权与制衡的政策监控运行机制。政策监控机制的理论基础是分权与制衡,任何一个国家机关或一种权力都不能单独操纵政策监控过程。[1]众所周知,政策监管是由监督、控制和调整三种功能组成的动态过程。依据分权与制衡理论,将政策执行监控的三种功能交由不同主体运行,有利于理顺政策执行监控关系,规避过度集权带来的官僚主义、效率低下等弊病。例如,"青超联赛"政策执行监控的三种功能可分别交由联赛监督委员会、学生体育协会竞赛部、竞赛指导委员会。联赛监督委员会以相关制度、规程为依据,采用"异地监督"等形式对联赛运行进行常态化监视和督促;学生体育协会竞赛部是具备公权力的职能机构,可对政策执行偏差进行有效控制与纠正;竞赛指导委员会具有较强的专业特性,可从专业角度对联赛方案进行修正、补充。

(二)组织保障

目前,我国职业足球青训与校园足球深度融合体系构建主要以现行的一些体育政策为依据,例如《中国足球改革发展总体方案》《关于深化体教融合 促进青少年健康发展的意见》《中国足球青训体系建设"165"行动计划》《关于完善校园足球竞赛体系 畅通青少年人才培养机制的实施意见》等相关体育政策、法规。这些政策法规的制定虽然为职业足球青训与校园足球体系深度融合

---

[1] 姜国兵.重塑政策监控理论促进政府责任的思考[J].行政论坛,2010,17(3):47-50.

奠定了基础，但依然缺乏专门性的政策法规来指导和推进职业足球青训与校园足球体系融合工作的开展。我国职业足球青训与校园足球深度融合，需要对两者原有的部门职能、运行机制与工作体制进行改革，重新划分政府部门、社会组织、职业俱乐部、学校等责任主体的权责边界，进行利益的再度分配与整合。如果运用法治思想建立维护和促进我国职业足球青训与校园足球深度融合的政策法规体系，充分借助政策法规的稳定性、权威性、强制性作用，则更有利于促进我国职业足球青训与校园足球深度融合的程序化、规范化和制度化。

我国职业足球青训与校园足球融合过程中，尚未建立明确的组织机构，各部门之间的职责划分模糊，管理人员权责不清，相关组织之间缺乏及时沟通和有力的监督，这些问题形成的主要原因是尚未形成一个科学高效联动的管理组织架构。为保证我国职业足球青训与校园足球体系融合工作的顺利开展，当务之急是构建一个权威性强、协调性高、高效联动的管理组织架构（图6-1）。首先，融合工作的推进一定要依托政府力量，特别是前期工作需要各个部门的协调推进，需要不同部门摒弃个人或团体利益，达成体系发展融合共识。这些工作的开展需要中央政府的统筹与地方政府的支持，需要在一定政策、制度、标准下来完成，这也是衔接工作的顶层设计。其次，成立中国足球青训建设指导委员会，该机构可作为中国足球青训工作的核心机构，整体统筹规划中国足

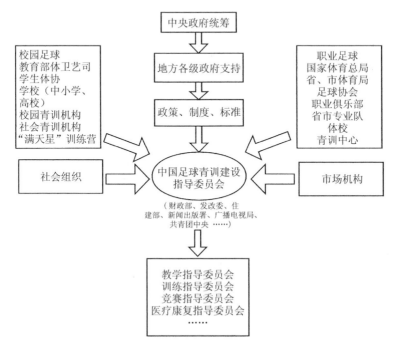

图6-1 我国职业足球青训与校园足球融合体系管理组织架构

球青训工作。该机构从全局上对我国职业足球青训与校园足球融合体系的构建进行统筹、协调,进行组织领导;制定融合体系的发展规划与实施方案;明确各部门的职责与权限,做到分工到位,建立责任追究制度等。在省、市一级,也应建立类似的组织领导机构,或者有专人负责,保证上层政策可在下层得以实施,出现问题可追究至专人。机构人员需要从教育部门和体育部门抽调专职人员进行工作,财政部、发改委、住建部等相关部门需要抽调兼职人员,作为具体事务对接的负责人。此外,委员会下设教学指导委员会、训练指导委员会、竞赛指导委员会、医疗康复指导委员会、场地建设规划指导委员会等专业性强、技术性高的组织,充分发挥教育、体育等部门的专业人才优势,做到"专业人做专业事"。最后,在组织构建过程中,要避免职能重叠出现的相互扯皮,责任不到人的问题,同时,要充分尊重职业俱乐部的"市场逐利性",不可过多的运用行政手段干涉青训工作,使青训工作既要体现事业性,也要体现市场性,这样才会激发职业俱乐部的参与积极性,也会吸引更多的职业俱乐部或社会组织、市场机构参与其中。

(三) 经费保障

我国职业足球青训与校园足球深度融合需要充足的经费来保障体系构建的顺利实施。那么经费从哪里来?经费到哪里去?这是两个核心问题。

自2009年校园足球活动开展以来,经费不足的问题一直是困扰其健康发展的关键问题,从2009年的4 000万元增长至2013年的5 600万元,再到近三年中央财政累计投入6.48亿元。2015年教育部等六部委印发的《关于加快发展青少年校园足球的实施意见》中明确提出:"建立政府支持、市场参与、多方筹措支持校园足球发展的经费投入机制。各地要优化教育投入结构,因地制宜逐步提高校园足球特色学校经费保障水平。"各省、市地方财政投入达196.03亿元(2015年42.72亿元,2016年80.04亿元,2017年73.27亿元)。此外,2014年成立中国校园足球专项基金,接受捐赠。[1] 这些经费数额看起来巨大,但因受众群体较多,分担到各个地方就显得微乎其微了。在职业足球俱乐部青训体系构建方面,长期以来,我国职业足球俱乐部不重视青训工作,在经费投入方面较少,梯队的年龄阶段不健全,人数不足,相关政策文件下发后出现一定好转。为进一步规范职业俱乐部管理工作,2017年中国足协印发了《关于规范管理职业俱乐部的通知》,其中明确要求"职业俱乐部每年在青

---

[1] 教育部. 全国青少年校园足球工作发展报告(2015-2017)[EB/OL].(2018-02-01)[2021-05-01]. http://www.moe.gov.cn/jyb_xwfb/xw_fbh/moe_2069/xwfbh_2018n/xwfb_20180201/sfcl/201802/t20180201_326157.html.

训方面的支出不少于全年支出的15%"。但笔者在访谈中发现，各个俱乐部的落实情况各不相同。特别是参加中甲、中乙联赛的俱乐部，青训投入依然问题较多，中超俱乐部情况较好。

  从经费投入主体来看，校园足球的经费主要来源于政府专项经费，中央及地方各级政府不仅是校园足球发展的责任主体，更是校园足球活动经费的主要来源，部分经费来源于社会捐赠和商业赞助等。职业俱乐部青训的经费主要来源于俱乐部自身投入，属于市场行为，部分经费来源于政府补贴和商业赞助。那么，我国职业足球青训与校园足球深度融合的经费由谁来投入？笔者认为，这需要建立"政府、市场和社会"三方投入机制。首先，政府需要建立专项资金投入机制，可以从国家体育彩票公益金中划拨专项资金，根据体系构建的进程需要，逐年增加资金数量。其次，职业足球俱乐部应坚决执行《关于规范管理职业俱乐部的通知》中"职业俱乐部每年在青训方面的支出不少于全年支出的15%"的要求，不断完善青训体系，特别是与校园足球的融合工作，可明确要求"职业俱乐部每年在青训与校园足球融合方面的支出不少于全年支出的5%"。最后，要建立良好的平台，接受社会捐赠与市场机构赞助。可建立发展基金会，也可通过赛事品牌营造等手段吸引赞助等，政府也可以出台一系列政策鼓励社会机构参与其中，例如，对参与其中的职业俱乐部进行税收减免，对参与其中的社会机构给予一定的税收优惠等。

  在经费使用方面，一定要做到"专款专用"。目前，我国校园足球专项资金使用在开支范围、生均经费比例等方面还没有清晰的政策文件作为依据，且使用情况不断被诟病。笔者在访谈中发现，许多学校在开展校园足球过程中，并未获得过任何的专项经费支持，部分学校获得经费也是微乎其微，"校园足球特色学校"只是成为该校的"一块牌子"。而职业俱乐部青训经费主要是由各俱乐部自行承担，自由使用度较大，各家俱乐部投入数量与使用方式各不相同。那么，在我国职业足球青训与校园足球融合过程中如何有效且合理地使用经费？一是要明确责任主体在经费方面投入的职责。明确各级政府在财政性经费支出的数额，提高财政转移支付的效率，加强对各级政府相关部门对经费使用的监管。二是加大对赛事和训练体系融合的投入，突出重点，建立示范点。目前，两大体系的融合工作主要体现在赛事的融合，"青超联赛"是融合的示范工程，应作为重点项目加大投入。笔者在访谈中发现，今年的联赛进程并不顺利，部分校园足球队伍因经费等问题未能正常参赛。三是完善经费使用监督制度。加强专业监管，采用内部监督与外部监督相结合的方式，并逐步实现经费使用的社会监督。四是进一步完善足球场地设施建设。各级政府要严格执行《全国足球场地设施建设规划（2016—2020年）实施方案》与《全国社会足

球场地设施建设专项行动实施方案（试行）》，继续加大场地设施建设力度。

（四）技术保障

在我国职业足球青训与校园足球融合过程中，如何能够发挥出职业足球俱乐部的专业技术作用，将成为决定我国"大青训"体系融合质量的关键因素。体系融合过程中，我们需要充分发挥其在教学训练、竞赛组织、球员选拔、师资培训等专业领域提供更为优质的技术支持与服务。一是在教学训练方面，首先需要撰写真正符合足球运动发展规律的、接近真实足球比赛需要的、适合学校内部应用的"青少年校园足球教学训练纲要"。2016年教育部组织人员编写了《全国青少年校园足球教学指南（试行）》《学生足球运动技能等级评定标准（试行）》，但在实际应用中依然存在诸多问题，这还需要专业的足球教练员、高水平的足球教师、具备深厚理论功底的高校足球教授等各方专业人士共同研讨制定纲要。其次，需要将职业俱乐部的退役球员和青少年教练员派至学校进行教学训练。目前，在训练方面，两大体系融合的典范是"满天星"训练营，这是一种非常好的合作方式，但辐射面较小，学校内部的孩子无法接受到高水平的、专业的教学训练。二是竞赛组织。现行赛事体系中，"青超联赛"是竞赛体系的样板，如何更好地开展好校级联赛、校内联赛，以及市长杯、省长杯等赛事，是需要专业人士进行指导的。竞赛是龙头，是教学训练水平的体现，好的竞赛组织，不单单体现在竞赛的组织工作方面，更是体现在竞赛的赛事质量方面，例如运动队的竞赛竞技水平等。不同区域、不同级别的赛事，是采用联赛制或是赛会制，都是需要科学的评定与执行的。例如，当前校园足球竞赛多以赛会制进行，学生需要两天一赛，甚至三天两赛，有的高水平球员一个月会踢近二十场比赛，这对学生身体而言是一种伤害，所以，科学的赛事组织将会提升竞赛质量，推进青训体系的整体发展。三是球员选拔与输送。这需要从两方面分析，首先是球员的选拔，校园足球与俱乐部青训的选拔机制是不同的，校园足球不单是看运动技能，还需要看球员的文化课成绩等，职业俱乐部则主要看运动技能。其次是球员的输送，校园足球主要是将学生输送至大学，部分输送至职业俱乐部梯队，职业俱乐部的培养目标是将队员育成为职业球员。在我国职业足球青训与校园足球深度融合进程中，我们需要统筹考虑优秀学生球员和职业俱乐部梯队球员的发展规划。什么样的学生球员可以成为职业运动员，这需要职业俱乐部的球探或教练员来选拔，标准由他们来制定。但是，这种选拔与输送机制不是单向度的，我们要学习日本的发展方式——"双向度发展"，好的学生球员可以顺利进入职业俱乐部发展，职业球员也可以回到大学读书，在这个进程中，还可以进行角色转变，再次由学生成长为职业球员。例如，原中甲俱乐部南通支云队队长宋岳，从球员到学生再成为职业球员。此外，职业俱乐部需要严格执行《关于调整青少年球员转会与培训补偿标准管理制度的实施意见》，做好足协提出的"青训补偿机制"，保障球员与基层教练员的切身利益。四是师资培训。职业俱乐部的教练员专业水平要优于校园足球体育教师，这需要借助职业俱乐部的优质水平培训校园足球体育教师，提升足球专业执教水平。这种师资培训一方面是培养足球教师或校园足球教练员，另一方面是培训校园足球教练员讲师，使校园足球教练员培训体系更加完善。

三、评价机制构建

我国职业足球青训与校园足球深度融合的体系构建需要建立以多维评价与常态评价相结合的评价机制，明确评价主体、评价对象、指标体系等要素，并进行相对客观全面的评价，继而由理论再回到实践，让职业足球青训与校园足球深度融合发挥更大作用，体现其实际效能。两大体系的融合工作需要有一个健全的评价机制对体系的科学性和合理性做出科学的评价，这也是促进融合体系构建的机制。

当前，我国职业足球俱乐部青训与校园足球都有各自的评价机制。近年来，中国足协针对职业俱乐部青训出台了相关文件促使其规范化、科学化发展。例如，2017年中国足协印发《中国足球协会职业俱乐部准入规程》，其中对职业俱乐部青训的相关条件做出明确要求，并依此对俱乐部的青训状况进行常态化评价。此外，中国足协还相继下发《中国足球协会球员身份与转会管理规定》《中国足球协会注册管理规定》，其中诸多条款对职业俱乐部青训进行规范化要求，这也成为评价职业俱乐部青训的重要标准。自2009年校园足球活动开展以来，全国校足办针对校园足球特色学校试点县（区）、改革试验区、"满天星"训练营等构建了较为系统的评价机制，并印发了《全国青少年校园足球改革试验区基本要求（试行）》《全国青少年校园足球试点县（区）基本要求（试行）》《全国青少年足球"满天星"训练营工作规范》《全国青少年校园足球特色学校创建指标体系》等文件。这些文件都在不同层面以促进校园足球的全面发展为目标，并成为约束和评价校园足球的有效文本。

上述现行两大体系的评价机制都在不同程度上存在一定的问题，与当前的发展形势存在许多不相适应的地方，将会阻碍两大体系的深度融合。例如，校园足球特色学校的评价方式主要采用地区自评的方式进行，评价主体多由当地教育部门、体育部门相关领导及专家组成，在评价过程中存在明显的利益共同体现象，造成评价结果不客观；职业足球俱乐部每年在青训方面投入的总比例主要通过年底的财务报表体现，但笔者在实际访谈中发现，真实投入与报表存在出入，以报表为依据进行评价则会出现评价不真实。

我国职业足球青训与校园足球深度融合体系评价机制的构建，首先，要有科学完整的评价流程；其次，要明确评价主体与评价对象；最后，要构建科学合理的指标体系。一个完整的评价机制应该由评价、反馈、优化三个环节组成。细致划分的循环过程将是"评价—反馈—改进提高—再评价"。其中，评价环节是整个评价机制的基础，也是评价机制的核心价值所在，其好坏将直接影响后两个环节的作用。笔者认为，两体系的融合评价可以通过长期的追踪、观察、反馈，了解其具体的发展变化趋势，形成常态化评价；反馈环节是发挥评价机制价值的核心所在，良好的反馈就是在体系融合中总结经验、寻找不足，并试图寻找解决问题的方法，为后期发展积累经验；优化环节是评价机制的重点，也是推进顶层设计改善的关键举措，如何将评价与反馈环节中存在的问题予以解决将是确保两大体系融合运行通畅的关键。评价机制构建过程中的评价主体应遵循多维性和多层性原则，主体中要包括政府相关部门、职业俱乐部、校园足球三大主体，具体细分它将包含管理人员、教练员、体育教师等利益相关者。评价对象将是两大体系融合过程中涉及的相关领域，例如管理、教学、训练、竞赛、选拔、保障，细致划分将是融合运行中的利益相关个体。在实际调研与访谈过程中，笔者根据评价指标体系构建的基本原则与方法，从管理、教学、训练、竞赛、选拔、保障六个方面构建评价指标体系，初步归纳整理了我国职业足球青训与校园足球融合体系的评价指标（表 6-1），编制了《我国职业足球青训与校园足球深度融合体系的评价指标专家调查问卷》，后期将根据两大体系融合进程中出现的实际问题予以调整，逐步构建出全面实用的评价指标体系。

表6-1　我国职业足球青训与校园足球深度融合体系的评价指标

一级指标	二级指标	三级指标
A 管理体系	A_1 管理体制	A_{11} 组织机构设置的合理性 A_{12} 职能与权责利划分的明确性
	A_2 管理制度	A_{21} 俱乐部青训与学校合作制度的规范性 A_{22} 俱乐部青训与学校合作制度的有效性
	A_3 运行机制	A_{31} 利益协调机制 A_{32} 定期协商沟通机制 A_{33} 优势资源互补机制

续表

一级指标	二级指标	三级指标
B 教学体系	B_1 目标融合	B_{11} 基于《全国青少年校园足球教学指南》设置教学目标 B_{12} 基于《学生足球运动技能等级评定标准》设置教学评价内容
	B_2 课程融合	B_{21} 俱乐部参与学校足球校本课程研发 B_{22} 教育部门参与青少年运动员文化课程设计
	B_3 资源融合	B_{31} 俱乐部挂牌青少年训练基地的学校数量 B_{32} 俱乐部为学校教师开展足球教学培训课时数/年 B_{33} 俱乐部向学校派教练员进行教学指导的次数/年 B_{34} 学校与俱乐部合作开办足球特色班的数量 B_{35} 学校对俱乐部青少年运动员开展文化教育的课时数/年 B_{36} 学校向俱乐部派教师进行文化教育的次数/年
	B_4 评价融合	B_{41} 俱乐部参与学校足球教学质量评价 B_{42} 学校参与俱乐部青少年运动员文化教育质量评价
C 训练体系	C_1 目标融合	C_{11} 中国足协与全国校足办协商制定训练大纲 C_{12} 俱乐部挂牌学校足球特长生升学人次/年 C_{13} 俱乐部挂牌学校获得足球运动员等级证书人次/年 C_{14} 学校为俱乐部梯队输送人次/年
	C_2 内容融合	C_{21} 俱乐部为学校代表队提供训练计划 C_{22} 合作召开训练反馈总结活动次数/年
	C_3 资源融合	C_{31} 俱乐部组织学校教练员、学生运动员观摩训练课次数/年 C_{32} 俱乐部为学校教练员开展训练能力提升培训次数/年 C_{33} 俱乐部派教练员到学校开展训练课课时数/年 C_{34} 俱乐部向学校提供场地、设备、器材总价值/年 C_{35} 学校参与各级别人才选拔性比赛场数/年
	C_4 评价融合	C_{41} 俱乐部参与学校足球课余训练质量评价
	C_5 科研融合	C_{51} 俱乐部现代化科研设备与学校共享（无偿或有偿） C_{52} 学校向俱乐部提供训练科研所需信息
D 竞赛体系	D_1 竞赛规程	D_{11} 竞赛规程的合理性 D_{12} 竞赛规程的科学性
	D_2 比赛质量	D_{21} 场均比赛净胜球数 D_{22} 比赛数据采集、分析与公布
	D_3 媒体宣传	D_{31} 赛事宣传的广泛性 D_{32} 赛事宣传的持续性

续表

一级指标	二级指标	三级指标
D 竞赛体系	D_4 比赛经费	D_{41} 经费预算的规范性 D_{42} 经费使用的合理性 D_{43} 经费来源的可靠性
E 选拔体系	E_1 选拔对象	E_{11} 对象来源的合理性
	E_2 选拔主体	E_{21} 构建一体化数据管理平台 E_{22} 建立专业球探体系
	E_3 选拔指标体系	E_{31} 选拔指标体系的科学性 E_{32} 选拔指标体系的系统性 E_{33} 选拔指标体系的阶段性
	E_4 选拔走向	E_{41} 人才分流的科学性 E_{42} 双向流动渠道的畅通
F 保障体系	F_1 经费	F_{11} 在职业俱乐部青训投入（参照中超联赛准入政策，不低于总投入 15%）中设置专项基金支持校园足球发展 F_{12} 学校校园足球年度专项基金使用情况公示
	F_2 场地	F_{21} 俱乐部场地分区段向学校足球队开放
	F_3 人员	F_{31} 建立学校足球教师、俱乐部教练员人才库 F_{32} 俱乐部将挂牌学校足球教师培养纳入俱乐部青训总体发展规划 F_{33} 学校将俱乐部兼职教练员纳入教师队伍建设进行总体规划
	F_4 政策	F_{41} 优秀学生运动员升学政策 F_{42} 输送人才突出学校的奖励政策 F_{43} 俱乐部对学校落实联合培养补偿政策 F_{44} 学校购买俱乐部教学、训练、竞赛服务的政府补贴政策
	F_5 安全	F_{51} 俱乐部和学校中足球运动员的商业保险参保比率 F_{52} 俱乐部以讲座、服务的形式在学校开展运动损伤防治活动

（一）第一轮专家问卷调查反馈

1. 方法说明

（1）专家的选定

专家的选择与确定对专家调查法的最终效力有决定性作用，在人数的选择上也不是越多越好。有研究认为专家人数接近 15 人时，再增加专家人数对统计结果不会产生太大影响[1],因此,结合研究需要,课题组最终选定15名在校园足球与职业足球青训领域具有影响力的专家,其中具有行政管理经验的学者3名,占总人数的20%;长期从事校园足球、职业足球青训研究的副教授或教授各5名,各占总人数的33.3%;校园足球特色学校校长1名、职业足球俱乐部青训部负责人1名。(表6-2)

表6-2 专家名录

序号	姓名	学位	职称/职务	工作单位
1	程××	学士	正处级	重庆市教育局
2	胡××	硕士	正处级	贵州省教育厅
3	崔××	硕士	总监	中国足球协会
4	李××	博士	教授	扬州大学
5	张××	博士	教授	北京体育大学
6	龚××	博士	教授	上海体育学院
7	高××	博士	教授	首都体育学院
8	张××	博士	教授	东北师范大学
9	李××	博士	副教授	华中师范大学
10	刘××	博士	副教授	华东师范大学
11	王××	硕士	副教授	上海大学
12	李××	硕士	副教授	南京师范大学
13	部××	博士	副教授	江苏师范大学
14	李××	学士	正科	重庆市沙坪坝区高滩岩小学校
15	杨××	硕士	经理助理	北京国安足球俱乐部青少部

(2)专家问卷回收率

专家问卷的回收率,用 R 表示,计算公式为

$$R = \frac{R_n}{N}$$

式中:R_n 为回收问卷的数量;N 为发放问卷的总数。本次研究共发放专家问卷15份,回收问卷15份,其中有效问卷15份,问卷回收率达到100%。研究认为,当专家咨询问卷的回收率达到50%以上可以用于分析和统计,超过70%说明非常好[2],因此本研究满足专家问卷回收率的要求。

---

[1] LEE J H,CHOI Y J,VOLK R J,et al.Defining the concept of primary care in South Korea using a Delphi method[J].Family Medicine,2007,39(6):425-431.

[2] 肖砾,程玉兰,马昱,等.Delphi法在筛选中国公众健康素养评价指标中的应用研究[J].中国健康教育,2008,24(2):81-84.

（3）专家权威程度

专家权威程度是指咨询专家对本研究评价指标的了解程度，反映了本次专家征询结果是否具有可靠性和权威性。专家权威程度用权威系数表示（Cr），权威系数取决于专家对评价指标的熟悉程度（Cs）和判断依据（Ca）[1]，其计算公式为

$$Cr = \frac{Ca+Cs}{2}$$

Cr的取值范围介于0~0.95，以往研究认为专家权威程度$Cr \geq 0.7$即为可接受的信度，当$Cr>0.8$时说明专家对内容的选择有较大把握。[2]

专家对评价指标的熟悉程度（Cs）分为很熟悉、熟悉、较熟悉、一般、较不熟悉、很不熟悉6个等级，具体系数值见表6-3。

表6-3　熟悉程度系数表

熟悉程度	Cs系数	熟悉程度	Cs系数
很熟悉	0.9	一般	0.3
熟悉	0.7	较不熟悉	0.1
较熟悉	0.5	很不熟悉	0.0

专家对指标的判断依据一般根据理论分析、实践经验、国内外同行的了解和直觉4个维度进行等级评判。判断系数总和等于1，表明对专家判断的影响程度大；判断系数总和等于0.8，表明对专家判断的影响程度为中等；判断系数总和等于0.6，表明对专家判断的影响程度小。[3] 本研究专家判断依据系数值见表6-4。

表6-4　专家判断依据系数表

判断依据	对专家判断影响程度		
	大	中	小
理论分析	0.3	0.2	0.1
实践经验	0.5	0.4	0.3
国内外同行了解	0.1	0.1	0.1
直觉	0.1	0.1	0.1

---

[1] 郭红艳,王黎,彭嘉琳,等.养老机构服务质量评价指标体系的构建[J].中华护理杂志,2014,49（4）：394-398.

[2] 高云,李亚洁,廖晓艳,等.Delphi法在筛选一级护理质量评价指标中的应用[J].护士进修杂志,2009,24（4）：305-307.

[3] 黄海燕.体育赛事综合影响的事前评估研究[D].上海：上海体育学院,2009.

根据第一轮专家调查问卷中一级指标专家权威程度量化表的统计结果（表6-5），4个一级指标的专家权威系数均在0.87以上，研究认为，当专家权威系数≥0.70时说明专家权威程度良好[1]，结合专家权威系数计算数值，笔者认为此次专家咨询结果权威程度较高。

表6-5 专家权威系数表

影响指标	判断依据（Ca）	熟悉程度（Cs）	权威系数（Cr）
管理体系	0.95	0.84	0.895
教学体系	0.96	0.88	0.920
训练体系	0.95	0.86	0.905
竞赛体系	0.96	0.85	0.905
选拔体系	0.94	0.85	0.895
保障体系	0.94	0.80	0.870

2. 反馈结果

（1）数据处理

第一轮专家问卷结果主要采用算数平均数、变异系数两种统计参数进行分析。

① 算术平均数

算数平均数代表了专家意见的集中程度，数值越大，说明评价指标重要程度越大，当算术平均数得分达到总得分70%时（≥3.5分），说明该项指标重要程度较高。计算公式为

$$M = \frac{X_1 + X_2 + \cdots + X_n}{n}$$

式中：M为指标的算术平均数；n为专家的人数。

② 变异系数

变异系数是标准差与均数的比值，反映了专家评价结果的离散程度，变异系数越小，则专家评价结果离散程度越小，当变异系数小于0.25时表明评价指标达到了相应的协调程度。[2] 计算公式为

$$V_j = S_j / M_j$$

式中：V_j表示j指标的变异系数；S_j表示j指标的标准差，计算公式为$S_j =$

---

[1] 卫萍,任建萍,张琪峰,等.德尔菲法在医学科技计划绩效评价指标体系构建中的应用[J].卫生经济研究,2013（4）:52-54.

[2] 梁伟.校园足球可持续发展评价研究[M].济南:山东人民出版社,2016.

$\sqrt{\frac{1}{n-1}\sum_{i=1}^{n}(X_{ij}-M_j)^2}$。这里，$M_j$ 表示 j 指标的算数平均数，计算公式为 $M_j = \frac{1}{n}\sum_{i=1}^{n}X_{ij}$。其中，$X_{ij}$ 表示第 i 个专家对 j 指标的打分；n 表示指标的个数。

（2）一级指标反馈结果

通过对第一轮专家调查问卷的整理分析，有73.3%的专家对一级指标的划分表示赞同，有26.7%的专家认为划分基本恰当，故对一级指标不做修改。一级指标得分统计见表6-6。

表6-6 第一轮一级指标得分统计

一级指标	均值	标准差	变异系数
A 管理体系	4.27	0.70	0.16
B 教学体系	4.53	0.52	0.11
C 训练体系	4.27	0.70	0.16
D 竞赛体系	4.67	0.49	0.10
E 选拔体系	4.67	0.56	0.12
F 保障体系	4.13	0.83	0.20

（3）二级指标反馈结果

针对二级指标，有66.7%的学者认为"保障"体系下的二级指标"人员"涵盖广泛，诸如分管领导、裁判员、教练员、教师都应算在范畴内，然而三级指标主要针对教师与教练的融合进行设计，因此不够准确，建议将"人员"换成"师资"，或者在三级指标中增添裁判员的相关指标。笔者认为，优质的足球教师、教练员是提高人才培养质量的关键所在，因此师资的保障尤为重要。而裁判员更多地体现在竞赛方面，相较于当前双轨制的赛事体系下，裁判员因调配不均而呈现缺乏现象，青少年足球赛事体系的融合将会打破这种窘境，故而，目前在裁判员方面不做考虑。综上所述，决定将"人员"替换成"师资"。

另外，有学者提出，在竞赛体系上缺乏目标的引领，不同年龄阶段赛事目标应符合该阶段球员的发展要求，因此，应增加对赛事目标的评判。结合专家意见和现实需求，决定在竞赛体系中增加二级指标"竞赛目标"，并设立三级指标，"目标的阶段性""目标的合理性"。

除此之外，专家在其余的二级指标上趋于一致，没有提出修改、增添的意见，故而不作修改。二级指标得分统计见表6-7。

表 6-7　第一轮二级指标得分统计

二级指标	均值	标准差	变异系数
A_1 管理体制	4.80	0.41	0.09
A_2 管理制度	4.40	0.63	0.14
A_3 运行机制	4.47	0.52	0.12
B_1 目标融合	4.53	0.52	0.11
B_2 课程融合	4.80	0.41	0.09
B_3 资源融合	4.47	0.52	0.12
B_4 评价融合	4.27	0.70	0.16
C_1 目标融合	4.80	0.56	0.12
C_2 内容融合	4.47	0.64	0.14
C_3 资源融合	4.60	0.51	0.11
C_4 评价融合	4.33	0.72	0.17
C_5 科研融合	4.13	0.74	0.18
D_1 竞赛规程	4.27	0.46	0.11
D_2 比赛质量	4.73	0.59	0.13
D_3 媒体宣传	4.27	0.70	0.16
D_4 比赛经费	4.80	0.56	0.12
E_1 选拔对象	4.07	0.46	0.11
E_2 选拔主体	4.80	0.41	0.09
E_3 选拔指标体系	4.53	0.83	0.18
E_4 选拔走向	4.53	0.52	0.11
F_1 经费	4.47	0.64	0.14
F_2 场地	4.13	0.52	0.12
F_3 人员	2.80	1.15	0.41
F_4 政策	4.67	0.62	0.13
F_5 安全	4.13	0.35	0.09

（4）三级指标反馈结果

在三级指标中，专家学者提出诸多意见，通过认真分析，笔者对部分指标进行修改或增添，具体分值统计详见表6-8。现将专家意见归纳如下。

① 修改指标

在 A_1 管理体制下的三级指标中，有学者提出"职能"与"权责利"之间是上下位关系，"职能"是"权责利"的宏观概述，"权责利"是具体表现，只有在职能划分明确的基础上，才能进一步实现权力、职责、利益的分化，因此不能并列阐述。根据专家建议，将"职能"与"权责利"做出了一定的区分。

② 增添指标

有学者认为，相较于 B_3 资源融合中"学校与俱乐部合作开办足球特色班的数量"的指标设立，C_3 资源融合中缺乏对足球社团的评价。足球社团作为开展业余训练的主阵地，对学生从课堂学习到校队训练的转化、从业余锻炼向精英训练的过渡至关重要。此外，学校借助足球社团的开展形式，有利于在现有体制下为职业俱乐部优秀的教练员进入校园打通渠道。结合专家意见，本书在 C_3 资源融合中增加三级指标："学校与俱乐部是否合作开办足球社团"。

部分专家指出，二级指标 D_3 媒体宣传下的三级指标只局限于宣传效果，对于如何宣传却没有过多关注。宣传的"广泛性""持续性"建立在渠道多样的基础上，尤其是互联网环境下，各类平台的崛起，综合利用这些渠道才能更好地强化宣传效果。依据专家建议，增设三级指标"宣传渠道的类型、数量"。

经费的多方筹措是所有学者共同指出的关键点，在现有职业联赛自身造血不足、连年亏损的现实状况下，不能寄托于职业俱乐部的青训投入，应当通过评价指标的导向与政策的引导，吸纳社会资金，加强经费保障。根据学者建议，新增"经费渠道多样化"作为 F_1 经费的三级指标。

表 6-8　第一轮三级指标得分统计

三级指标	均值	标准差	变异系数
A_{11}	4.40	0.63	0.14
A_{12}	3.20	0.77	0.24
A_{21}	4.67	0.49	0.10
A_{22}	4.80	0.41	0.09
A_{31}	4.47	0.64	0.14
A_{32}	4.53	0.64	0.14
A_{33}	4.53	0.52	0.11
B_{11}	4.67	0.49	0.10
B_{12}	4.73	0.46	0.10
B_{21}	4.80	0.41	0.09
B_{22}	4.67	0.62	0.13
B_{31}	4.67	0.72	0.16
B_{32}	4.53	0.64	0.14
B_{33}	4.60	0.51	0.11
B_{34}	4.60	0.74	0.16
B_{35}	5.00	0	0
B_{36}	4.40	0.74	0.17

续表

三级指标	均值	标准差	变异系数
B_{41}	4.00	0	0
B_{42}	4.53	0.52	0.11
C_{11}	4.47	0.52	0.12
C_{12}	4.20	0.86	0.21
C_{13}	4.13	0.74	0.18
C_{14}	4.40	0.51	0.12
C_{21}	4.87	0.35	0.07
C_{22}	4.60	0.63	0.14
C_{31}	4.60	0.51	0.11
C_{32}	4.47	0.74	0.17
C_{33}	4.00	0	0
C_{34}	3.93	0.26	0.07
C_{35}	4.07	0.46	0.11
C_{41}	4.20	0.41	0.10
C_{51}	4.33	0.49	0.11
C_{52}	4.60	0.74	0.16
D_{11}	4.33	0.82	0.19
D_{12}	5.00	0	0
D_{21}	4.67	0.72	0.16
D_{22}	4.00	0.38	0.09
D_{31}	4.53	0.74	0.16
D_{32}	5.00	0	0
D_{41}	4.20	0.68	0.16
D_{42}	4.80	0.41	0.09
D_{43}	3.93	0.96	0.24
E_{11}	4.07	0.26	0.06
E_{21}	4.20	0.77	0.18
E_{22}	4.47	0.52	0.12
E_{31}	4.60	0.51	0.11
E_{32}	4.80	0.41	0.09
E_{33}	4.53	0.64	0.14
E_{41}	4.53	0.52	0.11
E_{42}	4.73	0.59	0.13
F_{11}	4.33	0.82	0.19
F_{12}	4.40	0.83	0.19
F_{21}	4.40	0.63	0.14
F_{31}	3.87	0.83	0.22
F_{32}	4.40	0.83	0.19

续表

三级指标	均值	标准差	变异系数
F_{33}	4.40	0.63	0.14
F_{41}	3.93	0.80	0.20
F_{42}	4.40	0.83	0.19
F_{43}	4.80	0.56	0.12
F_{44}	4.73	0.59	0.13
F_{51}	4.60	0.74	0.16
F_{52}	4.60	0.51	0.11

3. 结果汇总

根据第一轮专家咨询反馈结果,删去平均分小于3.5、变异系数大于等于0.25的指标,同时,结合专家提出的建议,进行修改或增添,现将第一轮专家问卷调查后的结果汇总呈现(表6-9)。

表6-9 第一轮专家调查结果汇总

一级指标	二级指标	三级指标
A 管理体系	A_1 管理体制	A_{11} 组织机构设置的合理性
		A_{12} 职能划分的明确性
		A_{13} 权责利划分的科学性
	A_2 管理制度	A_{21} 俱乐部青训与学校合作制度的规范性
		A_{22} 俱乐部青训与学校合作制度的有效性
	A_3 运行机制	A_{31} 利益协调机制
		A_{32} 定期协商沟通机制
		A_{33} 优势资源互补机制
B 教学体系	B_1 目标融合	B_{11} 基于《全国青少年校园足球教学指南》设置教学目标
		B_{12} 基于《学生足球运动技能等级评定标准》设置教学评价内容
	B_2 课程融合	B_{21} 俱乐部参与学校足球校本课程研发
		B_{22} 教育部门参与青少年运动员文化课程设计
	B_3 资源融合	B_{31} 俱乐部挂牌青少年训练基地的学校数量
		B_{32} 俱乐部为学校教师开展足球教学培训课时数/年
		B_{33} 俱乐部向学校派教练员进行教学指导的次数/年
		B_{34} 学校与俱乐部合作开办足球特色班的数量
		B_{35} 学校对俱乐部青少年运动员开展文化教育的课时数/年
		B_{36} 学校向俱乐部派教师进行文化教育的次数/年
	B_4 评价融合	B_{41} 俱乐部参与学校足球教学质量评价
		B_{42} 学校参与俱乐部青少年运动员文化教育质量评价

续表

一级指标	二级指标	三级指标
C 训练体系	C_1 目标融合	C_{11} 中国足协与全国校足办协商制定训练大纲
		C_{12} 俱乐部挂牌学校足球特长生升学人次/年
		C_{13} 俱乐部挂牌学校获得足球运动员等级证书人次/年
		C_{14} 学校为俱乐部梯队输送人次/年
	C_2 内容融合	C_{21} 俱乐部为学校代表队提供训练计划
		C_{22} 合作召开训练反馈总结活动次数/年
	C_3 资源融合	C_{31} 俱乐部组织学校教练员、学生运动员观摩训练课次数/年
		C_{32} 俱乐部为学校教练员开展训练能力提升培训次数/年
		C_{33} 俱乐部派教练员到学校开展训练课课时数/年
		C_{34} 俱乐部向学校提供场地、设备、器材总价值/年
		C_{35} 学校参与各级别人才选拔性比赛场数/年
		C_{36} 学校与俱乐部是否合作开办足球社团
	C_4 评价融合	C_{41} 俱乐部参与学校足球课余训练质量评价
	C_5 科研融合	C_{51} 俱乐部现代化科研设备与学校共享（无偿或有偿）
		C_{52} 学校向俱乐部提供训练科研所需信息
D 竞赛体系	D_1 竞赛目标	D_{11} 目标的阶段性
		D_{12} 目标的合理性
	D_2 竞赛规程	D_{21} 竞赛规程的合理性
		D_{22} 竞赛规程的科学性
	D_3 比赛质量	D_{31} 场均比赛净胜球数
		D_{32} 比赛数据采集、分析与公布
	D_4 媒体宣传	D_{41} 赛事宣传的广泛性
		D_{42} 赛事宣传的持续性
		D_{43} 宣传渠道的类型、数量
	D_5 比赛经费	D_{51} 经费预算的规范性
		D_{52} 经费使用的合理性
		D_{53} 经费来源的可靠性
E 选拔体系	E_1 选拔对象	E_{11} 对象来源的合理性
	E_2 选拔主体	E_{21} 构建一体化数据管理平台
		E_{22} 建立专业球探体系
	E_3 选拔指标体系	E_{31} 选拔指标体系的科学性
		E_{32} 选拔指标体系的系统性
		E_{33} 选拔指标体系的阶段性
	E_4 选拔走向	E_{41} 人才分流的科学性
		E_{42} 双向流动渠道的畅通

续表

一级指标	二级指标	三级指标
F 保障体系	F_1 经费	F_{11} 在职业俱乐部青训投入（参照中超联赛准入政策，不低于总投入15%）中设置专项基金支持校园足球发展
		F_{12} 学校校园足球年度专项基金使用情况公示
		F_{13} 经费渠道多样化
	F_2 场地	F_{21} 俱乐部场地分区段向学校足球队开放
	F_3 师资	F_{31} 建立学校足球教师、俱乐部教练员人才库
		F_{32} 俱乐部将挂牌学校足球教师培养纳入俱乐部青训总体发展规划
		F_{33} 学校将俱乐部兼职教练员纳入教师队伍建设进行总体规划
	F_4 政策	F_{41} 优秀学生运动员升学政策
		F_{42} 输送人才突出学校的奖励政策
		F_{43} 俱乐部对学校落实联合培养补偿政策
		F_{44} 学校购买俱乐部教学、训练、竞赛服务的政府补贴政策
	F_5 安全	F_{51} 俱乐部和学校中足球运动员的商业保险参保比率
		F_{52} 俱乐部以讲座、服务的形式在学校开展运动损伤防治活动

（二）第二轮专家问卷调查反馈

根据第一轮的专家调查问卷结果，对指标体系进行修改后，汇总形成第二轮专家调查问卷，目的是通过专家对评价指标的重新评判，进一步明确各项指标的内容，构建科学、合理的评价指标体系。总体来看，在第二轮专家问卷调查中，各学者针对各项指标意见趋于一致，没有进行新增、删减、修改等，但与第一轮专家问卷调查结果相比发现，在部分指标上，前后评判存在些许差异，说明专家会根据第一轮的反馈意见重新斟酌，从而改变之前对某些指标的看法。第二轮专家问卷调查结果汇总如下：

1. 一级指标反馈结果

与第一轮反馈结果没有差异，均未提出修改意见，所以本轮依然不对一级指标进行修改。

2. 二级指标反馈结果

在二级指标的构建上，专家持认同态度，对于上一轮提出的修改意见，也未出现异议，因此不对二级指标进行修改（表6-10）。

表 6-10 第二轮二级指标得分统计

二级指标	均值	标准差	变异系数
A_1 管理体制	4.80	0.41	0.09
A_2 管理制度	4.40	0.63	0.14
A_3 运行机制	4.60	0.51	0.11
B_1 目标融合	4.60	0.51	0.11
B_2 课程融合	4.80	0.41	0.09
B_3 资源融合	4.53	0.52	0.11
B_4 评价融合	4.27	0.70	0.16
C_1 目标融合	4.80	0.56	0.12
C_2 内容融合	4.47	0.64	0.14
C_3 资源融合	4.73	0.46	0.10
C_4 评价融合	4.33	0.72	0.17
C_5 科研融合	4.13	0.74	0.18
D_1 竞赛目标	4.67	0.49	0.10
D_2 竞赛规程	4.27	0.46	0.11
D_3 比赛质量	4.73	0.59	0.13
D_4 媒体宣传	4.27	0.70	0.16
D_5 比赛经费	4.80	0.56	0.12
E_1 选拔对象	4.27	0.59	0.14
E_2 选拔主体	4.47	0.74	0.17
E_3 选拔指标体系	4.53	0.83	0.18
E_4 选拔走向	4.53	0.52	0.11
F_1 经费	4.47	0.64	0.14
F_2 场地	4.13	0.52	0.12
F_3 师资	4.00	0.76	0.19
F_4 政策	4.67	0.62	0.13
F_5 安全	4.47	0.52	0.12

3. 三级指标反馈结果

对于三级指标中的新增指标,所有专家均持肯定意见,针对上一轮所保留的指标也没有提出异议。经过两轮专家问卷调查,在指标的评分上趋于一致,未存在较大分歧,因此确定了我国职业足球青训与校园足球深度融合的评价指标体系。第二轮专家问卷调查三级指标得分统计见表 6-11。

表 6-11　第二轮三级指标得分统计

三级指标	均值	标准差	变异系数
A_{11}	4.40	0.63	0.14
A_{12}	4.13	0.83	0.20
A_{13}	4.13	0.64	0.15
A_{21}	4.67	0.49	0.10
A_{22}	4.80	0.41	0.09
A_{31}	4.60	0.51	0.11
A_{32}	4.53	0.64	0.14
A_{33}	4.60	0.51	0.11
B_{11}	4.67	0.49	0.10
B_{12}	4.73	0.46	0.10
B_{21}	4.73	0.46	0.10
B_{22}	4.67	0.62	0.13
B_{31}	4.67	0.72	0.16
B_{32}	4.60	0.51	0.11
B_{33}	4.60	0.51	0.11
B_{34}	4.60	0.74	0.16
B_{35}	5.00	0	0
B_{36}	4.40	0.74	0.17
B_{41}	4.00	0	0
B_{42}	4.60	0.51	0.11
C_{11}	4.33	0.62	0.14
C_{12}	4.20	0.86	0.21
C_{13}	4.13	0.74	0.18
C_{14}	4.40	0.51	0.12
C_{21}	4.87	0.35	0.07
C_{22}	4.60	0.63	0.14
C_{31}	4.60	0.51	0.11
C_{32}	4.47	0.74	0.17
C_{33}	4.00	0	0
C_{34}	3.93	0.26	0.07
C_{35}	4.07	0.46	0.11
C_{36}	3.67	0.49	0.13
C_{41}	4.20	0.41	0.10
C_{51}	4.33	0.49	0.11
C_{52}	4.60	0.74	0.16
D_{11}	4.53	0.74	0.16
D_{12}	4.20	0.77	0.18

续表

三级指标	均值	标准差	变异系数
D_{21}	4.33	0.82	0.19
D_{22}	5.00	0	0
D_{31}	4.67	0.72	0.16
D_{32}	4.00	0.38	0.09
D_{41}	4.53	0.74	0.16
D_{42}	5.00	0	0
D_{43}	4.00	0.65	0.16
D_{51}	4.20	0.68	0.16
D_{52}	4.80	0.41	0.09
D_{53}	3.93	0.96	0.24
E_{11}	4.07	0.26	0.06
E_{21}	4.20	0.77	0.18
E_{22}	4.47	0.52	0.12
E_{31}	4.60	0.51	0.11
E_{32}	4.80	0.41	0.09
E_{33}	4.53	0.64	0.14
E_{41}	4.53	0.52	0.11
E_{42}	4.73	0.59	0.13
F_{11}	4.33	0.82	0.19
F_{12}	4.40	0.83	0.19
F_{13}	3.80	0.68	0.18
F_{21}	4.47	0.52	0.12
F_{31}	3.87	0.83	0.22
F_{32}	4.40	0.83	0.19
F_{33}	4.40	0.63	0.14
F_{41}	3.93	0.80	0.20
F_{42}	4.40	0.83	0.19
F_{43}	4.80	0.56	0.12
F_{44}	4.73	0.59	0.13
F_{51}	4.60	0.74	0.16
F_{52}	4.60	0.51	0.11

（三）我国职业足球青训与校园足球深度融合体系的评价指标权重的确定

在经过两轮专家问卷调查后，评价指标体系的构建已基本完成，现阶段主要内容为对各项指标进行赋值。

1. 层次分析法

层次分析法的原理是将一个问题分解成多个要素，依据要素间的关系，构建结构化模型,用比较的方法确定各要素的相对重要性,从而计算各要素的权重。[1] 具体步骤为:第一,建立结构层次模型。第二,根据模型构建判断矩阵,将各级指标进行比较,用数字 1—9 及其倒数作为重要程度的标注(表6-12)。第三,采用和积法进行权重计算。第四,一致性检验。计算公式为 $CR=\dfrac{CI}{RI}$,式中,CI 是判断一致性指标,计算公式为 $CI=\dfrac{\lambda_{max}}{n-1}$,这里,$\lambda_{max}$ 为判断矩阵最大特征值,RI 为随机一致性指标(表6-13)。当 $CR<0.1$ 时认为判断矩阵的一致性可以接受。[2] 第五,通过下一层指标权重与上层指标权重系数的连乘得出具体权重值。

表6-12 重要程度判断表

程度	说明	程度	说明
1	A 指标与 B 指标同等重要	1	B 指标与 A 指标同等重要
3	A 指标比 B 指标稍微重要	1/3	B 指标比 A 指标稍微重要
5	A 指标比 B 指标重要	1/5	B 指标比 A 指标重要
7	A 指标比 B 指标重要得多	1/7	B 指标比 A 指标重要得多
9	A 指标比 B 指标绝对重要	1/9	B 指标比 A 指标绝对重要
2、4、6、8	重要程度介于上述相邻尺度之间	1/2、1/4、1/6、1/8	重要程度介于上述相邻尺度之间

表6-13 平均随机一致性指标

n	1	2	3	4	5	6	7	8	9
RI	0	0	0.58	0.90	1.12	1.24	1.32	1.41	1.45

2. 一级指标权重分配

(1) 构建判断矩阵(表6-14)

表6-14 一级指标判断矩阵

一级指标	A 管理体系	B 教学体系	C 训练体系	D 竞赛体系	E 选拔体系	F 保障体系
A 管理体系	1	5	3	2	4	6
B 教学体系	1/5	1	1/5	1/7	1/4	2
C 训练体系	1/3	5	1	1/4	3	5
D 竞赛体系	1/2	7	4	1	4	6

[1] 邓雪,李家铭,曾浩健,等. 层次分析法权重计算方法分析及其应用研究[J]. 数学的实践与认识,2012,42(7):93-100.

[2] 马晓伟. 广东省中小学校园足球评价指标体系构建研究[D]. 广州:广州体育学院,2019.

续表

一级指标	A 管理体系	B 教学体系	C 训练体系	D 竞赛体系	E 选拔体系	F 保障体系
E 选拔体系	1/4	4	1/3	1/4	1	5
F 保障体系	1/6	1/2	1/5	1/6	1/5	1

(2) 计算指标权重

① 对矩阵各列求和（表6-15）

表 6-15　一级指标求和表

一级指标	A 管理体系	B 教学体系	C 训练体系	D 竞赛体系	E 选拔体系	F 保障体系
A 管理体系	1	5	3	2	4	6
B 教学体系	0.20	1	0.20	0.14	0.25	2
C 训练体系	0.33	5	1	0.25	3	5
D 竞赛体系	0.50	7	4	1	4	6
E 选拔体系	0.25	4	0.33	0.25	1	5
F 保障体系	0.17	0.50	0.20	0.17	0.20	1
合计	2.45	22.50	8.73	3.81	12.45	25

② 归一化处理

归一化处理，即矩阵中各列指标分别与各列指标的和相除，计算公式为

$$B_{ij} = \frac{A_{ij}}{\sum_{i=1}^{n} A_{ij}}$$

归一化处理结果见表6-16。

表 6-16　一级指标归一化处理结果

一级指标	A 管理体系	B 教学体系	C 训练体系	D 竞赛体系	E 选拔体系	F 保障体系
A 管理体系	0.41	0.22	0.34	0.53	0.32	0.24
B 教学体系	0.08	0.04	0.02	0.04	0.02	0.08
C 训练体系	0.14	0.22	0.11	0.07	0.24	0.20
D 竞赛体系	0.20	0.31	0.46	0.26	0.32	0.24
E 选拔体系	0.10	0.18	0.04	0.07	0.08	0.20
F 保障体系	0.07	0.02	0.02	0.04	0.02	0.04

③ 计算指标权重（W）

W_A = (0.41+0.22+0.34+0.53+0.32+0.24) /6 = 0.34

W_B = (0.08+0.04+0.02+0.04+0.02+0.08) /6 = 0.05

$W_C = (0.14+0.22+0.11+0.07+0.24+0.20)/6 = 0.16$

$W_D = (0.20+0.31+0.46+0.26+0.32+0.24)/6 = 0.30$

$W_E = (0.10+0.18+0.04+0.07+0.08+0.20)/6 = 0.11$

$W_F = (0.07+0.02+0.02+0.04+0.02+0.04)/6 = 0.04$

（3）一致性检验

① 计算最大特征根

计算公式为

$$\lambda_{max} = \frac{1}{n}\sum_{i=1}^{n}\frac{AW_i}{W_i}$$

$$AW = \begin{pmatrix} 1 & 5 & 3 & 2 & 4 & 6 \\ 0.20 & 1 & 0.20 & 0.14 & 0.25 & 2 \\ 0.33 & 5 & 1 & 0.25 & 3 & 5 \\ 0.50 & 7 & 4 & 1 & 4 & 6 \\ 0.25 & 4 & 0.33 & 0.25 & 1 & 5 \\ 0.17 & 0.50 & 0.20 & 0.17 & 0.20 & 1 \end{pmatrix} \begin{pmatrix} 0.34 \\ 0.05 \\ 0.16 \\ 0.30 \\ 0.11 \\ 0.04 \end{pmatrix}$$

$AW_A = 1×0.34+5×0.05+3×0.16+2×0.30+4×0.11+6×0.04 = 2.35$

$AW_B = 0.20×0.34+1×0.05+0.20×0.16+0.14×0.30+0.25×0.11+2×0.04 = 0.299\ 5$

$AW_C = 0.33×0.34+5×0.05+1×0.16+0.25×0.30+3×0.11+5×0.04 = 1.127\ 2$

$AW_D = 0.50×0.34+7×0.05+4×0.16+1×0.30+4×0.11+6×0.04 = 2.14$

$AW_E = 0.25×0.34+4×0.05+0.33×0.16+0.25×0.30+1×0.11+5×0.04 = 0.722\ 8$

$AW_F = 0.17×0.34+0.50×0.05+0.20×0.16+0.17×0.30+0.20×0.11+1×0.04 = 0.227\ 8$

根据最大特征根公式可以求得：

$$\lambda_{max} = \left(\frac{2.35}{0.34}+\frac{0.299\ 5}{0.05}+\frac{1.272}{0.16}+\frac{2.14}{0.30}+\frac{0.722\ 8}{0.11}+\frac{0.227\ 8}{0.04}\right)\times\frac{1}{6} = 6.558$$

② 一致性计算

一致性用 CR 表示，其公式为 $CR = \frac{CI}{RI}$。根据上文数据可以求得 $CI = 0.111\ 6$，由表6-13可知 $RI = 1.24$，因此，$CR = 0.09 < 0.1$，一致性检验通过。

根据最终结果，可以判断一级指标矩阵构建符合一致性要求，即各一级指标权重能够正常反映出指标的重要性，因此，一级指标的最终赋值见表6-17。

表 6-17　一级指标最终赋值

一级指标	权重值	一级指标	权重值
A 管理体系	0.34	D 竞赛体系	0.30
B 教学体系	0.05	E 选拔体系	0.11
C 训练体系	0.16	F 保障体系	0.04

3. 二级指标权重分配

依照上述方法可以依次求得二级指标权重，汇总结果见表 6-18。

表 6-18　二级指标权重

二级指标	权重	二级指标	权重
A_1 管理体制	0.14	D_2 竞赛规程	0.08
A_2 管理制度	0.09	D_3 比赛质量	0.26
A_3 运行机制	0.77	D_4 媒体宣传	0.05
B_1 目标融合	0.55	D_5 比赛经费	0.18
B_2 课程融合	0.06	E_1 选拔对象	0.10
B_3 资源融合	0.28	E_2 选拔主体	0.28
B_4 评价融合	0.11	E_3 选拔指标体系	0.57
C_1 目标融合	0.44	E_4 选拔走向	0.05
C_2 内容融合	0.17	F_1 经费	0.13
C_3 资源融合	0.29	F_2 场地	0.07
C_4 评价融合	0.06	F_3 师资	0.50
C_5 科研融合	0.04	F_4 政策	0.26
D_1 竞赛目标	0.43	F_5 安全	0.04

4. 三级指标权重分配

依照上述方法可以依次求得三级指标权重，汇总结果见表 6-19。

表 6-19　三级指标权重汇总

二级指标	三级指标	权重
A_1 管理体制	A_{11} 组织机构设置的合理性	0.16
	A_{12} 职能划分的明确性	0.54
	A_{13} 权责利划分的科学性	0.30
A_2 管理制度	A_{21} 俱乐部青训与学校合作制度的规范性	0.50
	A_{22} 俱乐部青训与学校合作制度的有效性	0.50

续表

二级指标	三级指标	权重
A_3 运行机制	A_{31} 利益协调机制	0.56
	A_{32} 定期协商沟通机制	0.12
	A_{33} 优势资源互补机制	0.32
B_1 目标融合	B_{11} 基于《全国青少年校园足球教学指南》设置教学目标	0.67
	B_{12} 基于《学生足球运动技能等级评定标准》设置教学评价内容	0.33
B_2 课程融合	B_{21} 俱乐部参与学校足球校本课程研发	0.50
	B_{22} 教育部门参与青少年运动员文化课程设计	0.50
B_3 资源融合	B_{31} 俱乐部挂牌青少年训练基地的学校数量	0.26
	B_{32} 俱乐部为学校教师开展足球教学培训课时数/年	0.08
	B_{33} 俱乐部向学校派教练员进行教学指导的次数/年	0.05
	B_{34} 学校与俱乐部合作开办足球特色班的数量	0.39
	B_{35} 学校对俱乐部青少年运动员开展文化教育的课时数/年	0.17
	B_{36} 学校向俱乐部派教师进行文化教育的次数/年	0.05
B_4 评价融合	B_{41} 俱乐部参与学校足球教学质量评价	0.50
	B_{42} 学校参与俱乐部青少年运动员文化教育质量评价	0.50
C_1 目标融合	C_{11} 中国足协与全国校足办协商制定训练大纲	0.52
	C_{12} 俱乐部挂牌学校足球特长生升学人次/年	0.20
	C_{13} 俱乐部挂牌学校获得足球运动员等级证书人次/年	0.08
	C_{14} 学校为俱乐部梯队输送人次/年	0.20
C_2 内容融合	C_{21} 俱乐部为学校代表队提供训练计划	0.75
	C_{22} 合作召开训练反馈总结活动次数/年	0.25
C_3 资源融合	C_{31} 俱乐部组织学校教练员、学生运动员观摩训练课次数/年	0.14
	C_{32} 俱乐部为学校教练员开展训练能力提升培训次数/年	0.42
	C_{33} 俱乐部派教练员到学校开展训练课课时数/年	0.25
	C_{34} 俱乐部向学校提供场地、设备、器材总价值/年	0.04
	C_{35} 学校参与各级别人才选拔性比赛场数/年	0.09
	C_{36} 学校与俱乐部是否合作开办足球社团	0.06
C_4 评价融合	C_{41} 俱乐部参与学校足球课余训练质量评价	1.00
C_5 科研融合	C_{51} 俱乐部现代化科研设备与学校共享（无偿或有偿）	0.50
	C_{52} 学校向俱乐部提供训练科研所需信息	0.50
D_1 竞赛目标	D_{11} 目标的阶段性	0.50
	D_{12} 目标的合理性	0.50

续表

二级指标	三级指标	权重
D_2 竞赛规程	D_{21} 竞赛规程的合理性	0.50
	D_{22} 竞赛规程的科学性	0.50
D_3 比赛质量	D_{31} 场均比赛净胜球数	0.25
	D_{32} 比赛数据采集、分析与公布	0.75
D_4 媒体宣传	D_{41} 赛事宣传的广泛性	0.14
	D_{42} 赛事宣传的持续性	0.24
	D_{43} 宣传渠道的类型、数量	0.62
D_5 比赛经费	D_{51} 经费预算的规范性	0.11
	D_{52} 经费使用的合理性	0.31
	D_{53} 经费来源的可靠性	0.58
E_1 选拔对象	E_{11} 对象来源的合理性	1.00
E_2 选拔主体	E_{21} 构建一体化数据管理平台	0.83
	E_{22} 建立专业球探体系	0.17
E_3 选拔指标体系	E_{31} 选拔指标体系的科学性	0.62
	E_{32} 选拔指标体系的系统性	0.14
	E_{33} 选拔指标体系的阶段性	0.24
E_4 选拔走向	E_{41} 人才分流的科学性	0.25
	E_{42} 双向流动渠道的畅通	0.75
F_1 经费	F_{11} 在职业俱乐部青训投入（参照中超联赛准入政策，不低于总投入15%）中设置专项基金支持校园足球发展	0.14
	F_{12} 学校校园足球年度专项基金使用情况公示	0.14
	F_{13} 经费渠道多样化	0.72
F_2 场地	F_{21} 俱乐部场地分区段向学校足球队开放	1.00
F_3 师资	F_{31} 建立学校足球教师、俱乐部教练员人才库	0.66
	F_{32} 俱乐部将挂牌学校足球教师培养纳入俱乐部青训总体发展规划	0.17
	F_{33} 学校将俱乐部兼职教练员纳入教师队伍建设进行总体规划	0.17
F_4 政策	F_{41} 优秀学生运动员升学政策	0.54
	F_{42} 输送人才突出学校的奖励政策	0.07
	F_{43} 俱乐部对学校落实联合培养补偿政策	0.27
	F_{44} 学校购买俱乐部教学、训练、竞赛服务的政府补贴政策	0.12
F_5 安全	F_{51} 俱乐部和学校中足球运动员的商业保险参保比率	0.83
	F_{52} 俱乐部以讲座、服务的形式在学校开展运动损伤防治活动	0.17

5. 最终指标值的确定

指标权重仅为下级指标所占上级指标的比值，因此最终指标值应由下级指标权重与上级指标值进行相乘得出。为了方便计算，以百分制为标准，将所有结果与100相乘，最终结果见表6-20。

表6-20 我国职业足球青训与校园足球深度融合体系的评价指标赋值

一级指标	二级指标	三级指标
A 管理体系 34	A_1 管理体制 4.76	A_{11} 组织机构设置的合理性 0.761 6
		A_{12} 职能划分的明确性 2.570 4
		A_{13} 权责利划分的科学性 1.428
	A_2 管理制度 3.06	A_{21} 俱乐部青训与学校合作制度的规范性 1.53
		A_{22} 俱乐部青训与学校合作制度的有效性 1.53
	A_3 运行机制 26.18	A_{31} 利益协调机制 14.660 8
		A_{32} 定期协商沟通机制 3.141 6
		A_{33} 优势资源互补机制 8.377 6
B 教学体系 5	B_1 目标融合 2.75	B_{11} 基于《全国青少年校园足球教学指南》设置教学目标 1.842 5
		B_{12} 基于《学生足球运动技能等级评定标准》设置教学评价内容 0.907 5
	B_2 课程融合 0.30	B_{21} 俱乐部参与学校足球校本课程研发 0.15
		B_{22} 教育部门参与青少年运动员文化课程设计 0.15
	B_3 资源融合 1.40	B_{31} 俱乐部挂牌青少年训练基地的学校数量 0.364
		B_{32} 俱乐部为学校教师开展足球教学培训课时数/年 0.112
		B_{33} 俱乐部向学校派教练员进行教学指导的次数/年 0.07
		B_{34} 学校与俱乐部合作开办足球特色班的数量 0.546
		B_{35} 学校对俱乐部青少年运动员开展文化教育的课时数/年 0.238
		B_{36} 学校向俱乐部派教师进行文化教育的次数/年 0.07
	B_4 评价融合 0.55	B_{41} 俱乐部参与学校足球教学质量评价 0.275
		B_{42} 学校参与俱乐部青少年运动员文化教育质量评价 0.275
C 训练体系 16	C_1 目标融合 7.04	C_{11} 中国足协与全国校足办协商制定训练大纲 3.660 8
		C_{12} 俱乐部挂牌学校足球特长生升学人次/年 1.408
		C_{13} 俱乐部挂牌学校获得足球运动员等级证书人次/年 0.563 2
		C_{14} 学校为俱乐部梯队输送人次/年 1.408
	C_2 内容融合 2.72	C_{21} 俱乐部为学校代表队提供训练计划 2.04
		C_{22} 合作召开训练反馈总结活动次数/年 0.68

续表

一级指标	二级指标	三级指标
C 训练体系 16	C_3 资源融合 4.64	C_{31} 俱乐部组织学校教练员、学生运动员观摩训练课次数/年 0.649 6
		C_{32} 俱乐部为学校教练员开展训练能力提升培训次数/年 1.948 8
		C_{33} 俱乐部派教练员到学校开展训练课课时数/年 1.16
		C_{34} 俱乐部向学校提供场地、设备、器材总价值/年 0.185 6
		C_{35} 学校参与各级别人才选拔性比赛场数/年 0.417 6
		C_{36} 学校与俱乐部是否合作开办足球社团 0.278 4
	C_4 评价融合 0.96	C_{41} 俱乐部参与学校足球课余训练质量评价 0.96
	C_5 科研融合 0.64	C_{51} 俱乐部现代化科研设备与学校共享(无偿或有偿) 0.32
		C_{52} 学校向俱乐部提供训练科研所需信息 0.32
D 竞赛体系 30	D_1 竞赛目标 12.9	D_{11} 目标的阶段性 6.45
		D_{12} 目标的合理性 6.45
	D_2 竞赛规程 2.4	D_{21} 竞赛规程的合理性 1.2
		D_{22} 竞赛规程的科学性 1.2
	D_3 比赛质量 7.8	D_{31} 场均比赛净胜球数 1.95
		D_{32} 比赛数据采集、分析与公布 5.85
	D_4 媒体宣传 1.5	D_{41} 赛事宣传的广泛性 0.21
		D_{42} 赛事宣传的持续性 0.36
		D_{43} 宣传渠道的类型、数量 0.93
	D_5 比赛经费 5.4	D_{51} 经费预算的规范性 0.594
		D_{52} 经费使用的合理性 1.674
		D_{53} 经费来源的可靠性 3.132
E 选拔体系 11	E_1 选拔对象 1.1	E_{11} 对象来源的合理性 1.1
	E_2 选拔主体 3.08	E_{21} 构建一体化数据管理平台 2.556 4
		E_{22} 建立专业球探体系 0.523 6
	E_3 选拔指标体系 6.27	E_{31} 选拔指标体系的科学性 3.887 4
		E_{32} 选拔指标体系的系统性 0.877 8
		E_{33} 选拔指标体系的阶段性 1.504 8
	E_4 选拔走向 0.55	E_{41} 人才分流的科学性 0.137 5
		E_{42} 双向流动渠道的畅通 0.412 5

续表

一级指标	二级指标	三级指标
F 保障体系 4	F_1 经费 0.52	F_{11} 在职业俱乐部青训投入（参照中超联赛准入政策，不低于总投入15%）中设置专项基金支持校园足球发展 0.072 8
		F_{12} 学校校园足球年度专项基金使用情况公示 0.072 8
		F_{13} 经费渠道多样化 0.374 4
	F_2 场地 0.28	F_{21} 俱乐部场地分区段向学校足球队开放 0.28
	F_3 师资 2	F_{31} 建立学校足球教师、俱乐部教练员人才库 1.32
		F_{32} 俱乐部将挂牌学校足球教师培养纳入俱乐部青训总体发展规划 0.34
		F_{33} 学校将俱乐部兼职教练员纳入教师队伍建设进行总体规划 0.34
	F_4 政策 1.04	F_{41} 优秀学生运动员升学政策 0.561 6
		F_{42} 输送人才突出学校的奖励政策 0.072 8
		F_{43} 俱乐部对学校落实联合培养补偿政策 0.280 8
		F_{44} 学校购买俱乐部教学、训练、竞赛服务的政府补贴政策 0.124 8
	F_5 安全 0.16	F_{51} 俱乐部和学校中足球运动员的商业保险参保比率 0.132 8
		F_{52} 俱乐部以讲座、服务的形式在学校开展运动损伤防治活动 0.027 2

结论与后续研究建议

一、结论

结论一：厘定"职业足球青训与校园足球深度融合"的内涵，必须要明确"校园足球"与"职业足球青训"各自的概念定义。校园足球是以学生为主体，以学校为依托，在校内外进行的普及足球人口与培养足球后备人才的一系列活动的总称。职业足球青训是由体育部门指导的、职业足球俱乐部主导的，在促进青少年足球运动员全面发展的条件下，以普及足球为基础、提高足球技战术水平为目标、培养竞技足球后备人才为目的的一种活动过程。

结论二：新时代体教融合要求体育部门与教育部门从整个学校体育定位，覆盖全体青少年群体，从更高层次、更大范围上形成相互渗透、互为一体、相互促进的发展新格局，本质上探索一条新型的全体青少年全面健康发展之路，最终实现培养德智体美劳"五育并举"的社会主义建设者和接班人的根本任务。从政策制定的角度来看，职业足球青训与校园足球深度融合需要从中央到地方，根据政策层级要求制定国家主体政策与地方配套政策。从政策执行的角度来看，需要教育部门、体育部门、财政部门、基建部门、发改部门、广电部门等相关部门之间相互协同推进。从深度融合的具体内容来看，包括宏观的顶层决策领域融合，主要指教育与体育两大系统的战略布局、整体规划、政策法规、标准制定、权力让渡等要融合；中观层面的管理领域融合，包括部门权力边界划分、整体资源配置、专业人员对接、绩效考核体系改革、专项资金配比、领域话语权调整、融合理念宣传等方面要统筹；微观层面的操作领域融合，包括融合平台的建立，即在管理、教学、训练、竞赛、选拔、保障等各个具体领域的融合方案。

结论三：通过对我国职业足球青训与校园足球的管理体系、教学体系、训练体系、竞赛体系、选拔体系、保障体系等方面进行全面深入调研，了解了两者真实发展状态及深度融合的初始现状。职业足球青训方面，第一，外部管理上，中国足协多部门之间业务重叠现象严重，青训管理工作经常出现分管部门之间协调进度慢、边界不清晰等问题，近年来，相关机构改革去"行政化"，向"服务化""企业化"过渡，提高了足协青训的社会化程度，但各个部门虽然对于各自分工进一步界定，权责进一步明晰，但尚未形成共同的利益取向；内部管理上，基于俱乐部重视程度、青训专项投入等因素，我国职业足球俱乐部青训管理体制存在一定差异性，多数俱乐部存在"先搭架子，再填内容"现象，在青训上无法形成完善的俱乐部管理体制。第二，"走训"制让学生在家庭关怀和人格塑造方面存在的问题得到了很好解决，并且让家庭、学校、梯队的各方责任明晰，但是"走训"相较于"三集中"制在训练频次和训练时间上劣势明显，学生成长为职业球员的概率较低；在教练员质量上，常规培训通道的基层教练员培训门槛较低，培养质量上存在不足，缺乏专业的技战术水平、缺乏比赛经验。第三，随着中国足协机构的内部调整，青少年足球赛事也进行了大幅度的变革，在"竞技序列"逐步完善了"U系列联赛"（仅职业俱乐部青训梯队与省市体育局或足协队伍参赛），并增设"精英梯队联赛"，但执行效果并不理想。近年来，随着青少年竞赛体系深化改革，基本形成以"青超联赛"为竞赛体系核心和顶层赛事，辅助以青少年锦标赛、青少年足协杯赛和青少年冠军杯赛，覆盖U13—U19 7个年龄组别的竞赛体系，并不断向青少年足球赛事深度融合方向发展。第四，基于青少年相对年龄效应因素和生理年龄成熟度因素，将技战术素质与身体素质作为我国国内球员选拔指标体系的重点指标，相对忽视心理素质与心智素质是选拔主体期望短期成功的体现，易造成具有天赋的球员资源流失，不利于青少年球员长远发展，此类选拔体系还有待改善。第五，我国青少年足球政策主要由中国足协、体育总局、教育部等以规程、规定、意见、方案等形式颁布，政策法律效力相对微弱，对于基层政策执行缺乏约束；在青训方面资金投入较少，由于市场因素和职业联赛竞争环境，相较于投入大笔资金建设梯队，花费时间等待后备人才，俱乐部更偏好在转会期间直接购买经验丰富的职业球员。校园足球方面，第一，在纵向上，从中央到地方分设不同级别的管理机构进行领导，管理机构依附于教育行政系统，基本为单一向度的行政管理形式，通过上层权威进行"层层加压"，提升管理效率；在横向上，由教育、体育、广电、发改委、共青团、财政等系统进行合作，教育系统主导推进，体育系统进行主力协作。但在实际工作中，各政府部门在职能配置、工作方式、政绩诉求等方面存在较大差别，部门摩擦依然存在。第二，教育部相继印发了《全国青少年校园足球教学指南（试行）》《全国青少年校园足球教学训练竞赛体系建设方案（试行）》等相关文件，旨在进一步推进与加强校园足球教学训练体系建设，但是，在教学训练条件方面还存在师资力量匮乏、场地设施陈旧、资金投入不足等一系列问题。第三，我国政府非常重视青少年足球联赛体系的构建与发展，构建并完善小学、初中、高中、大学四级足球联赛体系，逐步建立了"校内竞赛—校际联赛—选拔性竞赛—出国交流比赛"为一体的校园足球竞赛体系，努力形成"一体化设计，一体化推进"竞赛体系。第四，大力建设国家、省（区、市）、市（县）三级校园足球活动培训基地及青少年足球训练网点，完善校园足球定点学校招生考试政策，逐步理顺以高等学校为"龙头"的大中小学"一条龙"足球梯队建设和运行机制；在选拔主体、选拔对象、选拔标准等方面实现了从基层到顶层的各级提质提优工程，建立了各级国内外职业青训梯队拓宽人才输送渠道的系统工程。第五，政策支持上，2015年至今，校园足球指导性政策及配套性政策"井喷式"出台，政策体系愈加完善，校园足球活动得到了有力的政策支持；资金投入上，校园足球资金不单由中央财政或地方财政投入，教育部还多渠道调动社会力量支持校园足球，设立青少年校园足球专项基金，接受社会捐献；场地建设上，全国校园足球场地设施总量增幅与质量提升已有较大改善；师资培养上，加强校园足球师资队伍建设，从大、中、小学遴选优秀校园足球教师、教练员、教练员讲师赴欧学习，依托中国足协教练员培养体系，开设面向校园足球体育教师的教练员定向培训班、裁判员定向培训班，同时，将足球师资培训纳入了"国家级专项培训骨干教师培训计划"。

  结论四：我国职业足球青训与校园足球深度融合的选择逻辑，融合进程中要综合考虑学理、历史、现实等各方面的因素。第一，学理逻辑上，选择我国职业足球青训与校园足球深度融合的路径，首先要选择两者之间深度融合的关键出发点，进行以点带面的推进；其次要通过控制影响两者深度融合的关键要素，使融合过程不偏离应有的轨迹。在融合的关键出发点选择上要从我国职业足球青训与校园足球两者之间的关联出发考虑。此外，职业足球青训与校园足球深度融合是一个渐进的过程，并受多种因素相互作用与影响。根据其发挥作用的不同可分为动力要素、政策要素和支持要素。其中，动力要素是推进两者深度融合的核心，政策要素是引导两者深度融合的关键，支持要素是保障两者深度融合的基础。第二，历史逻辑上，从我国青少年足球发展历程看，由体育部门一家主导提升至体育、教育等多部门协同配合，由单一的竞技目标发展至青少年的全面发展，由不同系统下相对隔离的人才培养体系转变至相互协同的发展体系，无论是学术界还是政府部门都深刻认识到竞技足球发展离不开教育，体育和教育必须深度融合，学校必将承担培养竞技足球后备人才的重担。因此，只有在保障学生全面发展基础上，吸引更多的青少年参与足球活动，并遵循足球人才培养规律，选择职业足球青训与校园足球深度融合的足球后备人才培养模式，才能够真正提升我国青少年足球发展水平。第三，现实逻辑上，

从当前青少年足球发展现状来看，教育部门主导的校园足球掌握着学校内部足球发展事务的资源和决策权，并可为学生提供优质的教育资源，保证学生球员的文化教育，避免出现"球踢不好、学上不了"的窘境，降低了学生球员职业规划的风险，但其缺乏优质的足球专业师资、裁判、技术指导等资源，难以有效地培养"特长突出"的青少年足球后备人才。体育部门主导的职业足球青训则拥有除学校体育以外的全部体育事务的管理权，并控制着大部分足球专业资质教练、裁判、场地等优质资源，可为青少年提供最优质的足球专业发展指导与保障，但其缺乏青少年发展中系统的文化教育保障机制，无法保障青少年足球后备人才的"全面发展"。因此，我国职业足球青训与校园足球在青少年足球发展中存在明显的优势互补，两者间的深度融合是培养"全面发展、特长突出"的青少年足球后备人才的必由之路。

结论五：通过文献资料、实地调查、专家访谈等研究方法，笔者系统归纳了足球运动发达国家在青少年足球后备人才培养方面的先进经验，并对其进行客观的审视与研判，汲取了适合我国青少年培养基本国情的适行理念：一是立足基本国情——先进经验的借鉴必须依托于本国国情，有所甄别的吸收、利用；二是形成统一的青训理念——先进的青训理念是基础，统一的青训理念是前提，只有保证青训理念的统一性，才可能推进青训体系的系统性发展；三是统筹协调顶层设计与基层执行——世界足球发达国家的青训体系发展都是在科学、长远的发展规划指导下进行的，且根据规划制定一系列翔实周密的配套政策与执行方案；四是政府与行业协会的协作——国外青训体系发展中政府与行业协会承担着不同的职能与权责，形成了权责较为清晰的长效协作机制。政府通过制度和法律形式减少行政干预对青训体系的影响，借助合理的政策工具进行宏观监督，同时，以法律形式确立行业协会（足球协会）的"总舵"地位，并采用税收、服务、基建投资等优惠政策，引导职业俱乐部、市场机构和社会组织充分介入，按照市场化运作方式，逐步实现青训体系社会化常态发展。

结论六：我国职业足球青训与校园足球深度融合的推进路径有以下几方面：一是理念先行，解决职业足球青训与校园足球深度融合的认识障碍。要根据《中国足球改革发展总体方案》与《关于深化体教融合 促进青少年健康发展的意见》的战略部署，重新认识校园足球与职业足球青训的战略地位与作用，贯彻和落实"一体化设计、一体化推进"的中国青少年足球人才培养理念，并将这一理念作为我国职业足球青训与校园足球相关政策制定实施的核心导向；要树立"大青训"理念，推进普及与提高的协同发展。我国职业足球青训与校园足球深度融合要求足球后备人才培养要以全面化、专业化发展为导向，"专业人做专业事"，解决我国足球后备人才匮乏问题。二是深化改革为动力,破除职业足球青训与校园足球深度融合的体制机制障碍。改革政府管理体制,大力推进部分管理权限逐级下放的职能改革,激活地方体育、教育部门的能动性和创造性,逐步完成"垄断式"主导向精细"分权化"管理的转变;推进供给侧结构性调整,利用供给侧改革强化对我国职业足球青训与校园足球领域生产要素的高效配置,破除深度融合的体制机制障碍,发挥市场在资源配置中的决定性作用,提升提高要素供给的准确性与有效性,将最终形成供需匹配、优势互补的运行机制。三是建立促进职业足球青训与校园足球深度融合的政策法规。提高顶层设计政策法规的法律效力,法律层级应对相关部委具有较强的约束力和执行力;政策法规要明确界定相关主体的权责边界,破除过去体系间联合工作没有依据和制度保障的体制障碍;建立政策法规建设的组织保障体系;重点难点法规试点先行。四是实施系统工程,保证职业足球青训与校园足球深度融合落到实处。结合专项,革新教学体系;突出核心,完善训练体系;科学管理,做强竞赛体系;双向流动,构建选拔体系;精诚合作,形成保障体系。

  结论七:我国职业足球青训与校园足球深度融合的体制与机制构建建议。在体制构建方面,一方面,涉及职业足球青训与校园足球深度融合问题的部委要自身主动投入此项工作;另一方面,更需要各部委根据机构职能,从更高层面(国家层面)设立专职机构,进行部委之间的职能与责任分工,这个专职机构(中国足球青训建设指导委员会)可设立在中国足协或教育部,各部委可抽调兼职人员参与工作,教育与体育两家必须派遣专人进行工作。在机制构建方面,一是运行机制的构建。需要从决策、整合、协作、动力、激励、监督六个方面构建我国职业足球青训与校园足球深度融合相适应的运行机制,具体表现为:第一,提高各层级政府有关部门对我国职业足球青训与校园足球深度融合工作的重视程度,明确政府职责,逐步强化相关决策的科学性;第二,从更高层面建立跨部门的领导机制;第三,建立相关部门之间的协作机制;第四,普及、强化及育成三个层面之间进行有效融合,形成一条主线明晰的人才培养与输送路径,形成统一的人才培养理念;第五,运用政策、资金、政绩评价和表彰等激励手段,推进我国职业足球青训与校园足球深度融合的有序进行;第六,建立共同监督、协同治理的长效机制。二是保障机制的构建。主要包括四个方面:第一是制度保障,从政策制定、政策执行、政策监管等方面建立制度环境,打破体育与教育、政府与市场、学校与社会之间的壁垒与藩篱,为职业足球青训与校园足球深度融合的各要素功能发挥提供制度保障;第二是组织保障,从管理模式、组织架构、人员组成、权责划分等方面,明确管理主体、管理客体、对应关系等,形成高效联动的管理组织机构;第三是经费保障，从政府支持、市场参与、多方筹措三个角度研究经费投入机制；第四是技术保障，要充分发挥职业俱乐部的专业作用，在教学训练、竞赛组织、球员选拔、师资培训等专业领域提供更为优质的技术支持与服务。要充分发挥校园足球的教育优势，降低职业足球规划的生长风险。三是评价机制的构建。我国职业足球青训与校园足球深度融合体系评价机制的构建，首先，要有科学完整的评价流程；其次，要明确评价主体与评价对象；最后，要构建科学合理的指标体系。一个完整的评价机制应该由评价、反馈、优化三个环节组成。细致划分的循环过程将是"评价—反馈—改进提高—再评价"。其中，评价环节是整个评价机制的基础，也是评价机制的核心价值所在，其好坏将直接影响后两个环节的作用。评价机制构建过程中的评价主体应遵循多维性和多层性原则，主体中要包括政府相关部门、职业俱乐部、校园足球三大主体，具体细分包含管理人员、教练员、体育教师等利益相关者。评价对象将是两大体系融合过程中涉及的相关领域，例如管理、教学、训练、竞赛、选拔、保障，细致划分将是融合运行中的利益相关个体。在实际调研与访谈过程中，笔者根据评价指标体系构建的基本原则与方法，从管理、教学、训练、竞赛、选拔、保障六个方面初步归纳整理了我国职业足球青训与校园足球融合体系的评价指标体系。

二、后续研究建议

我国职业足球青训与校园足球深度融合是推进我国青少年足球后备人才培养体系全面可持续发展的关键性环节，本书以"为什么深度融合，即诱因是什么？问题是什么？""怎么深度融合，即深度融合的方法机制是什么？实施路径是什么？""深度融合效果会如何，即怎样来对深度融合的效果进行评估？"等三个核心问题为导向，在解析我国职业足球青训与校园足球深度融合内涵的基础上，从管理体系、训练体系、竞赛体系、保障体系以及相应的案例分析，对我国职业足球青训与校园足球的发展现状进行全面摸底调查，深度剖析两大领域在青少年足球后备人才培养方面存在的问题，总结提炼不同地区或不同发展方式之下的先进做法与成功经验，并综合学理、历史、现实和国际经验几个方面的逻辑因素，提出了我国职业足球青训与校园足球深度融合的具体路径及体制机制保障。由于本书篇幅所限以及笔者理论基础薄弱，研究中仍存在不足和尚未涉及之处。

首先，本书虽对职业足球青训与校园足球两大体系的发展现状进行梳理，但对于两者深度融合的初始状态并未进行深入分析，在"点与点""面与面"的结合上没有进行系统的剖析与论述，只是突出了两者在各自系统内的"优势与劣势",对于如何进行机理上深度融合并未表述清晰。其次,在两者深度融合的选择逻辑分析中,笔者只是进行了学理、历史、现实三个层面的逻辑分析,缺乏实践逻辑、运行逻辑、行为逻辑等方面的解析,且研究深度还有待挖掘。此外,在域外经验的提炼与借鉴上,依然存在"拿来主义"的问题,在与我国基本国情的结合上,还没有找到很好的融入点,如何汲取域外先进的发展经验,应用于我国职业足球青训与校园足球深度融合发展路径之中,切实推进两者融合的可持续性将是未来研究的一个重点方向。最后,在深度融合的推进路径与体制机制构建中,笔者从宏观、中观与微观三个维度提出了自己的一些观点,但是否与当前"体教融合"的时代节律相契合,还有待进一步的检验。值得一提的是,"实施系统工程,保障职业足球青训与校园足球深度融合落到实处"部分是在笔者进行大量实地调研、专家访谈等研究基础上,提出的切实可行的发展建议,这也是我国职业足球青训与校园足球深度融合的可操作策略,以期为相关部门提供决策咨询。

我国职业足球青训与校园足球深度融合尚处起步阶段,在理论与实践发展中还有许多尚未涉及的研究领域,在未来的发展中也会遇到许多现实发展中的客观问题,因此,我们的研究应紧密结合现实发展需要,从融合的实际进程中发现问题,为融合的可持续推进提供发展思路。笔者认为,在未来很长一段时间内,我们将面临三大攻坚难题:首先是两者深度融合的体制机制问题。其中最难解决的是"部门利益藩篱",即教育部与国家体育总局之间职能、权责划分的问题,需要重新划分政府部门、社会组织、职业俱乐部、学校等责任主体的权责边界,进行利益的再度分配与整合。其次是两者深度融合的政策法规问题。需要运用法治思想建立维护和促进我国职业足球青训与校园足球深度融合的政策法规体系,通过政策法规等形式对两者原有的部门职能、运行机制与工作体制进行改革,如果仅仅依靠层层高压的行政手段或是相关领导之间的个人关系及影响力,难以取得保证两大体系间的深度融合,更难以推进融合的可持续性发展。最后是两者深度融合的推进路径问题。目前,中央政策的系统颁布与顶层设计的整体规划为我国青少年足球后备人才培养模式的改革与创新指明了发展方向,更为职业足球青训与校园足球深度融合提出了要求,但是,如何将顶层设计的主导思想切实落到实处,如何在融合进程中降低体制摩擦、发挥原有体系的最大能量,如何将融合嵌入学校体育变革、国民教育改革、民族精神塑造等领域中,这些问题都将成为推进路径中亟待解决的重要问题。

参考文献

[1] 马志和. 我国职业足球俱乐部的现状与发展对策 [J]. 上海体育学院学报, 1996, 20 (3): 1-9.

[2] 徐金山, 徐国平. 日本足球运动水平迅速提高的主要原因 [J]. 上海体育学院学报, 1998, 22 (1): 80-84.

[3] 韩勇, 王蒲. 我国足球后备人才培养体系的研究 [J]. 天津体育学院学报, 2001, 16 (1): 34-37.

[4] 胡斌. 论我国职业足球俱乐部的可持续发展 [J]. 广州体育学院学报, 2005, 25 (1): 31-34.

[5] 何志林, 郑鹭宾, 邹勇, 等. 上海市足球事业发展战略研究 [J]. 上海体育学院学报, 2006, 30 (5): 10-13, 19.

[6] 蔡文利, 李正. 中西足球职业俱乐部比较分析 [J]. 体育文化导刊, 2008 (11): 91-95.

[7] 张忠, 颜中杰. 中外职业足球俱乐部后备人才培养机制比较 [J]. 体育学刊, 2009, 16 (2): 95-98.

[8] 赵治治, 臧鹤鹏, 宋海燕. 中国足协 U-17 队伍教练员现状及发展对策 [J]. 首都体育学院学报, 2013, 25 (4): 350-352, 370.

[9] 马忠臣, 何志林, 马健. 我国足球教练员培训中若干问题分析 [J]. 山东体育学院学报, 2005, 21 (2): 33-37.

[10] 马樟生, 李宏. 我国足球运动教练员培训体系的现状及对策研究 [J]. 中国体育科技, 2006, 42 (3): 97-100, 105.

[11] 马青山, 舒川, 汪玮琳. 美国青少年足球教练员培训体系特征及启示 [J]. 体育文化导刊, 2020 (1): 12-17.

[12] 张明, 孙科, 李改, 等. 日本足球教练员培养经验及启示 [J]. 体育文化导刊, 2018 (12): 71-75.

[13] 颜中杰, 马成全, 矫洪申. 中外职业足球俱乐部后备人才培养比较研究 [J]. 武汉体育学院学报, 2009, 43 (8): 76-81.

[14] 蔡锵. 我国青少年足球训练体制现状、诱因和对策研究 [J]. 沈阳体育学院学报, 2012, 31 (5): 95-97.

[15] 范海龙. 中日德足球后备人才培养模式比较研究 [D]. 上海: 上海师范大学, 2013.

[16] 蔡振华. 中国足球青训体系建设"165"行动计划（审议稿）[R]. 第十届中国足球协会第三次会员大会, 2017.

[17] 彭玲群, 颜中杰. 我国中超职业足球俱乐部梯队运动员现状研究 [J]. 山东体育学院学报, 2012, 28 (6): 81-87.

[18] 刘兵, 沈佳, 郑鹭宾. 中国职业足球运动员利益保障调查分析 [J]. 中国体育科技, 2007, 43 (6): 8-10, 110.

[19] 郑明, 何志林, 沈佳. 我国职业足球俱乐部利益群体的特征和利益诉求 [J]. 上海体育学院学报, 2009, 33 (3): 1-5, 15.

[20] 赵刚, 部义峰, 陈超, 等. 中国职业足球俱乐部青少年足球运动员培训质量管理与绩效评估指标体系研究 [J]. 首都体育学院学报, 2021, 33 (1): 96-103.

[21] 浦义俊. 桑巴足球发展简论 [J]. 体育文化导刊, 2013 (11): 77-80.

[22] 邱林, 秦旸. 我国校园足球与职业足球青训深度融合的选择逻辑与推进路径 [J]. 北京体育大学学报, 2021, 44 (2): 59-70.

[23] 喻和文, 刘东锋. 职业足球俱乐部与足球特色学校合作长效机制探究——基于社会交易理论的视角 [J]. 沈阳体育学院学报, 2019, 38 (1): 7-15.

[24] 陈景源, 陶骆定, 贾峰. 中国足球俱乐部经营提升的策略研究 [J]. 山东体育学院学报, 2010, 26 (9): 26-29.

[25] 刘福祥. 中国职业足球俱乐部财务风险及其防范 [J]. 体育学刊, 2018, 25 (5): 77-80.

[26] 赵丽萍, 李留东, 罗普磷. 影响中国职业足球俱乐部发展的社会学因素 [J]. 山东体育学院学报, 2005 (6): 33-36.

[27] 李岩. 德国足球协会天才球员发展计划效果评估 [J]. 体育与科学, 2012, 33 (3): 52-56.

[28] 侯志涛, 姚乐辉, 黄竹杭. 德国青少年足球培养的经验与借鉴 [J]. 北京体育大学学报, 2018, 41 (9): 104-111, 145.

[29] 郑明, 何志林, 沈佳. 我国职业足球俱乐部利益群体的特征和利益诉求 [J]. 上海体育学院学报, 2009, 33 (3): 1-5, 15.

[30] 国家体委体育文史工作委员会,中国足球协会.中国足球运动史[M].武汉:武汉出版社,1993.

[31] 崔乐泉.中国校园足球发展的历史考察与经验启示[J].上海体育学院学报,2018,42(4):12-18.

[32] 张辉.我国布局城市校园足球人才培养体系的研究[D].北京:北京体育大学,2011.

[33] 梁伟,刘新民.校园足球可持续发展的推进策略[J].体育文化导刊,2014(1):151-153.

[34] 李卫东,张廷安,陆煜.全国青少年校园足球活动开展情况调查与分析[J].上海体育学院学报,2011,35(5):22-25,31.

[35] 贺新奇,刘玉东.我国"校园足球"若干问题再探讨[J].北京体育大学学报,2013,36(11):108-113.

[36] 李纪霞,董众鸣,徐仰才,等.我国青少年校园足球活动管理体制创新研究[J].山东体育学院学报,2012,28(3):99-104.

[37] 李新威,李薇.我国校园足球的异化现象[J].体育学刊,2015,22(5):45-48.

[38] 教育部.关于成立全国青少年校园足球工作领导小组的通知[EB/OL].(2018-01-08)[2021-02-20].http://www.moe.gov.cn/srcsite/A17/moe_938/s3276/201501/t20150112_189308.html.

[39] 邱林.我国校园足球政策执行的主要变量与路径优化——基于梅兹曼尼安-萨巴提尔政策执行综合模型分析[J].体育学研究,2020,34(4):38-45.

[40] 教育部.教育部等6部门关于加快发展青少年校园足球的实施意见[EB/OL].(2015-07-27)[2021-02-22].http://www.moe.gov.cn/srcsite/A17/moe_938/s3273/201508/t20150811_199309.html.

[41] 教育部.教育部等7部门关于印发《全国青少年校园足球八大体系建设行动计划》的通知[EB/OL].(2020-09-11)[2021-02-22].http://www.moe.gov.cn/srcsite/A17/moe_938/s3273/202009/t20200925_490727.html.

[42] 齐效成,杨艳,刘年伟,等.重庆市校园足球教练员发展的困境与路径研究[J].西南师范大学学报(自然科版),2017,42(8):117-122.

[43] 张碧昊,郭敏,李卫东.省域校园足球特色学校建设的现状审思与策略选择——基于H省91所学校的实地调研[J].体育学研究,2020,34(4):30-37.

[44] 王志华,向勇.我国校园足球可持续发展的现实困境与路径选择

[J]．体育文化导刊，2019（2）：101-105．

[45] 郑原，李卫东，韩斌，等．省域校园足球推进的审视与未来发展——基于H省的实地调研[J]．武汉体育学院学报，2019，53（4）：75-79，93．

[46] 席连正，毛振明，吴晓曦．论"新校园足球"的顶层设计（7）——论校园足球的十大成功标志和实现关键[J]．武汉体育学院学报，2019，53（3）：76-80．

[47] 段炼，张守伟．我国青少年足球教练员执教能力培养研究[J]．沈阳体育学院学报，2019，38（2）：86-91，115．

[48] 古文东．基于校园足球视角的基层足球教练员培养[J]．广州体育学院学报，2013，33（1）：124-128．

[49] 李祥虎，张婷，吴春春，等．我国退役运动员多元化发展路径研究[J]．体育文化导刊，2017（12）：3，18-21．

[50] 教育部．足球高水平苗子开始出现了，不能急功近利[EB/OL]．（2018-07-03）[2021-02-22].https://baijiahao.baidu.com/s？id=16049223276 47261221&wfr=spider&for=pc．

[51] 董鹏，程传银，赵富学，等．基于路线图方法的我国校园足球师资培训体系构建[J]．体育文化导刊，2018（8）：136-141．

[52] 戴狄夫，金育强．我国校园足球政策执行的利益辨识与制度规引[J]．武汉体育学院学报，2018，52（10）：38-43．

[53] 张渊，张廷安．我国校园足球政策执行推进策略研究[J]．体育文化导刊，2018（5）：108-112．

[54] 姜南．我国校园足球政策执行的制约因素与路径选择——基于史密斯政策执行过程模型的视角[J]．中国体育科技，2017，53（1）：3-8，26．

[55] 黄晓灵，夏慈忠，黄菁．不同行政区校园足球开展的对比研究——以川渝小学为例[J]．成都体育学院学报，2018，44（5）：113-119．

[56] 侯学华．全国青少年校园足球活动价值定位与推广策略研究[D]．北京：北京体育大学，2011．

[57] 陈玉军．校园足球发展的难点与突围方式思考[J]．中国教育学刊，2019，A1：210-211，214．

[58] 李卫东，刘艳明，李溯，等．校园足球发展的问题审视及优化路径[J]．上海体育学院学报，2019，43（5）：19-23．

[59] 彭瑞．影响校园足球文化发展的因素探究[J]．中国教育学刊，2019，A2：71-72．

[60] 吴亚香．校园足球教学引入运动教育模式的研究[J]．南京体育学

院学报（社会科学版），2016，30（5）：82-87.

［61］李虎. 校园足球教学与训练方法——基于国外足球 Small-Sided Games 的解读［J］. 广州体育学院学报，2020，40（2）：124-128.

［62］李春阳. 法国青少年足球训练实践与理念及其启示［J］. 体育学刊，2017，24（6）：127-131.

［63］孟青，王永顺，刘鎏. 法国青少年足球训练理念及启示［J］. 体育文化导刊，2019（4）：83-89.

［64］浦义俊，戴福祥. 英国校园足球发展特征及启示［J］. 体育文化导刊，2020（1）：6-11.

［65］胡琦，谢朝忠. 中德青少年足球人才培养体系比较研究［J］. 体育文化导刊，2019（10）：49-55.

［66］李卫东，何志林，董众鸣. 青少年校园足球竞赛体系发展模式的构建［J］. 武汉体育学院学报，2013，47（2）：87-92.

［67］侯光明. 组织系统科学概论［M］. 北京：科学出版社，2006.

［68］秦旸，邱林. 基于政策文本分析的校园足球演进历程、发展逻辑与时代启示［J］. 北京体育大学学报，2020，43（10）：59-67.

［69］娄方平，向禹. 校园足球实践发展审视：现象、成因与治理［J］. 武汉体育学院学报，2016，50（3）：96-100.

［70］毛振明，刘天彪，李海燕. 校园足球实施一年来的成绩、经验与问题——论"新校园足球"的顶层设计之四［J］. 武汉体育学院学报，2016，50（3）：5-10.

［71］郝文鑫，方千华，蔡向阳，等. 我国新校园足球竞赛体系的运行现状考察与治理路径研究［J］. 武汉体育学院学报，2020，54（7）：87-93.

［72］李卫东. 中日韩学校足球竞赛体系的比较与展望［J］. 北京体育大学学报，2013，36（10）：105-110.

［73］王家宏，董宏. 体育回归教育：体教融合的现实选择与必然归宿［J］. 北京体育大学学报，2021，44（1）：18-27.

［74］惠陈隆. 我国青少年体育竞赛资源整合的现状分析与对策研究［J］. 北京体育大学学报，2014，37（7）：23-30.

［75］葛新，曹磊. 论我国校园足球育人本质的偏离与回归［J］. 体育文化导刊，2020（7）：105-110.

［76］毛振明，刘天彪. 再论"新校园足球"的顶层设计——从德国青少年足球运动员的培养看中国的校园足球［J］. 武汉体育学院学报，2015，49（6）：5-11.

[77] 罗宇. 体育强国目标下我国校园足球的价值定位及其实现［J］. 广州体育学院学报, 2019, 39（4）: 14-17.

[78] 柳鸣毅. 我国青少年体育赛事体系研究［D］. 北京: 北京体育大学, 2013.

[79] 张春合. 政策链视角下健康中国与校园足球协同发展的融合路径［J］. 体育学刊, 2021, 28（1）: 91-96.

[80] 张磊. 多主体参与下的京津冀校园足球协同发展创新策略——基于三螺旋模型的分析［J］. 北京体育大学学报, 2020, 43（9）: 18-28.

[81] 郭骏骅. 北京市"全国青少年校园足球特色学校"校园足球开展现状研究［D］. 北京: 首都体育学院, 2017.

[82] 牛一任. 北京市校园足球特色校发展研究［D］. 北京: 首都体育学院, 2018.

[83] 孙传江. 天津市中学校园足球开展现状调查及分析［D］. 石家庄: 河北师范大学, 2012.

[84] 冷嘉彬. 河北省中小学校园足球开展现状的调查研究［D］. 石家庄: 河北师范大学, 2015.

[85] 邱林, 张廷安, 浦义俊, 等. 校园足球政策基层执行的逻辑辨析与治理策略——基于江苏省Z县及下辖F镇的实证研究［J］. 上海体育学院学报, 2021, 45（3）: 49-59.

[86] 罗冲, 龚波. 新形势下我国校园足球青训体系的内涵、困境与出路［J］. 武汉体育学院学报, 2019, 53（4）: 80-85.

[87] 浦义俊, 邱林. 法国校园足球发展历程、特征及启示研究［J］. 武汉体育学院学报, 2020, 54（8）: 81-88.

[88] 鲍明晓. 足球改革进程中深层次制约因素及化解策略［J］. 北京体育大学学报, 2019, 42（11）: 10-22.

[89] 喻和文, 刘东锋, 谢松林. 职业足球俱乐部青训与校园足球合作探析［J］. 体育文化导刊, 2019（2）: 22-27, 14.

[90] 孙一, 饶刚, 李春雷, 等. 日本校园足球: 发展与启示［J］. 上海体育学院学报, 2017, 41（1）: 68-76.

[91] 陈星潭, 康涛. 中国与日本校园足球发展的比较研究［J］. 南京体育学院学报（社会科学版）, 2017, 31（2）: 70-75.

[92] 李云广, 李大威. 日本校园足球"走训制"训练模式及启示［J］. 体育文化导刊, 2020（1）: 1-5, 11.

[93] 浦义俊, 辜德宏, 吴贻刚. 日本足球转型发展的历史脉络、动力机

制及其战略价值研究［J］.沈阳体育学院学报,2020,39(2):82-91,132.

［94］宁聪,黄竹杭,侯学华,等.日本的足球运动发展历程和足球项目发展路径及启示［J］.首都体育学院学报,2020,32(4):338-345.

［95］浦义俊,戴福祥.借鉴与反思:英格兰足球历史演进、改革转型及其启示［J］.西安体育学院学报,2017,34(1):60-67.

［96］谭淼.基于中英比较视角的校园足球人才培养方略探析［J］.沈阳体育学院学报,2016,35(5):109-114,138.

［97］梁斌.英国校园足球启示:网络路径整合及多元资源配置［J］.山东体育科技,2014,36(1):105-108.

［98］陈洪,梁斌.英国青少年校园足球发展的演进及启示［J］.体育文化导刊,2013(9):111-114.

［99］胡伟.荷兰青少年足球训练体系及相关理念探究［J］.南京体育学院学报(社会科学版),2004,18(5):108-110.

［100］NUGHES E,AQUINO R,ERMIDIS G,et al. Anthropometric and fitness associations in U17 Italian football players［J］. Journal of Sports Medicine and Physical Fitness,2020,60(9):1254-1260.

［101］HEINEMANN K,FRIEDERICI M R. Sport Clubs in Various European Countries［J］. German Journal of Exercise and Sport Research,2003,33(3):330-333.

［102］ELYAKIM E,MORGULEV E,LIDOR R,et al.Comparative analysis of game parameters between Italian league and Israeli league football matches［J］. International Journal of Performance Analysis in Sport,2020,20(2):165-179.

［103］ALCÂNTARA H.A magia do futebol［J］. Estudos Avançados,2006,20(57):297-313.

［104］SOARES A J G,MELO L B S,COSTA F,et al. Relationship between formation of young players in Brazil and education［J］. Revista Brasileira de Ciências do Esporte,2011,33(4):905-921.

［105］BLAKESLEE B. How to make a foreign idea your own:Argentine identity and the role soccer played in its formation［D］. Arlington:The University of Texas,2014.

［106］FRYDENBERG J,DASKAL R,TORRES C R.Sports clubs with football in Argentina:Conflicts debates and continuities［J］. The International Journal of the History of Sport,2013,30(14):1670-1686.

［107］SANTOS F,CORTE-REAL N,REGUEIRAS L,et al.Coaching effectiveness within competitive youth football: Youth football coaches' and athletes' perceptions and practices[J]. Sports Coaching Review,2019,8(2):172-193.

[108] 平田竹男,ステファン・シマンスキー.日韓W杯がJリーグの観客数に与えた影響に関する研究[J].スポーツ産業学研究,2009,19(1):41-54.

[109] 広瀬一郎.Jリーグのマネジメント[M].东京:東洋経済新報社,2004.

[110] 日本J联盟.Jリーグについて[EB/OL].(2017-05-28)[2021-02-21].http://www.j-league.or.jp/aboutj/.

[111] 应虹霞.日本足球的明治维新[M].杭州:浙江古籍出版社,2012.

[112] LIGHT R.Globalization and youth football in Japan[J]. Asian Journal of Exercise And Sports Science,2007,4(1):21-27.

[113] SUGIYAMA M,KHOO S,HESS R. Grassroots football development in Japan[J]. The International Journal of the History of Sport,2017,34(17-18):1854-1871.

[114] JIANG L,CHO K M,CHOI M K. Comparative Analysis on Youth Football Programs in Korea and China[J]. Journal of the Korean Sports Industry Management Association,2019,24(5):49-71.

[115] HORNE J,MANZENREITER W.Japan,Korea and the 2002 World Cup[M]. London:Psychology Press,2002.

[116] KIM E K.A Study on the type of owning professional football club and its management structure[J]. Sport and Law,2014,17(1),47-69.

[117] LEE W M. Are only the coaches responsible? The recent corruption scandal on admission of Korean student-athletes to universities[EB/OL].(2012-12-17)[2021-3-20].http://sports.chosun.com/news/ntype.htm?id=201212180100109660009174&servicedate=20121217.

[118] FEICHTINGER P,HONER O.Psychological diagnostics in the talent development program of the German Football Association:Psychometric properties of an Internet-based test battery[J]. Sportwissenschaft,2014,44(4):203-213.

[119] LOPATTA K,BUCHHOLZ F,STORZ B.'50+1-rule in German football- a reform proposal based a comparison of the european big 5 football leagues[J]. Sport Und Gesellschaft,2014,11(1):3-33.

[120] ROSCA V.Sustainable development of a city by using a football club[J].

Theoretical and Empirical Researches in Urban Management,2010,5(16):61-68.

[121] GÜLLICH A. Selection,de-selection and progression in German football talent promotion[J]. European Journal of Sport Science,2014,14(6):530-537.

[122] CHRISTENSEN, KROGH M. "An eye for talent": Talent identification and the "practical sense" of top-level soccer coaches[J]. Sociology of Sport Journal, 2009,26(3):365-382.

[123] GÜLLICH A,EMRICH E. Individualistic and collectivistic approach in athlete support programmes in the German high-performance sport system[J]. Ejss European Journal for Sport And Society,2016,9(4):243-268.

[124] WILLIMAS A M, REILLY T. Talent identification and development in soccer[J]. Journal of Sports Sciences,2000,18(9):657-667.

[125] YPEREN N W V. Why some make it and others do not: Identifying psychological factors that predict career success in professional adult soccer[J]. The Sport Psychologist,2009,23(3):317-329.

[126] VAEYENS R, MALINA R M, JANSSENS M, et al. A multidisciplinary selection model for youth soccer:the Ghent Youth Soccer Project[J]. British Journal of Sports Medicine,2006,40(11):928-934.

[127] BENNETT K J M, VAEYENS R, FRANSEN J. Creating a framework for talent identification and development in emerging football nations[J]. Science and Medicine in Football,2019,3(1):36-42.

[128] ZUBER C, ZIBUNG M, CONZELMANN A. Motivational patterns as an instrument for predicting success in promising young football players[J]. Journal of Sports Sciences,2015,33(2):160-168.

[129] BAKER J, SCHORER J, WATTIE N. Compromising talent: Issues in identifying and selecting talent in sport[J]. Quest,2018,70(1):48-63.

[130] PUDAR G, SUURPÄÄ L, WILLIAMSON H, et al. Youth policy in Belgium[M]. Strasbourg: Council of Europe,2014.

[131] AMARA M, HENRY I, LIANG J, et al. The governance of professional soccer: Five case studies-Algeria, China, England, France and Japan[J]. European Journal of Sport Science,2005,5(4):189-206.

[132] MARSTON K T. An international comparative history of youth football in France and the United States (C.1920-C.2000): The age paradigm and the demarcation of the youth game as a separate sector of the sport[D]. Leicester: De Montfort University,2012.

[133] HOLT R, RUTA D. Routledge handbook of sport and legacy: Meeting the challenge of major sports events[M]. London: Routledge, 2015.

[134] O'CONNOR D, LARKIN P, WILLIAMS A M. Talent identification and selection in elite youth football: An Australian context[J]. European Journal of Sport Science, 2016, 16(7): 837-844.

[135] SILVA M J C, FIGUEIREDO A J, SIMOES F, et al. Discrimination of U-14 soccer players by level and position[J]. International Journal of Sports Medicine, 2010, 31(11): 790-796.

[136] DEPREZ D, FRANSEN J, BOONE J, et al. Characteristics of high-level youth soccer players: variation by playing position[J]. Journal of Sports Sciences, 2015, 33(3): 243-254.

[137] HELSEN W F, WINCKEL J V, WILLIAMS A M. The relative age effect in youth soccer across Europe[J]. Journal of Sports Sciences, 2005, 23(6): 629-636.

[138] MUSTAFOVIC E, CAUSEVIC D, COVIC N, et al. Talent Identification in Youth Football: A Systematic Review[J]. Journal of Anthropology of Sport and Physical Education, 2020, 4(4): 37-43.

[139] O'CONNOR D, LARKIN P, WILLIAMS A M. Observations of youth football training: How do coaches structure training sessions for player development? [J]. Journal of Sports Sciences, 2018, 36(1): 39-47.

[140] CUSHION C, FORD P R, WILLIAMS A M. Coach behaviours and practice structures in youth soccer: Implications for talent development[J]. Journal of Sports Sciences, 2012, 30(15): 1631-1641.

[141] GROOM R, CUSHION C J, NELSON L J. Analysing coach-athletetalk in interaction' within the delivery of video-based performance feedback in elite youth soccer[J]. Qualitative Research in Sport, Exercise and Health, 2012, 4(3): 439-458.

[142] D'ARRIPE-LONGUEVILLE F, FOURNIER J F, DUBOIS A. The perceived effectiveness of interactions between expert French judo coaches and elite female athletes[J]. The Sport Psychologist, 1998, 12(3): 317-332.

[143] CUSHION C J, JONES R L. A systematic observation of professional top-level youth soccer coaches[J]. Journal of Sport Behavior, 2001, 24(4): 354-376.

[144] 侯学华, 薛立, 陈亚中, 等. 校园足球文化内涵研究[J]. 体育文化导刊, 2013(6): 107-110.

[145] 李卫东，何志林．全国青少年校园足球可持续发展思考［J］．体育文化导刊，2011（3）：106-108.

[146] 辜德宏．我国竞技体育发展方式转变的逻辑起点辨析［J］．天津体育学院学报，2015，30（5）：383-387.

[147] 钟秉枢．从体教结合、教体结合，到体教融合［R］．武汉体育学院，2020.

[148] 中国足球协会．中国足球协会秘书处组织机构［EB/OL］．（2019-01-07）［2020-03-27］．http：//www.thecfa.cn/mishuchu/index.html.

[149] 中国足球协会．教练员培训历史背景［EB/OL］．(2019-01-07)[2021-02-20]．http：//www.thecfa.cn/jlypxlmym/index.html.

[150] 杨一民，李冬生，李飞宇，等．中国足球竞赛体系和训练体系的研究［J］．体育科学，2000，20（5）：25-32.

[151] 马德兴．有钱闲置外援没钱搞青训？一半中超中甲梯队不完整［EB/OL］．(2017-04-07)[2021-02-20]．http：www.ttplus.cn/publish/app/data/2017/04/07/48420/os_news.html.

[152] 陈永．中国足球青训将迎颠覆性变革［N］．足球报，2021-01-21（02）．

[153] 中国足球协会．2021年中国足协青少年足球竞赛工作筹备协调会在京召开［EB/OL］．(2021-02-07)[2021-3-27]．http：//www.thecfa.cn/qingchaoliansai/20210207/29292.html.

[154] 黄银华，张志奇，张碧涛．我国足球职业俱乐部后备人才培养机制的初步研究［J］．武汉体育学院学报，2004，38（5）：17-20.

[155] 孙永生．我国足球运动员科学选材的研究综述［J］．沈阳体育学院学报，2004，23（6）：791-794.

[156] 王锋，王立生，赵瑞花．高水平足球运动员评价选优层次分析体系的研究［J］．北京体育大学学报，2005，28（3）：91-96.

[157] 刘宇．国外对青少年足球天才识别方法的研究进展［J］．中国体育科技，2014，50（4）：33-38.

[158] 邱林，张廷安．欧洲足球职业球探研究［J］．体育文化导刊，2013（9）：71-74.

[159] 杨成伟，唐炎，张德春，等．对我国青少年足球运动发展的政策执行审视［J］．沈阳体育学院学报，2015，34（1）：21-27.

[160] 长春亚泰足球俱乐部．净月基地［EB/OL］．(2020-09-21)[2021-03-27]．http：//www.yataifc.cn/ytzq_jdjs/jdls/jyjdls/.

[161] 中国足球协会. 教练员培训数据[EB/OL].(2019-01-07)[2021-03-27]. http://www.thecfa.cn/jlypxlmym/index.html.

[162] 中国足球协会. 教练员讲师培训[EB/OL].(2019-01-01)[2021-03-27]. http://www.thecfa.cn/jlyjspx/index.html.

[163] 中国足球协会. 教练员培养体系与管理规定[EB/OL].(2019-01-01)[2020-03-27]. http://www.thecfa.cn/jlypxlmym/index.html.

[164] 山东鲁能泰山足球学校. 山东鲁能足球学校学校介绍[EB/OL].(2019-11-06)[2021-03-27]. http://www.lnschool.cn/football/article_detail/61?type=2.

[165] 山东鲁能泰山足球学校. 鲁能足校队员赴巴西培训[EB/OL].(2018-04-04)[2021-03-27]. https://baijiahao.baidu.com/s?id=1596777571474733705&wfr=spider&for=pc.

[166] 山东鲁能泰山足球学校. 鲁能足校教学体系进行改革 盼智商+情商全面展[EB/OL].(2018-11-19)[2020-03-27]. http://www.lnschool.cn/football/article_detail/14.

[167] 恒大足球学校. 恒大足校精英生"养成计划":选拔千里挑一 竞争从始至终[EB/OL].(2020-06-18)[2021-03-27]. https://fs.evergrande.com/show.php?id=738.

[168] 恒大足球学校. 恒大足球学校2021精英招生正式启动[EB/OL].(2021-02-09)[2021-03-27]. https://fs.evergrande.com/show_list.php?id=32.

[169] 长春亚泰足球俱乐部. 长春亚泰足球俱乐部的俱乐部介绍[EB/OL].(2020-05-21)[2021-03-27]. http://www.yataifc.cn/ytzq_jlb/ytzq_jj/.

[170] 长春亚泰足球俱乐部. 巴巴扬分享执教经验 支招亚泰青训教练为一线队多输送人才[EB/OL].(2020-06-23)[2021-03-27]. http://www.yataifc.cn/ytzq_news/ytzq_qx/202006/t20200623_125266.htm.

[171] 新浪网. 白城市36名校园足球教师赴长春亚泰足球俱乐部深造[EB/OL].(2018-05-29)[2021-03-27]. https://k.sina.cn/article_6079480795_16a5d83db02700gitf.html?from=sports&subch=osport.

[172] 虎扑网. 绿城青训进化史,从选拔精英留洋,到日式精英青训,再到日式普及青训[EB/OL].(2019-05-17)[2021-03-27]. https://bbs.hupu.com/27452781.html.

[173] 刘烨. 新疆足校全疆撒网双语教学 四梯队备战全运会[EB/OL].(2012-05-16)[2021-03-27]. https://sports.qq.com/a/20120516/001082.htm.

[174] 瑞士资讯. 前英超球星孙继海 在新疆为中国足球扎根[EB/OL].

(2020-06-11)[2021-03-27]. https://www.swissinfo.ch/blueprint/servlet/chi/afp/前英超球星孙继海-在新疆为中国足球扎根/45841596.

[175] 延边信息港. 延边富德青训两条腿走路"北延边"绝不能只是一句口号[EB/OL].(2018-08-23)[2021-03-27]. http://www.yb983.com/p/72708.html.

[176] 武汉三镇足球俱乐部. 武汉尚文青训[EB/OL].(2019-12-10)[2021-03-27]. http://www.whszfc.com/index.php?s=/List/22.html.

[177] 武汉三镇足球俱乐部. 武汉足球青训模式 可供借鉴学习[EB/OL].(2017-12-15)[2021-03-27]. http://www.whszfc.com/index.php?s=/View/406.html.

[178] 蔡向阳. 全国校园足球发展调研报告[M]. 北京：人民体育出版社, 2019.

[179] 毛振明, 席连正, 刘天彪, 等. 对校园足球的"八路突破"的理解与深入——论"新校园足球"的顶层设计之三[J]. 武汉体育学院学报, 2015, 49(11): 5-10.

[180] 邱林, 戴福祥, 张廷安, 等. 我国校园足球政策执行效果及主要影响因素分析[J]. 体育学刊, 2016, 23(06): 98-102.

[181] 全国青少年校园足球工作领导小组办公室. 全国青少年校园足球工作报告(2015—2019)[J]. 校园足球, 2019(8): 8-13.

[182] 腾讯体育. 校园足球活动下拨经费和地方匹配金使用通知[EB/OL].(2010-04-02)[2021-03-27]. https://sports.qq.com/a/20100402/000701.htm.

[183] 人民政府网. 全国青少年校园足球工作领导小组关于做好2019年校园足球工作的通知[EB/OL].(2019-03-14)[2021-03-27].http://www.gov.cn/zhengce/zhengceku/2019-12/03/content_5458021.htm.

[184] 教育部. 全国青少年校园足球工作发展报告(2015—2017)[EB/OL].(2018-02-01)[2021-02-27]. http://www.moe.gov.cn/jyb_xwfb/xw_fbh/moe_2069/xwfbh_2018n/xwfb_20180201/sfcl/201802/t20180201_326157.html.

[185] 教育部. 全国青少年校园足球工作五年总结及2020年工作部署[EB/OL].(2019-12-20)[2021-02-27]. http://www.moe.gov.cn/fbh/live/2019/51635/sfcl/201912/t20191220_412768.html.

[186] 中国教育新闻网. 全国青少年校园足球工作报告(2015-2019)[EB/OL].(2019-7-23)[2021-02-27]. http://www.jyb.cn/rmtzcg/xwy/wzxw/201907/t20190723_249940.html.

[187] 教育部. 介绍全国青少年校园足球最新进展情况和全国学校体育教学改革整体思路[EB/OL].(2018-06-26)[2021-03-27].http://www.moe.gov.cn/jyb_xwfb/xw_fbh/moe_2069/xwfbh_2018n/xwfb_20180626/201806/t20180626_341040.html.

[188] 新浪体育. 一体化设计一体化推进 深化体教融合吹响冲锋号[EB/OL].(2020-10-20)[2021-03-27].https://sports.sina.com.cn/others/others/2020-10-20/doc-iiznezxr6963911.shtml.

[189] 新浪体育. 科普1校园足球国家队是什么 后备平台不是自立门户[EB/OL].(2019-08-26)[2021-4-1].https://sports.sina.com.cn/china/gqgs/2019-08-26/doc-ihytcern3655294.shtml.

[190] 南方都市报. 以足球为龙头带动全面发展 东方小学打造"足球强校"发展道路[EB/OL].(2019-12-29)[2021-04-01].https://m.mp.oeeee.com/a/BAAFRD000020191228243922.html.

[191] 网易新闻. 深圳宝安东方小学：34年坚持 筑梦校园足球[EB/OL].(2020-12-30)[2021-04-01].https://3g.163.com/dy/article/FV3G1CLN05299LQ3.html.

[192] 教育部. 介绍2015—2017年全国青少年校园足球发展情况和2018年校园足球重点工作[EB/OL].(2018-02-01)[2021-04-01].http://www.moe.gov.cn/jyb_xwfb/xw_fbh/moe_2069/xwfbh_2018n/xwfb_20180201/201802/t20180201_326169.html.

[193] 国家体委政策研究室. 体育运动文件选编1949—1981[M]. 北京：人民体育出版社，1982.

[194] 任振朋. 改革开放以来我国青少年足球政策发展演变研究：基于政策文本视角[D]. 福州：福建师范大学，2017.

[195] 邱林，戴福祥，张廷安. 我国校园足球发展中政府职能定位研究[J]. 武汉体育学院学报，2016，50（6）：95-100.

[196] 孙克诚，何志林，董众鸣. 国外足球强国后备人才培养路径与启示[J]. 南京体育学院学报（社会科学版），2011，25（5）：108-111.

[197] TOUSSAINT J P. Football[M].Paris:Les Editions de Minuit,2015.

[198] BROWAEYS B.The philosophy of youth development at the Belgium FA[R].UEFA Study Group Match,2010.

[199] 邱林，王家宏，戴福祥. 中法青少年足球培养体系比较研究[J]. 上海体育学院学报，2017，41（6）：34-41.

[200] 克里斯蒂安·达米亚诺. 欧洲青训中心的配置与管理[R]. 2018

"熊猫杯"国际青少年足球发展研讨会,2018.

[201] NORTH J,LARA-BERCIAL S,MORGAN G.The identification of good practice principles to inform player development and coaching in European youth football[R].Leeds Metropolitan University,2014.

[202] WILKINSON H.The football association "Charter for Quality"[J].British Journal of Physical Education,1998,29(4):31-34.

[203] LOPATTA K,BUCHHOLZ F,STORZ B.'50+1'-rule in German football-a reform proposal based a comparison of the european big 5 football leagues[J].Sport und Gesellschaft,2014,11(1):3-33.

[204] 乔纳森·威尔逊. 脏脸天使:足球阿根廷史[M]. 蝶歌,童文煦,译. 上海:文汇出版社,2018.

[205] 王晓晨,赵光圣,张峰. 嘉纳治五郎对柔道教育化改造的关键思路及启示[J]. 山东体育学院学报,2015,31(2):107-113.

[206] 乔媛媛,汤夏,蒋宁,等. 日本足球"明治维新"历程、特征及启示[J]. 广州体育学院学报,2018,38(2):43-47.

[207] 陈安. 日本足球青训模式对中国足球青训模式的启示——基于对中日青训模式的差异性分析[D]. 成都:成都体育学院,2019.

[208] 李云广. 日本足球职业化管理体制研究[D]. 北京:北京体育大学,2013.

[209] 程隆,张忠. 日本足球青训的发展及其启示[J]. 体育文化导刊,2014(7):95-98.

[210] 孙一,梁永桥,毕海波. 中、日、韩三国青少年足球培养体系比较研究[J]. 中国体育科技,2008,44(4):60-65.

[211] 邱林,张廷安. 日本足球职业联赛发展研究[J]. 体育文化导刊,2013(3):83-86.

[212] KIM J.An analysis of talent development in Korean and German football[D].Seoul:Seoul National University,2015.

[213] 徐伟康,郑芳. 中国足球归化的理论证成与未来路径[J]. 体育学研究,2019,2(3):75-82.

[214] 吴基星. 中韩校园足球管理体系比较研究[D]. 长春:吉林大学,2015.

[215] 浦义俊. 韩国足球发展方式的历史转型与战略启示[J]. 河北体育学院学报,2020,34(5):16-24.

[216] JUN S H,LEE P M. Exploring convergent development of youth soccer

league(i-league)[J].Journal of the Korea Convergence Society,2019,10(5):341-349.

[217] 张廷安.开展校园足球活动需要理念引领[J].北京体育大学学报,2015,38(8):112-117.

[218] Hong E.Women's football in the two Koreas:A comparative sociological analysis[J].Journal of Sport and Social Issues,2012,36(2):115-134.

[219] 腾讯体育.乌兹别克重建业余体校制度 足球水平飞速提高[EB/OL].(2015-12-14)[2021-04-01].https://sports.qq.com/a/20151214/039930.htm.

[220] KURYAZOV R.The concept improvement fc bunyodkor youth academy[J].Science Almanac,2017(31):123-125.

[221] ARZIBAYEV K O,ARALOV S A.Physical culture and social importance of sport in educating the young by the principles National Concept[C]//Scientific achievements of the third millennium,2016:23-24.

[222] 禹唐体育.中国足球青训:模式不重要 训练才是根本问题![EB/OL].(2015-12-16)[2021-04-01].https://www.xtbdy.com/xiangmu/news-8553.html?id=54499999.

[223] 禹唐体育.揭秘乌兹别克斯坦青训:举国体制下的足球青训[EB/OL].(2017-08-31)[2021-04-01].http://www.ytsports.cn/news-14681.html.

[224] 丁佳豪,晋腾,刘元国.卡塔尔足球运动发展的历史回顾及启示[C]//中国体育科学学会.第十一届全国体育科学大会论文摘要汇编.南京:南京体育学院,2019.

[225] SCHARFENORT N.Urban development and social change in Qatar:the Qatar National Vision 2030 and the 2022 FIFA World Cup[J].Journal of Arabian Studies,2012,2(2):209-230.

[226] 王晓易.数字:卡塔尔烧钱足球[N].网易体育,2011-01-13(10).

[227] 张晓彤.卡塔尔的足球梦[J].中国报道,2014(10):39.

[228] 王集旻.打出最后一颗子弹 补时绝杀捍卫荣誉[N].新华社,2018-06-26(06).

[229] 张琳.沙特23人名单:国内联赛班底[N].网易新闻,2018-06-04(05).

[230] BINJWAIED M,RICHARDS I,O'KEEFFE L A.The factors influencing fans' attendance at football matches in the Kingdom of Saudi Arabia[J].Athens

Journal of Sports,2015,2(2):111-122.

[231] LYSA C.Fighting for the right to play:Women's football and regime-loyal resistance in Saudi Arabia[J].Third World Quarterly,2020,41(5):842-859.

[232] 林丹.沙特君主制屹立不倒 为何至今没有爆发革命[N].世界历史,2019-08-28(06).

[233] CLIN D'OEIL.L'Académie secréte des coachs[N].Vestiaires,2015-09-01(05).

[234] 杨一民.关于我国青少年足球主要问题与对策的探讨[J].中国体育科技,2007,43(1):33-35.

[235] CAHIERS,CHRISTIAN G. Comment regarder un match de foot[M].Paris:Solar édition,2016.

[236] 周建伟,陈效科.法国足球后备人才培养研究[J].广州体育学院学报,2020,40(3):74-77.

[237] 程华,戴健,赵蕊.发达国家大众体育政策评估的特点及启示——以美国、法国和日本为例[J].沈阳体育学院学报,2016,35(3):36-41.

[238] 浦义俊,戴福祥,江长东.法国足球历史演进及其文化特质分析[J].体育文化导刊,2016(2):106-110,131.

[239] AMARA M,HENRY I,LIANG J,et al.The governance of professional soccer:Five case studie-Algeria,China,England,France and Japan[J].European Journal of Sport Science,2005,5(4):189-206.

[240] 申彦华.英国"双金字塔"足球人才培养体系研究及启示[J].中国学校体育(高等教育),2018,5(6):12-16.

[241] HOWIE L,ALLISON W.The English football association charter for quality:The development of junior and youth grassroots football in England[J].Soccer Society,2016,17(6):800-809.

[242] 舒川,吴燕丹.本土化视角下我国校园足球发展路径研究[J].中国体育科技,2015,51(6):38-43.

[243] 周建伟,陈效科.德国足球后备人才培养研究[J].体育文化导刊,2017(11):97-101.

[244] SCHROEPF B,LAMES M.Career patterns in German football youth national teams-A longitudinal study[J].International Journal of Sports Science & Coaching,2017,13(3):405-414.

[245] 牛丽丽,谭建湘.德国职业足球发展经验与启示[J].体育文化导刊,2020(4):6-11,24.

［246］国景涛.中德青少年足球人才培养模式的比较研究［D］.济南：山东师范大学，2011.

［247］王勍.中德校园足球座谈会在柏林圆满召开［EB/OL］.(2016-11-26)［2021-03-27］.http：//www.gov.cn/xinwen/2016/11/26/content_5137954.htm.

［248］侯志涛.中、日、德三国青少年男子足球培养模式的比较分析［D］.北京：北京体育大学，2011.

［249］NAGLO K.The social world of elite youth football in Germany-crisis, reinvention, optimization strategies, and the role of schools［J］.Sport in Society,2020, 23(8):1405-1419.

［250］FIFA. Italian Football Association［EB/OL］.(2021-04-07)［2021-04-27］.https://www.fifa.com/fifa-world-ranking/associations/association/ita/men/.

［251］浦义俊.意大利足球历史回顾及其转衰因素分析［J］.体育文化导刊，2016（11）：107-112.

［252］腾讯体育.意大利足球为何衰落？故步自封+经济衰退，青训改革才有一线生机［EB/OL］.(2018-06-04)［2021-04-27］.https://sports.qq.com/a/20180604/032432.htm.

［253］FORD P R, BORDONAU J L D, BONANNO D, et al.A survey of talent identification and development processes in the youth academies of professional soccer clubs from around the world［J］.Journal of Sports Sciences,2020,38(11-12):1269-1278.

［254］冷雪.意大利青训调查1：从托尔多的一生看少年体制［EB/OL］.(2010-09-17)［2021-04-27］.https://sports.qq.com/a/20100913/000058.htm.

［255］BURAIMO B, MIGALI G, SIMMONS R. An analysis of consumer response to corruption:Italy's calciopoli scandal［J］.Oxford Bulletin of Economics and Statistics,2015,78(1),22-41.

［256］TRANDING ECONOMICS.意大利-失业率［EB/OL］.(2021-01-20)［2021-04-27］.https://zh.tradingeconomics.com/italy/unemployment-rate.

［257］CEIC.意大利政府债务：占国内生产总值百分比［EB/OL］.(2020-12-15)［2021-04-27］.https://www.ceicdata.com/zh-hans/indicator/italy/government-debt--of-nominal-gdp.

［258］WINNER D.Brilliant orange:The neurotic genius of Dutch soccer［M］.New York: Abrams,2008.

［259］浦义俊，吴贻刚.荷兰足球历史崛起与持续发展探究［J］.武汉体育学院学报，2015，49（1）：20-24.

[260] 陶云江.荷兰业余足球很职业[N].半岛晨报,2015-04-20(6).

[261] NOGUERA A. Soccer in Argentina:a lecture[J]. Journal of Sport History,1986,13(2):147-152.

[262] 吴夕东.阿根廷青少年足球后备人才培训模式探究[J].运动,2010(16):35-36.

[263] 搜狐体育.布宜诺斯艾利斯是世界上拥有最多足球场的城市[EB/OL].(2009-04-01)[2021-04-27].https://www.sohu.com/a/305219190_658094.

[264] 网易体育.内德·贝尔萨:疯子和教父于一体的痴狂人生[EB/OL].(2020-09-27)[2021-04-27].https:sports.163.com/20/0927/21/FNIF0NVQ00058781.html.

[265] 戚奇明.阿根廷为何"哭泣"?全球化下新兴市场面临困境[EB/OL].(2018-07-04)[2021-04-27].https://www.financialnews.com.cn/shanghai/201807/t20180704_141396.html.

[266] ALABARCES P. Football and stereotypes:Narratives of difference between Argentina and Brazil[J].Bulletin of Latin American Research,2018,37(5):553-566.

[267] 吴建喜,李可可.巴西足球运动发展及对我国的启示[J].北京体育大学学报,2015,38(4):136-140.

[268] 韩朝晖,刘海明.桑巴之魂:巴西足球文化研究[J].辽宁体育科技,2017,39(4):12-16.

[269] 陶克祥.南美足球发展及其对我国的启示[J].体育科学研究,2016,20(4):36-41.

[270] 每日头条.中国足球无法照搬巴西足球青训模式[EB/OL].(2017-11-09)[2021-04-27].https:kknews.cc/zh-my/sports/ne529z5.html.

[271] TOZETTO A V B,GALATTI L R,SCAGLIA A J,et al.Football coaches' development in Brazil:A focus on the content of learning[J].Motriz:Revista de Educação Física,2017,23(3):1-9.

[272] 张海军,张海利,郭小涛.巴西竞技体育发展的赛场文化背景探析——以足球和排球运动为分析个案[J].体育与科学,2011,32(1):94-97.

[273] 姬烨,赵焱.巴西青训基地设施一流产业化青训成就足球王国[EB/OL].(2014-07-08)[2021-04-27].http://www.chinanews.com/ty/2014/07-08/6364369.shtml.

[274] 界面新闻.一场大火,烧出巴西足球青训的残酷现实[EB/OL].

(2019-04-13)[2021-04-27].http://www.yidianzixun.com/article/0Lj0AyvA.

[275] CRUZ D.美国足球青训模式的巨变历史[EB/OL].(2020-03-15)[2021-04-27]. https://kingshark8848.gitbook.io/soccer-in-america/zhong-wen/mei-guo-zu-qiu-qing-xun-mo-shi-de-ju-bian-li-shi.

[276] 龙继军.美国足球发展及振兴因素研究[J].体育文化导刊,2017(9):176-180.

[277] SNOW S.US youth soccer player development model[M].New York:New York Red Bulls Red Print,2012.

[278] 潘前.美国足球发展的历史回顾与现状分析[J].浙江体育科学,2010,32(2):44-47.

[279] 钱泳文.参与、基础、合作、青训四要素成就墨西哥足球——拉美足球强国调查之三[EB/OL].(2015-06-24)[2021-05-01].http://roll.sohu.com/20150624/n415535609.shtml.

[280] 浦义俊,辜德宏.墨西哥足球发展方式演进及其动力机制[J].体育成人教育学刊,2020,36(2):83-88,95.

[281] 杜娟."墨西哥奇迹"破灭对我国经济发展的警示[J].环渤海经济瞭望,2009(6):57-59.

[282] LEES F A.The mexican financial crisis[J].International Journal of Public Administration,2000,23(5-8):877-906.

[283] CEIC.乌拉圭人口[EB/OL].(2020-12-27)[2021-05-01].https://www.ceicdata.com/zh-hans/indicator/uruguay/population.

[284] 杨翼.乌拉圭百年纪念[EB/OL].(2019-01-01)[2021-05-01].https://www.xzbu.com/6/view-2916777.htm.

[285] 姬烨.小国乌拉圭足球强国之路：重视培养球员爱国精神[EB/OL].(2015-01-30)[2021-05-01].http://sports.people.com.cn/n/2015/0130/c22176-26481729.html.

[286] MAURITZEN M H.Success of small football nations[D].Copenhagen:Copenhagen Business School,2017.

[287] 马作宇.乌拉圭足球密码：340万人口,如何养育那么多巨星[EB/OL].(2018-07-09)[2021-05-01].https://www.thepaper.cn/newsDetail_forward_2237821.

[288] 凌颖.乌拉圭足球发展研究[J].体育文化导刊,2016(5):124-129.

[289] [美]威廉·N.邓恩.公共政策分析导论[M].谢明,杜小芳,

伏燕，等译．北京：中国人民大学出版社，2002．

［290］贺东航，孔繁斌．公共政策执行的中国经验［J］．中国社会科学，2011（5）：61-79．

［291］姜国兵．重塑政策监控理论促进政府责任的思考［J］．行政论坛，2010，17（3）：47-50．

［292］LEE J H, CHOI Y J, VOLK R J, et al. Defining the concept of primary care in South Korea using a Delphi method［J］. Family Medicine, 2007, 39（6）: 425-431.

［293］肖砾，程玉兰，马昱，等．Delphi 法在筛选中国公众健康素养评价指标中的应用研究［J］．中国健康教育，2008，24（2）：81-84．

［294］郭红艳，王黎，彭嘉琳，等．养老机构服务质量评价指标体系的构建［J］．中华护理杂志，2014，49（4）：394-398．

［295］高云，李亚洁，廖晓艳，等．Delphi 法在筛选一级护理质量评价指标中的应用［J］．护士进修杂志，2009，24（4）：305-307．

［296］黄海燕．体育赛事综合影响的事前评估研究［D］．上海：上海体育学院，2009．

［297］卫萍，任建萍，张琪峰，等．德尔菲法在医学科技计划绩效评价指标体系构建中的应用［J］．卫生经济研究，2013（4）：52-54．

［298］梁伟．校园足球可持续发展评价研究［M］．济南：山东人民出版社，2016．

［299］邓雪，李家铭，曾浩健，等．层次分析法权重计算方法分析及其应用研究［J］．数学的实践与认识，2012，42（7）：93-100．

［300］马晓伟．广东省中小学校园足球评价指标体系构建研究［D］．广州：广州体育学院，2019．

附　录

附录1　职业足球青训与校园足球专家、官员访谈提纲

附录2　职业足球俱乐部青训管理人员与教练员访谈提纲

附录3　职业足球俱乐部青训运动员访谈提纲

附录4　地方校足办领导及工作人员访谈提纲

附录5　校园足球特色学校访谈提纲（校长及管理人员）

附录6　校园足球特色学校访谈提纲（教师）

附录7　校园足球特色学校访谈提纲（学生）

附录8　职业足球俱乐部青训调查问卷（教练员问卷）

附录9　职业足球俱乐部青训调查问卷（运动员问卷）

附录10　全国青少年校园足球特色学校调查问卷（校长问卷）

附录11　全国青少年校园足球特色学校调查问卷（教师问卷）

附录12　全国青少年校园足球特色学校调查问卷（学生问卷）

附录13　全国青少年校园足球特色学校调查问卷（家长问卷）

附录14　我国职业足球青训与校园足球深度融合体系的评价指标专家调查问卷（第一轮）

附录15　我国职业足球青训与校园足球深度融合体系的评价指标专家调查问卷（第二轮）

附录16　我国职业足球青训与校园足球深度融合体系的评价指标专家赋权问卷（第三轮）

后记

　　青少年是中国足球发展的未来,职业足球青训与校园足球是中国足球发展的重要基石。从世界足球强国的发展历程中,我们可以得知,青少年足球发展体系的完备程度直接决定一个国家足球后备人才的整体质量,青少年足球运动与足球教育的发展在全球化背景下已形成跨地域的共性问题和共性的发展思路。因此,我们需要借鉴足球运动发达国家在青少年足球后备人才培养方面的先进经验,并对其进行客观的审视与研判。那么,对于我国青少年足球事业而言,如何将分属不同部门、不同系统的职业足球青训、校园足球、社会足球青训、省市专业足球青训等青训体系深度融合,将是我国青少年足球未来发展的攻坚难题。

　　随着我国青少年足球的不断发展,许多学者分别针对职业足球青训与校园足球的不同领域撰写了一些书籍,其中多数以"割裂"态势进行分类撰写。截至目前,我国尚无一本专门撰写职业足球青训与校园足球深度融合的图书。为此,笔者秉承开拓创新、勇于探索的精神,撰写了国内首部有关职业足球青训与校园足球深度融合的专著。主要目的是重新梳理我国青少年足球培养体系的现实状况,努力探寻青少年足球后备人才培养体系的发展方向。同时,本书力求较为准确地揭示职业足球青训与校园足球各部分之间的内在联系和本质规律,使两者的融合更具有目的性、针对性和可操作性,这也是本书的价值所在。

　　在本书撰写过程中,笔者以理论性和实用性为宗旨,理论联系实践,整理分析了国内职业足球青训与校园足球的现实困境,归纳梳理了国外足球运动发达国家的先进经验,摸索探寻了职业足球青训与校园足球深度融合的推进路径,从理论与实践两个层面对两者的深度融合进行了系统的阐述。为保证本书的客观性与实效性,笔者直接参与了"全国青少年校园足球特色学校复核结果评估和深度访谈",间接参与了"全国青少年校园足球试点县(区)复核结果评估和深度访谈",同时,通过这些调研活动以及中国足协部门领导的推

荐，部分省市的职业足球俱乐部工作人员进行了深度访谈，从管理、学训、竞赛、选拔、保障五个方面全面总结了我国职业足球青训与校园足球的发展现状，并详细列举了一些典型案例，为两者深度融合推进路径的构建提供了翔实的现实依据。因此，本书主体思路既可以为教育、体育等相关部门提供决策咨询，也可以为相关学者进行深度研究提供一定的素材参考。

  本书在编写过程中得到了北京体育大学张廷安教授，福建师范大学体育学院蔡向阳教授，上海体育学院龚波教授，华中师范大学李卫东教授，苏州大学体育学院王家宏教授、王国祥教授、陶玉流教授、李龙教授以及李凯、田子林、柴宝志、陈林江等研究生的大力支持和帮助。此外，感谢调研过程中各校园足球特色学校、试点区县、职业足球俱乐部等相关机构的领导及工作人员给予的建议和第一手材料。在本书出版之际，向所有支持和帮助过笔者的单位和个人致以诚挚的谢意。由于仓促成书，加之撰写经验不足和水平有限，对于本书不妥之处，恳请读者提出宝贵意见，以便修订完善。

邱林

2021 年 5 月

于苏州大学尊师轩